PPP模式
管理实务

Public-Private Partnership Management Practice

政府和社会资本合作基础理论及其
项目生命周期实践指南

经济管理出版社
ECONOMY & MANAGEMENT PUBLISHING HOUSE

图书在版编目（CIP）数据

PPP 模式管理实务——政府和社会资本合作基础理论及其项目生命周期实践指南/姚秀华
著. —北京：经济管理出版社，2017.5

ISBN 978-7-5096-5067-7

Ⅰ.①P⋯　Ⅱ.①姚⋯　Ⅲ.①政府投资—合作—社会资本—研究　Ⅳ.①F830.59
②F014.39

中国版本图书馆 CIP 数据核字（2017）第 073314 号

组稿编辑：胡　茜

责任编辑：胡　茜　侯春霞

责任印制：黄章平

责任校对：赵天宇

出版发行：经济管理出版社

　　　　　（北京市海淀区北蜂窝 8 号中雅大厦 A 座 11 层　100038）

网　　址：www. E-mp. com. cn

电　　话：（010）51915602

印　　刷：玉田县昊达印刷有限公司

经　　销：新华书店

开　　本：720mm×1000mm/16

印　　张：20.75

字　　数：384 千字

版　　次：2017 年 6 月第 1 版　2017 年 6 月第 1 次印刷

书　　号：ISBN 978-7-5096-5067-7

定　　价：68.00 元

前 言
Preface

政府和社会资本合作（Public-Private Partnership，PPP）不仅是一种政府融资方式，更是一次在基础设施和公共服务领域转变政府职能，提升国家治理能力，深化财税体制改革，构建现代财政制度，规范地方政府举债融资机制，深化投融资体制改革和放宽市场准入，引进竞争机制，增强公共产品或服务供给力以及利用社会资本的投融资、专业技术和管理优势，增加、改善和优化公共产品或服务供给的政府体制机制变革，是政府的一种公共管理模式。

PPP 模式在世界范围内得到了广泛的推广与应用，也取得了巨大的成功。在该模式下，项目建设节约了成本，缩短了建设工期，提高了项目建设质量水平和运营效率，也降低了项目全生命周期的成本，减轻了当期财政支出压力。

英国是世界上较早开展政府和社会资本合作的国家。据 2016 年国务院研究室对英国关于 PPP 模式的考察报告：政府采用传统模式实施项目的时间和成本严重超支。20 世纪 90 年代以来，英国政府大力推进私人融资计划（PFI），这是英国最典型的 PPP 模式。据统计，截至 2013 年末，英国签署的 PFI 项目共有 725 个，总资本达 542 亿英镑，与政府传统实施方式相比，PFI 项目按时和按预算完成率从 30% 左右提高到 80% 以上，质量水平也明显提高。

这可能给我们提出了一个问题：政府直接财政投资一般既不发生融资资金成本，又不产生投资利润；而社会资本投资不仅要发生融资资金成本，还需要投资利润回报。那么，同类同规模的项目建设和运营，传统模式政府直接财政投资怎么可能比 PPP 模式社会资本投资的成本还高呢？

可是，国外的 PPP 模式实践已经证明，这种模式比传统模式工期、成本更具节约特征。那就只能说明传统模式的政府管理效率较低，工程建设和项目运维实践中浪费太大，技术水平不够先进，方法陈旧不科学，工程建设和项目运维实施单位的主动性不够，政府的传统管理模式不利于工程建设和项目运维单位的管理优势、技术水平的发挥和创新等。

2016 年 12 月银监会调研报告"PPP 项目绩效难评估"中的数据显示，截至 2016 年 11 月 30 日，财政部 PPP 项目库入库项目 10685 个，投资额 12.7 万亿元，加上国家发改委两批示范项目，总额接近 17 万亿元。2017 年，各个地方政府的 PPP 模式项目入库率在不断增加。随着 PPP 模式推广的不断深入，如何打破政府传统模式的弊端，实现 PPP 项目物有所值的目标，发挥 PPP 模式在政府稳增长、促改革、调结构、补短板、惠民生、防风险等国民经济和社会发展工作中的重大作用，PPP 项目全生命周期政府监管方法也成为 PPP 制度建设中的一项重要课题。

每一个 PPP 项目都是独特的，都需要量身定做，没有任何一个 PPP 项目的运作方案、操作模式是相同的。PPP 项目工程建设的程序规律性又决定了 PPP 项目建设计价的多次性。PPP 项目的单件性和计价的多次性以及项目投资规模大、生命周期长，决定了 PPP 项目政府监管的复杂性。

任何目标的实现，都要来源于目标过程的规律遵循和科学有效的管理方法。PPP 项目目标的实现也是同样的道理。

基础设施或公共服务领域 PPP 项目，无论是经营性项目的使用者付费方式，还是准经营性项目的政府财政预算可行性缺口补助支付方式，或者是非经营性的纯公益性项目的全部政府财政预算回购支付方式，项目运营维护当年的年度资金发生额度都是：

项目建设全部实际成本的年度回报×（1＋建设投资合理投标利润率）×(1＋建设投资回报投标年度折现率)^n＋项目运营维护当年的运营维护实际成本×(1＋运营维护合理投标利润率)

其中，$n＝1，2，…，n$，相应表示第 1 年至第 n 年的年度资金发生额度。

所不同的只是政府资金来源：经营性项目的资金来源主要依靠使用者付费；准经营性项目的资金来源基于政府应该承担的上述年度发生资金额度总量，对于使用者付费不足以满足社会资本投资成本回收和合理投资利润回报的部分，由政府以财政补贴、股本投入、优惠贷款、融资担保和其他优惠政策的形式，给予社会资本经济补助；非经营性的纯公益性项目的资金来源是指市政道路、河道治理等不直接向最终使用者单独提供产品或服务的基础设施或公共服务项目，政府依据合格项目的可用性或可用量，主要以财政预算直接支付回购公共产品或服务。

在确保项目质量和使用需求的前提条件下，包括 PPP 项目在内的任何项目的建设、运营维护成本的确定和控制贯穿项目监管或管理的始终。本书主要包括

PPP 的基本内涵、特征，PPP 项目建设工程固定资产投资构成及投资概算，运营维护年度成本估算、各项财务指标的测算，风险控制和分配，PPP 项目采购控制价格和经济、财务招投标指标的设立，采购评审办法，合同形式及合同风险和合同价格约定，建设工程固定资产投资竣工决算，项目运营维护年度实际成本绩效评价，项目运营维护生命周期年度投资回收及其合理利润的评价，项目移交和项目生命周期结束后的综合绩效评价，项目 PPP 模式是否实现物有所值的实际验证等专题模块。围绕 PPP 项目建设、运营维护的成本政府监管，以项目建设和运营维护成本构成的价值因素为对象，根据静态控制、动态管理和成本功能的价值工程等原则，运用分项详细评估、评价方法，深度研究了 PPP 项目建设、运营维护各个程序阶段的政府成本监管和成本控制的科学有效方法。本书可为 PPP 项目政府监管成本的制度建设提供参考；为既作为公共事务的管理者，又作为公共产品或服务购买者的 PPP 具体项目合同政府主体，在 PPP 项目建设、运营目标实现的项目生命周期监管工作中起参谋顾问作用；为 PPP 项目专业技术咨询团队提供咨询工作思路；为参与 PPP 项目建设、运营维护合作的社会资本提供项目建设、运营维护投资融资及项目管理方法创新和投资利润预期的指导和引导；可作为大中专院校开设基础设施和公共服务领域 PPP 项目管理课程的专项教材，可作为社会培训机构关于 PPP 项目投资融资、工程建设、项目运营维护的政府成本确定和控制的专项培训教材。

本书不仅深度研究了基于项目质量和需求为前提的 PPP 项目建设、运营维护成本的确定和风险控制，还研究了政府在项目运营维护期间对社会资本投资回收补偿支付的风险控制方法，体现了 PPP 项目政府和社会资本合同主体以及其他利益相关方的责任和权益的公平、公正。

随着 PPP 模式在我国的深入推进，本书作者还会与时俱进深化各项内容。不妥之处，欢迎广大读者批评指正。

中央民族大学　姚秀华

2017 年 2 月

目 录
Contents

第 一 章

政府和社会资本合作（PPP）概述

>>> 一、PPP 的概念

"政府和社会资本合作"是在借鉴国际基础设施和公共服务领域投资建设模式，即 PPP（Public Private Partnership）模式的基础上，结合我国国情进行本土化创新而提出的一个新概念。

西方国家的"公共部门和私人部门合作"，是公共部门（政府）与私人部门（企业或其他组织）合作推动基础设施和公共事业项目建设的项目运作模式，是 20 世纪 90 年代初在英国公共服务领域开始应用的一种政府与社会资本之间的合作方式，是西方国家政府创新治理提出的一个概念。

我国实行以公有制为主体的国家基本经济制度所具有的本质特征，现行投融资体制并没有将国家经济部门划分为"公共部门"和"私人部门"，而是划分为"政府"和"企业"两个部分，并将投资项目划分为"政府投资项目"和"企业投资项目"。"政府投资项目"执行"审批制"管理模式，"企业投资项目"实行"核准制"和"备案制"管理模式。西方市场经济国家将其经济活动划分为公共部门和私人部门的活动，两者划分界限清晰，各自开展项目投融资及建设遵循不同的原则、模式及评价机制。

因此，我国的政府和社会资本合作（PPP）是借鉴西方国家"公共部门"和"私人部门"合作模式的优势特征共性，并结合我国的具体情况而提出的适合我国国情的一个创新型投资建设模式。社会资本也不同于西方社会的"私人部门"，正如财政部在《关于印发政府和社会资本合作模式操作指南（试行）的通知》（财金〔2014〕113 号）文件中明确的那样，社会资本是指已建立现代企业制度的境内外企业法人，但不包括本级政府所属融资平台公司及其他控股国有企业。

也就是说，我国政府和社会资本合作（PPP）的社会资本包括建立现代企业制度的国有企业、民营企业、私人企业、外资企业、合资企业、混合所有制企业或组织等。

》》》 二、PPP 的定义

PPP 是 Public-Private Partnership 的简称，是公共部门和私人部门在基础设施和公共产品或服务领域合作投资建设运营的一种项目运行模式。截至目前，在世界范围内还没有形成一个统一的、明确的定义。PPP 有广义和狭义之分。

广义的 PPP 本身是一个意义非常宽泛的概念，其外延几乎涵盖了所有政府和社会资本之间的合作关系，正如欧盟委员会所作的定义："公私合作制是指公共部门和私人部门之间的一种合作关系，其目的是为了提供传统上由公共部门提供的公共项目或服务。"

狭义的 PPP 是指政府和社会资本作为平等主体参与的项目融资模式的总称，但不仅是一种融资，包含建设—运营—移交（Build-Operate-Transfer，BOT）、移交—运营—移交（Transfer-Operate-Transfer，TOT）等多种模式，是从公共基础设施建设中发展起来的一种优化的项目融资模式，这是一种以各个参与方的"共赢"为合作理念的现代融资模式。狭义的 PPP 更加强调合作过程中的风险分担机制和项目的物有所值原则，是基于项目可持续性、风险分布、伙伴关系利益最大化等方面的考虑而对资本投入和运营方式的选择，并不等同于来源于私营机构的融资。换言之，是否存在私营机构的融资并不是判断 PPP 的标准。对于不同的 PPP 项目，风险分布和责任分配大相径庭，PPP 也因此在发展中形成了不同的融资类型，以适应不同基础设施和公共服务或产品项目的需求。这也就能够理解世界上许多发达国家比发展中国家更加积极推广 PPP 模式的原因了。PPP 与 BOT、TOT 是一种包含关系，不是并列关系。正如加拿大公私合作制国家委员会所作的定义："公私合作制是公共部门和私人部门之间的一种合作经营关系，它建立在双方各自经验的基础上，通过适当的资源分配、风险分担和利益共享机制，最好地满足事先清晰界定的公共需求。"

（1）联合国发展计划署的定义。PPP 是指政府、营利性企业和非营利性组织基于某个项目而形成的相互合作关系的形式，合作方可以达到比预期单独行动更有利的结果。合作各方参与某个项目时，政府不是把项目的责任全部转移给私营部门，而是由参与合作的各方共同承担责任和融资风险。

（2）亚洲开发银行的定义。PPP 是指公共部门和私营部门在基础设施和其他服务方面的一系列合作关系，其特征有：政府授权、规制和监管，私营部门出资、运营提供服务、公私长期合作、共担风险、提高效率和服务水平。

（3）世界银行学院的定义。PPP是一种私营部门和政府部门之间的长期合作关系，用以提供公共设施或服务，其中私营部门承担较大风险和管理职责。

（4）欧盟委员会的定义。PPP是公共部门和私营部门之间的一种合作关系，双方根据各自的优势共同承担风险和责任，以提供传统上由公共部门负责的公共项目和服务，可分为传统承包项目、开发经营项目和合作开发项目。

（5）香港效率委员会的定义。PPP是一种由双方共同提供公共服务或实施项目的安排。双方通过不同程度的参与和承担，各自发挥专长，包括特许经营、私营部门投资、合伙投资、合伙经营、组成公司等几种形式。

（6）加拿大PPP国家委员会的定义。PPP是公共部门和私营部门基于各自的经验建立的一种合作经营关系，通过适当的资源分配、风险分担和利益分享，以满足公共需求。

（7）英国的定义。PPP是指两个或更多主体之间的协议，确保他们目标一致，合作完成公共服务项目，他们之间在一定程度上共享权利和责任，联合投资，共担风险和利益。

三、PPP 的特征、内涵和优势

（一）PPP 的特征

（1）物有所值（Value for Money，VFM）。财政部在《关于印发政府和社会资本合作模式操作指南（试行）的通知》（财金〔2014〕113号）文件中明确指出，只有通过物有所值评价的项目，才能进行项目准备，也就是说，没有通过物有所值评价的项目，就不能采用PPP模式实施。所谓物有所值评价，包括定性和定量两方面评价。定性评价重点关注项目采用PPP模式与采用政府传统采购模式相比能否增加供给、优化风险分配、提高运营效率、促进创新和公平竞争等。定量评价重点关注项目采用PPP模式与采用政府传统采购模式相比能否降低项目全生命周期的成本。

（2）伙伴关系。通过合作合同的契约方式，政府部门实现最多最好的公共产品或服务的供给。社会资本利用其管理能力和经验实现自身资本利益的追求。同时合作方相互为对方考虑问题，立足于利益共享和风险共担。

（3）利益共享。政府与社会资本并不是简单地分享利润。政府追求减少负债、实现风险部分转移，社会资本追逐利润、承担社会责任。因为PPP项目都是带有公益性的项目，不以利润最大化为目的。所以，利益共享除了指有效共享PPP的社会成果，政府还需要控制社会资本可能的高额利润，即不允许社会资本在项目执行过程中，形成超额利润。社会资本取得相对平和、长期稳定的投资回报。

（4）风险共担。财政部在《关于推广运用政府和社会资本合作模式有关问题的通知》（财金〔2014〕76号）和《关于印发政府和社会资本合作模式操作指南（试行）的通知》（财金〔2014〕113号）文件中明确提出，注重体制机制创新，充分发挥市场在资源配置中的决定性作用，按照"风险由最适宜的一方来承担"的原则，本着风险分配优化、风险收益对等和风险可控原则，综合考虑政府风险管理能力、项目回报机制和市场风险管理能力等要素，在政府和社会资本间合理分配项目风险。即政府尽可能大地承担自己有优势方面的伴生风险，如政府在税收优惠、贷款担保、有限开发权、特许经营等政策上承诺优惠，统一协调资源配置，但同时要尊重市场上社会资本主体的自由选择权，使价格机制和竞争激励机制发挥功效。社会资本会按其相对优势承担较多的甚至全部的具体管理职责，如社会资本在项目建设、运维管理等技术方面以及投资控制方面发挥更大的优势。这样，在符合技术质量要求和产品功效的前提下，整个项目的成本就能最小，效益更高。

（5）关注公共产品或服务。传统模式下，政府把建设性资金一次性投入，而在PPP模式下，在项目建设完成并运营提供产品或服务后，社会资本才能逐步回收投资成本并产生投资利润。

（6）鼓励创新。PPP注重产品或服务的产出标准而不是实现方式，所以如果社会资本能够发挥技术特长和管理特长，获得常规管理之外的管理利润，则有利于鼓励社会资本的服务意识加强和项目技术创新。

（二）PPP 的内涵

1. PPP 是一种新型的项目融资模式

项目PPP融资是以项目为主体的融资活动，是项目融资的一种实现形式，主要根据项目的预期收益、资产以及政府扶持措施的力度而不是项目投资人或发起人的资信来安排融资。项目经营的直接收益和通过政府扶持所转化的效益是偿还贷款的资金来源，项目公司的资产和政府给予的有限承诺是贷款的安全保障。

2. PPP 融资模式可以使社会资本更多地参与到项目中，以提高效率、降低风险

政府与社会资本以特许协议为基础进行全程合作，双方共同对项目建设、运营的整个PPP生命周期负责。PPP方式的操作规则使社会资本（不一定是项目合同社会资本）参与到基础设施和公共服务或产品项目的确认、设计和可行性研

究等前期工作中来，这不仅降低了社会资本的投资风险，而且能将社会资本在投资建设中更有效率的管理方法与技术引入项目中来，还能有效实现对项目建设和运营的控制，从而有利于降低项目建设投资的风险，较好地保障国家和社会资本、社会公众等各方的利益。这对缩短项目建设周期，降低项目运作成本甚至资产负债率都有重大意义。

3. PPP 融资模式可以在一定程度上保证社会资本"有利可图"

社会资本的投资目标是寻求既能够还贷又有投资回报的项目，无利可图的项目是吸引不到社会资本的投入的。采取 PPP 模式，政府可以给予社会资本相应的政策扶持作为补偿，从而很好地解决了这个问题。例如，税收优惠、贷款担保、给予社会资本沿线土地优先开发权等。通过这些政策可提高社会资本投资基础设施和公共产品或服务项目的积极性。

4. PPP 融资模式在减轻政府初期建设投资负担和风险的前提下，提高公共服务质量

在 PPP 模式下，政府和社会资本共同参与基础设施和公共产品或服务项目的建设和运营。由于社会资本也负责项目融资，有可能增加项目的资本金数量，进而降低较高的资产负债率，而且不但能节省政府的投资，还可以将项目的一部分风险转移给社会资本，从而减轻政府的风险。同时，双方可以形成互利的长期目标，更好地为社会和公众提供服务。

（三）PPP 的优势

PPP 模式将市场机制引进了基础设施和公共产品或服务的投融资，有很多独特的优势。

（1）有利于提高投融资和建设管理的效益，消除费用的超支，降低项目建设运营的成本。PPP 模式能够将政府的战略规划组织协调优势、企业项目管理运营、技术创新优势和金融机构的融资优势有效结合起来，形成多方合力。PPP 方式的操作规则使社会资本（不一定是项目合同社会资本）参与到基础设施和公共服务或产品项目的确认、设计和可行性研究等前期工作中来，将社会资本在投资建设中更有效率的管理方法与技术引入项目中来，保证了项目技术和经济上的可行性，有利于缩短前期工作周期，降低项目前期论证费用。这不仅降低了社会资本的投资风险，而且有效地实现了对项目建设和运营的控制，从而有利于降低项目建设投资的风险，有利于规避传统方式下实施项目的"三超"现象，即超预算、超规模、超工期。PPP 项目只有已经完成并得到政府批准使用后，社会资本才能开始获得收益，社会资本的目标主要是追逐利润和投资成本的早日回收，因

此社会资本会充分发挥项目管理优势，有利于提高项目管理效率，也有利于降低工程造价，较好地保障国家和社会资本、社会公众等各方的利益。

（2）有利于控制地方政府风险，弥补政府财政资金的不足，减轻财政负担。社会资本投资方的投资和融资，缓解了政府在建设期投入的资金压力，政府从过去的基础设施公共服务的提供者变成监管者，也可以减轻财政预算的压力。

（3）有利于促进融资平台的改革创新、投资主体的多元化，提升基础设施和公共产品（或服务）的服务水平。我国传统模式的基础设施或公共服务项目或由政府主导，或由政府融资平台公司建设运营，引入社会投资主体，对项目市场化运作要求大大提高，将会加速推动融资平台公司自身的改革创新。社会资本提供资产与服务，促进了投融资体制改革。同时，社会资本参与项目、设计、施工、设施管理提高办事效率，传播最佳管理理念和经验，提升公共管理能力，也提升公共服务的质量。

（4）政府部门和社会资本各自发挥优势，弥补对方的不足，实现财政资金的最佳价值。

（5）项目参与各方整合组成战略联盟，对协调各方不同的利益目标起关键作用。

（6）风险分配合理。与 BOT 等模式不同，项目初期就可以实现风险分配。由于政府分担一部分风险，减少了承建商和投资商风险，降低了融资难度，提高了项目融资成功的可能性。

（7）应用范围广泛。适用于城市供热、供水、供电、污水处理等各类市政公用事业，道路、铁路、机场等交通设施，医院、学校、养老设施、文化体育、保障用房等基础设施和公共产品或服务领域。

》》》 四、政府和社会资本合作（PPP）投资回报方式

PPP 项目是由政府设立并支持、社会资本主要投资并具体运营管理的公用性项目。项目的功能是满足公用性需求，最终由需求使用方付费或纳税人的财政资金实现投资回报。不同性质的项目、不同的实施结构形式，有不同的付费模式。财政部在《关于推广运用政府和社会资本合作模式有关问题的通知》（财金〔2014〕76 号）和《关于印发政府和社会资本合作模式操作指南（试行）》（财金〔2014〕113 号）中强调，政府和社会资本合作模式是在基础设施及公共服务领域建立的一种长期合作关系，通过使用者付费及必要的政府付费，社会资本可获得合理投资回报；项目投资回报机制是项目交易结构的有效组成部分，项目投资回报机制主要说明社会资本取得投资回报的资金来源，包括使用者付费、可行性缺口补助和政府付费等支付方式。

（一）使用者付费方式

使用者付费方式是指由最终消费用户直接付费购买公共产品和服务。社会资本以此收回投资、运营维护和融资成本，并获取正常利润。

使用者付费方式主要适用于经营性系数高、经济效益良好的经营性项目，即政府授予社会资本在项目建成后的合同约定期限内特许经营的权利，并直接向最终使用者提供公共服务的基础设施和公用事业项目。

（二）政府付费回购方式

政府付费回购方式是指政府直接付费购买公共产品和公共服务。政府付费的依据是设施可用性、产品和服务使用量以及质量三个要素，因此政府付费主要包括可用性付费、使用量付费及两者混合方式。

政府付费回购方式主要适用于不具备直接收益性的公益性项目，即不直接向最终使用者提供服务的公共基础设施和公用事业的公益性项目，或是政府无法授予社会资本在项目建成后特许经营权利的公共基础设施和公用事业项目。

（三）政府可行性缺口补贴加使用者付费方式

政府可行性缺口补贴加使用者付费方式是指使用者付费不足以满足社会资本成本回收和合理收益率回报，而由政府以财政补贴、股本投入、优惠贷款、融资担保等政策优惠的形式，给予社会资本部分经济补助。在项目合同中明确补助的方案，补助方案应鼓励社会资本提高经营效率和经营积极性，同时加强监督，以使社会资本提高降低投资、节约成本的积极性。

政府可行性缺口补贴加使用者付费方式主要适用于经营性系数较低、经济效益欠佳、直接向最终使用者提供服务，但是该项服务的直接收费无法覆盖投资、融资、运营维护成本和合理回报或者是价格调整滞后以及实际需求使用量达不到设计量的准经营性公共基础设施和公用事业项目。

》》》五、PPP 合同体系及其法律主体、法律性质

（一）法律适用

PPP 项目合同体系适用中华人民共和国法律。

（二）合同体系及其法律主体、法律性质

财政部《关于印发政府和社会资本合作模式操作指南（试行）的通知》（财金

［2014］113 号）和国家发展改革委《关于开展政府和社会资本合作的指导意见》（发改投资［2014］2724 号）对 PPP 合同体系及其法律主体都做了详细说明。

1. 合同体系

PPP 合同体系主要包括项目合同、股东合同、融资合同、工程承包合同、运营服务合同、原料供应合同、产品采购合同和保险合同等。项目合同是合同体系中最核心的法律文件。

2. 项目合同法律主体

政府和社会资本是项目合同的两大法律主体。签订项目合同的政府主体，应是具有相应行政权力的政府或其授权的实施机构。例如，广西壮族自治区来宾电厂的二期工程来宾 B 电厂项目是中国第一个 BOT 投资方式的试点项目，广西壮族自治区政府直接签订特许权协议并担保购电协议、燃料供应和运输协议、电力调度协议。又如，对于北京地铁 4 号线，北京市政府授权北京市交通委员会代表北京市政府签订特许经营协议。

签订项目合同的社会资本主体应是符合我国社会资本条件的国有企业、民营企业、外商投资企业、混合所有制企业（包括联合体），或其他投资、经营主体，或按照我国《公司法》组建的项目公司。

从我国 PPP 项目运行的实践看，一是政府参股中标的社会资本，按照我国《公司法》组建合资 PPP 项目公司，与政府授权的项目实施机构签订特许经营协议。例如，北京地铁 4 号线的 PPP 项目公司即北京京港地铁有限公司，由京投公司、香港地铁公司和北京首创集团按照《公司法》以 2：49：49 的出资比例组建，其中"京投公司"为北京市政府国有独资企业，即北京市基础设施投资有限公司的简称，香港地铁公司和北京首创集团为中标的社会资本。北京地铁 4 号线的特许经营协议由北京市交通委员会和 PPP 项目公司即北京京港地铁有限公司签订。二是由中标的社会资本根据《公司法》独立成立项目公司。例如，第一个经国家级批准的 BOT 项目——广西壮族自治区来宾电厂的二期工程来宾 B 电厂项目，是中国第一个 BOT 投资方式的试点项目，法国电力国际和通用电气阿尔斯通联合体为该项目中标的社会资本，法国电力国际和通用电气阿尔斯通按照股东协议分别出资 60% 和 40% 组成来宾 B 电厂的项目公司，即广西来宾法资发电有限公司，广西壮族自治区政府直接与该独资项目公司签订特许权协议并担保购电协议、燃料供应和运输协议、电力调度协议。三是中标的社会资本直接与政府或政府授权的实施机构签订项目合同。

实践中，社会资本中标后，如果需要以设立合资或独资 PPP 项目公司的方式实施合作项目的，政府或政府授权的实施机构先与社会资本签订项目意向或项目备忘录，待 PPP 项目公司成立后，再与 PPP 项目公司签订项目合同。合同法律主体发生变化，但合同内容不变。对应地，政府或其授权实施机构与社会资本的法律关系也转换为政府或其授权实施机构与 PPP 项目公司之间的法律关系，政府或其授权实施机构与社会资本之间的监督与被监督关系同样转换为政府或其授权实施机构与 PPP 项目公司之间的监督与被监督关系。

3. 项目合同法律性质

对于 PPP 项目合同的属性，即 PPP 项目合同应当界定为行政合同还是界定为民事合同，目前无论是 PPP 理论界还是实务界，都存在争议。

从保障 PPP 项目成功运作的角度看，PPP 项目合同属性的定位，对于项目合同双方当事人在纠纷发生后是通过行政诉讼还是通过民事诉讼来解决，至关重要。因为不同性质的法律调整的对象不同，合同各方享有的权利、承担的义务也不尽相同。我国不同的法律，在某些特殊情形下的调整差异会很大。

PPP 项目合同性质在法学界和工程界也引起了相当程度的讨论和争论。政府与社会资本之间既是采购者和供应商的关系，又是监督者和被监督者的关系；在合同内容上，既有政府行使公共管理职能的条款，又有体现政府作为平等民事主体的权利义务条款。

我国运用 PPP 模式在基础设施和公共产品或服务领域的项目，还刚刚起步，项目合同性质的界定有利于公共产品或服务的提供，也有利于保护社会资本和社会公众的权益，有益于 PPP 模式真正意义上"共赢"的实现。

4. 直接介入协议

PPP 项目实践中，还包括政府、社会资本或项目公司与银行或金融机构等借贷机构之间签订的直接介入协议。

项目融资由社会资本或项目公司负责。社会资本或项目公司应及时开展融资方案设计、机构接洽、合同签订和融资交割等工作。遇到系统性金融风险或不可抗力的，政府、社会资本或项目公司可根据项目合同约定协商修订合同中相关融资条款。

当项目执行中出现重大经营或财务风险，威胁或侵害债权人（借贷机构）利益时，财政部《关于政府和社会资本合作模式操作指南（试行）的通知》（财金〔2014〕113 号）强调借贷机构可依据与政府、社会资本或项目公司签订的直接介入协议而介入项目合同。这个直接介入协议不是对项目进行担保的协议，而是一个政府向借贷机构的承诺，承诺将按照政府与社会资本签订的项目合同支付有关费用，这个直接介入协议使社会资本能比较顺利地获得借贷机构的贷款。政府在这个直接介入协议中对银行或金融机构等借贷机构有一定的授权，授权借贷机构对项目有一定的介入权，即对项目终止进行一定的限制：首先，政府向借贷机构承诺，将按照政府与社会资本签订的项目合同支付有关费用；其次，如果社会资本或项目公司在 PPP 项目合同下违约造成项目终止，银行或金融机构等借贷机构有权介入项目合同。在借贷机构介入期间，政府放弃使用强制执行权，银行或金融机构等借贷机构寻找替代服务提供者，使替代服务提供者接续维持原 PPP 项目合同的效力，保证 PPP 项目正常建设、运营。

5. 股东合同等合同体系中其他合同法律主体及其法律性质

PPP 合同体系中包括股东合同、融资合同、工程承包合同、运营服务合同、原料供应合同、产品采购合同和保险合同等，社会资本或 PPP 项目公司与这些利益相关者之间的关系和我国传统模式下这两者的关系是相同的，发承包关系、委托代理关系等彼此的法律主体行为均是通过民事法律关系来调整和制约的。

六、PPP 的适用领域

PPP 模式是在基础设施和公共产品或服务领域建立的一种长期合作关系，对政府负有提供责任又适宜市场化运作的基础设施及公共产品或服务领域中，具有价格调整机制相对灵活、市场化程度相对较高、投资规模相对较大、需求长期稳定的项目适宜采用政府和社会资本合作模式。基础设施和公共产品或服务领域即是项目产品具有消费或使用上的非竞争性和受益上的非排他性的产品领域。

（1）党中央、国务院大力推进简政放权、放管结合、优化服务改革，企业投资自主权进一步落实，调动社会资本的积极性。中共十八大提出加快推进社会体制改革，加快完善社会主义市场经济体制和加快转变经济发展方式，在建设小康社会中要三个创新——"实践创新、理论创新、制度创新"。中共十八届三中全会明确提出允许地方政府通过发债等多种方式拓宽城市建设融资渠道，允许社会资本通过特许经营等方式参与城市基础设施投资和运营，研究建立城市基础设施、住宅政策性金融机构。

（2）《中共中央国务院关于深化投融资体制改革的意见》（中发〔2016〕18号）文件指出，鼓励政府和社会资本合作。各地区各部门可以根据需要和财力状况，通过特许经营、政府购买服务等方式，在交通、环保、医疗、养老等领域采取单个项目、组合项目、连片开发等多种形式，扩大公共产品和服务供给。要合理把握价格、土地、金融等方面的政策支持力度，稳定项目预期收益。要发挥工程咨询、金融、财务、法律等方面专业机构的作用，提高项目决策的科学性、项目管理的专业性和项目实施的有效性。

（3）《国务院办公厅转发财政部发展改革委人民银行关于在公共服务领域推

广政府和社会资本合作模式指导意见的通知》（国办发［2015］42 号）文件指出，在公共服务领域推广政府和社会资本合作模式，是转变政府职能、激发市场活力、打造经济新增长点的重要改革举措。围绕增加公共产品和公共服务供给，在能源、交通运输、水利、环境保护、农业、林业、科技、保障性安居工程、医疗、卫生、养老、教育、文化等公共服务领域，广泛采用政府和社会资本合作模式。进一步完善制度，规范流程，加强监管，多措并举，在财税、价格、土地、金融等方面加大支持力度，保证社会资本和公众共同受益，通过资本市场和开发性、政策性金融等多元融资渠道，吸引社会资本参与公共产品和公共服务项目的投资、运营管理，提高公共产品和公共服务供给能力与效率，对统筹做好稳增长、促改革、调结构、惠民生、防风险工作具有战略意义。

（4）国务院在《国务院关于创新重点领域投融资机制 鼓励社会投资的指导意见》（国发［2014］60 号）文件中，深化细致地阐述了我国迫切需要在公共服务、资源环境、生态建设、基础设施等重点领域进一步创新投融资机制，充分发挥社会资本特别是民间资本的积极作用。

1）生态建设和保护。对社会资本利用荒山荒地进行植树造林的，在保障生态效益、符合土地用途管制要求的前提下，允许发展林下经济、森林旅游等生态产业。

2）在电力、钢铁等重点行业以及开发区（工业园区）污染治理等领域，大力推行环境污染第三方治理，通过委托治理服务、托管运营服务等方式，由排污企业付费购买专业环境服务公司的治污减排服务，提高污染治理的产业化、专业化程度。稳妥推进向社会购买环境监测服务，建立重点行业第三方治污企业推荐制度。推进排污权有偿使用和交易试点，建立排污权有偿使用制度，规范排污权交易市场，鼓励社会资本参与污染减排和排污权交易。加快调整主要污染物排污费征收标准，实行差别化排污收费政策。鼓励和支持社会投资者参与碳配额交易，通过金融市场发现价格的功能，调整不同经济主体利益，有效促进环保和节能减排。

3）支持农民合作社、家庭农场、专业大户、农业企业等新型经营主体投资建设农田水利和水土保持设施。允许财政补助形成的小型农田水利和水土保持工程资产由农业用水合作组织持有和管护。鼓励社会资本以特许经营、参股控股等多种形式参与具有一定收益的节水供水重大水利工程建设运营。社会资本愿意投入的重大水利工程，要积极鼓励社会资本投资建设。社会资本投资建设或运营管理农田水利、水土保持设施和节水供水重大水利工程的，与国有、集体投资项目享有同等政策待遇，可以依法获取供水水费等经营收益。承担公益性任务的，政府可对工程建设投资、维修保养和管护经费等给予适当补助，并落实优惠政策。

社会资本投资建设或运营管理农田水利设施、重大水利工程等，可依法继承、转让、转租、抵押其相关权益。征收、征用或占用的，要按照国家有关规定给予补偿或者赔偿。通过水权制度改革吸引社会资本参与水资源开发利用和保护。加快建立水权制度，培育和规范水权交易市场，积极探索多种形式的水权交易流转方式，允许各地通过水权交易满足新增合理用水需求。鼓励社会资本通过参与节水供水重大水利工程投资建设等方式优先获得新增水资源使用权。完善水利工程水价形成机制。深入开展农业水价综合改革试点，进一步促进农业节水。水利工程供非农业用水价格按照补偿成本、合理收益、优质优价、公平负担的原则合理制定，并根据供水成本变化及社会承受能力等适时调整，推行两部制水利工程水价和丰枯季节水价。价格调整不到位时，地方政府可根据实际情况安排财政性资金，对运营单位进行合理补偿。

4）推动市政基础设施建设运营事业单位向独立核算、自主经营的企业化管理转变。鼓励打破以项目为单位的分散运营模式，实行规模化经营，降低建设和运营成本，提高投资效益。推进市县、乡镇和村级污水收集和处理、垃圾处理项目按行业"打包"投资和运营，鼓励实行城乡供水一体化、厂网一体投资和运营。积极推动社会资本参与市政基础设施建设运营。通过特许经营、投资补助、政府购买服务等多种方式，鼓励社会资本投资城镇供水、供热、燃气、污水垃圾处理、建筑垃圾资源化利用和处理、城市综合管廊、公园配套服务、公共交通、停车设施等市政基础设施项目，政府依法选择符合要求的经营者。政府可采用委托经营或 TOT 等方式，将已经建成的市政基础设施项目转交给社会资本运营管理。按照新型城镇化发展的要求，把有条件的县城和重点镇发展为中小城市，支持基础设施建设，增强吸纳农业转移人口的能力。选择若干具有产业基础、特色资源和区位优势的县城重点镇推行试点，加大对市政基础设施建设运营引入市场机制的政策支持力度。加快改进市政基础设施价格形成、调整和补偿机制，使经营者能够获得合理收益。实行上下游价格调整联动机制，价格调整不到位时，地方政府可根据实际情况安排财政性资金对企业运营进行合理补偿。

5）用好铁路发展基金平台，吸引社会资本参与，扩大基金规模。充分利用铁路土地综合开发政策，以开发收益支持铁路发展。按照市场化方向，不断完善铁路运价形成机制。向地方政府和社会资本放开城际铁路、市域（郊）铁路、资源开发性铁路和支线铁路的所有权、经营权。按照构建现代企业制度的要求，保障投资者权益。对城市轨道交通站点周边、车辆段上进行土地综合开发，吸引社会资本参与城市轨道交通建设。建立完善政府主导、分级负责、多元筹资的公路投融资模式，完善收费公路政策，吸引社会资本投入，多渠道筹措建设和维护资金。逐步建立高速公路与普通公路统筹发展机制，促进普通公路持续健康发展。

鼓励社会资本参与水运、民航基础设施建设。探索发展"航电结合"等投融资模式，按相关政策给予投资补助，鼓励社会资本投资建设航电枢纽。鼓励社会资本投资建设港口、内河航运设施。积极吸引社会资本参与盈利状况较好的枢纽机场、干线机场以及机场配套服务设施等投资建设，拓宽机场建设资金来源。

6）鼓励社会资本加强能源设施投资。鼓励社会资本参与电力建设，在做好生态环境保护、移民安置和确保工程安全的前提下，通过业主招标等方式，鼓励社会资本投资常规水电站和抽水蓄能电站。在确保具备核电控股资质主体承担核安全责任的前提下，引入社会资本参与核电项目投资，鼓励民间资本进入核电设备研制和核电服务领域。鼓励社会资本投资建设风光电、生物质能等清洁能源项目和背压式热电联产机组，进入清洁高效煤电项目建设、燃煤电厂节能减排升级改造领域。鼓励社会资本参与电网建设，积极吸引社会资本投资建设跨区输电通道、区域主干电网完善工程和大中城市配电网工程。鼓励社会资本投资建设分布式电源并网工程、储能装置和电动汽车充换电设施。鼓励社会资本参与油气管网、储存设施和煤炭储运建设运营。支持民营企业、地方国有企业等参股建设油气管网主干线、沿海液化天然气接收站、地下储气库、城市配气管网和城市储气设施，控股建设油气管网支线、原油和成品油商业储备库。鼓励社会资本参与铁路运煤干线和煤炭储配体系建设。国家规划确定的石化基地炼化一体化项目向社会资本开放。理顺能源价格机制，进一步推进天然气价格改革，2015 年实现存量气和增量气价格并轨，逐步放开非居民用天然气气源价格，落实页岩气、煤层气等非常规天然气价格市场化政策，尽快出台天然气管道运输价格政策，按照合理成本加合理利润的原则，适时调整煤层气发电、余电余压发电上网标杆电价，推进天然气分布式能源冷、热、电价格市场化，完善可再生能源发电价格政策，研究建立流域梯级效益补偿机制，适时调整完善燃煤发电机组环保电价政策。

7）鼓励电信业进一步向民间资本开放。进一步完善法律法规，尽快修订电信业务分类目录。研究出台具体的试点办法，鼓励和引导民间资本投资宽带接入网络建设和业务运营，大力发展宽带用户。推进民营企业开展移动通信转售业务试点工作，促进业务创新发展。吸引民间资本加大信息基础设施投资力度，支持基础电信企业引入民间战略投资者。推动中国铁塔股份有限公司引入民间资本，实现混合所有制发展。鼓励民间资本参与国家民用空间基础设施建设，完善民用遥感卫星数据政策，加强政府采购服务，鼓励民间资本研制、发射和运营商业遥感卫星，提供市场化、专业化服务，引导民间资本参与卫星导航地面应用系统建设。

8）鼓励社会资本加大社会事业投资力度。加快社会事业公立机构分类改革，积极推进养老、文化、旅游、体育等领域符合条件的事业单位，以及公立医院资源丰富地区符合条件的医疗事业单位改制，为社会资本进入创造条件，鼓励社会资本参与公立机构改革，将符合条件的国有单位培训疗养机构转变为养老机构。鼓励社会资本加大社会事业投资力度，通过独资、合资、合作、联营、租赁等途径，采取特许经营、公建民营、民办公助等方式，鼓励社会资本参与教育、医疗、养老、体育健身、文化设施建设。尽快出台鼓励社会力量兴办教育、促进民办教育健康发展的意见。各地在编制城市总体规划、控制性详细规划以及有关专项规划时，要统筹规划、科学布局各类公共服务设施。各级政府逐步扩大教育、医疗、养老、体育健身、文化等政府购买服务范围，各类经营主体平等参与，将符合条件的各类医疗机构纳入医疗保险定点范围。完善落实社会事业建设运营税费优惠政策，进一步完善落实非营利性教育、医疗、养老、体育健身、文化机构税收优惠政策。对非营利性医疗、养老机构建设一律免征有关行政事业性收费，对营利性医疗、养老机构建设一律减半征收有关行政事业性收费。改进社会事业价格管理政策，对于民办教育、医疗机构用电、用水、用气、用热，执行与公办教育、医疗机构相同的价格政策。养老机构用电、用水、用气、用热，按照居民生活类价格执行。除公立医院、养老机构提供的基本服务按照政府规定的价格政策执行外，其他医疗、养老服务实行经营者自主定价。营利性民办学校收费实行自主定价，非营利性民办学校收费政策由地方政府按照市场化方向根据当地实际情况确定。

综上所述，PPP 在我国适用范围广泛，财政部、国家发展改革委等有关国家部委和地方政府响应党中央、国务院的统一部署，纷纷出台具体的制度、办法，积极推进各个领域具体项目的实施。截至 2016 年 9 月，我国地方入库项目总数达到 1 万多个，如新城建设、体育场馆、城市轨道交通、高速公路、地下综合管廊、燃气、供电、供水、供热、污水及垃圾处理等具体建设项目，计划总投资 10 多万亿元，对拉动投资和促进国民经济增长发挥了积极作用。

》》》 七、PPP 运作方式

PPP 运作方式是指政府和社会资本针对具体项目的合作方式。具体运作方式的选择主要由收费定价机制、项目投资收益水平、风险分配基本框架、融资需求、改扩建需求和期满处置等因素决定。不同合作方式下社会资本的参与程度与承担的风险程度也各不相同。要确定具体项目的运作方式，首先要对 PPP 运作方式的分类有基本认识。对 PPP 运作方式进行分类是一项基础而复杂的工作，因为几乎包含了介于完全由政府直接供给与完全由社会资本供给公共事业产品之间的所有公共服务供给方式。现有多个国家和国际组织从不同角度对 PPP 模式进行了运作方式的分类，加之各国意识形态的不同，且处于 PPP 发展的不同阶段，与 PPP 定义一样，要想使世界各国的确切内涵达成共识是非常困难的。

国内外也有众多学者对 PPP 的分类提出不同见解，由此造成 PPP 模式存在众多不同的分类标准，没有达成共识。

PPP 有广义和狭义之分。甚至各国和国际组织在实际研究和使用 PPP 概念对 PPP 进行分类时，时而使用广义 PPP 概念，时而使用狭义 PPP 概念。

实践中，PPP 模式往往会根据项目的自身特点进行优化调整，不同的 PPP 运作模式根据不同的现实情况顺应产生，从而衍生出种类繁多的 PPP 运作模式。由此造成目前 PPP 模式分类方式众多、没有达成共识的现状。

（一）世界银行对 PPP 的分类

世界银行从项目资产所有权、经营和维护主体、投资者关系、商业风险和合同期限等角度进行综合考虑，将 PPP 运作模式区分为服务外包（SC）、管理外包（MC）、租赁（Lease）、特许经营（Concession）、BOT/BOO 和剥离（Divesti-ture）等。

（1）服务外包和管理外包等外包类。PPP 项目一般是由政府投资，社会资本承包整个项目中的一项或几项职能，如只负责工程建设，或者受政府之托代为管理维护设施或提供部分公共服务，并通过政府付费实现收益。在外包类 PPP 项目中，社会资本承担的风险相对较小。

（2）特许经营类。该模式主要针对已存在或部分存在的设施，或在特定合同期限内建设、运营一个新的设施。建设、运营一个新的设施，又叫未开发项目，该设施的所有权应在合同期满后移交给公共部门。特许经营类 PPP 项目需要社会资本参与大部分或全部投资，并通过一定的合作机制与政府分担项目风险、共享项目收益。具体运作方式包括：修复—运营—移交（ROT）、建设—修复—运营—移交（BROT）、建设—运营—移交（BOT）、建设—所有—运营（BOO）等。根据项目的实际收益情况，政府可能会向社会资本收取一定的特许经营费或给予一定的补偿。这就需要政府协调好社会资本的利润和项目的公益性两者之间的平衡关系，因而特许经营类项目能否成功在很大程度上取决于政府的管理水平。通过建立有效的监管机制，特许经营类项目能充分发挥双方各自的优势，节约整个项目的建设和经营成本，同时还能提高公共服务的质量。项目的资产最终归政府保留，因此一般存在项目使用权和所有权的移交过程，即项目合作合同到期后，要求社会资本将项目的使用权和所有权移交给政府。

（3）资产剥离等私有化类。PPP 项目需要社会资本负责项目的全部投资，在政府的监管下，通过向用户收费收回投资实现利润，PPP 项目的所有权永久归私人拥有。

世界银行在对 PPP 进行分类时，考虑的角度较为全面，涵盖的运作模式非常广泛，基本上包括了公私合作的全部，属于广义的 PPP 范畴。

（二）欧盟委员会对 PPP 的分类

欧盟委员会将 PPP 分为传统承包、一体化开发和经营、合伙开发三大类。传统承包是指公共部门将项目的一部分，如项目建设或者项目经营，发包给私人部门负责。一体化开发和经营类是指公共项目的设计、建造、经营和维护等一系列均由私人部门负责，有时也需要私人部门参与一定程度的投资。合伙开发类通常需要私人部门负责项目的大部分甚至全部投资，且合同期间资产归私人部门所有。

（三）加拿大 PPP 国家委员会对 PPP 的分类

加拿大 PPP 国家委员会按照转移给私人部门的风险大小，将广义的 PPP 细分成了 11 种执行形式。包括委托运营（O&M）、设计—建设（DB）、设计—建设—主要维护（DBMM）、设计—建设—运营（交钥匙，DBO）、租赁—开发—运营（LDO）、建设—租赁—运营—移交（BLOT）、建设—移交—运营（BTO）、建设—运营—移交（BOT）、建设—拥有—运营—移交（BOOT）、建设—拥有—运营（BOO）、购买—建设—运营（BBO）。

这个分类方法采用了列举方式，对 PPP 模式的具体运行形式做了细分，而没有区分 PPP 模式的不同大类，也无法穷尽 PPP 的运作模式。

（四）我国 PPP 的运作方式

我国对 PPP 的认识经历了一个不断发展、变化、调整与升级的过程。国内 PPP 首先是从特许经营（BOT/TOT）等具体模式发展起来的。20 世纪 80 年代中期，我国开始引进外资，BOT 模式被引入中国电厂等基础设施领域，主要是外商投资特许权项目，政策上以 1995 年 8 月 21 日原国家计委/电力部/交通部联合发布的《关于试办外商投资特许权项目审批管理有关问题的通知》为催化剂。文件指出，长期以来，交通、能源等基础设施和基础产业一直是我国国民经济发展的瓶颈。为改善这种状况，按照国家的产业政策，需要积极引导外商投资的投向，将外商投资引导到我国急需发展的基础设施和基础产业上来。对此，国家除继续鼓励外商采用中外合资、合作和独资建设经营我国基础设施和基础产业项目外，在借鉴国外经验的基础上，拟采用建设—运营—移交的投资方式（通称 BOT 投资方式），试办外商投资的基础设施项目。所称外商投资特许权项目，即是外商建设—运营—移交的基础设施项目。政府部门通过特许权协议，在规定的时间内，将项目授予外商为特许权项目成立的项目公司，由项目公司负责该项目的投融资、建设、运营和维护。特许期满，项目公司将特许权项目的设施无偿移交给政府部门。例如，1995 年，广西壮族自治区来宾电厂的二期工程来宾 B 电厂项目既是第一个经国家级批准的 BOT 项目，也是中国第一个 BOT 投资方式的试点项目，法国电力国际和通用电气阿尔斯通联合体为该项目中标的社会资本，法国电力国际和通用电气阿尔斯通按照股东协议分别出资 60% 和 40% 组成来宾B 电厂的项目公司，即广西来宾法资发电有限公司。由项目公司承担项目融资、设计、建设、采购、运营和维护等工作，广西壮族自治区政府也给予了大力支持。该项目每个运营年度向广西壮族自治区电力局输送 35 亿度的用电量，大大缓解了广西壮族自治区供电不足的局面。

随着多年的发展，PPP 因其自身的优势在我国多个领域以多种具体方式得到了广泛的应用，对我国国民经济的发展发挥了重要的作用。

（1）根据财政部关于《政府和社会资本合作模式操作指南》（财金［2014］113 号），我国 PPP 的运作方式主要有委托运营、管理合同、建设—运营—移交、建设—拥有—运营、移交—运营—移交和改建—运营—移交等。

1）委托运营（Operations & Maintenance，O&M）是指政府将存量公共资产的运营维护职责委托给社会资本或项目公司，社会资本或项目公司不负责用户服务的 PPP 运作方式。政府保留资产所有权，只向社会资本或项目公司支付委托运营费。合同期限一般不超过 8 年。

2）管理合同（Management Contract，MC）是指政府将存量公共资产的运营、维护及用户服务职责授权给社会资本或项目公司的项目运作方式。政府保留资产所有权，只向社会资本或项目公司支付管理费。管理合同通常作为移交—运营—移交的过渡方式，合同期限一般不超过 3 年。

3）建设—运营—移交（Build-Operate-Transfer，BOT）是指由社会资本或项目公司承担新建项目设计、融资、建造、运营、维护和用户服务职责，合同期满后项目及相关权利等移交给政府的项目运作方式。合同期限一般为 20～30 年。

4）建设—拥有—运营（Build-Own-Operate，BOO）由 BOT 方式演变而来，二者区别主要是 BOO 方式下社会资本或项目公司拥有项目所有权，但必须在合同中注明保证公益性的约束条款，一般不涉及项目期满移交。

5）移交—运营—移交（Transfer-Operate-Transfer，TOT）是指政府将存量资产所有权有偿转让给社会资本或项目公司，并由其负责运营、维护和用户服务，合同期满后资产及其所有权等移交给政府的项目运作方式。合同期限一般为20～30 年。

6）改建—运营—移交（Rehabilitate-Operate-Transfer，ROT）是指政府在 TOT 模式的基础上，增加改扩建内容的项目运作方式。合同期限一般为 20～30 年。

（2）根据国家发展改革委《关于开展政府和社会资本合作的指导意见》（发改投资〔2014〕2724 号）这一文件，我国 PPP 运作方式又可以描述为经营性项目、准经营性项目和非经营性项目三大类。

1）经营性项目。对于具有明确的收费基础，并且经营收费能够完全覆盖投资成本的项目，可通过政府授予特许经营权，采用建设—运营—移交（BOT）等模式推进。要依法放开相关项目的建设、运营市场，积极推动自然垄断行业逐步实行特许经营。

2）准经营性项目。对于经营收费不足以覆盖投资成本、需政府补贴部分资金或资源的项目，可通过政府授予特许经营权附加部分补贴或直接投资参股等措施，采用建设—运营—移交（BOT）、建设—拥有—运营（BOO）等模式推进。要建立投资、补贴与价格的协同机制，为投资者获得合理回报积极创造条件。

3）非经营性项目。对于缺乏"使用者付费"基础、主要依靠"政府付费"回收投资成本的项目，可通过政府购买服务、委托运营、合同管理等市场化模式推进。要合理确定购买内容，把有限的资金用在刀刃上，切实提高资金使用效益。

（3）根据政府和社会资本在项目中的参与程度、主导地位的差异以及项目本身的具体情况，实践中 PPP 模式的具体运作方式还有其他的描述形式。

1）民间主动融资（PFI）。PFI 是指政府部门根据社会对基础设施的需要，提出需要建设的项目，通过招投标，由获得特许权的社会资本进行公共基础设施项目的建设与运营，并在特许期（通常为 30 年左右）结束时，将所经营的项目完好地、无债务地归还政府，而社会资本则从政府部门或接受服务方收取费用以回收成本的项目融资方式。

2）建造—拥有—运营—移交（BOOT）。BOOT 是指以社会资本为基础设施项目进行融资并负责建设，拥有和经营这些设施，待期限届满，社会资本将设施及其所有权移交给政府。

3）建设—移交—运营（BTO）。BTO 是指社会资本为基础设施融资并负责其建设，完工后即将设施所有权移交给政府，随后政府再授予其经营该设施的长期合同。

4）设计建造（DB）。DB 是指社会资本设计和建造基础设施，以满足政府部门的规范，往往是固定价格。社会资本承担所有风险。

5）设计—建造—融资—经营（DBFO）。DBFO 是指社会资本设计、融资、建造新的基础设施，以长期租赁的形式运行和维护。当租约到期时，社会资本将基础设施的组件转交给政府。

6）购买—建设—运营（BBO）。BBO 是指一段时间内，公有资产在法律上转移给社会资本。

7）只投资。只投资是指社会资本，通常是一个金融服务公司，投资建设基础设施，向政府部门收取使用这些资金的利息。

8）股权产权转让。股权产权转让是指政府将国有独资或国有控股的企业的部分产权或股权转让给民营机构，建立和形成多元投资和有效公司治理结构，同时政府授予新的合资公司特许权，许可其在一定范围和期限内经营特定业务。

9）合资合作。合资合作是指政府方以企业的资产与社会资本（通常以现金方式出资）共同组建合资公司，负责原国有独资企业的经营。同样，政府授予新的合资公司特许权，许可其在一定范围和期限内经营特定业务。

综上所述，PPP 不是一种独立的模式，而是项目融资模式的总称，主要使用在公共领域或准公共领域内，不仅是一种融资手段，更是一次体制机制变革，涉及行政体制改革、财政体制改革、投融资体制改革。从政府授予特许经营权的角度，必然体现为具体项目的 BOT、TOT、BOO、ROT 等具体模式。因此，无论是特许经营权，还是从财政部或发展改革委对我国 PPP 项目运作方式的描述等来看，内涵基本是一致的，都是根据收费定价机制、项目投资收益水平、风险分配基本框架、融资需求、改扩建需求和 PPP 全生命周期期满处置等因素的不同，政府将功能项目形成和产生服务功能的全生命周期中的各个阶段的责任和权利委托给社会资本的程度和方式。例如，新建公共服务功能项目，如对直接用户服务的服务收费足够支付投资和运维成本，并足以支付合理的成本资金收益的公共项目，政府可以采用授予社会资本特许经营权的形式，委托社会资本承担项目建设、运维等项目阶段的责任，社会资本则通过获得的经营权取得经营收入来回收项目投资运维成本和取得成本资金效益，在形式上体现为 BOT 的具体运作方式。换句话说，如果公共服务项目的直接用户服务的服务收费不足以支付投资和运维成本或不足以支付合理的成本资金收益，虽然政府也可以采用授予社会资本特许经营权的形式，委托社会资本承担项目建设、运维等项目阶段的责任，在形式上也可以叫作 BOT 的具体形式，但政府是需要在特许经营权之外根据项目的绩效评价给予项目社会资本以财政补贴或直接股权等方式予以项目合同的约定的，也就是说，此 BOT 与彼 BOT 在本质和内容上是不一样的。因此，无论是哪种描述形式的具体项目的具体运作方式，都体现了我国 PPP 模式是在公共基础设施和公共产品或服务等公用事业领域的一种项目融资模式，是从公共基础设施建设中发展起来的一种优化的项目融资模式，这是一种以各个参与方的"共赢"为合作理念的现代融资模式。其典型的结构为：政府通过有关公开公平公正的竞争性方式选择具有投资、运营管理能力的社会资本，并与社会资本签订项目合同，通过合同条款明确界定双方在基础设施和公共产品或服务项目建设、运营中的权利与职责，双方通过资源优势互补和权利共享、风险共担来提供公共产品或服务。由合同社会资本方负责项目的筹资、建设、运营及维护等全部工作或阶段工作，政府则根据项目的具体情况在做好监管和协调的同时，根据具体项目的科学的预评价和中期评价乃至终期评价结果，给予社会资本特许经营权或直接参股或回购或补贴多种方式中的一种合理搭配形式，给予投资成本和成本收益的对价支付。在我国执行 PPP 模式的项目运作过程中，通常由政府与社会资本以及向社会资本提供贷款的金融机构达成一个直接协议，这个直接协议不是对项目进行担保的协议，而是一个政府向借贷机构的承诺，承诺将按照政府与社会资本签订的项目合同支付有关费用，这个直接协议使社会资本能比较顺利地获得金融机构的贷款；政府则对项目实施监管，同时通过资本性补贴、回购、参股或相关优惠政策予以支持。采用这种融资形式的实质是：政府通过以"契约约束机制"的长期合作伙伴关系督促社会资本按照政府规定的质量标准进行公共品生产。同时，政府通过给予社会资本长期的收益权或经营权来取得基础设施和公共产品或服务的加快建设及有效运营。

八、PPP 的背景

PPP 是中共十八大、十八届三中全会关于全面建成小康社会、全面深化改革、紧紧围绕六个具体改革的产物。

经过 35 年的改革开放，市场在资源配置中的地位作用也经历了 35 年的实践发展，中共十八届三中全会关于"使市场在资源配置中起决定性作用和更好发挥政府作用"的提出经历了一个不断升级的发展过程。中共十一届三中全会提出"重视价值规律的作用"，中共十二大提出了"贯彻计划经济为主，市场调节为辅的原则"，到中共十四大就有了"使市场在国家宏观调控下对资源配置起基础性作用"。随着国民经济发展和人民生活水平提高的要求，中共十六大明确提出"在更大程度上发挥市场在资源配置中的基础性作用"，循序渐进、逐步发展。35年的改革开放，市场经济在资源配置中循序渐进、逐步发展的作用，极大地推动了我国国民经济的发展。正如中共十八届三中全会提出的，目前中国经济已然成为世界引擎，但经济的潜在增长率已在降低，传统的发展方式已经不可持续，在经济迫切需要增强发展后劲、政治迫切需要推动体制创新、社会管理迫切需要化解突出矛盾、文化发展迫切需要激发创新活力、生态环境迫切需要健全法律保障的新的历史起点上全面建成小康社会，加快转变经济发展方式，让群众过上更好的生活，必须依靠全面深化改革。改革就是体制变革、结构变动、利益调整的过程，重要领域和关键环节的改革，矛盾更多，困难更大，牵一发而动全身。强调以经济体制改革为全面深化改革的重点，核心问题是处理好政府和市场的关系，发挥经济体制改革的牵引作用，紧紧围绕使市场在资源配置中起决定性作用和更好发挥政府作用而深化经济体制改革。坚持和完善基本经济制度，加快完善现代市场体系、宏观调控体系、开放型经济体系，加快转变经济发展方式，加快建设创新型国家，推进经济更有效率、更加公平、更可持续发展。公有制为主体、多种所有制经济共同发展的基本经济制度，是中国特色社会主义制度的重要支柱，也是社会主义市场经济体制的根基。公有制经济和非公有制经济都是社会主义市场经济的重要组成部分，都是我国经济社会发展的重要基础。必须毫不动摇地巩固和发展公有制经济，坚持公有制主体地位，发挥国有经济主导作用，不断增强国有经济活力、控制力和影响力。必须毫不动摇地鼓励、支持、引导非公有制经济发展，激化非公有制经济活力和创造力。要完善产权保护制度，积极发展混合所有制经济，推动国有企业完善现代企业制度，支持非公有制经济健康发展，允许社会资本通过特许经营等方式参与城市基础设施投资和运营。

财政是国家治理的基础和重要支柱，科学的财税体制是优化资源配置、维护市场统一、促进社会公平、实现国家长治久安的制度保障。正如《国务院关于深化预算管理制度改革的决定》（国发〔2014〕45 号）提出的，随着经济的发展，现行预算管理制度也暴露出一些不符合公共财政制度和现代国家治理要求的问题，主要表现在：预算管理和控制方式不够科学，跨年度预算平衡机制尚未建立；预算体系不够完善，地方政府债务未纳入预算管理；预算约束力不够，财政收支结构有待优化；财政结转结余资金规模较大，预算资金使用绩效不高；预算透明度不够，财经纪律有待加强等，财政可持续发展面临严重挑战。深化财税预算体制改革，实现全面规范、公开透明、有效监督、资金效益的现代财政预算制度已迫在眉睫。划清市场和政府的边界，凡属于市场能发挥作用的，财税等优惠政策要逐步退出；凡属于市场不能有效发挥作用的，政府包括公共财政要主动补位。规范地方政府债务管理，防范化解财政风险，赋予地方政府依法适度举债权限，建立规范的地方政府举债融资机制。政府只能通过政府及其部门举债，不得通过企业事业单位举债，剥离地方融资平台公司政府融资职能，推广使用政府与社会资本合作模式，鼓励社会资本通过特许经营等方式参与城市基础设施等有一定收益的公益性事业投资和运营。

改革开放以来，虽然我国的基础设施建设取得了巨大的成就，成为经济快速发展的推动力。然而传统的基础设施建设模式主要依托地方政府有足够的土地出让收益对项目产品进行回购，随着土地财政紧缩[①]，地方债收紧，城镇化进程对政府基础设施建设的压力剧增，地方政府面临巨大压力，同时，国家对地方债及融资平台进行改革清理，地方政府原有的融资渠道被规范和堵塞，地方政府没有足够的财政能力支持需求日益剧增的基础设施和公用项目。建立"借、用、还"相统一的地方政府性债务管理机制，有效发挥地方政府规范举债的积极作用，能够切实防范化解地方政府的财政金融风险，促进国民经济持续健康的发展。《国务院关于加强地方政府性债务管理的意见》（国发［2014］43号）强调，推广使用政府与社会资本合作模式，鼓励社会资本通过特许经营等方式，参与城市基础设施等公益性事业投资和运营。政府通过特许经营、合理定价、财政补贴等事先公开的收益约定规则，使投资者有长期稳定收益。投资者按照市场化原则出资，按照约定规则独自或与政府共同成立特别目的公司（项目公司）建设和运营合作项目。投资者或特别目的公司（项目公司）可以通过银行贷款、企业债、项目收益债券、资产证券化等市场化方式举债并承担偿债责任。政府对投资者或特别目的公司（项目公司）按照约定规则依法承担特许经营权、合理定价、财税补贴等相关责任，不承担投资者或特别目的公司（项目公司）的偿债责任。

中共十八届三中全会提出，科学的宏观调控和有效的政府治理是发挥社会主义市场经济体制优势的内在要求，必须切实转变政府职能。全能型政府的职能模式是计划经济的产物，是我国经济体制改革的主要对象。在计划经济条件下，政府通过指令性和行政手段进行经济管理，政府扮演了生产者、监督者和控制者的角色，基础设施和公共产品或服务提供的投资与规划都由政府决策，政府充当投资者，同时又充当管理者与监督者，既要考虑经济效益也要考虑社会效益，多重身份下的目标不一致，导致为社会和民众提供公共服务的职能和角色被淡化，资源的配置不能最优化。社会主义市场经济体制的完善，要求政府把微观主体的经济活动交给市场调节，政府由原来对微观主体的指令性管理转换到为市场主体服务上来，转换到为企业生产经营创造良好发展环境上来。PPP投融资模式可以实现政府职能转变，即将原来政府完全主导、超额负债发展经济转变为吸引社会资本合作、将部分风险及收益转给社会资本的模式。

---

① 丰富的土地资源和强大的住房需求结合到一起，就形成了土地财政。1998年房改之前，人们没有买房子的意识，靠分房，等分房。房改以后，人们逐渐开始意识到分房的可能性越来越小。2000年以后，人们有了买房的意识。近十年，房地产火爆，地方政府通过土地出让，财政收入可观。因此，地方政府的土地财政成为支撑着城市化发展的重要动力。但到今天，这个情况已经发生了变化，一方面，土地资源是有限的；另一方面，很多地方的房子库存量太大，卖不出去，像前几年那样大规模的房产建设现象很难重现，靠土地财政来支撑未来的经济发展是不太可能的。

2008 年世界金融危机后，我国政府为稳定市场、发展经济，推行了相当长时期的宽松货币政策，并开展了大量由政府完全主导的基础设施建设，这使得社会闲置资金急剧增加，而传统的基础设施、城市设施、社会事业领域又不对社会资本开放，因此社会资本大量涌入房地产、民间借贷、股市等领域，不仅未能对实体经济的发展起到良好的作用，反而影响了社会经济的正常运转。

按照中共中央、国务院的决策部署，使市场在资源配置中起决定性作用和更好地发挥政府作用，建立健全 PPP 机制，推广 PPP 模式，吸引社会闲置资金、拓展金融领域改革、发挥好政府投资的引导和带动作用，立足于加强和改善公共服务，形成有效促进 PPP 模式规范健康发展的制度体系，培育统一规范、公开透明、竞争有序、监管有力的 PPP 市场。着力化解地方政府性债务风险，积极引进社会资本参与地方融资平台公司存量项目改造，争取通过 PPP 模式减少地方政府性债务，在新建公共服务项目中，逐步增加使用 PPP 模式的比例。

2014 年（又被称为"PPP 元年"），随着《国务院关于加强地方政府性债务管理的意见》（国发〔2014〕43 号）、《国家发展改革委关于开展政府和社会资本合作的指导意见》（发改投资〔2014〕2724 号）和《财政部关于推广运用政府和社会资本合作模式有关问题的通知》（财金〔2014〕76 号）、《财政部关于印发政府和社会资本合作模式操作指南（试行）的通知》（财金〔2014〕113 号）等关于 PPP 的指导性文件的出台，PPP 作为政府融资的法定模式正式登场亮相，开展 PPP 已经上升为国家战略。

九、PPP 的重大意义

借鉴 20 世纪 90 年代在西方发达国家基础设施建设中流行起来的 PPP 模式，结合我国的具体情况，具有中国特色本土化的 PPP 模式是公共服务供给机制的重大创新，是在基础设施及公共服务或产品领域建立的一种利益共享、风险分担的长期合作关系，即政府采取竞争性方式择优选择具有投资、运营管理能力的社会资本，双方按照平等协商原则订立合同，明确责权利关系，合作各方可以达到与预期单独行动相比更为有利的结果。由社会资本提供公共服务，政府依据公共服务绩效评价结果向社会资本支付相应对价，保证社会资本获得合理收益。政府并不是把项目的责任全部转移给私营企业，而是通过协议的方式明确共同承担的责任和风险，为社会更有效地提供公共产品和服务，使有限的资源发挥更大的作用，更好地满足社会公众的使用需求；社会资本也不是追求投资利润的最大化，而是在法律法规规定的范围内，在承担社会责任的前提下，取得合理的投资回报。这种形式的 PPP 模式理顺了政府和市场的关系，有利于充分发挥市场机制作用，有利于充分发挥市场配置资源的决定性作用，提升公共服务的供给质量和效率，实现公共利益最大化。有利于大众创业、万众创新和增加公共产品、公共服务"双引擎"，让广大人民群众享受到优质高效的公共服务，对推动我国经济发展和社会发展具有重大的意义。

（1）有利于加快转变政府职能，实现政企分开、政事分开，提升国家治理能力。PPP 模式能够将政府的发展规划、市场监管、公共服务职能，与社会资本的管理效率、技术创新动力有机结合。政府作为监督者和合作者，减少对微观事务的直接参与，加强发展战略制定、社会管理、市场监管、绩效考核等职责，有助于解决政府职能错位、越位和缺位的问题。社会资本为公共服务涉及的投资、融资、建设、运营和维护等责任承担者，主导管理效率的提高和技术创新等具体事务性工作，有助于提高公共服务的效率与质量。PPP 模式要求政府和社会资本平等参与、公开透明、依法按照合同办事，有利于政府简政放权，更好地实现政府职能转变，弘扬契约文化，体现现代国家治理理念。有利于理顺政府与市场关系，加快政府职能转变。

（2）有利于创新投融资机制、促进投资主体多元化，打破行业准入限制、打破行业垄断，激发经济活力和创造力。PPP 模式可以有效打破社会资本进入公共服务领域的各种不合理限制，鼓励外资企业、国有企业、民营企业、混合所有制企业等各类型企业积极参与提供公共服务，给予中小企业更多的参与机会，大幅拓展社会资本特别是民营资本的发展空间，激发市场主体活力和发展潜力。有利于拓宽社会资本投资渠道，形成多元化、可持续的公共服务资金投入渠道；有利于推动各类资本相互融合、优势互补，促进投资主体多元化；有利于盘活社会存量资本，用好增量资本，调结构、补短板、惠民生，服务国家生产力布局，促进重点领域建设，增加公共产品有效供给，打造新的经济增长点，增强经济增长动力。

（3）有利于深化财税体制改革、构建现代财政制度，防范和化解政府性债务风险，尤为防范和化解地方政府性债务风险，完善财政投入和管理方式，弥补财政资金的不足，提高财政资金使用效益。

在 PPP 模式下，政府以特许经营、股权合作、回购服务、运营补贴等作为社会资本提供公共服务的对价，以绩效评价结果作为对价支付依据，并纳入预算管理、财政中期规划和政府财务报告，能够在当代人和后代人之间公平地分担公共资金投入，符合代际公平原则，有效弥补当期财政投入不足，有利于减轻当期财政支出压力，平滑年度间财政支出波动。根据财税体制改革要求，现代财政制度的重要内容之一是建立跨年度预算平衡机制、实行中期财政规划管理、编制完整体现政府资产负债状况的综合财务报告等。PPP 模式的实质是政府购买服务，要求从以往单一年度的预算收支管理，逐步转向强化中长期财政规划，这与深化财税体制改革的方向和目标高度一致。

PPP 模式的移交—运营—移交（TOT）、改建—运营—移交（ROT）等具体的项目运作方式，有利于政府尤其是地方政府将融资平台公司存量公共服务项目转型为 PPP 项目，引入社会资本参与改造和运营，在征得债权人同意的前提下，将政府性债务转换为非政府性债务，减轻政府尤其是地方政府的债务压力。同时，也有利于推动融资平台公司与政府脱钩，进行市场化改制，建立现代企业制度。再者，政府在基础设施和公共产品或服务领域引入 PPP 模式，则政府不再作为投资的唯一主体，只是作为控制者、监管者和适当的支持者，有利于规避政府的巨大债务风险，也有利于政府腾出资金用于重点民生项目建设，更有利于理顺政府和市场的关系，充分发挥市场对资源的配置作用。

（4）有利于促进经济转型升级、支持新型城镇化建设的必然要求。我国正在实施新型城镇化发展战略，新型城镇化是现代化的要求，也是稳增长、促改革、调结构、惠民生的重要抓手，是国家确定的重大经济改革任务。从我国国情看，到 2020 年全面建成小康社会，实现城市化率 60% 的宏伟目标，加之 2004～2013 年城镇化建设的高速发展留下的城镇基础设施投资主体单一、资源配置不合理、结构性矛盾突出等不利于"新型城镇化"需求而需要升级改造的因素，预计到 2020 年中国新型城镇化带来的投资需求会达到 40 万亿元。要满足如此巨大的基础设施和公共产品或服务的新型城镇化建设需求，像之前仅依靠政府单一投资是远远不够的。特别是在当前政府负债高、土地财政又难以继续的情况下，PPP 这一新的融资管理模式，通过政府向社会资本开放基础设施和公共服务项目，可以拓宽城镇化建设融资渠道，形成多元化、可持续的资金投入机制，有利于整合社会资源，盘活社会存量资本，激发民间投资活力，拓展企业发展空间，加快新型城镇化建设，提升经济增长动力，促进经济结构调整和转型升级。

（5）有利于金融机构融资模式的创新和融资管理能力的提高。对金融机构来说，传统融资模式对能力要求不高，放贷只需要有资产抵押、信用抵押或担保即可。基于项目收入的有限追索项目融资管理，要对项目可否融资做出判断，如不了解工程建设与运维管理，是很难的。PPP 模式主要是基于项目预期收入情况的融资投资，即项目的预期收益为还款的主要来源，这就推动了金融机构不得不加强融资模式的创新和融资管理能力的提高。

（6）有利于激励社会资本的积极性，提高项目的管理效率，降低项目投资运维成本，提高公共产品或服务的供给力和供给质量。PPP 模式自身物有所值、风险共担、利益共享、伙伴关系以及产品或服务的公共性等固有特征，决定了这种模式能够将政府的战略规划组织协调优势、企业项目管理运营、技术创新优势和金融机构的融资优势有效结合起来，形成多方合力。政府与社会资本以特许协议为基础进行的全程合作，双方共同对项目建设、运营的整个 PPP 生命周期负责。PPP 方式的操作规则使社会资本能够参与到基础设施和公共服务或产品项目的确认、设计和可行性研究等前期工作中来，即社会资本将在投资建设中更有效率的管理方法与技术引入项目论证中，这不仅有利于降低社会资本的投资风险，也有利于规避政府传统方式下实施项目的"三超"现象，即超预算、超规模、超工期，还能有效地实现对项目包括投资运维成本的控制在内的项目建设和运营的全方位控制。同时，PPP 项目只有在已经完成并得到政府批准使用后，社会资本才能开始获得收益，而且政府按照项目绩效评价结果作为支付依据，而社会资本的目标主要是追逐利润和投资成本的早日回收，因此社会资本会充分发挥项目管理优势。综上所述，PPP 有利于提高项目管理效率，降低项目成本，提高公共服务质量，较好地保障国家和社会资本、社会公众等各方的利益。例如，英国是最早应用 PPP 模式的国家，根据英国的相关经验，PPP 模式下的建设工程投资可节约 17％的资金，80％的工程项目按期完成，20％的项目未按期完成的，拖延时间最长不超过 4 个月，80％的工程投资成本均在预算之内，20％超预算的项目由政府提出调整方案；而传统方式实施的基础设施和公用事业项目，只有 30％的项目按期完成，只有 25％的项目不超出预算。

（7）基于 PPP 固有的特性和优势，其在我国经济、政治、社会、安全、生态文明等方面均有重大意义：①如帮助政府改善发展模式，政府部门和民间机构互相取长补短，弥补双方不足，形成长期互利。②有利于提高公共部门管理水平，为实施 PPP 项目，政府部门应以全新的方式统筹推进，并启动相应改革，同时政府部门的管理人员也不得不提升自己的专业水平以应对项目专业化的管理工作需要。③有利于"一带一路"经济发展，"一带一路"是亚欧新的区域合作框架，然而，"一带一路"战略覆盖区域广大、涉及跨境投资领域多元，项目结构复杂，参与主体繁多，而且各国基础设施建设不平衡，中低收入国家的基础设施严重落后，在各国基础设施建设过程中还面临资金缺口大，融资渠道、方式、主体及机制问题，因此构建多层次、多主体的"一带一路"综合跨境投融资体系是迫切的需要。PPP 模式不仅可以发挥更大、更广、多层次、全方位的弥补融资缺口作用，更可以大大提升全球资源配置的效率。④有利于环保生态、医疗、教育、养老等公共事业的发展和反腐倡廉。

总之，从西方社会 PPP 模式发展而来的 PPP 模式在基础设施和公共服务或产品领域的推广运用，是国家确定的重大经济改革任务，对于我国全面建成小康社会、加快转变经济发展方式、加快新型城镇化建设、提升国家治理能力、深化财税体制改革和构建现代财政制度，以及增强政府公信力和执行力、建设法治政府和服务性政府等均有不可忽略的意义。

第 二 章

政府和社会资本合作（PPP）应用

》》 一、PPP 模式在世界的应用

世界上很多国家在经济发展起步阶段普遍采取以国家财政资金为主导的政策进行基础设施建设。但随着经济的高速发展，对基础设施建设投资的需求与日俱增，单独依靠国家财政拨款建设基础设施已不能满足需求。

20 世纪 70 年代以来，西方国家纷纷放松对过去由国家垄断经营的基础设施领域的管制，引入民间资本，建立竞争机制，进行基础设施领域的改革，这大大地推动了基础设施领域及其相关行业的发展，基础设施产品的供给能力和供给效益有了极大的提高。

20 世纪 90 年代初期，英国于 1992 年最早在基础设施领域应用了 PPP 模式。20 多年以来，PPP 模式已覆盖到交通、卫生、国防、教育、环保、生态、市政等许多公共服务领域，为包括我国在内的世界经济和社会的发展发挥了巨大的作用。

英国约有 10％的基础设施和公用事业项目的建设投资是通过 PPP 模式实现的。据统计，PPP 模式应用于 30 多所医院和 230 多所学校的建设运营。例如，在 1997 年，英国教育和劳工部在英格兰和威尔士地方教育机构的学校建设、运营中成功地应用了 PPP 模式。

截至 2011 年，美国共有 24 个州的 104 个交通项目采用了 PPP 模式，其中高速公路、桥梁、隧道等项目在数量和投入资金总额上占总数的 80％左右，其次是铁路和机场项目。

澳大利亚政府在 1995 年采纳了国家竞争政策，要求澳大利亚联邦和州在基础设施发展上引入竞争。该政策促使了许多原先由政府独占和垄断的基础设施经

营业务得到了重组。同时，澳大利亚政府重新认识了提供公共服务的隐形成本，如资金成本、价格风险等。因此，澳大利亚政府认识到 PPP 模式应该作为政府提供基础设施的重要方式。目前，澳大利亚已经成为世界上 PPP 模式应用体系最为成熟的国家之一，政府和社会资本合作政策、法规为实现 PPP 模式的项目提供了统一框架。截至 2012 年，澳大利亚共有 PPP 项目 127 个，合同金额 760 多亿美元。例如，提供"职业教育与培训"使用需求的南岸教育和培训管辖区重建项目为 PPP 实施模式，投资 2.5 亿美元，34 年运营维护服务。

1999 年，日本政府在基础设施建设领域引入 PPP 模式，并出台了相应的法规，并在当年选择政府大楼、学校和医院等项目进行试点。在政府的努力下，从 2000 年起，日本 PPP 项目的数量和投资规模高速增长，尤其在政府设施、教育、健康医疗和娱乐休闲设施方面，PPP 模式得到了较好的发展。截至 2009 年，日本已经运营的 PPP 由 2001 年仅有的 3 个项目达到 224 个，涉及教育与文化、健康与环境、城市建设、政府公务、生活与福利等诸多领域，极大地提高了日本基础设施服务的质量和水平，有效地解决了 20 世纪末因泡沫经济引起的财政投资不足问题。在日本，由于 PPP 模式实践的积极作用，日本政府逐步将公路、港口、机场等大型重要基础设施项目对社会资本开放。

1994 年，智利在平衡基础设施投资和公用事业急需改善的背景下引进 PPP 模式，已经完成的项目包括机场等交通领域工程、水库工程等。至今，年投资规模由 3 亿美元增加到 17 亿美元。

1997 年，葡萄牙启动 PPP 模式，首先应用在公路网的建设上，现今已应用到医院、铁路和城市地铁的建设运营领域。

2004 年，巴西通过"公私合营模式"法案，将公路、铁路、港口和灌溉工程作为 PPP 模式的实施范围。

21 世纪以来，联合国、世界银行、欧盟和亚洲开发银行等国际组织在全球大力推广 PPP 的理念和经验，目前发展中国家已经纷纷开始实践。

>>> 二、PPP 模式在我国的应用

中共十一届三中全会"重视价值规律的作用"以来，中国在引进外资、民间资本进入基础设施和公用事业领域的建设，基本与世界同步，只是当时没有提出 PPP 模式这个概念，也尚未引起国家层面的关注，无相应政策和规章，地方政府与投资者都是在探索中前进。改革开放以来，外资大规模进入中国，一部分外资尝试进入公用事业和基础设施领域。地方政府开始与投资者签订协议，合作进行基础设施建设，本质上就是 PPP。如深圳沙角 B 电厂 BOT 项目是中国首个以

BOT 方式建造的火力发电厂，由深圳经济特区电力开发公司（深圳市能源集团有限公司前身）与香港合和电力（中国）有限公司于 1985 年合作兴建，1988 年 4 月正式投入商业运行。1999 年 8 月，香港合和电力（中国）有限公司在运营 10 年后，将电厂正式移交给深圳市广深沙角 B 电力有限公司，股东为深圳市能源集团有限公司和广东省电力集团公司，分别持股 64.77％和 35.23％。2002 年 10 月，广东省电力集团公司公开拍卖 35.23％所持股份，广州发展实业控股集团股份有限公司中标持得该股份。2007 年 12 月，深圳市能源集团有限公司将其持有的 64.77％股份股权注入其控股的上市公司——深圳能源集团股份有限公司。沙角 B 电厂投产 20 年来，已经累计发电 900 亿度，成为广东电网主力电厂之一，为广东的电网稳定和经济建设做出积极贡献。因此 PPP 在中国的应用，本质上并非新鲜事物。

1995 年 8 月 21 日，原国家计委、电力部、交通部联合发布了《关于试办外商投资特许权项目审批管理有关问题的通知》，提出长期以来交通、能源等基础设施和基础产业一直是我国国民经济发展的瓶颈。为改善这种状况，按照国家的产业政策，需要积极引导外商投资的投向，将外商投资引导到我国急需发展的基础设施和基础产业上来。对此，国家除继续鼓励外商采用中外合资、合作和独资建设经营我国基础设施和基础产业项目外，在借鉴国外经验的基础上，拟采用 BOT 的投资方式，试办外商投资的基础设施项目。原国家计委有组织地推进，也掀起了第一波 PPP 高潮。国家计委推行了合肥王小郢污水处理 TOT 项目、兰州自来水股权转让项目、北京亦庄燃气 BOT 项目、北京房山长阳新城项目、广西来宾 B 电厂项目等 BOT 试点项目。其中，广西来宾 B 电厂项目是来宾电厂的二期工程，也是中国第一个国家级批准的 PPP 项目（1995 年 5 月 10 日，原国家计委正式批准来宾 B 电厂项目为中国 BOT 试点项目）。

基于中共十六大提出在更大程度上发挥市场在资源配置中的基础性作用和十六届三中全会提出让民营资本进入公共领域，原建设部于 2002 年、2004 年先后出台《关于加快市政公用行业市场化进程的意见》和《市政公用事业特许经营管理办法》，进一步为 PPP 项目开展确立政策依据。在政策的东风下，各地推出大批 PPP 试点项目，掀起了 PPP 第二波高潮，外企、民企、国企等社会资本均积极参与。污水处理项目较多，也有自来水、地铁、新城、开发区、燃气、路桥项目。如北京 2008 年奥运会主体育场——国家体育场项目、北京地铁 4 号线项目等。

2009～2012 年，随着 4 万亿元经济刺激政策的推出，地方政府基础设施建设投资高速增长，城镇化程度大幅提高，但 PPP 模式在此阶段却停滞不前，主要原因在于地方政府融资平台发展壮大，平台贷款、城投债等规模激增为地方政府提供了充足的资金，PPP 发展进入短暂的停滞阶段。

2013 年至今，为落实党中央、国务院关于"使市场在资源配置中起决定性作用和更好发挥政府作用"以及"允许社会资本通过特许经营等方式参与基础设施投资和运营"的决策部署，随着《国务院关于加强地方政府性债务管理的意见》（国发〔2014〕43 号）、《国家发展改革委关于开展政府和社会资本合作的指导意见》（发改投资〔2014〕2724 号）和《财政部关于推广运用政府和社会资本合作模式有关问题的通知》（财金〔2014〕76 号）、《财政部关于印发政府和社会资本合作模式操作指南（试行）的通知》（财金〔2014〕113 号）等关于 PPP 的指导性文件的出台，PPP 作为政府融资的法定模式正式登场亮相，开展 PPP 已经上升为国家战略。三年来，我国全面推进 PPP 模式的应用，全国 PPP 项目数量达到 1 万多个，拟将投资规模超过 10 万亿元。例如，2014 年财政部评选的天津新能源汽车公共充电设施网络、河北石家庄正定新区综合管廊项目、上海嘉定南翔污水处理厂一期工程等 30 个新建或存量 PPP 示范项目。又如，2015 年国家发展改革委推出大理市生活垃圾处置城乡一体化系统工程、固安工业园区新型城镇化项目、深圳大运中心项目等 13 个典型案例 PPP 项目。再如，2016 年财政部评选的北京轨道交通新机场线引入社会资本项目、河北省太行山等高速公路引入社会资本项目、青岛市地铁 4 号线 PPP 项目等 516 个 PPP 项目。这些项目有些已经在执行，有些正在准备，覆盖了交通、市政、生态环保、能源、教育、文化、医院、城镇综合开发、科技、林业、水利、保障性安居、养老、旅游等行业领域。

三、PPP 的典型案例

案例 1　中国第一个国家级批准的 PPP 项目：来宾 B 电厂项目

（一）项目概况

作为第一个经国家级批准的 BOT 项目，广西壮族自治区来宾电厂的二期工程来宾 B 电厂项目，是中国第一个 BOT 投资方式的试点项目，法国电力国际和通用电气阿尔斯通联合体获得该项目的特许经营权。本项目为全外资设立的项目公司负责制。

（二）项目参与方

1. 政府部门

原国家计委、电力工业部直接参与项目的决策和工作指导，而且协调国家外汇管理局出具了支持函。

广西壮族自治区政府直接签订特许权协议（与项目公司签订）并担保购电协议、燃料供应与运输协议和电力调度协议。

广西壮族自治区政府委托的北京大地桥投资咨询公司，负责邀请境外投资者以 BOT 形式投资建造该项目，并协助政府部门完成各项项目管理工作。

2. 社会资本方

法国电力国际和通用电气阿尔斯通联合体为社会资本方。联合体按照股份制联合出资，股东协议约定法国电力国际和通用电气阿尔斯通分别出资 60% 和 40%。

上述联合体社会资本方独立设立"广西来宾法资发电有限公司"为该项目的全外资项目公司，具体负责该项目的融资、设计、建造、运营和维护，以及在特许期结束后将电厂无偿移交给广西壮族自治区政府。

3. 项目执行过程中的项目公司合作方

（1）放贷方。该项目的贷款和资本金比例为 3∶1，股东的资本金为 1.54 亿美元，有限追索权贷款为 4.62 亿美元。

法国东方汇理银行、英国汇丰投资银行和英国巴克莱银行牵头组成银团联合承销，贷款中约 3.12 亿美元由法国出口信贷机构 COFACE 提供出口信贷保险。

（2）建设方和设备提供方。阿尔斯通出口公司和考菲瓦工程设计公司联合体负责该项目的施工建设；通用电气阿尔斯通和法国电力国际子公司 CNET 联合体负责该项目的运营设备和工程设备。

（3）运营方。法国电力国际（85%）、广西开发投资有限公司（7.5%）和广西电力工业局（7.5%）共同组建的运营公司——广西来宾希诺基发电运营维护有限责任公司为该项目的运营、维护公司。

（4）原材料供应方。广西建设燃料有限责任公司负责供应该项目发电所需求的燃煤。项目公司有权拒绝不符合燃料供应和运输协议约定的不合格燃煤原材料。

（5）项目产品需求方。广西电力局为该项目产品——电量的购置方。电量购置方与项目公司的购电协议约定，项目公司每年将 35 亿度的电量送入广西电网，最终通过广西电网输送到用电终端用户，是一个典型的使用者付费的 PPP 项目。

（三）实施流程

1. 项目识别及项目准备

广西壮族自治区来宾电厂供电能力不足，经调查论证，需增加两台 36 万千瓦火电机组发电设施及相关配套系统。

1995 年 2 月，广西壮族自治区政府委托北京大地桥投资咨询公司组织该项目。同年 3 月，编制了 BOT 投资方式的可行性方案分析报告和初步财务分析报告，邀请境外投资者来投资建设。

1995 年 5 月 10 日，原国家计委正式批准来宾 B 电厂项目为中国 BOT 试点项目，也是中国第一个 BOT 投资方式的试点项目。

2. 项目招标评标

（1）资格预审。1995 年 8 月至 10 月初，《人民日报》（海外版）和《中国日报》（英文版）均发布了 BOT 方式建设来宾 B 电厂的公开资格预审公告，邀请境外有意向的投资者参与，共有 31 家投标人（其中 8 家联合体）递交了资格预审申请文件。经过对各个申请人的 BOT 经验、电厂建设经营经验、财务能力等综合评审，确定 12 家为合格投标人。

（2）项目招投标。1995 年 12 月 8 日，对 12 家合格投标人发售招标文件（1.2 万美元/套）。1995 年 12 月至 1996 年 5 月初，组织了现场考察、标前预备会议并发布标前会议备忘录，最终有 6 家投标人递交了投标书。

（3）评标定标。北京大地桥投资咨询公司协助广西壮族自治区政府组织评标委员会对 6 家投标文件充分评审，确定投标人排名前 3 位的是法国电力联合体、新世界联合体和美国国际发电（香港）有限公司。

北京大地桥投资咨询公司协助广西壮族自治区政府与第一名法国电力联合体针对项目协议的内容进行充分谈判，达成了一致意见，并签署了来宾 B 电厂项目的特许权协议。

3. 项目执行及移交

本项目由中标社会资本，即法国电力国际和通用电气阿尔斯通联合体组建了全外资"广西来宾法资发电有限公司"，作为该项目的协议签订和项目执行公司。

"广西来宾法资发电有限公司"独立签订项目设计、建设、运营和维护等专业执行合同，在融资完成日期（1997 年 9 月 3 日）为特许权协议之日起 18 年计算项目生命周期，包括建设期约 33 个月，含试运行期限在内约 15 年运营期。

生命周期的特许期期满后，项目公司无偿将正常运营的该电厂项目固定资产移交给广西壮族自治区政府。

（四）项目评价

虽然该项目为国家正式批准的第一个 BOT 试点项目，但确实取得了成功。首先解决了政府基础设施建设的资金不足，也降低了电价水平，项目公司提供的电价不到 0.05 美元/度，远远低于目前中国大城市的电价水平，社会公众得到了实惠。同时，社会资本也获得了投资回报。

（五）经验借鉴

1．竞争充分

31 家公司或联合体报名参与，资格预审后，12 家公司或联合体参与购置招标文件，组织现场踏勘和投标预备会后，最终还有 6 家实力强大的投标人投标竞选。

2．评标标准科学

鉴于本项目的最终项目产品为电量，针对电量的电价为评标主要标准，再结合其他体现投标人综合实力和信誉的评标因素。

（1）电价因素。该因素为 60% 的评标权重。本项目产品价格为无补贴的电价水平，以评标时当地的电价水平为基础，考虑电价走势、外汇和人民币的汇率及其走势、额外电量输出的费用，对项目整个特许生命周期内的预期电价综合评估。

（2）非电价因素。该因素为 40% 的评标权重。体现融资进度、成本及融资能力等综合融资能力的融资方案和包括项目管理、人员培训在内的项目建设、运营、维护的技术方案、移交方案的可行性及其科学性等，都是评标的重要标准。

3．社会资本独立设立项目公司负责的管理体制

中标社会资本法国电力国际和通用电气阿尔斯通联合体组建全外资"广西来宾法资发电有限公司"，负责项目的融资、设计、建造、运营和维护。特许期内，项目公司拥有电厂的所有财产、设备和设施的所有权，同时，项目公司可以抵押或转让本项目的运营权、全部资产、设施和设备来为本项目融资。

4．政府支持但不越位

广西壮族自治区政府不直接参与项目公司的组建，也不参与项目的具体建设、运营和维护管理，但最大限度地给予项目支持。

政府免费提供电厂土地以及建设过程中需使用的进场道路、材料堆场、用水用电接口等建设条件。

在建设期间，政府协调和推进所有与有关政府部门相关的项目批文和有关手续。

政府确保项目公司、建设承包商和运营维护承包商能及时进口该项目建设、运营和维护所需的一切材料、设备设施。

建设过程中，如果发现具有考古学、地质学和历史古迹物品，自治区政府及

时采取处理措施并承担费用，同时给予项目公司特许期延长以补偿项目公司。

政府给予项目公司提供外汇兑换担保，确保项目公司及时足额获得需要的兑换外币。

自治区政府承诺尽最大努力使项目公司获得中国法律、法规许可的税收优惠。如免交 3％的地方所得税、外国投资者从项目公司分得利润、免征预提所得税等。

自治区政府因某种不可抗力的特殊原因而终止特许权协议，项目公司可以将在建或运营的电厂有偿移交给自治区政府，自治区政府则支付给项目公司协议约定的赔偿金额。

特许权协议生效日之后中国法律、法规发生变化，给项目公司带来很大经济利益，自治区政府可以书面通知项目公司调整特许权协议条款，使项目公司的经济地位维持在法律法规变更之前的状况。

案例 2　北京地铁 4 号线项目

(一) 项目概况

北京地铁 4 号线是北京市轨道交通路网中的主干线之一，南起丰台区南四环公益西桥，途经西城区，北至海淀区安河桥北，线路全长 28.2 公里，车站总数 24 座。4 号线工程概算总投资 153 亿元，于 2004 年 8 月正式开工，2009 年 9 月 28 日通车试运营，目前日均客流量已超过 100 万人次。

地铁 4 号线是我国城市轨道交通领域的首个 PPP 项目，该项目由北京市基础设施投资有限公司（以下简称"京投公司"）具体实施。2011 年，北京金准咨询有限责任公司和天津理工大学按国家发改委和北京市发改委的要求，组成课题组对项目实施效果进行了专题评价研究。评价认为，北京地铁 4 号线项目顺应国家投资体制改革方向，在我国城市轨道交通领域首次探索和实施市场化 PPP 融资模式，有效缓解了当时北京市政府投资压力，实现了北京市轨道交通行业投资和运营主体多元化突破，形成同业激励的格局，促进了技术进步和管理水平、服务水平提升。从实际情况分析，4 号线应用 PPP 模式进行投资建设已取得阶段性成功，项目实施效果良好。

(二) 运作模式

1. 具体模式

4 号线工程投资建设分为 A、B 两个相对独立的部分：A 部分为洞体、车站等土建工程，投资额约为 107 亿元，约占项目总投资的 70％，由北京市政府国有独资企业京投公司成立的全资子公司4号线公司负责；B部分为车辆、信号等设备部分，投资额约为46亿元，约占项目总投资的30％，由PPP项目公司北京京港地铁有限公司（以下简称"京港地铁"）负责。京港地铁是由京投公司、香港地铁公司和首创集团按2：49：49的出资比例组建的。

4号线项目竣工验收后，京港地铁通过租赁取得4号线公司的A部分资产的使用权。京港地铁负责4号线的运营管理、全部设施（包括A和B两部分）的维护和除洞体外的资产更新，以及站内的商业经营，通过地铁票款收入及站内商业经营收入回收投资并获得合理投资收益。

30年特许经营期结束后，京港地铁将B部分项目设施完好、无偿地移交给市政府指定部门，将A部分项目设施归还给4号线公司。

2. 实施流程

4号线PPP项目实施过程大致可分为两个阶段，第一阶段为由北京市发改委主导的实施方案编制和审批阶段；第二阶段为由北京市交通委主导的投资人竞争性谈判比选阶段。

经市政府批准，北京市交通委与京港地铁于2006年4月12日正式签署了《特许经营协议》。

3. 协议体系

4号线PPP项目的参与方较多，特许经营协议是PPP项目的核心，为PPP项目投资建设和运营管理提供了明确的依据和坚实的法律保障。4号线项目特许经营协议由主协议、16个附件协议以及后续的补充协议共同构成，涵盖了投资、建设、试运营、运营、移交各个阶段，形成了一个完整的合同体系。

4. 主要权利义务的约定

（1）北京市政府。北京市政府及其职能部门的权利义务主要包括：

建设阶段：负责项目A部分的建设和B部分质量的监管，主要包括制定项目建设标准（包括设计、施工和验收标准），对工程的建设进度、质量进行监督和检查，以及项目的试运行和竣工验收、审批竣工验收报告等。

运营阶段：负责对项目进行监管，包括制定运营和票价标准并监督京港地铁执行，在发生紧急事件时，统一调度或临时接管项目设施；协调京港地铁和其他线路的运营商建立相应的收入分配分账机制及相关配套办法。

此外，政府要求或法律变更导致京港地铁建设或运营成本增加时，政府方负责给予其合理补偿。

（2）京港地铁。京港地铁公司作为项目B部分的投资建设责任主体负责项目资金筹措、建设管理和运营。为方便A、B两部分的施工衔接，协议要求京港地铁将 B 部分的建设管理任务委托给 A 部分的建设管理单位。

运营阶段：京港地铁在特许经营期内利用 4 号线项目设施自主经营，提供客运服务并获得票款收入。协议要求，京港地铁公司须保持充分的客运服务能力和高效的客运服务质量，同时须遵照《北京市城市轨道交通安全运营管理办法》的规定，建立安全管理系统，制定和实施安全演习计划以及应急处理预案等措施，保证项目安全运营。

在遵守相关法律法规，特别是运营安全规定的前提下，京港地铁公司可以利用项目设施从事广告、通信等商业经营并取得相关收益。

（三）借鉴价值

1. 建立有力的政策保障体系

北京地铁 4 号线 PPP 项目的成功实施，得益于政府方的积极协调，为项目推进提供了全方位保障。

在整个项目实施过程中，政府由以往的领导者转变成了全程参与者和全力保障者，并为项目配套出台了《关于本市深化城市基础设施投融资体制改革的实施意见》等相关政策。为推动项目有效实施，政府成立了由市政府副秘书长牵头的招商领导小组，发改委主导完成了 4 号线 PPP 项目实施方案，交通委主导谈判，京投公司在这一过程中负责具体的操作和研究。

2. 构建合理的收益分配及风险分担机制

北京地铁 4 号线 PPP 项目中政府方和社会投资人的顺畅合作，得益于项目具有合理的收益分配机制以及有效的风险分担机制。该项目通过票价机制和客流机制的巧妙设计，在社会投资人的经济利益和政府方的公共利益之间找到了有效的平衡点，在为社会投资人带来合理预期收益的同时，提高了北京市轨道交通领域的管理和服务效率。

（1）票价机制。4 号线运营票价实行政府定价管理，实际平均人次票价不能完全反映地铁线路本身的运行成本和合理收益等财务特征。因此，项目采用"测算票价"作为确定投资方运营收入的依据，同时建立了测算票价的调整机制。

以测算票价为基础，特许经营协议中约定了相应的票价差额补偿和收益分享机制，构建了票价风险的分担机制。如果实际票价收入水平低于测算票价收入水平，市政府需就其差额给予特许经营公司补偿。如果实际票价收入水平高于测算票价收入水平，特许经营公司应将其差额的 70% 返还给市政府。

（2）客流机制。票款是 4 号线实现盈利的主要收入来源，由于采用政府定价，客流量成为影响项目收益的主要因素。客流量既受特许公司服务质量的影响，也受市政府城市规划等因素的影响，因此，需要建立一种风险共担、收益共享的客流机制。

4 号线项目的客流机制为：当客流量连续三年低于预测客流的 80%，特许经营公司可申请补偿，或者放弃项目；当客流量超过预测客流时，政府分享超出预测客流量 10% 以内票款收入的 50%、超出客流量 10% 以上的票款收入的 60%。

4 号线项目的客流机制充分考虑了市场因素和政策因素，其共担客流风险、共享客流收益的机制符合轨道交通行业特点和 PPP 模式要求。

3. 建立完备的 PPP 项目监管体系

北京地铁 4 号线 PPP 项目的持续运转，得益于项目具有相对完备的监管体系。清晰确定政府与市场的边界、详细设计相应监管机制是 PPP 模式下做好政府监管工作的关键。

4 号线项目中，政府的监督主要体现在文件、计划、申请的审批，建设、试运营的验收、备案，运营过程和服务质量的监督检查三个方面，既体现了不同阶段的控制，同时也体现了事前、事中、事后的全过程控制。

4 号线的监管体系在监管范围上，包括投资、建设、运营的全过程；在监督时序上，包括事前监管、事中监管和事后监管；在监管标准上，结合具体内容，遵守了能量化的尽量量化，不能量化的尽量细化的原则。

案例 3　大理市生活垃圾处置城乡一体化系统工程

（一）项目概况

大理市位于云南省大理白族自治州中部，是州府所在地，是全国历史文化名城、国家级自然保护区、中国优秀旅游城市、最佳中国魅力城市。大理市下辖 10 镇、1 乡、111 个村委会和 501 个自然村，以及创新工业园区、旅游度假区、海东开发管理委员会，总面积 1815 平方公里，总人口 68 万人，全市日均垃圾产量约 688 吨。

为提高全市垃圾处理"减量化、资源化、无害化"水平，创新垃圾收集清运处置新模式，探索洱海环境保护新经验，大理市按照"科学治理、科技领先、城乡一体、市场化运作"的思路，引进先进技术，采用市场化运作，于 2012 年启动实施了洱海流域垃圾收集清运处置系统工程建设，高起点、高标准建设实施生活垃圾处置城乡一体化系统工程，主要包括三方面内容：一是在洱海流域的两区和下关、大理 11 个乡镇，共建设 10 座垃圾中转站，购置 15 辆垃圾转运车、111 辆小型垃圾收集车和 1002 个收集箱体；二是实施装机容量 12 兆瓦、日处理生活垃圾 600 吨以上的大理市第二（海东）垃圾焚烧发电工程，对生活垃圾进行无害化处理和资源化利用；三是构建数字化监管系统，实现对市场化运作企业运营情况的全方位监管。

目前，大理市洱海流域垃圾收集清运处置系统初步建成，运转正常。全市城乡生活垃圾收集清运量从 2013 年的 164657.7 吨（日均 451.1 吨），提升到 2014 年的 196931.6 吨（日均 539.5 吨），增长了 19.6%，城乡环境卫生、洱海水质得到了明显改善，基本实现全市城乡生活垃圾"收集清运全覆盖、压缩转运全封闭、焚烧发电资源化、监督管理数字化、建筑垃圾再利用"的预期目标。

（二）运作模式

1. 建设模式

2010 年 10 月，大理市以 BOT 方式，引进重庆三峰环境产业集团公司，采用德国马丁 SITY2000 逆推倾斜式炉排炉焚烧发电处理工艺，投资 4.2 亿元建设一座垃圾焚烧发电厂。2012 年 6 月，大理市公开招标以 BTO 方式引进重庆耐德新明和公司，采用先进、成熟的上投料式水平直接压缩加大型拉臂钩车转运的处理工艺，投资 1.1 亿元建设 10 座大型垃圾压缩中转站。此外，各区镇积极探索，采用承包、租赁等方式，通过公开招投标，将城乡生活垃圾收集清运工作推向市场。

2. 运行模式

全市城乡生活垃圾按照统一流程，通过收集、转运、处理三个环节进行处置。收集清运环节由各区镇负责，用自行投资、承包的垃圾车及配发的垃圾收集车将生活垃圾收集至环洱海 10 座垃圾中转站，经压缩装箱后，全程密闭转运至垃圾焚烧厂进行焚烧发电、无害化处理。最终实现收集清运全覆盖、压缩转运全封闭、焚烧发电资源化。

3. 结算方式

经初步测算，大理市生活垃圾处置城乡一体化系统建成后，年运营费用需要 4430.5 万元，其中：垃圾焚烧发电厂垃圾处理服务费用 1445.4 万元（按垃圾处理贴费标准 66 元/吨以及日处理生活垃圾 600 吨测算），10 座大型压缩垃圾中转站运行服务费用 1752.2 万元（根据中转站与海东垃圾焚烧厂实际距离分别测算），各乡镇将垃圾收集至中转站的年费用为 1233.0 万元（按日收集清运生活垃圾 600 吨测算）。大理市生活垃圾的收集费用、转运费用和处理费用统一列入财政预算。

垃圾转运及处理运营企业的服务费用，按照《大理市生活垃圾转运处理服务费结算工作实施方案》，由运营企业每月 3 日前填写上月结算确认通知单，上报至市城管局、环保局、审计局、财政局、服务费结算工作领导组等部门审核签字后进行拨付。

4. 监管方式

（1）数字监管。2013 年 7 月，大理市筹资 326 万元建设生活垃圾收集清运处理信息化管理系统。各站点称重数据、视频数据实时传输到信息中心，同时为垃圾转运车辆安装了 GPS 定位系统。称重数据作为垃圾收集清运奖补经费和政府支付企业运营费用的主要依据，视频数据可以实现对垃圾压缩和处理过程的实时监控，最终实现城乡生活垃圾处置全过程的"数字化、视频化、定位化"目标。

（2）量化考核。市政府与垃圾收集清运责任区镇签订《大理市洱海流域生活垃圾收集清运责任书》，确定垃圾收集清运任务量，依据数字化监管系统统计的各乡镇垃圾清运量，进行一日一公示、一月一通报、一季一考核，对全市垃圾收集清运工作进行科学管理，通过工作目标倒逼服务效果，解决垃圾收集清运工作的监管问题。

（3）政策保障。市政府出台《洱海流域生活垃圾收集清运处置实施办法》、《洱海流域污水垃圾和畜禽粪便收集处理监督及奖补办法》、《大理市环洱海农村生活垃圾收集清运处置和垃圾收集员履职考核办法》、《大理市生活垃圾处理费收费管理办法》、《大理市生活垃圾转运处理服务费结算工作实施方案》、《大理市人民政府关于加强农村生活垃圾收集清运管理的工作意见》等一系列政策文件，建立生活垃圾处理收费制度，进一步完善城乡垃圾有偿收集清运保洁工作机制和各级资金投入长效机制，为城乡生活垃圾处置系统提供政策保障。

（三）借鉴价值

1. 完善法规、健全机制

大理市先后建立生活垃圾处理收费制度、垃圾收集清运责任制度、考核奖补制度，出台相应政策文件，使全套系统的运转有章可循、有据可查，确保工作到位。随着系统的建设，大理市政府明确整个系统由大理市城市管理综合行政执法局作为主管部门进行日常监管，市城管局、环保局、财政局等部门配合实行按季考核、兑现奖惩。各区、乡镇建立相应的管理部门，人民群众自觉参与到环境卫生整治活动中，使系统得以有效运行。

2. 城乡一体、高标准建设

大理市按照流域垃圾治理全覆盖的思路，高起点、高标准规划设计，实施城乡垃圾治理一体化系统建设，提高了农村环境卫生标准，完善了城乡环卫基础设施，初步建立起了城乡一体的流域垃圾收集处理体系。

3. 政府补贴、市场化运作

一是通过招商引资、竞争性谈判，以 BOT 方式引进焚烧发电厂建设项目；二是以 BTO 方式引进垃圾压缩中转站项目；三是收集环节由乡镇负责采用承包、租赁等方式实行市场化运作。

4. 数字同步、信息化监管

建成垃圾收集清运处理信息化管理系统，通过视频的实时监控、车辆的 GPS 定位及数据的实时传输，对垃圾收集、转运、处理环节的全过程实行"数字化、视频化、定位化"实时监管，实现信息化管理。

5. 打破区划、扁平化管理

一是城乡一体化系统打破大理市和创新工业园区、旅游度假区、海开委的行政区划界限，统一规划、建设、管理；二是中转站建设打破乡镇界限，统一建设，实行市场化运作，如喜洲垃圾中转站服务区域辐射到喜洲、银桥、湾桥等多个乡镇乃至洱源县右所镇、邓川镇。

案例 4 深圳大运中心项目

(一) 项目概况

深圳大运中心位于深圳市龙岗区龙翔大道，距离市中心约 15 公里，是深圳举办 2011 年第 26 届世界大学生夏季运动会的主场馆区，也是深圳实施文化立市战略、发展体育产业、推广全民健身的中心区。

大运中心含"一场两馆"，即体育场、体育馆和游泳馆，总投资约 41 亿元，位于深圳龙岗中心城西区。大运中心工程量巨大，南北长约 1050 米，东西宽约 990 米，总用地面积 52.05 万平方米，总建筑面积 29 万平方米，场平面积相当于 132 个标准足球场。其中，体育场总体高度 53 米，地上建筑五层，地下一层，于 2010 年底完工，成为深圳地标性建筑。

世界大学生夏季运动会成功举办之后，深圳大运中心的运营维护遇到了难题，每年高达 6000 万元的维护成本成为深圳市政府的沉重负担。

(二) 运作模式

1. 项目结构

本项目采用 ROT 模式，即龙岗区政府将政府投资建成的大运场馆交给佳兆业集团以总运营商的身份进行运营管理，双方 40 年约定期限届满后，再由佳兆业将全部设施移交给政府部门。

佳兆业接管大运中心并不涉及房地产开发。为破解赛后场馆持续亏损的难题，深圳市政府同意把大运中心周边 1 平方公里的土地资源交给龙岗区开发运营，并与大运中心联动对接，原则上不得在大运中心"红线"内新建建筑物。佳兆业依托于场馆的平台，把体育与文化乃至会展、商业有机串联起来，把体育产业链植入商业运营模式中，对化解大型体育场馆赛后运营财务可持续性难题进行了有益尝试。

佳兆业集团与龙岗区政府签订"一场两馆"ROT 主协议，获得 40 年的修建和运营管理权。

佳兆业集团成立项目公司，作为深圳大运中心项目的配套商业建设及全部运营管理的平台，财政对项目公司给予五年补贴。

项目公司与专业运营公司签订运营协议，与常驻球队和赛事机构签订场馆租赁协议，与保险公司签订保险协议，与供电企业签订供电协议，与金融机构签订融资协议，与媒体单位签订播报协议。

2. 交易过程

龙岗区政府为完成深圳大运中心运营商的选聘工作，成立选聘工作领导小组，参照国内外大型体育场馆的运营经验编制了运营商选聘核心边界条件、招商推介手册及选聘工作流程，采取边考察边推介的方式，迅速开展对北京、上海、天津 3 个城市共 8 个典型场馆的考察调研，同时与国内外多家知名运营商进行了多次接触、洽谈。

结合企业的竞聘意愿和综合考察情况，邀请七位分别具有北京奥运会、上海世博会、广州亚运会运营经验的职业经理人和体育产业、规划、财务方面的专家学者组成筛选团队，对 4 家综合实力强的潜在运营商的资历、运营管理、改造及修建、财务等方面的 21 项内容进行审查、甄选。专家现场投票推荐了 2 家最优谈判对象，经过区政府常务会议审议，确定佳兆业集团为首选谈判对象，经过 2 个多月的多轮谈判，最后选定实力雄厚、社会责任感强的佳兆业集团作为大运中心总运营商。

2013 年 1 月，佳兆业集团深圳有限公司与深圳市龙岗区文体旅游签订 ROT 协议，协议规定佳兆业集团拥有项目 40 年的运营管理期，前 5 年政府给予每年不超过 3000 万元的补贴，同时要求佳兆业在 5 年内完成不低于 6 亿元人民币的修建及配套商业修建工程的全部投资。运营期间，项目设立由佳兆业项目公司与龙岗区政府双方共同管理的调蓄基金，调蓄基金从运营利润中提取，基金主要用于场馆的日常维护，增加赛事活动数量，提升赛事活动档次等。

3. 项目特点

深圳大运中心项目主要有以下几个特点：

第一，深圳大运中心项目是 PPP 模式在文体领域应用的典范，为政府解决大型赛事结束后场馆永续利用和经营难题提供了解决方案。

第二，深圳大运中心项目采取总运营商与专业团队共同运营的模式，由实力雄厚的总运营商引入 AEG、英皇集团、体育之窗等具有国内外赛事、演艺资源和场馆运营经验的专业运营团队共同承担运营职责。

第三，构建了商业—场馆—片区的联动商业模式，创立运营调蓄基金，通过商业运作反哺场馆运营，进而由场馆带来的人流带动大运新城开发建设。

第四，引入财政资金支持，通过前五年运营和赛事财政补贴、演艺专项补贴等方式，扶持总运营商引进更多更好的赛事和演艺活动，尽快提升场馆的人气和档次。

第五，建立运营绩效考核机制，每年由管理部门对总运营商进行绩效评估和公众满意度测评，并邀请有国际化场馆运营经验的机构做出第三方评估。将考核评估与奖励挂钩，成立由文体旅游、财政、公安、交通、城管等相关职能部门组成的运营监管协调服务机构，协助总运营商做好运营。

（三）借鉴价值

大赛后大型体育场馆运营是个众所周知的世界性难题，在每一次大型赛事后主办城市的场馆运营便会出现困境，该现象被称为"蒙特利尔陷阱"。1976 年加拿大蒙特利尔奥运会，致使蒙特利尔财政负担持续 20 多年；1998 年日本长野冬奥会后，场馆设施高额维护费导致长野经济举步维艰；2000 年悉尼奥运会后部分场馆一直亏损。全国 34 个省会城市的运动场馆，超过 95% 都是亏损的。北京奥运会和广州亚运会的大量场馆在赛后遭遇了不同程度的困境，部分位置偏僻的场馆甚至出现长期闲置。

深圳大运中心项目采取的总运营商与专业团队共同运营大运中心的模式为项目运营质量的保障奠定了基础。项目建立运营调蓄基金，通过商业运作反哺场馆运营的资金管理办法为平衡大运场馆日常维护费用提供了资金渠道。从国内其他大型场馆的运营经验来看，仅依靠场馆的租赁费用难以维持场馆的日常维护费用，龙岗区政府与佳兆业集团吸取国内外经验，通过划拨方式将部分商业用地交由总运营商开发利用，以此产生的利润来弥补大运场馆日常运营的亏损情况，创造性地提出由政府方和运营方共同管理的调蓄基金的做法值得在更广范围内推广。

此外，该项目在运营初期引入了有力的政府补贴机制，有效地缓解了大型场馆运营之初通常出现的较大额度的收不抵支状况，降低总运营商的资金压力。

案例5 天津市北水业公司部分股权转让项目

（一）项目概况

天津市自来水集团有限公司是天津市属国有独资有限责任公司，注册资本119951万元，为国有资产授权经营单位。公司集自来水生产、供应维护、营销服务于一体，主要经营水务、市政及管道施工、管材制造及附属配套三大板块。

天津市北水业公司于2005年注册成立，是天津市自来水集团有限公司的全资子公司，注册资本126582万元，经营范围为集中式供水，以工业用水为主。以2007年3月31日为评估基准日，资产评估值为20.42亿元，负债6.19亿元。

天津市自来水集团有限公司对天津市北水业有限公司的49%国有股权向社会进行公开转让，以吸引社会资本参与天津市政公用设施投资建设。北水业公司49%股权评估值约6.98亿元，挂牌价为9亿元。

（二）运作模式

1. 引资方式

天津自来水集团通过向合格的社会投资者转让所持有的天津市北水业公司49%股权，与股权受让方组建产权多元化的有限责任公司（以下简称"合营公司"）。合营公司在完成工商登记变更设立后，天津市政府（或其授权机构）与合营公司签署特许经营协议，授予合营公司在营业区域内经营自来水业务的特许经营权，期限30年。期满后，合营公司原有供水区域内的全部资产无偿移交给政府或政府指定机构，并确保资产完好、满足正常供水要求。

天津自来水集团报经天津市国资委批准，根据天津市北水业公司资产评估结果，以评估后的天津市北水业公司净资产价值乘以转让股权的比例，并考虑合理溢价，确定转让基准价为9亿元。

2. 职工安置方案

为帮助扩大就业，进入合营公司的员工增加至900人，即在天津市北水业公司原有680人的基础上，由天津自来水集团公司根据合营公司生产经营管理工作需要，适时安排220人进入合营公司。

对于同意进入合营公司的在岗职工，经双方协商一致，与合营公司签订劳动合同，并且原在天津自来水集团的工作年限与合营公司的工作年限连续计算；对于不同意进入合营公司的在岗职工，采取办理自谋职业、重新安排工作岗位、回天津自来水集团待岗三种方式。

天津市北水业公司原不在岗职工与在岗职工采取相同的办法，与合营公司签订新的劳动合同，并享受原待遇。

合营公司成立前已办理正式退休的人员，由天津自来水集团负责管理；合营公司成立后正式退休的人员由合营公司负责管理。

工伤职工按照相关规定妥善安置。

3. 债权债务处理方案

合营公司承继天津市北水业公司的全部债权债务（包括或有负债和责任），及因天津市北水业公司正常经营活动本身发生的且依法应当由天津市北水业公司承担的任何债务和责任。

4. 引入社会资本的实施过程

第一阶段：前期准备工作，包括四个环节。

（1）内部决策。引资方天津自来水集团制定天津市北水业公司股权转让方案，并载明改制后的企业组织形式、企业资产和债权债务处理方案、股权变动方案、改制的操作程序、资产评估和财务审计等中介机构的选聘等；按照天津自来水集团内部决策程序，召开董事会进行审议，形成书面决议；听取企业职工代表大会意见，对职工安置等事项经职工代表大会审议通过。

（2）专业机构确认。引资方组织对引资标的企业天津市北水业公司进行清产核资，并委托会计师事务所进行全面审计，包括企业法人代表的离任审计；聘请资产评估机构进行资产评估，评估结果报市国资委备案，并确定挂牌底价；聘请律师事务所，对引资方和引资标的企业的主体资格、国有资产产权登记情况、股权转让方案的内部决策程序与决策结果、保护职工权益和债权人利益的措施、维护国有产权转让收益的措施等，进行合法性判定，并出具《法律意见书》，确保转让部分存量国有股权引入社会资本的行为合法有效。

（3）股权转让引资方案报批。引资所制定的《股权转让方案》及其他相关文件经政府相关主管部门（市公用事业办公室、建设管理委员会、国资委、发改委、财政局、国土局、劳动和社会保障局等）审核批准。

（4）提供专业引资咨询服务。为提高引资工作效率，满足转让部分国有股权实现政府和社会资本合作项目的专业性、合规性要求，咨询机构在项目实施早期提前介入，牵头组织相关专业机构为引资方提供全方位的专业化引资招商、国有股权转让以及财务、法律等咨询服务。

第二阶段：引资标的挂牌交易及招标。

本项目股权转让引资标的于 2007 年 6 月 26 日在天津产权交易中心公开挂牌，2007 年 7 月 23 日挂牌时间截止。挂牌后，咨询机构协助天津自来水集团进行全球招商，并对意向投资人进行必要的调查，帮助引资方深入了解意向投资人信誉、实力和经验以及其投资意愿等，便于天津自来水集团公司制定对策、完善引资方案。同时，咨询机构还根据意向投资人的投资意愿，安排其对引资标的进行必要的尽职调查，以便于意向投资人充分了解引资项目情况，以利于其做出科学的投资决策，提高引资工作效率。

在挂牌期间，共有三家意向投资人在天津产权交易中心申请办理意向受让登记手续，并经天津产权交易中心正式受理。分别是：香港中华煤气有限公司、中法控股（香港）有限公司、威立雅水务—通用水务公司。在通过挂牌征集到合格意向社会投资人后，咨询机构着手编制引资招标系列文件，包括《招标文件》、《特许经营协议》、《股权转让协议》、《产权交易合同》、《合资合同》及《公司章程》等。挂牌截止后，国信招标及时向三家意向投资人发出投标邀请书，发售招标文件，并对引资招标文件进行澄清和答疑。

股权转让引资招标项目的评标委员会成员由招标人代表和从专家库中随机抽取的技术、经济、法律等方面的专家共9人组成。评标专家对投标人文件进行分析，认为三家投标公司均是国际知名大型企业，均具有丰富的管理经验、国际一流的供水生产和管理技术以及良好的信誉，符合本项目拟引入的社会投资人要求，特别是威立雅水务—通用水务公司在中国和世界范围拥有较突出的水务业绩。

经过评标专家综合评审和打分，威立雅水务—通用水务公司最大限度地响应了引资招标文件的要求，报价最高，商务和技术评标最优。评标委员会一致推荐综合评标最优的威立雅水务—通用水务公司为本股权转让引资项目的中标人。

第三阶段：组织谈判并签署合同。

本次股权转让引资项目在《中标通知书》发出4个工作日内，天津市北水业公司与威立雅水务—通用水务公司完成所有合同的谈判工作，并于2007年9月5日举行签字仪式，双方签署《股权转让协议》、《产权交易合同》、《合资合同》及《公司章程》等。《合资合同》约定，天津自来水集团与威立雅水务—通用水务公司以51％：49％的股份设立合资公司。天津市政府通过天津自来水集团实现政府和社会资本合作，总计利用社会资本总金额达30.9亿元（其中49％的股权转让价款为21.8亿元），为天津供水事业的发展提供了必要的资金，也为天津乃至全国通过转让存量国有资产引入社会投资人进行政府和社会资本合作提供了一个成功经验。

5. 项目运作特点

（1）以企业为主体运作水务项目。本次股权转让引资项目是天津自来水集团代表政府机构，作为运作主体，在政府有关部门的指导下进行的。在项目操作模式上，形成以咨询机构为核心，各专业咨询顾问（产权、法律、财务）配合的模式，对股权转让引资方案进行全面论证，充分发挥各方优势。

（2）建立项目财务模型。本次股权转让引资项目实施过程中，牵头咨询机构建立了针对性较强的财务模型对标的资产进行价格估算。应用此模型，一方面，可以与资产评估机构的评估结果进行比较，二者相互校核，找出差异并分析原因；另一方面，财务模型的建立可用来校核投资人的报价，从而分析其对项目的期望，如对未来水价、水量的预期和运营期的投资计划，从而了解投资方的运营管理能力，找出其不合理的假设和前提，并在后续谈判中加以纠正，掌握谈判的主动权。

招标文件中公布所有引资合同文本，提高引资谈判效率，保障了双方利益。

在招标阶段拟定并公布股权转让引资所涉及的主要合同文本条款，并将对于合同条款的接受和响应程度作为选择意向投资人的标准之一。由于在拟定合同文本时做了扎实的工作，招投标双方均充分理解各自的权利和责任。从实际情况来看，中标人对相关合同内容全部接受，因而极大地提高了后续引资合同的谈判效率，最大程度上维护了政府和社会投资人的利益。

（3）设定科学的边界条件。股权转让引资项目的边界条件，包括出让股权比例、合营期限和特许经营期限、期满后资产处置、财务安排等，均是项目核心内容。设计合理的边界条件能够保障公共安全，维护公众利益。在发布招商引资公告的同时公布边界条件，要求投资人必须响应边界条件，并做出不得进行实质性变更的承诺。进入合同谈判阶段时，边界条件条款自然转为不可谈判条款。

（4）科学制定评标办法。股权转让引资项目本着提高城市供水服务效率、运营能力和服务城市发展的目标选择投资人。因此，评标办法不应仅以投标报价作为唯一因素，而应采用综合评价法，包括合同价款支付时间，对合营公司可持续发展的支持，投资人对合同文本的响应程度，投资人的技术、运营能力以及资金实力和信誉等因素都应在评标办法中体现。

（三）借鉴价值

本次股权转让引资项目在 2007 年即通过向社会资本转让国有公司部分股权的方式实现了政府和社会资本合作，不仅有利于国有企业改制，实现国有企业产权多元化，发展混合所有制经济，提升了国有经济的实力和控制力，而且对存量国有资产采取 PPP 模式引进社会资本，推进了市政公用事业体制改革。

1. 实现股权多元化

天津市北水业公司通过转让部分股权，实现了企业股权多元化，这有助于按照现代企业制度，推进企业不断完善法人治理结构，并在体制、机制上不断创新，形成适应市场经济的高效管理模式。

2. 拓宽融资渠道

供水行业存在风险小、利润稳等优点，已成为社会资本青睐的投资领域，这给企业盘活存量资产、融通资金提供了良好机遇。本项目的成功运作，为天津自来水集团在水厂建设、管网铺设、二次供水改造等项目拓宽了融资渠道、提供了建设资金，有效地促进了天津供水事业持续发展。

3. 促进集团化发展

天津自来水集团发展规划中提出要"逐步向控股公司过渡"，"以区域供水为战略布局，根据供水发展的实际需要，组建多个区域型水务公司。集团公司保持对区域型水务公司的控股地位"。本项目将市北及津滨水厂经营区域内的产供销等具体生产经营职能从天津自来水集团分离出来，为集团以后向以产权管理、战略决策、资本运作、考核评价为主要职能的控股公司过渡创造了有利条件。

4. 提高供水质量

通过引进跨国公司参与投资，可引进国外先进技术，促进企业提升管理水平和运行效率，推动企业在提高供水水质、保证供水压力、改造老旧管网、减少水量漏失等方面实现新的突破和跨越。

5. 最大限度地维护公共利益

本项目合作双方明确约定，合营公司在服务价格即水价方面严格遵循《价格法》相关规定，实行全市统一定价，即同一产品相同价格，不针对合资公司单独定价或调价。合资公司只拥有天津市某一区域的特许经营权，即使其提出调价要求，也只能遵循规定程序按天津全市成本水平综合考虑，从而避免社会资本"高溢价中标、马上调水价"的现象，最大限度地维护了公众利益。

案例6　陕西南沟门水利枢纽工程项目

（一）项目概况

1. 项目背景

陕西南沟门水利枢纽工程位于延安市黄陵县境内，水库坝址位于北洛河支流葫芦河河口上游约3公里处，距延安市约120公里，距西安市约180公里。该项目及其配套供水工程主要向延安南部重点能源化工项目供水。该项目被列入延安市"十一五"、"十二五"重点建设项目，是延安市"引水兴工，产业转型"发展战略的重要支撑，对延安经济社会发展意义重大。

陕西南沟门水利枢纽工程为大（Ⅱ）型工程，由南沟门水库和引洛入葫工程组成。南沟门水库由大坝、溢洪道、导流泄洪洞、引水发电洞、电站五部分组成，最大坝高 65 米，总库容 2 亿立方米。引洛入葫工程由马家河低坝引水工程和输水隧洞两部分组成，每年从洛河向南沟门水库调水 4424 万立方米，可有效解决葫芦河水量不足的问题。

项目建成后，年均可供水 1.2 亿立方米，可有效解决制约延安南部经济社会发展的水资源瓶颈问题。同时，年可利用供水发电约 800 万度，有效地提高了水资源利用率。

2. 项目进展

该工程于 2011 年全面开工建设。截至目前，该工程前期供电工程、道路工程、导流泄洪洞工程已投入使用。大坝工程于 2014 年 6 月完成大坝填筑（坝高 65 米），8 月通过大坝安全鉴定，12 月顺利下闸蓄水。引水发电洞、溢洪道、电站、引洛入葫输水隧洞、马家河低坝引水枢纽等工程基本完工。

（二）项目运作模式

1. 建设管理体制

政府出资方为延安水务投资建设有限责任公司，社会方为陕西延长石油投资有限公司、华能国际电力开发公司。供水对象主要是延安炼油厂、延安石化厂、延能化公司、华能延安电厂等陕西延长石油投资有限公司和华能国际电力开发公司关联方。

2. 合作机制

该项目采用"股东资本金出资＋股东担保贷款"的模式。2004 年，该项目由陕西省交由延安市负责，原计划由延安市财政出资建设。但因项目投资过大，资金落实困难，延安市政府研究同意引入社会投资人共同投资建设。2008 年，延安市政府先后邀请相关企业商洽该项目合作事宜，经多轮谈判，与陕西延长石油投资有限公司、华能国际电力开发公司签订了《项目合作意向书》。

该项目概算总投资 19.21 亿元，其中资本金 54540 万元、贷款 137560 万元。为解决项目建设资金问题，延安市于 2009 年批准成立延安水务投资建设有限责任公司，作为政府投资主体，与陕西延长石油投资有限公司和华能国际电力开发公司按 40％：30％：30％比例出资 54540 万元资本金，组建延安南沟门水利枢纽工程有限责任公司作为项目法人，负责南沟门水利枢纽工程建设运营管理。银行贷款由项目公司的三方股东按 40％：30％：30％比例担保，其中延安水务投资建设有限责任公司 55024 万元、陕西延长石油投资有限公司 41268 万元、华能国际电力开发公司 41268 万元。

（三）借鉴意义

南沟门水利枢纽工程的成功建设运营，有效地解决了延安经济社会发展水资源瓶颈问题，作为准公益性项目，为投资方带来一定收益的同时，能够保证投资人关联企业用水。该项目的顺利实施，对如何引入社会资本参与水利工程建设、提升建设运营水平具有一定的参考价值。

1. 采用"资本金＋担保贷款"的模式解决资金缺口

该项目使用社会投资经营主体的自有资金和担保贷款，替代了部分政府财政出资，解决了资金缺口问题。这一模式对于以供水为主、经营性较强的水利项目具有较强示范价值。

2. 通过竞争性谈判择优选择社会投资主体

考虑该项目资金需求量大且具有较好的财务收益，当地政府邀请多方投资主体进行洽商谈判，采用竞争方式择优与社会投资主体签订了合作以及项目投资运营协议等。

3. 完善法人治理结构提高经营管理水平

该项目由三方股东按《公司法》要求组建，完全按照现代企业模式运行，建立了较为完善的法人治理结构，在项目建设管理、运行管理、产品服务中均严格制定有关规章制度、技术标准等，不仅可以有效保障投资者权益，同时也有助于提高工程建设运营效率，保障工程顺利建设和安全运营。

4. 通过各投资方优势互补推进项目顺利进行

政府投资主体在项目前期工作中积极发挥了协调作用，确保了项目建设前期工作的顺利推进。陕西延长石油投资有限公司、华能国际电力开发公司等企业发挥资金优势，确保资本金和银行贷款足额到位，同时又作为用水需求主体，在项目建成后得到了充足的供水保证。

案例7 固安工业园区新型城镇化项目

（一）项目概况

1. 项目背景

固安工业园区地处河北省廊坊市固安县，与北京大兴区隔永定河相望，距天安门正南50公里，园区总面积34.68平方公里，是经国家公告（2006年）的省级工业园区。

2002年固安县政府决定采用市场机制引入战略合作者，投资、开发、建设、运营固安工业园区。同年 6 月，通过公开竞标，固安县人民政府与华夏幸福基业股份有限公司（以下简称"华夏幸福公司"）签订协议，正式确立了 PPP 合作模式。按照工业园区建设和新型城镇化的总体要求，采取"政府主导、企业运作、合作共赢"的市场化运作方式，倾力打造"产业高度聚集、城市功能完善、生态环境优美"的产业新城。

2. 建设内容与规模

固安工业园区 PPP 新型城镇化项目由固安县政府采购，华夏幸福在产业新城内提供设计、投资、建设、运营一体化服务。

（1）土地整理服务。配合以政府有关部门为主体进行的集体土地征转以及形成建设用地的相关工作。2008～2013 年，华夏幸福累计完成土地整理 29047.6 亩，累计投资 103.8 亿元。

（2）基础设施建设。包括道路、供水、供电、供暖、排水设施等基础设施投资建设。截至 2014 年已完成全长 170 公里新城路网、4 座供水厂、3 座热源厂、6 座变电站、1 座污水处理厂等相关配套设施建设。

（3）公共设施建设及运营服务。包括公园、绿地、广场、规划展馆、教育、医疗、文体等公益设施建设，并负责相关市政设施运营维护。园区内已经建成中央公园、大湖公园、400 亩公园、带状公园等大型景观公园，总投资额为 2.54 亿元。目前由北京八中、固安县政府、华夏幸福公司合作办学项目——北京八中固安分校已正式开学，按三级甲等标准建设的幸福医院已开工建设。

（4）产业发展服务。包括招商引资、企业服务等。截至 2014 年底，固安工业园区累计引进签约项目 482 家，投资额达 638.19 亿元，形成了航空航天、生物医药、电子信息、汽车零部件、高端装备制造五大产业集群。

（5）规划咨询服务。包括开发区域的概念规划、空间规划、产业规划及控制性详规编制等规划咨询服务，规划文件报政府审批后实施。

（二）运作模式

1. 基本特征

固安工业园区在方案设计上充分借鉴了英国道克兰港口新城和韩国松岛新城等国际经典 PPP 合作案例的主要经验，把平等、契约、诚信、共赢等公私合作理念融入固安县政府与华夏幸福公司的协作开发和建设运营之中。其基本特征是：

（1）政企合作。固安县政府与华夏幸福公司签订排他性的特许经营协议，设立三浦威特园区建设发展有限公司（以下简称"三浦威特"）作为双方合作的项目公司（SPV），华夏幸福公司向项目公司投入注册资本金与项目开发资金。项目公司作为投资及开发主体，负责固安工业园区的设计、投资、建设、运营、维护一体化市场运作，着力打造区域品牌；固安工业园区管委会履行政府职能，负责决策重大事项、制定规范标准、提供政策支持，以及基础设施及公共服务价格和质量的监管等，以保证公共利益最大化。

（2）特许经营。通过特许协议，固安县政府将特许经营权授予三浦威特，双方形成了长期稳定的合作关系。三浦威特作为华夏幸福公司的全资公司，负责固安工业园区的项目融资，并通过资本市场运作等方式筹集、垫付初期投入资金。此外，三浦威特与多家金融机构建立融资协调机制，进一步拓宽了融资渠道。

提供公共产品和服务基于政府的特许经营权，华夏幸福公司为固安工业园区投资、建设、开发、运营提供一揽子公共产品和服务，包括土地整理、基础设施建设、公共设施建设、产业发展服务，以及咨询、运营服务等。截至 2014 年，华夏幸福公司在固安工业园区内累计投资超过 160 亿元，其中，基础设施和公共服务设施投资占到近 40%。

（3）收益回报机制。双方合作的收益回报模式是使用者付费和政府付费相结合。固安县政府对华夏幸福公司的基础设施建设和土地开发投资按成本加成方式给予 110% 的补偿；对于提供的外包服务，按约定比例支付相应费用。两项费用作为企业回报，上限不高于园区财政收入增量的企业分享部分。若财政收入不增加，则企业无利润回报，不形成政府债务。

（4）风险分担机制。社会资本利润回报以固安工业园区增量财政收入为基础，县政府不承担债务和经营风险。华夏幸福公司通过市场化融资，以固安工业园区整体经营效果回收成本，获取企业盈利，同时承担政策、经营和债务等风险。

2. 主要创新点

固安工业园区新型城镇化 PPP 模式属于在基础设施和公用设施建设基础上的整体式外包合作方式，形成了"产城融合"的整体开发建设机制，提供了工业园区开发建设和区域经济发展的综合解决方案。

（1）整体式外包。在政企双方合作过程中，固安县政府实际上是购买了华夏幸福公司提供的一揽子建设和外包服务。这种操作模式避免了因投资主体众多而增加的投资、建设、运营成本，而且减少了分散投资的违约风险，形成规模经济效应和委托代理避险效应。

（2）"产城融合"整体开发机制。在"产城融合"整体开发机制下，政府和社会资本有效地构建了互信平台，从"一事一议"变为以 PPP 机制为核心的协商制度，降低了操作成本，提高了城市建设与公共服务的质量和效率。

（3）工业园区和区域经济发展综合解决方案。政企双方坚持以"产业高度聚集、城市功能完善、生态环境优美"作为共同发展目标，以市场化运作机制破解园区建设资金筹措难题、以专业化招商破解区域经济发展难题、以构建全链条创新生态体系破解开发区转型升级难题，使兼备产业基地和城市功能的工业园区成为新型城镇化的重要载体和平台。

（三）实施效果

经过十多年的建设，固安工业园区实现了华丽蝶变，有效地促进了当地经济社会发展。

1. 经济发展：带动区域发展水平迈上新台阶

从 2002 年合作至今，固安工业园区已成为全省发展速度最快的省级开发区，2014 年完成固定资产投资 149.6 亿元，实现工业总产值 224.5 亿元，完成财政收入 23.3 亿元。受益于固安工业园区新型城镇化，固安县从一个经济发展水平相对落后的县，成为各项指标在全省领先的县。政企合作十多年，固安县人均GDP 增长了 4 倍，财政收入增长了 24 倍，成功跻身"2014 中国县域成长竞争力排行榜"50 强，位列"中国十佳开发竞争力县"第二。

2. 城市建设：构建了中等城市框架和服务配套设施

截至 2014 年，华夏幸福公司在园区内投入大量前期开发资金，高质量推进路、水、电、气、通信等基础设施，实现了"十通一平"。同时，积极引进优势资源，建设了中央公园、水系生态景观、创业大厦、商务酒店、人才家园等一批高端配套设施，构建了以城市客厅、大湖商业区、中央大道金融街区为主体的"智能城市"核心区。其中，作为城市主干道之一的锦绣大道（大广高速至永和路段）总投资额为 4.13 亿元，连接廊涿公路与 106 国道，2012 年竣工通车，为产业集聚和居民住行提供了便利条件。

3. 民生保障：坚持"以人为本"建设幸福城市

华夏幸福公司投资 2.81 亿元，引进的北京八中固安分校已正式投入使用；与首都医科大学附属医院合作经营的幸福医院也已启动建设。园区建设促进了公共资源配置均等化，当地居民和外来人员享受同等的教育和医疗等公共资源和服务，并带动固安县民生投入不断加大，促进了全县民生保障体系的完善。2014 年固安县民生领域支出达到 26.1 亿元，占公共财政预算支出的 84.8%，在全省率先实施县级社保"一卡通"，在廊坊市率先建立了《低保对象医前医疗救助制度》。

（四）借鉴价值

固安工业园区新型城镇化在整体推进过程中较好地解决了园区建设中的一些

难题，这种 PPP 模式正在固安县新兴产业示范区和其他县市区复制，具有较高的借鉴推广价值。

1. 采用区域整体开发模式，实现公益性与经营性项目的统筹平衡

传统的单一 PPP 项目，对于一些没有收益或收益较低的项目，社会资本参与意愿不强，项目建设主要依靠政府投入。固安工业园区新型城镇化采用综合开发模式，对整个区域进行整体规划，统筹考虑基础设施和公共服务设施建设，统筹建设民生项目、商业项目和产业项目，既防止纯公益项目不被社会资本问津，也克服了盈利项目被社会资本过度追逐的弊端，从而推动区域经济社会实现可持续发展。

2. 利用专业团队建设运营园区，实现产城融合发展

为提高固安工业园区核心竞争力，固安县政府让专业的人做专业的事，华夏幸福公司配备专业团队，政府和社会资本构建起平等、契约、诚信、共赢的机制，保证了园区建设运营的良性运转。固安县政府在推进新型城镇化的同时，统筹考虑城乡结合问题，加快新农村建设，进行产业链优化配置，实现了产城融合发展。

案例 8　合肥市王小郢污水处理厂资产权益转让项目

（一）项目概况

合肥市王小郢污水处理厂是安徽省第一座大型城市污水处理厂，也是当时全国规模最大的氧化沟工艺污水处理厂。项目分两期建设，日处理能力合计 30 万吨，建设总投资约 3.2 亿元。污水厂建成后曾获得市政鲁班奖，是建设部指定的污水处理培训基地和亚行在中国投资的"示范项目"，为巢湖污染综合治理发挥了重要作用。

2001 年，安徽当地某环保公司曾上书省政府和市政府，要求政府出于扶持本地企业发展的目的，将王小郢污水处理厂以高于评估价的一定价位直接出售给它，同时还许诺将在未来几年投资兴建更多的污水处理厂。2001 年 6 月，该公司曾与政府签订了王小郢经营权收购合同，当时的条件是转让价款 3.5 亿元，污水处理费单价约 1 元/吨，后来由于融资及其他方面的问题，该环保公司收购王小郢污水处理厂经营权未果。

2002 年 9 月，国家计委、建设部、国家环境保护总局等多部门联合印发了《关于推进城市污水、垃圾处理产业化发展的意见》；同年 12 月，建设部发布了《关于加快市政公用行业市场化进程的意见》，允许外资和民资进入市政公用领域。合肥市政府抓住这一机遇，做出了"市政公用事业必须走市场化之路、与国

际接轨"的重大决策，决定把王小郢 TOT 项目作为市场化的试点。

(二) 运作模式

1. 项目结构

经公开招标确定的中标人依法成立项目公司。市建委与项目公司签署《特许权协议》，代表市政府授予项目公司污水处理厂的特许经营权，特许期限 23 年。合肥城建投公司与项目公司签署《资产转让协议》，落实项目转让款的支付和资产移交事宜。市污水处理管理处与项目公司签署《污水处理服务协议》，结算水费并进行监管。

2. 交易过程

(1) 运作组织。2003 年，合肥市成立了由常务副市长任组长、各相关部门负责人为成员的招标领导小组，并组建了由市国资委、建委、城建投资公司及相关专家组成的王小郢 TOT 项目办公室，负责具体工作。合肥市产权交易中心作为项目的招标代理。

(2) 运作方式。项目采用 TOT 模式，通过国际公开招标转让王小郢污水厂资产权益。特许经营期 (23 年) 内，项目公司提供达标的污水处理服务，向政府收取污水处理费。特许经营期结束后，项目公司将该污水厂内设施完好、无偿地移交给合肥市政府指定单位。

招标文件中确定特许经营期的污水处理服务费单价为 0.75 元/吨，投资人投标时报出其拟支付的资产转让价格。评标时采用综合评标法，其中资产转让价格为重要考虑因素。

(3) 运作过程。2003 年 9 月，合肥市产权交易中心网站和中国产权交易所网站、中国水网网站、《中国建设报》、《人民日报》(海外版) 等媒体同时发布了王小郢 TOT 项目的招标公告。

同月，合肥市产权交易中心发布《资格预审公告》，共 7 家单位提交了资格预审申请文件，经专家评审，确定 6 家通过并向其发售招标文件。随后，转让办公室组织召开了标前会议，并以补充通知的形式对投标人的问题进行了多次解答。

2004 年 2 月，王小郢项目在合肥市产权交易中心开标，共有 4 家单位提交了投标文件。对转让资产权益报价最高的是德国柏林水务—东华工程联合体，出价4.8 亿元；其次是天津创业环保股份有限公司，出价 4.5 亿元；中环保—上实基建联合体出价 4.3 亿元，名列第三。所有投标单位的投标报价公布后，合肥市常务副市长王林建在开标现场宣布王小郢污水处理厂资产权益转让底价为 2.68

亿元。

开标后，招标人聘请技术、财务、法律等相关方面资深专家组成评标委员会，对投标文件进行评审，合肥市纪检委全程监督。最终，评标委员会经评审后，向招标方推荐柏林水务联合体为排名第一的中标候选人。

2004 年 3~5 月，政府与柏林水务联合体澄清谈判并达成一致，向其发送中标通知书。7 月，政府与投资人草签项目协议。7~11 月，双方代表成立移交委员会，进行性能测试和资产移交；政府与项目公司正式签署项目协议。12 月，王小郢污水厂顺利实现商业运营。

截至 2014 年底，项目公司运营王小郢污水处理厂已超过十年。在此期间，项目运营顺利平稳，污水厂的技术实力和财务实力不断增强，政府与项目公司签署的各项协议执行良好，政府与投资人合作愉快，本 PPP 项目经受住了考验。

3. 关键问题

（1）污水厂所在土地的提供方式。本项目中原规定采用土地租赁的方式向投资人提供王小郢污水处理厂的土地。但由于项目特许经营期为 23 年，超过了我国法律对租赁期限最长 20 年的规定；同时，根据我国土地相关法律法规，地上附着物、构筑物实行"房随地走"的原则，租赁土地上的房屋和构筑物难以确权。最终经谈判，中标人同意在不调增水价的前提下，自行缴纳土地出让金，由政府向其有偿出让污水厂地块。

（2）职工安置。已建成项目的职工安置是一个敏感而重要的问题，如果解决得不好，将影响项目招商进展或给项目执行留下隐患。本项目在招标实施前期就对职工安置做出了稳妥的安排。资产转让前，就资产转让的事项征求了职工代表大会的意见，职工安置方案经职代会通过。同时，在招标文件中对投资人提出明确要求，资产转让后必须对有编制的职工全员接收并签订一定年限的劳动合同，保障了职工的切身利益。

（3）利率风险。投资人在谈判中提出要把利率变化的情况归入不可抗力的范围内，降低项目公司的风险。但考虑到项目采用市场化方式运作，应尊重市场化的规律，谈判小组没有接受投资人的这一要求，利率变化的风险仍由项目公司自行承担。

（三）借鉴价值

1. 规范运作和充分竞争实现项目价值最大化

王小郢项目整个运作过程规范有序，对潜在投资人产生了很大的吸引力，实现了充分的竞争。开标现场所有投标人的报价均远超底价，最高报价接近底价的

1.8倍。这个项目是当时国内公开招标的标的额最大的污水厂 TOT 项目,开创了污水处理 TOT 运作模式的先河,招标结果在中国水务行业内引起轰动。与 2001 年准备转让给当地公司的条件相比,无论是资产转让价款还是污水处理服务费单价,招标竞争的结果都远远优于当时的项目条件。同时,从引入投资人的实力和水平来看,柏林水务集团是世界七大水务集团之一,拥有 130 多年运营管理城市给排水系统的经验。通过招标,合肥市既引进了外资,又引入了先进的国际经验,同时还实现了国有资产的最大增值,为合肥市城市建设筹措了资金。

2. 充分的前期工作保障项目有序推进

合肥市政府对王小郢项目非常重视,成立了专门的决策和工作机构,并聘请了高水平的顾问团队。整个团队在研究和确定项目条件、落实前期各项工作等方面投入了很多精力,做了大量扎实的工作,避免出现"拍脑袋"决策的情况。从项目实施结果看,前期工作准备得越充分,考虑得越周全,后面的项目推进效率就越高,项目实施结果就越好。

3. 合理的项目结构与合同条款确保后期顺利执行

王小郢项目的结构设计对接了国际国内资本市场的要求,符合水务行业的一般规律,得到广大投资人的普遍认可。项目合同中规定的商务条件、对权利义务和风险分配的约定比较公平合理,协议条款在执行过程中得到了很好的贯彻,为项目顺利执行奠定了基础。

4. 践行契约精神对 PPP 项目的执行至关重要

王小郢项目迄今已运作十年,在此期间,政府每月及时足额与项目公司结算水费,严格按照法规和协议要求进行监管,并按照协议规定的调价公式对水价进行了四次调整(十年累计上涨不超过 0.25 元/吨)。此外,双方还参照协议精神完成了提标改造等一系列工程。合肥政府和项目公司对契约精神的践行保障了项目的长期执行。

案例 9　酒泉市城区热电联产集中供热项目

(一) 项目概况

1. 项目背景

酒泉市城区热电联产集中供热项目是酒泉市委、市政府确定的惠民实事之一。项目实施之前,酒泉城区大部分区域采取小锅炉分散供热方式,供热质量和能力得不到保障。酒泉市委、市政府高度重视,研究提出分段建设、分段经营、分段管理、分段收益的经营模式和先接后并、平稳过渡的工作原则。该项目于

2009 年启动，于 2014～2015 年供暖季开始前完成。PPP 模式在酒泉市热电联产集中供热项目建设中得到了较好的应用，并取得了预期的效果。

2. 建设内容和规模

酒泉城区热电联产集中供热工程设计以国电酒泉热电厂两台 330 兆瓦发电机组作为供热主热源，项目敷设城区一级管网总长 70.48 公里，新建中继泵站及调度中心 1 座，新建换热站 9 座，改建换热站 34 座，设计供热面积达 888 万平方米。总投资约 4.4 亿元。

3. 项目实施过程

酒泉市政府于 2009 年 6 月批准《酒泉市热电联产市区供热工程实施总体方案》，确定按照政府主导、企业投资、行业监管、特许经营的方式，充分利用热电联产项目的供热能力，进一步整合城区热源，优化供热结构，推行集中供热，提高供热质量，改善城市环境质量，促进城市供热规模化、集约化、专业化发展，为城市居民提供优质高效、清洁环保的供热服务。该方案同时确定国电电力酒泉发电有限公司负责热电联产市区供热工程的建设、运营和管理，是酒泉市热电联产市区供热工程的主体运营商。以此为基础，酒泉市政府与国电电力发展股份有限公司进行了多轮接洽，最终于 2012 年 5 月签订协议。

2010 年 5 月热源及管网改造工程开工，2011 年底完成投资 1.3 亿元，建成一级供热管网 24 公里，改建换热站 1 座，实现集中供热面积 23 万平方米。2012～2013 年接供面积 354.73 万平方米。2013～2014 年接供面积 480.99 万平方米。截至 2014～2015 年供热期，本项目已基本达到了设计的 888 万平方米的供热面积。

（二）运作模式

1. 合作模式

项目采用 BOT 方式建设运营，在收益机制上，以政府定价、使用者付费为主，在特定情况下政府予以补贴。在合作模式上，政府方——肃州区政府授予社会资本方——国电电力酒泉热力有限公司酒泉市热电联产市区集中供热工程的特许经营权，并负责工程建设过程中涉及的供热资源整合、清产核资、设施改造等工作。国电电力酒泉热力有限公司按照《酒泉市城市供热管理办法》、《酒泉市城市供用热监督管理暂行办法》和市政公用设施管理的有关规定，承担热电联产市区集中供热设施的安全运行、保障、维护管理职责，为居民提供优质高效的服务，服从供热行政主管部门的监管。

建设、规划、公安、民政、人防、交通、房管、公路等各相关部门根据各自职能配合做好道路开挖恢复、交通指挥协调等事宜，做好道路安全防护警示标志、标牌设置，确保车辆和行人安全通行，电信、移动等通信企业和相关单位根据施工地段地下管线的产权归属，协助建设单位做好管线交叉穿越。

2. 资金来源

酒泉市政府负责筹措资金 2.5 亿元，从 2012 年起三年内全部归集到位，2012 年 6 月底前到位 8333 万元，2013 年 4 月底前到位 8333 万元，2014 年 4 月底前到位 8333 万元，其余 1.9 亿元资金由国电电力发展股份有限公司投资；2012 年工程启动资金 1 亿元，由酒泉市政府担保，国电电力酒泉热力有限公司通过银行分期分批贷款解决。

3. 建设运营

（1）项目建设。为保证项目整体在设计、建造、进度和质量等方面的完整性，同时为避免工程衔接以及建管、协调等复杂问题，该项目由国电电力酒泉热力有限公司代表国电电力发展股份有限公司负责组织建设，市政府成立项目领导小组进行协调、监督。

（2）项目运营。根据《酒泉市热电联产集中供热项目合作协议》规定，由国电电力酒泉热力有限公司作为一级运营商负责提供热源及一级管网的运营和管理，换热站出口阀门至终端热用户的二级热网系统，由肃州区政府确定二级运营商负责管理维护和运营，并按照适用法律和合作协议规定获取热费收益。

（3）项目转让。特许经营期结束后，肃州区政府接受资产并履行经营管理权，合理调配利用资源，充分发挥国有资产效益。

4. 价格机制

市政府与国电电力发展股份有限公司的焦点之一就是在政府合理补偿机制下，社会投资机构能为社会提供优质的运营服务，既达到规定的建设标准和技术服务标准，同时自身还能获得一定的利润。双方约定政府根据当期煤、水、电以及集中供热系统运行维护等成本核定供热价格。由于市场等因素造成企业所收取的热费无法盈利时，按照国家《关于建立煤热价格联动机制的指导意见》相关规定，实施煤热价格联动机制，以本地第四季度煤价为基准，以不少于一年为联动周期。当煤炭价格涨幅达到或超过 10% 时，市政府将根据规定相应调高热价或给予补贴，保证国电电力酒泉热力有限公司的合理利润；相反，当煤炭价格跌幅达到或超过 10% 时，在相同联动机制下，政府也将调低热价。

5. 风险机制

（1）风险类型。本项目在建设运营时面临如下风险：一是政策风险，主要是政策变更或法律变更给项目带来的不利影响；二是金融风险，主要是国家金融环境发生变化、通货膨胀、汇率或利率变动对项目融资和运营带来直接或间接影响；三是建设风险，工程项目建设过程中遇到的影响项目安全、质量和工期等的风险，主要包括图纸变更、设计变更、原材料和设备等不能及时到位、征拆拖延、出现重大安全质量事故、工期延误及不能按时完工等；四是经营风险，项目运营过程中各种原因引起的风险，主要包括各级供热运营商因经营管理不善所导致的收入减少、成本增加等风险；五是市场风险，存在煤、电、水价格波动等带来的风险，主要包括热费收取、能源价格上涨等；六是环境风险，为满足环境保护法规相关要求而增加的支出或是由于违反法律法规要求造成环境污染或破坏而承担的额外费用和赔偿等。

（2）风险分担原则。PPP 模式下风险分担的原则主要有：一是风险和控制力一致的原则，即风险应该由最有能力控制的或控制该风险承担的成本最低的一方承担，也就是谁可控、谁承担。二是风险和收益相对称的原则，即谁获取了收益，谁就承担风险；谁获取的收益高，谁就承担较高的风险。根据实际情况，对不可预见或各方责权难以明确辨析的风险则遵循友好协商共同解决的原则。

（3）风险和收益平衡机制。经过探索，酒泉市城区热电联产集中供热项目设立了以下平衡风险和收益的机制：一是供热定价机制。集中供热工程属于民生工程，涉及居民的切身利益，因此供热价格实行政府定价。在投运第一年按照国电电力酒泉热力有限公司出厂热价 25.5 元/吉焦结算，二级运营商向居民按照 20.5 元/平方米的标准收取热费。二是风险分担机制。在风险分担问题上，政府和国电公司明确了如果超出主热源规划的 888 万平方米供热面积以外的热用户，接入时按 50 元/平方米的标准收取入网设施改造费，超出涉及范围的一级管网建设，另行协商解决。三是资本退出机制。城市集中供热属于民生工程，具有公益性，当遇到不可抗力或不可预见事件对其运营造成严重影响时，政府有义务介入以保证正常系统安全运行，从而确保城市居民的利益。如果国电电力酒泉热力有限公司自身经营不善、违约等行为导致工程建设或正常经营难以为继，政府将介入并接管项目资产。

（三）借鉴价值

1. 实施效果

PPP 模式在酒泉市城区热电联产集中供热项目的应用，取得了以下效果：一是缓解了政府对城区集中供热建设的融资压力，为政府分担了 43% 的投融资压力；二是提高了城区集中供热建设、运营效率；三是引进了先进的技术和运营管理经验。

2. 示范价值

由于该项目是对现有电厂余热的综合利用，因此在项目合作对象上不具有竞争性，此类项目如何有效地开展项目采购和交易谈判，在当时的政策和程序角度还有可完善之处。但是作为西部地区开展的政府与社会资本合作，本项目仍有很多经验可资借鉴。

（1）积极寻找双方战略契合点。本项目是酒泉市一项重要的民生工程，政府方战略目标在于按期建成投运，提供高效优质的公共服务，同时深化与央企合作、促进地方经济发展；社会资本方目标是加大在酒泉地区的项目发展力度，提高投资综合效益。项目的实施实现了双方战略契合，在解决酒泉市城区供热能力不足、促进节能减排的同时，国电电力酒泉发电有限公司实现了发电余热的有效利用，提升了总体收益，实现了政府和企业的双赢。

（2）及时完善配套制度。本项目是酒泉市在供热领域首次大规模引入社会资本，具有很强的探索性。为确保工作有效推进，酒泉市先后出台了多项配套政策，如《酒泉市热电联产市区供热工程实施总体方案》、《酒泉市城市供热管理办法》、《关于进一步理顺酒泉市城区供热管理相关工作意见》等。这些制度为项目依法依规正确实施起到了保驾护航作用。

（3）做好信息公开。由于项目实施范围广、周期长，对群众生产生活产生一定影响。酒泉市政府注意信息公开，在做好项目宣传的同时，及时向社会公布项目进展，为项目实施创造良好外部环境。

四、PPP 案例小结

（一）来宾 B 电厂项目

该项目是中国第一个 BOT 投资方式的试点项目。广西壮族自治区政府直接与全外资"广西来宾法资发电有限公司"签订排他性的特许权协议，并担保购电协议、燃料供应和运输协议和电力调度协议。具体负责该项目的融资、设计、建造、运营和维护，以及在特许期结束后将电厂无偿移交给广西壮族自治区政府。广西电力局为该项目产品——电量的购置方。电量购置方与项目公司的购电协议约定，项目公司每年将 35 亿度的电量送入广西电网，最终通过广西电网输送到千家万户的用电终端用户，这是一个典型的使用者付费的 PPP 项目。

（二）北京地铁 4 号线项目

地铁 4 号线是我国城市轨道交通领域的首个 PPP 项目。4 号线工程投资建设分为 A、B 两个相对独立的部分：A 部分为洞体、车站等土建工程，由北京市政府国有独资企业——北京市基础设施投资有限公司（以下简称"京投公司"）成立的全资子公司 4 号线公司负责投资建设；B 部分为车辆、信号等设备部分，由 PPP 项目公司（政府参股）北京京港地铁有限公司［以下简称"京港地铁"，由京投公司、香港地铁公司和首创集团（联合体社会资本）按 2：49：49 的出资比例组建］负责投资建设。经市政府批准，北京市交通委与"京港地铁"签署了《特许经营协议》，"京港地铁"被授予 4 号线的运营管理、全部设施（包括 A 和 B 两部分）的维护和除洞体外的资产更新，以及站内的商业经营，通过地铁票款收入及站内商业经营收入回收投资并获得合理投资收益。特许经营期结束后，"京港地铁"将 B 部分项目设施完好、无偿地移交给市政府指定部门，将 A 部分项目设施归还给 4 号线公司。

（三）大理市生活垃圾处置城乡一体化系统工程

该项目为城乡一体化的生活垃圾回收利用、生态环保部分收益和主要公益性项目。对产生垃圾的居民和企业且需要垃圾收集、清运至中转站的接受服务的用户，实行市场化收费机制，不足部分由政府预算补贴；垃圾中转站的建设、压缩包装运输至垃圾焚烧发电厂的服务工作为纯公共服务的公益性内容，政府采用 BTO 方式，回购建设、运营服务；政府采用 BOT 方式建设、运营垃圾焚烧发电站，垃圾焚烧发电站产生可使用的电量产品收益，但对收益不足以覆盖发电站建设成本和运营服务成本的部分，政府以补贴的方式列入财政预算。针对政府预算贴补、回购的支出，采取了科学可行的监控监管方式，保证了支出的科学合理性；通过生活垃圾收集清运处理信息化管理系统，各站点称重数据、视频数据实时传输到信息中心，同时为垃圾转运车辆安装了 GPS 定位系统，称重数据作为垃圾收集清运奖补经费和政府支付企业运营费用的主要依据，视频数据可以实现对垃圾压缩和处理过程的实时监控，最终实现城乡生活垃圾处置全过程的"数字化、视频化、定位化"目标。

（四）深圳大运中心项目

深圳大运中心项目为典型的政府存量固定资产改扩建后运营维护的 ROT 模式特许经营权项目。将政府投资建成的大运场馆交给佳兆业集团，其以总运营商的身份进行运营管理，双方 40 年约定期限届满后，再由佳兆业将全部设施移交给政府部门。

（五）天津市北水业公司部分股权转让项目

该项目为政府存量资产引进社会资本，通过政府与社会资本以股权合作的方式组建产权多元化的有限责任公司（以下简称"合营公司"），即建立现代企业盘活存量资产并实现资产升值。天津市政府（或其授权机构）与合营公司签署特许经营协议，授予合营公司在营业区域内经营自来水业务的特许经营权，期限 30 年。期满后，合营公司原有供水区域内的全部资产无偿移交给政府或政府指定机构，并确保资产完好、满足正常供水要求。

（六）陕西南沟门水利枢纽工程项目

该项目为蓄水、供水、水力发电的综合性水利枢纽工程。政府通过与社会资本合资股权合作建设经营，授予延安南沟门水利枢纽工程有限责任公司即项目法人，负责南沟门水利枢纽工程建设运营管理。

（七）固安工业园区新型城镇化项目

固安工业园区 PPP 新型城镇化项目，由固安县政府通过公开竞标采购华夏幸福基业股份有限公司在产业新城内提供设计、投资、建设、运营一体化服务，按照工业园区建设和新型城镇化的总体要求，采取"政府主导、企业运作、合作共赢"的市场化运作方式，倾力打造"产业高度聚集、城市功能完善、生态环境优美"的产业新城。

固安县政府与华夏幸福公司签订排他性的特许经营协议，设立三浦威特园区建设发展有限公司（以下简称"三浦威特"）作为双方合作的项目公司（SPV），华夏幸福公司向项目公司投入注册资本金与项目开发资金。固安工业园区管委会履行政府职能，负责决策重大事项、制定规范标准、提供政策支持，以及基础设施及公共服务价格和质量的监管等，以保证公共利益最大化。

通过特许协议，固安县政府将特许经营权授予三浦威特，双方形成了长期稳定的合作关系。在政企双方合作过程中，固安县政府实际上是购买了华夏幸福公司提供的一揽子建设和外包服务。

双方合作的收益回报模式是使用者付费和政府付费相结合。社会资本利润回报以固安工业园区增量财政收入为基础，县政府不承担债务和经营风险。固安县政府对华夏幸福公司的基础设施建设和土地开发投资按成本加成方式给予 110% 补偿；对于提供的外包服务，按约定比例支付相应费用。两项费用作为企业回报，上限不高于园区财政收入增量的企业分享部分。若财政收入不增加，则企业无利润回报，不形成政府债务。

（八）合肥市王小郢污水处理厂资产权益转让项目

该项目为政府授予社会资本特许经营权并回购服务的 TOT 方式合作存量资

产权益转让项目。合肥市王小郢污水处理厂是安徽省第一座大型城市污水处理厂，建设总投资约 3.2 亿元。运行使用一段时间后，王小郢污水处理厂资产评估底价为 2.68 亿元。合肥市政府通过国际公开招标，转让王小郢污水厂资产权益，德国柏林水务—东华工程联合体出价 4.8 亿元中标。项目采用 TOT 模式，政府授予中标社会资本特许经营权，特许经营期（23 年）内，项目公司提供达标的污水处理服务，向政府收取污水处理费。特许经营期结束后，项目公司将该污水厂内设施完好、无偿地移交给合肥市政府指定单位。

（九）酒泉市城区热电联产集中供热项目

该项目为政府授予特许经营权下的 BOT 合作方式，主要为使用者付费，原材料市场变化时，不足成本补偿部分或成本外超额盈利部分由政府贴补或采取共赢模式。总投资约 4.4 亿元，其中酒泉市政府负责筹措资金 2.5 亿元，其余 1.9 亿元资金由社会资本国电电力发展股份有限公司投资。城市集中供热属于民生工程，具有公益性，当遇到不可抗力或不可预见事件对其运营造成严重影响时，政府有义务介入以保证正常系统安全运行，从而确保城市居民的利益。

综上，PPP 模式基于项目的具体情况，采取不同的合作方式，在政府资金缺口或存量资产不能很好利用的条件下引进社会资本，通过股权合作、特许经营、政府回购或这些的组合按照 BOT、TOT、ROT、BTO 等任务执行方式实现社会公共服务的需要，最大限度地促进资产效益和公共利益最大化。

第 三 章

政府和社会资本合作（PPP）项目
前期工作论证

    PPP项目是基于项目建议和可行性研究准许、国民经济和社会发展必需的项目，同时也是政府基于提升公共产品或服务效益和质量的公用事业领域物有所值且适宜于政府和社会资本合作的项目，相对于传统方式实施的项目来说，更有利于降低建设运维成本，既化解地方政府债务风险，又弥补当期财政资金不足，同时实现公共利益最大化。

    目前，PPP模式在转变政府职能、提升国家治理能力、深化财税体制改革、构建现代财政制度、规范地方政府举债融资机制、深化投融资体制改革、增强公共产品供给力等国家关于国民经济和社会发展工作中，扮演着重要角色。政策上被广泛应用于能源、交通、环保、市政基础设施、水利建设、农业、林业、新型城镇化建设基础设施和保障性安居、医疗卫生、养老、科技、教育、文化、体育、旅游等公共服务或产品项目领域。截至2016年11月30日，财政部PPP项目库入库项目10685个，投资额12.7万亿元，加上国家发改委两批示范项目，总额接近17万亿元。

    国务院、财政部、国家发展改革委对PPP模式实施的项目，均提出了管理要求和管理目标。要求政府组织监管机构、提升专业技术管理能力并充分利用社会咨询机构和咨询人员的技术力量，扎实深化项目前期工作，论证设定项目基准成本，做好项目全生命周期的成本监测和绩效监控工作，开展绩效评估，最终促进实现项目绩效目标，监控中发现绩效运行与原定绩效目标偏离时，应及时采取措施予以纠正。政府监管工作要充分体现风险共担、收益共享、激励相容的内涵特征，防止政府以固定回报承诺、回购安排、明股实债等方式承担过度支出责任。各级财政部门应依据绩效评价结果合理安排财政预算资金。

PPP 项目一般投资规模大，生命周期长，环节多、程序复杂，涉及的利益相关方多。既要考虑政府投资国家公共利益，又要考虑社会公众使用者权益，还要权衡社会资本的合理不暴利的投资利润，更要考虑项目产品或服务使用的稳定性和对国民经济和社会发展以至于可持续发展的有效性。同时国家对 PPP 项目提出了很高的监管要求。因此，PPP 项目的实施确实对政府的监管工作提出了严峻的挑战，各级地方政府如何应对呢？

任何目标的实现都依托有效的管理方法，即任何管理都要选择、运用相应的管理方法，涉及法律、金融、财政和工程建设等多个领域的 PPP 项目更不能例外。

无论是经营性项目，还是准经营性项目或公益性项目，无论是使用者付费，还是政府购买服务或政府可行性缺口财政补贴实现投资回报的项目，各级地方政府立足于 PPP 模式的内涵特征，加强技术力量，提升技术经济管理水平，组织监管机构，用好社会专业咨询公司，遵照 PPP 项目建设程序的内在规律和运营的本质要求，对照 PPP 项目的实施目标，做好项目建设前期论证工作，扎实有效监督管理项目建设工作，实时监控并有效监管项目投产运营工作，确保 PPP 项目实现其真正的有效价值。

国务院和各级地方政府根据国民经济和社会发展的需要，组织项目实施机构，引进咨询代理公司并指导监督咨询代理公司的业务工作，规避咨询代理公司变相审批，论证项目需求，做好项目建议、土地、规划、环境评价、技术（扩大）初步设计及建设投资概算、招标控制价及招标文件等 PPP 项目的前期工作，为后期 PPP 项目的施工图深化、工程监理、竣工决算和运营维护成本监管、绩效评估提供目标和政府监管方向。

》》》 一、实施机构及其前期工作代理

（一）实施机构

PPP 项目是政府基于促进增加基础设施和公共服务或产品的有效供给，提高公共资源配置效率而通过引入社会资本和市场机制来实施的公共领域或准公共领域的公益性产品项目，政府根据项目性质和行业特点授权行业主管部门或其委托的相关单位作为项目实施机构，代表政府对项目建设运营实施有效监管并负责项目的准备和实施工作，是很有必要的。

（二）前期工作代理

PPP 项目实施机构通过公开招标或其他竞争性方式引进专业技术机构协助

PPP 项目的前期工作。即引进具有工程管理、工程造价、会计专业、金融专业等专业技术人员和相应执业资质的咨询公司，协助 PPP 项目实施机构完成项目前期工作的运行和管理，对项目后期建设运营打下坚实的基础，为政府有效监管项目的建设运营、实施 PPP 项目目标发挥作用。

二、项目工艺技术方案

项目工艺技术分析是项目可行性研究的重要组成部分，是从技术上对项目的可行性所做的分析。技术可行是项目存在的前提，技术上的成功与否决定了一个项目的成败。工艺技术方案的分析为项目经济评价提供基础数据，工艺技术方案反映的费用也是项目投资费用和总成本费用的主要组成内容，同时项目工艺技术方案的优劣对项目的经济效益和社会效益会产生不可估量的影响力。

项目实施机构根据国民经济和社会发展总体规划、区域规划、专项规划及相关政策，确立项目的需求计划，依照计划项目的性质、需求和特点，组织编制项目的工艺技术方案。

项目工艺技术方案是指依据国内外同行业的技术发展现状和趋势，结合本国的国情和技术经济政策、行业标准规范以及项目本身的生产产品和规模而组织的包括交通、能源、水利、环境保护、农业、林业以及市政工程等基础设施和保障性安居工程、医疗卫生、养老、教育、科技、文化、体育、旅游等 PPP 公共服务项目在内的项目技术可行性分析，包括项目的技术方案分析、生产工艺方案分析、设备工艺方案分析和工程设计方案分析等。

（一）技术方案分析

技术方案分析是指项目建设方案的技术导向。例如，使用预制混凝土成品构件还是现场搅拌混凝土浇筑；使用节能灯还是普通灯；进口成套设备还是国内生产或组装产品；干挂石材墙面还是粉刷涂料墙面等。根据项目本身的行业性质和功能目标，立足于先进性、实用性、经济性、环保性以及社会性和安全性，合理选择资金密集型、劳动密集型、知识密集型、技术密集型方案或组合式方案作为项目技术方案，即建设项目的建设方案技术导向。

资金密集型技术方案是指资金占用与消耗较多的技术。该项技术资金占用多，周转较慢，资金回收期较长。

劳动密集型技术方案是指劳动消耗与占用较多的技术。该项技术容纳和占用劳动力较多，资金占用较少。

知识密集型技术是指完成这类技术导向的项目产品，要求从业人员都具有较高的科学技术和管理知识水平，且技术涉及的装备复杂、投资费用高、环境污染少。

技术密集型技术是指机械化、自动化程度高的技术。可以为国民经济各部门提供新技术、新材料、新能源、新工艺、新设备，并把劳动生产率提高到一个崭新的水平。

（二）生产工艺方案分析

生产工艺方案分析是指对生产项目产品所采用的流程式制作方法进行分析。对建设项目来说，也就是建筑产品的施工方法，即生产工人采用生产工具，对原材料、半成品进行加工或处理，使之成为成品产品的方法。如地砖地面的制作，先对地面进行打磨、清扫，再用水泥砂浆找平，然后拌灰铺砌，最后勾缝抛光制成成品地砖地面。

项目产品的生产工艺是项目设计文件和实施技术方案的重要组成部分，对项目的投资额度、建设工期、产品质量、生态环境、安全文明及投资的经济效益和社会效益都有重要的意义。同时，项目的需求、资源具备和技术、社会文化、自然生态等环境因素都决定项目的生产工艺方案的综合选择。生产规模、产品品种、产品规格和质量要求等不同的需求需要选择与之相适应的生产工艺；资金、人力、能源、原料、机械设备等资源条件不同，生产工艺的选择也是要与之对应的；技术等环境因素不同，生产工艺也不同，如不成熟的新技术对应的生产工艺，就不能轻易使用。

基于项目生产工艺的重要性及复杂性，对项目生产工艺的选择和确定，需要从项目需求的适应性、成本的经济性、原材料供应的适应性、项目各分部分项产品供应的均衡协调性、项目产品生产的连续性和效率性、技术运用的成熟性、满足产品质量的要求性、生态环保的可行性、产品生产的安全文明性和社会文化的影响性等方面进行全面分析，综合确定最有经济效益和社会效益的优质生产工艺。

（三）设备工艺方案分析

项目的设备工艺是项目实施方案的重要构成，是项目功能发挥的核心因素，也对项目投资产生不可估量的影响。建设项目的设备一般包括配电、通风空调、上下水供应、电梯、消防安防楼宇自控等生产工艺设备和实验等科研设备、办公管理设备以及特殊功能的专用设备，如轨道交通的车辆设备、污水处理成套设备等。同类设备，技术参数不同，功能发挥和成本质量都不一样，同时，不同规格的设备需要的配套安装工艺和环境要求都不一样，所以对设备方案的选择要慎重有加。一是在选择单个设备产品时，要重点考虑设备的技术先进性和经济合理性，尽量少用或不用非标准设备，从项目的投资成本和促进国内经济来说，尽量选择国产或国内合资设备，核心功能的设备要重点考虑。二是在考虑项目功能的发挥时，要注重设备数量、质量的配套性，设备使用的稳定性、耐用性、安全性、功效性、节能性、环保性以及设备生产线联动的配套性和设备的规格、参数的多档使用灵活性。三是在考虑设备的采购和费用成本收益时，要分析设备的购置渠道，尽量减少中间环节，设备的付款方式和售后服务与零部件配套情况也是分析的内容。四是在确定设备配置的综合方案时，要综合上述影响因素利用科学的分析方法进行论证后，才能确定项目的设备选择总体方案。

对于经营性或准经营性的市场机制实施项目，在考虑投资效益和节约成本的前提下，投资回收期最短的方案为最佳方案。设备投资回收期＝设备投资费用/（年利润或年成本节约额＋折旧费）。

对于非经营性的市场机制实施项目，虽然缺乏"使用者付费"基础，主要依靠"政府付费"回收投资成本，但同样功能的设备系统在设备寿命周期费用投资最节约才为最佳方案。设备寿命周期的投资费用包括设备购置费和运营费。可使用下列不同的费用表现方法来分析选择：

（1）年费用法：

设备的年总费用＝初始投资费用×资本回收系数＋年运营费用，其中资本回收系数＝$\dfrac{i\times(1+i)^n}{(1+i)^n-1}$，i 为利息率或收益率，n 为设备使用寿命期。

（2）现值法：

设备使用寿命期总费用＝最初投资＋年经营费用×年金现值系数，其中年金现值系数＝$\dfrac{(1+i)^n-1}{i\times(1+i)^n}$，i 为利息率或收益率，n 为设备使用寿命期。

（四）工程设计方案分析

工程设计方案是建设项目初步设计文件的指导性框架，是项目需求功能发挥赖以支撑的基础条件，是项目技术方案、生产工艺、设备工艺等价值取向的具体体现，更是项目建设总体投资费用成本的重要依据，对项目的成败和经济社会效益均有重大意义。

项目实施机构立足于满足项目功能需求（如容纳 10000 名学生的学校、满足 1000 户居民企业的用水等功能需求）的建设规模及高度限制、建筑密度、容积率（根据相关规定测算）、项目功能区域空间分布、用地及其布局，项目区域内外的道路等交通运输设施以及供水、污水、电力、通信、燃气、热力等专业系统规模和消防、人防、园林绿化等公共安全文明设施规模布局，结合项目技术导向、生产工艺导向和设备工艺导向，组织编制建设工程设计方案。不同行业、不同性质的项目，其工程设计方案构成的具体内容也是不一样的。

1. 项目总体平面布置方案

项目总体平面布置方案是指整个项目的总体布局。包括项目拟将坐落的地理坐标区位和构成项目整体的功能区域的划分、建筑物和构筑物的位置、间距、地坪标高、周边及场区道路园林绿化分布、水电气等专业设施的环境条件以及关联附属设施的安排等。总平面布置要遵照整体协调、最短距离、工艺流程走向最优、节约用地以及安全和环保等布置原则。

2. 公共服务设施主体工程设计方案

公共服务设施主体工程设计方案是指项目功能发挥所需的保障性安居工程、医疗卫生（医院）、养老、教育（学校）、科技、文化、体育、旅游等公共服务项目的主体工程设计方案。包括项目功能发挥所需要的建筑物、构筑物及其配套设施的规模、类别、数量、建筑密度、容积率、单体建筑、构筑物的建筑风格、室内使用建筑布局、结构形式、占地面积、层高檐高、装修标准、功能系统的设置等。

不同性质不同使用功能需求的公共服务设施的各类配置和布局也是不一样的。项目实施机构应本着具体需求情况具体分析的原则做好公共服务设施主体工程的建设工程设计方案，为后续的投资评估、可行性分析、施工图设计以至于项目施工实施、运营评价等工作打下坚实的基础。

给排水、热力采暖、通风、空调、燃气、电气、弱电智能等公用专业功能系统是公共服务设施实现公共服务和使用功能的重要组成部分，也是投资成本不可或缺的技术构成，项目实施机构根据项目的具体需求，在公共服务设施方案中合理选择。

（1）给排水公用设施。包括生活用水、生活热水、中水供水、空调冷却水循环、雨水污水等排水及消防给水等水系统的系统布设。根据项目需求的最大日用水量（含绿化用水）、雨污水排水量的测算量及用水排水的区域分布、路线距离及方位，综合计算水设备规格参数、管线规格长度，并考虑技术方案和设备工艺导向的投资控制适当选材品质，对接市政供排水接口，优化考虑给排水公用设施系统的使用。

（2）通风、空调公用设施。根据采暖、通风、空调的设计规范、节能标准、防火规范等要求，结合室外气象参数、建筑热工及室内设计参数，并合理考虑各个公共设施的使用功能需求及技术方案和设备工艺导向的投资控制，合理布置各个公共建筑、构筑设施的采暖、通风、空调的管线设备系统。例如，厨房设置排烟通风系统，卫生间布置机械排风系统并安装排风扇，实验室实验楼均布置机械通风系统。重要办公作业场所设置中央空调系统，冬季由热交换站送热风，夏季冷冻水送冷风，可以采用冷水机组空调，也可以采用 VRV 小型集中空调系统。

（3）热力采暖、燃气公用设施。根据热力、燃气的规范要求，对接市政基础设施的热力、燃气接口，在公共服务设施使用范围内覆盖布设应该布设的燃气、采暖管网及系统设备，同样要考虑技术工艺价值取向。

（4）电力公用设施。根据公共服务设施的用电负荷级别及负荷量的测算，对接市政基础设施的供电电力接口，综合布设照明、动力（包括防雷接地用电）等用电设备设施及电缆电线的电力网状系统布设，技术设备工艺价值取向的考虑是不可缺少的因素。

（5）弱电智能化控制公用设施。视频监控、火灾报警、有线电视、水电气热等能源监管、程控电话等弱电智能化管理控制系统的布设是公共服务设施设计方案的重要组成部分。不同行业、不同功能、不同规模的公共服务设施的弱电智能需求是不一样的。项目实施机构根据项目的具体需求结合市场成熟情况，合理组织配置弱电控制前端、路由和使用终端系统，有效支撑公共服务设施的公共功能的发挥，产生更大的公共利益。一般来说，基于公共服务和公共安全等功能需要，在公共服务设施工程设计方案中综合考虑弱电基础设施、网络平台、安全系统、节能平台、业务应用等智能弱电系统规划方案。

（6）弱电基础设施。包括弱电地下管网、基础支撑光纤网络、综合布线、数据机房等子系统。

（7）网络平台。包括计算机网络有线网、无线网及移动网、程控电话、有线电视及卫星电视等子系统。

（8）安全系统。包括视频监控、防盗报警、立柱报警、出入口控制、交通管理、楼宇对讲、火灾自动报警及消防、联动控制等子系统。

（9）节能平台。包括能源监管、楼宇自控、公共照明智能管理、绿色生态监控等子系统。

3. 传统基础设施（含公共服务设施主体配套基础设施）工程设计方案

基础设施建设具有很大的"乘数效应"，即能带来几倍或几十倍投资额的社会总需求和国民收入。一个国家或地区的基础设施完善，是其经济可以长期持续稳定发展的重要基础。我国政府大力推行提高公共服务供给力、供给质量和效率的 PPP 模式，基于该模式，拟将提供的绝大多数公共服务都涉及基础设施的购建，也就是说，基础设施提供的服务也是公共服务。2015 年《关于在公共服务领域推广政府和社会资本合作模式的指导意见》（国办发〔2015〕42 号）明确提出"能源、交通运输、水利、环境保护、农业、林业、科技、保障性安居工程、医疗、卫生、养老、教育、文化等公共服务领域，广泛采用政府和社会资本合作模式"，由此可见，我国的很多政策文件、具体实践都是将公共服务视为政府责任，包括基础设施供给。当然，也并不是所有的基础设施都适宜采用 PPP 模式。《国家发展改革委关于切实做好传统基础设施领域政府和社会资本合作有关工作的通知》（发改投资〔2016〕1744 号）更加明确规定了在能源领域、交通运输领域、水利领域、环境保护领域、农业领域、林业领域和重大市政工程领域等传统基础设施领域推广 PPP 模式重点项目。

（1）能源领域包括电力及新能源类、石油及天然气类和煤炭类能源的开发及利用。

（2）交通运输领域包括铁路运输类、道路运输类、水上运输类、航空运输类以及综合类交通运输项目。

（3）水利领域是指引调水工程、水生态治理工程、供水工程、江河湖泊治理工程、灌溉工程、农业节水工程和水土保持工程等项目。

（4）环境保护领域是指水污染治理项目、大气污染治理项目、固体废物治理项目、危险废物治理项目、放射性废物治理项目、土壤污染治理项目以及湖泊、森林、海洋等生态建设、修复、保护等建设项目。

（5）农业领域是指高标准农田、种子工程、易地扶贫搬迁、规模化大型沼气等三农基础设施建设项目以及现代渔港、农业废弃物资源化利用、示范园区、国家级农产品批发市场、旅游农业、休闲农业等基础设施建设项目。

（6）林业领域是指风沙源治理工程、岩溶地区石漠化治理工程、重点防护林体系建设工程、国家储备林建设、湿地保护与修复工程、林木种植资源保护工程以及森林公园工程等建设项目。

（7）重大市政工程领域是指城市供水、供热、供气、供电以及污水、垃圾处理和地下综合管廊、园区基础设施、城市道路桥梁（含立交桥）、公共停车场等项目的建设和运营。

无论是哪个领域的基础设施，都是国民经济发展的重要基础。不同行业、不同需求的基础设施项目的设计方案是不一样的，无论是独立发挥公共服务功能的基础设施（如土壤污染治理、引调水工程等）还是医院、学校等公共服务设施的主体配套基础设施项目，项目实施机构都要根据项目功能需求和现有现状的情况，立足于经济社会的发展和公共服务的有效供给以及项目的技术方案、生产和设备工艺的价值导向和行业特点、专业规范，合理选择水电气热土建等功能专业系统构成并有效组织好传统基础设施（含公共服务设施主体配套基础设施）工程设计方案工作。

4. 公共安全、园林绿化设施工程设计方案

无论是园区项目还是沿线项目，除了基本的主体工程和基础设施工程之外，安防、消防、人防、围护设施、园林绿化工程设计也是不可缺少的项目方案。有条件的政府部门或单位，除了布设项目区域的安防、消防设施，最好将区域设施链接到当地的公安、消防部门的中空系统，有利于安全保障及事故的快速处理。项目实施机构还要根据绿化配比规模要求及其花草树木的交互种植的绿化效果布设用地区域及周边（包括项目主体工程红线范围内的室外区域）的绿化和绿化空当地的广场、假山、水池、沿路铺装等园林方案。

5. 场地准备和场地整理工程设计方案

建设项目拟将用地现状的地上地下物的勘查、是否利用或清理、搬迁的处理，场地现有地坪地貌标高是否符合项目建设的要求，场地地下水文地质情况是否吻合项目建设的要求，场地周边的现有公共设施是否可以辅助项目建设等所有情况，都是项目实施机构在考虑项目工程设计方案时应该全面调研考察的因素。

6. 措施技术方案

建设工程设计方案，不仅包括构成工程实体的有形方案，还包括协助支撑实体工程项目完成的无形措施性消耗项目的技术方案设计工作，同时建筑、排烟、电火等消防措施和建筑、机电设备、水电气热等节能措施方案都是技术方案设计的有效组成部分。如脚手架工程、垂直或水平运输方案、施工排水降水措施、打拔桩机具及构架、围堰工程消耗、木竹钢支撑或支护工程消耗等以及消火栓、建筑管线保温等，都是工程设计方案的重要组成部分，也是项目安全实施和投资影响的因素。不同的项目，需要技术措施项目的内容和数量也是不同的。

》》》 三、项目建议

我国政府项目建设采用项目建议书立项审批程序。项目建议书是拟建项目单位向国家提出的要求建设某一项目的建议文件，是对工程项目建设的轮廓设想。项目建议书的主要作用是推荐一个拟建项目，论述其建设的必要性、建设条件的可行性和获利的可能性，供国家选择并确定是否进行下一步工作。

根据 1984 年原国家计委《关于简化基本建设项目的审批手续的通知》的要求，结合拟将实施项目功能和需求对应的工艺技术方案内容，从项目的必要性，产品方案、拟建规模、建设地点的初步设想，资源情况建设条件协作关系的初步

分析，参照同类项目的粗略的投资估算①以及资金筹措设想、项目大体进度安排、项目经济效益和社会效益的粗略分析等方面描述项目的轮廓性设想，从而提出项目建设的必要性建议，同时初步分析一下项目投资建设的可行性，报批国家或地方相关政府部门，如经批准立项，则按照程序要求往下开展工作。

如果涉及技术引进和设备进口或者外商投资的项目建议，除上述一般要求外，还要说明拟引进的技术设备名称内容及国内外技术差距和投资概要情况、进口国别及厂商、国内承办单位的基本情况、产品及国内外销售方向、主要原材料电力燃料交通运输及协作配套等条件具备情况、外汇资金的粗略估算及来源、邀请外商来华交流计划和出国考察计划等内容。外商投资项目适用于我国审批程序。

对于政府投资项目，项目建议书按照要求编制完成后，应根据建设规模和限额划分报送有关部门审批。项目建议书经批准后，可进行可行性研究工作，但并不表明项目非上不可，批准的项目建议书不是项目的最终决策。只有在建设项目的技术初步设计工作基础上完成并审批通过的项目可行性研究工作完成后，才可以说明项目已经立项，获得批准。

四、项目环境评价

建设项目环境评价是我国对领域内建设项目的环境影响评价和环境质量评价的一种行政审批程序，是对拟将建设的项目环境系统状况进行价值评定、判断和提出对策。中共十八届三中全会关于"推进生态文明体制改革"和"加快生态文明制度建设"的精神指出，建设生态文明，必须建立系统完整的生态文明制度体系，实行最严格的源头保护制度、损害赔偿制度、责任追究制度、完善环境治理和生态修复制度，用制度保护生态环境。在我国的环境保护法和各种污染防治的单行法律中，它是一项决定建设项目能否进行的具有强制性的法律制度。例如，法律规定，建设污染环境的项目，必须遵守国家有关建设项目环境保护管理的规定。建设项目的环境影响报告书，必须对建设项目产生的污染和对环境的影响做出评价，规定防治措施，经项目主管部门预审并依照规定的程序报环境保护行政主管部门批准。环境影响报告书经批准后，计划部门方可批准建设项目设计任务书。《中共中央国务院关于深化投融资体制改革的意见》（中发〔2016〕18号）

---

①　准许误差正负 20%～30%，甚至 30% 以上。这不能用作招标或建设投资的控制，只是国家审批项目立项与否的经济指标参考，如果同意立项，则进一步深化投资精度。这是建设程序及其建设投资多次论证的要求，逐步达到精度直到最终实际投资。

也强调"精简投资项目准入阶段的相关手续，只保留选址意见、用地（用海）预审以及重特大项目的环评审批作为前置条件"。所以 PPP 项目实施机构要正确认识建设项目环境评价对我国的经济发展和环境保护的重大意义，并在项目管理工作中切实组织《建设项目环境影响报告书》的编制、报批报审和环境治理工作。

（一）建设项目的环境质量评价

建设项目的环境质量评价是环境评价的重要组成部分，是环境影响评价质量高低的关键环节。理解和掌握建设项目环境质量评价的内容和程序有助于项目实施机构更好地做好环境影响评价的工作。

建设项目环境质量评价实质上是对环境质量优与劣的评定过程，该过程包括环境评价因子的确定、环境监测、评价标准、评价方法和环境识别，因此环境质量评价的正确性体现在上述 5 个环节的科学性与客观性。常用的环境质量评价方法有数理统计方法和环境指数方法两种。

（二）建设项目的环境影响评价

1. 环境影响评价的重大意义

（1）环境影响评价是对传统的经济发展方式的重大改革。在传统的经济发展中，往往考虑直接的、眼前的经济效益，没有或很少考虑环境效益，有时甚至为获取局部的、暂时的效益，以牺牲资源和环境为代价。结果就不可避免地造成环境污染和破坏，导致经济发展与环境保护的尖锐对立。实行环境影响评价制度，能有效地改变这种状况。进行环境影响评价的过程，是认识生态环境与人类经济活动相互依赖和相互制约关系的过程，认识的提高和深化，有助于经济效益与环境效益的统一，实现经济与环境的协调发展。

（2）环境影响评价为制定区域经济发展规划提供科学依据。在传统的发展中，一个地区、一个城市由于缺乏社会的、经济的，特别是环境的综合分析评价，盲目性很大，往往造成畸形发展，出现资源和环境的严重破坏和污染。通过环境影响评价，掌握区域的环境特征和环境容量，在此基础上制定的社会经济发展规划才能符合客观规律并切实可行。

（3）环境影响评价是为建设项目制定可行的环境保护对策、进行科学管理的依据。通过环境影响评价，可以获得应将建设项目的污染和破坏限制在什么范围和程度才能符合环境标准要求的信息和资料，据此，提出既符合环境效益又符合经济效益的环境保护对策，并在项目设计中体现。使建设项目的环保措施和设施建立在科学可靠的基础上，同时也为环境管理提供了依据。

2. 环境影响评价的内容

建设项目环境影响评价是指对拟建项目可能造成的环境影响（包括环境污染和生态破坏，也包括对环境的有利影响）进行分析、论证的全过程，并在此基础上提出采取的防治措施和对策。即建设项目在可行性研究阶段，对其选址、设计、施工、运营或生产阶段可能带来的环境影响进行预测和分析，提出相应的防治措施，为项目选址、设计及建成投产后的环境管理提供科学依据。具体来说，环境影响评价的内容大体包括以下六个方面：一是建设项目的基本情况；二是建设项目周围地区的环境现状；三是建设项目对周围地区的环境可能造成影响的分析和预测；四是环境保护措施及其经济、技术论证；五是环境影响经济损益分析；六是对建设项目实施环境监测的建议。

3. 环境影响评价报告

不同的建设项目对环境产生的影响程度是不一样的，对应环境影响评价的要求也是不一样的。影响程度较轻的，可以编制环境影响报告表，对建设项目产生的污染和对环境的影响进行分析或者专项评价；影响程度很小的，则填报环境影响登记表即可；如拟建项目对环境可能造成重大影响的，按照规定应当编制环境影响报告书，对建设项目产生的污染和对环境的影响进行全面、详细的评价。PPP 项目实施机构根据拟将建设的项目方案情况，结合拟建地址的环境现状，按照环境影响评价的内容要求组织编制《建设项目环境影响报告表》，或填报《建设项目环境影响登记表》，或编制《建设项目环境影响报告书》，分析说明拟建项目对环境质量的影响、选址是否合理、是否符合环保要求、采取的防治措施经济上是否合理、技术上是否可行、是否需要再做进一步评价等。

五、项目选址、规划用地

选址、用地是 PPP 项目落地实施的基本条件，项目实施机构应根据《中华人民共和国城乡规划法》和《中华人民共和国土地管理法》有关规定，结合拟建项目计划工艺技术方案内容需求的用地面积、建筑面积、建筑高度、建筑层数、建筑密度、绿化率、容积率、机动车停车位、非机动车停车位等公共服务设施及构筑物的类别、数量，以及道路、管线等能源、交通、电力、热力、燃气、水利、通信等基础设施的需求，组织项目规划选址意见书、建设用地规划许可和用地申请。

(一) 选址意见书及建设用地规划许可

地方政府根据当地经济社会发展水平，一般优先安排基础设施和公共服务设施项目建设。选址意见书和建设用地规划许可是基础设施和公共服务领域项目建设程序不可缺少的环节。

1. 选址意见书

(1) 选址意见书的适用范围。根据《中华人民共和国城乡规划法》和《中华人民共和国土地管理法》有关规定以及我国建设项目立项程序的有关政策要求，以无偿划拨方式提供土地使用权并且列为批准或核准方式获得项目立项的建设项目，如城市供水排水、供电、供气、供热、地下综合管廊、城市道路（含立交桥梁、枢纽停车）轨道交通以及地方政府之间的重大能源、铁路公路（含桥梁）港口机场等交通、农林水利、通信、广播电视等基础设施和学校（含幼儿园）、医院（含社区卫生院）、保障用房、科技、文化、体育、养老、旅游等公共服务设施项目，在项目建设的意向阶段，地方政府项目实施机构应当向有关规划部门递交"项目建设选址申请书"，待有关规划部门接受"选址申请"并核发申请项目的规划选址意见书之后，项目实施机构才能向有关项目审批机构报送项目批准或核准立项申请。

(2) 选址条件。

1) 符合国家城镇体系规划、当地的总体规划、区域控制性规划（涉及乡村用地的，还包括乡规划和村庄规划）；

2) 拟建项目的规模、功能等自身情况；

3) 项目拟将选址周边的交通、通信、能源、市政、防灾、配套生活设施、公共设施已有和已规划的衔接协调情况；

4) 拟建项目对环境的影响和控制的质量评价等基础条件、基本材料。

(3) 选址意见书的基本内容。有关规划部门核发的拟建项目的选址意见书至少应当包括下列内容：建设项目名称，拟选地址（地形图描述），土地使用性质，用地与建设规模，供水与电气热等能源的需求量，交通运输量以及废水、废气、废渣等污染排放方式，排放量和污染处理质量要求等内容。

2. 建设用地规划许可

(1) 建设用地规划许可申请条件。

1) 以无偿划拨方式取得建设用地使用权且符合批准或核准立项的建设项目，取得有关规划部门核发的选址意见书后，项目实施机构组织编制项目建议书或项目建议书和项目可行性研究报告等有关立项申报材料，向有关项目审批或核准的政府机构递交项目立项申请；只有项目立项获得审批或核准后，项目实施机构才能向政府有关规划部门提出项目建设用地规划许可申请。

2) 以无偿划拨方式取得建设用地使用权且符合备案立项的建设项目，不需要申请选址意见书，项目实施机构可以组织编制项目建议书或项目建议书和项目可行性研究报告等有关立项申报材料，向有关项目备案的政府机构递交项目立项申请，项目立项申请获得备案后，项目实施机构向政府有关规划部门提出建设用地规划许可申请。

3）以有偿出让方式获取国有土地使用权的建设项目，均不需要申请选址意见书，项目实施机构可以组织编制项目建议书和项目可行性研究报告等有关立项申报材料，向有关项目批准或核准或备案的政府机构递交项目立项申请，项目立项申请获准后，项目实施机构向政府有关规划部门提出建设用地规划许可申请。

（2）建设用地规划许可的内容。政府有关规划部门依据区域控制性详细规划核定的建设用地规划许可，至少应该包括下列内容：拟建项目建设用地的位置、面积，允许建设的范围，土地使用性质及周边配套开发条件等。

（3）建设用地规划许可证的核发。

1）以无偿划拨方式取得建设用地使用权的建设项目，项目实施机构持有项目立项的批准或核准或备案通过等有关文件资料，按照有关工作程序向政府有关规划部门申请核发项目建设用地规划许可证。以无偿划拨方式取得建设用地使用权的建设项目，只有取得建设用地规划许可证后，才可向相关土地管理部门申请用地，经县级以上人民政府审批后，由相关土地管理部门划拨土地并办理国有土地使用权许可。

2）以有偿出让方式取得建设用地使用权的建设项目，项目实施机构持有项目立项的批准或核准或备案通过等有关文件资料和国有土地使用权出让合同，向政府有关规划部门申请建设用地规划许可证。

对于以有偿出让方式获取建设用地使用权的项目，国有土地使用权出让合同签订之前，项目实施机构应当向有关规划部门申请建设用地的位置、使用性质和开发强度等规划条件。

国有土地使用权出让合同应当包括有关规划部门根据区域控制性详细规划提出的出让地块的位置、使用性质、开发强度等规划条件。

政府规划部门在依据国有土地使用权出让合同核发建设用地规划许可证时，规划部门不得在建设用地规划许可证中擅自改动作为国有土地使用权出让合同组成部分的规划条件。

（二）建设用地申请

财政部《关于联合公布第三批政府和社会资本合作示范项目加快推动示范项目建设的通知》（财金〔2016〕91号）提出，PPP项目用地应当符合土地利用总体规划和年度计划，依法办理建设用地审批手续。在实施建设用地供应时，不得直接以 PPP 项目为单位打包或成片供应土地，应当依据区域控制性详细规划确定的各宗地范围、用途和规划建设条件，分别确定各宗地的供应方式。

PPP 项目是政府基于公共产品提供而发起的基础设施和公共服务项目，一是对于国家《划拨用地目录》内的非经营性城市基础设施和公益事业以及国家重点扶持的能源、交通、水利等基础设施等公共领域的公共产品项目，项目实施机构在取得建设项目的建设用地规划许可证后，依法向相关土地管理部门申请划拨用地，经县级以上人民政府审批后，由相关土地管理部门划拨土地。如果申请建设用地涉及农用地或未利用地的，则要经有关土地部门和人民政府依据相关法规审批农用地、未利用地转用并办理征地审批手续。征收土地的，按照被征收土地的原用途给予补偿。征地发生的土地补偿费、拆迁安置补偿费及其他补偿费等土地取得费用，计入项目成本。按照规划条件开发整修未利用土地或原来就是建设用地的，开发整修费用计入项目成本。二是对于国家《划拨用地目录》之外的经营性或准经营性交通、水利、能源等基础设施和医疗、教育、旅游、养老等公共设施的准公共产品项目，项目实施机构按照有关规划部门确定的规划条件以协议、招标、拍卖等土地使用权有偿出让方式取得有限期的土地使用权。按照取得土地使用权的实际成交地价向有关政府或其土地管理部门缴纳土地使用权出让金，出让金计入项目成本。财金〔2016〕91 号文件指出：

不符合《划拨用地目录》的，除公共租赁住房和政府投资建设不以盈利为目的、具有公益性质的农产品批发市场用地可以作价出资方式供应外，其余土地均应以出让或租赁方式供应，及时足额收取土地有偿使用收入并按照《中华人民共和国土地管理法》的有关规定上缴中央财政和地方政府自留使用。PPP 项目的资金来源与未来收益及清偿责任，不得与土地出让收入挂钩。同样，建设用地涉及农用地或未利用地的，则要经有关土地部门和人民政府依据相关法规审批农用地、未利用地转用并办理征地审批手续。征收土地的，按照被征收土地的原用途给予补偿。征地发生的土地补偿费、拆迁安置补偿费及其他补偿费等土地取得费用，计入项目成本。按照规划条件开发整修未利用土地或原来就是建设用地的，开发整修费用计入项目成本。依法需要以招标拍卖挂牌方式供应土地使用权的宗地或地块，在市、县国土资源主管部门编制供地方案、签订宗地出让（出租）合同、开展用地供后监管的前提下，可将通过竞争方式确定项目投资方和用地者的环节合并实施。PPP 项目主体或其他社会资本，除通过规范的土地市场取得合法土地权益外，不得违规取得未供应的土地使用权或变相取得土地收益，不得作为项目主体参与土地收储和前期开发等工作，不得借未供应的土地进行融资。

（三）规划、用地注意事项

（1）PPP建设项目施工和地质勘查需要临时使用国有土地或者农民集体所有土地的，由县级以上人民政府土地行政主管部门批准。其中，在城市规划区内的临时用地，在报批前，应当先经有关城市规划行政主管部门同意。项目实施机构应当根据土地权属，与有关土地行政主管部门或者农村集体经济组织、村民委员会签订临时使用土地合同，并按照该临时使用土地合同约定的用途使用土地，不得修建永久性建筑物，同时按照合同的约定支付临时使用土地补偿费，费用计入项目成本。

（2）PPP建设项目应当按照土地使用权出让等有偿使用合同的约定或者土地使用权划拨批准文件的规定使用土地，确需改变该幅土地建设用途的，应当经有关人民政府土地行政主管部门同意，报原批准用地的人民政府批准。其中，在城市规划区内改变土地用途的，在报批前，应当先经有关城市规划行政主管部门同意。

（3）我国实行的协议、招标、拍卖等国有土地有偿出让使用权的出让方式中，招标、拍卖具有公开性、竞争性，一般不存在低价出让国有土地使用权的现象，但协议出让国有土地使用权，由于没有引入竞争机制，有可能存在低价出让。如果PPP项目采用协议方式有偿出让国有土地使用权，为了预防低价出让，项目实施机构应当根据国家、地方政府有关土地使用权的基准（平均）地价、具体地块和期日的标定地价等管理规定和标准，规范协议出让国有土地使用权用于建设PPP项目的最低土地使用权出让的出让金金额。

（4）PPP项目实施机构要按照规划条件对建设项目的实施进行监管，接受有关规划部门对规划条件落实情况的核实，未经核实或经核实不符合规划条件的，不得组织项目的竣工验收。对于符合规划条件的建设项目，在竣工验收后的规定时间内，项目实施机构组织向有关规划部门报送项目竣工验收资料。

》》》 六、项目可行性研究（含社会稳定和节能交通评价）

建设项目可行性研究是对工程项目在技术上是否可行、经济上是否合理进行科学的分析和论证。一般项目直接编制详细可行性研究报告，复杂项目先编制初步可行性研究，通过后再编制详细可行性研究。初步可行性研究一般在具备设备规格表、主要设备的生产能力和规格、项目总平面布置、各建筑物的大致尺寸、公用设施的初步位置等条件下可以进行编制。此阶段编制的投资估算的精度要求为误差控制在正负20%以内。初步可行性研究是判断是否进行详细可行性研究的依据。

通过初步可行性研究审批后，可以进行详细可行性研究。此时项目基本具备工程图纸、技术说明，只是工程图纸和技术说明尚不完备，没有详细的材料设备清单和细化细致的详尽工艺技术做法，也还没有比较准确的地质勘查报告等。但可以咨询项目的细节、材料设备价格，同时也可以咨询项目的设计和施工做法，能够编制较为详尽的投资估算，投资估算误差可以达到正负 10% 以内，是技术（扩大）初步设计概算的控制指标，是工程设计任务书的项目投资限额。

在建设项目建设程序的各个阶段，通过工程造价的确定和控制，形成相应的投资估算、设计概算、施工图预算、合同价、结算价和竣工决算价格，各造价形式之间存在着前者控制后者、后者补充前者的相互作用关系。因此，只有加强项目决策的深度，采用科学的估算方法和可靠的数据资料，在项目建设程序详细可行性研究阶段，合理地计算投资估算，才能保证其他后续程序建设阶段的造价被控制在合理范围，避免"三超"现象的发生，继而实现投资控制目标。正如国家发展改革委在关于《传统基础设施领域实施政府和社会资本合作项目的工作导则》（发改投资〔2016〕2231 号）中明确强调"政府投资项目的可行性研究报告应由具有相应项目审批职能的投资主管部门等审批。可行性研究报告审批后，PPP 项目实施机构根据经批准的可行性研究报告的有关要求，完善并确定 PPP 项目实施方案。重大基础设施政府投资项目应重视项目初步设计方案的深化研究，细化工程技术方案和投资概算等内容，作为确定 PPP 项目实施方案的重要依据"。这样可以切实深入做好项目前期的投资论证工作，确保项目后期建设投资合理且不超预算。

建设项目可行性研究工作一般有可行性研究的工作内容和可行性研究报告的内容。

（一）可行性研究的工作内容

可行性研究应完成以下工作内容：

（1）进行市场调研，以解决项目建设的必要性问题。

（2）进行项目工艺技术方案的研究，以解决项目建设的技术可行性问题。

（3）进行环境、节能、交通、社会稳定调研，以便为对应环节的科学准确评价获取真实有价值的实际材料。

（4）进行项目财务和经济分析，以解决项目建设的经济合理性问题。

凡是经可行性研究未通过的项目，不得进行下一步工作。

（二）可行性研究报告的内容

可行性研究工作完成后，需要编写反映其全部工作成果的"可行性研究报告"。各类项目的可行性研究报告的内容不尽相同，一般项目的可行性研究报告主要包括以下内容：

（1）项目提出的背景、项目概况及投资的必要性。

（2）项目产品或服务需求、产品或服务价格预测及其市场风险分析。

（3）项目建设及生产的资源条件评价。

（4）建设规模及产品或服务的方案技术经济分析。

（5）建设条件与选址方案。

（6）技术方案、设备方案和工程建设的设计方案。

（7）项目生产的主要材料、燃料的供应。

（8）项目建设的总平面布局和各个建筑构筑物的分部以及项目场地的道路交通和公共辅助工程的分布。

（9）项目建设运营的节能、节水技术措施。根据中华人民共和国国家发展和改革委令第6号发布的《固定资产投资项目节能评估和审查暂行办法》，评价固定资产投资项目建成投产后年能源消耗量情况，根据不同的能源年度消耗情况，分别单独编制节能评估报告书或单独编制节能评估报告表或填写节能登记表。如通过节能评估，年综合能源消耗量3000吨标准煤以上或年电力消耗量500万千瓦时以上或天然气年度消耗量100万立方米以上的固定资产投资项目，应单独编制节能评估报告书。节能评估报告书应该体现技术和管理方面的节能措施评估等。

单独编制节能评估报告表或填写节能登记表的，可以在可行性研究报告中设立专篇或专章。

单独编制节能评估报告书的，则按照《固定资产投资项目节能评估和审查暂行办法》的要求，另行单独编制节能评估报告书。

（10）项目建设运营与选址周边环境的相互影响评价。

（11）建设运营过程的劳动安全、卫生及消防措施。

（12）项目建设运营的组织机构与人力资源配置情况等。

（13）项目建设实施进度情况。

（14）项目投资估算及其融资方案。

（15）项目财务评价和国民经济评价。

（16）项目社会稳定评价和风险分析。根据国家发展和改革委关于《国家发展改革委重大固定资产投资项目社会稳定风险评估暂行办法》（发改投资〔2012〕2492号）及国家发展和改革委办公厅《关于印发重大固定资产投资项目社会稳定风险分析篇章和评估报告编制大纲（试行）的通知》（发改办投资〔2013〕428号），认真调研，科学论证，做出社会稳定"高风险或中风险或低风险"的结论。

针对不同的评价结论，政府采取相应的处理措施，通过有效工作防范和化解矛盾。

属于低风险或中风险的，在可行性研究报告中设立专篇或专章。属于高风险的，人民群众反应强烈，矛盾激化，要根据国家发展和改革委办公厅《关于印发重大固定资产投资项目社会稳定风险分析篇章和评估报告编制大纲（试行）的通知》（发改办投资［2013］428 号）的要求，另外单独编制固定资产投资项目社会稳定风险评估报告，详细评价处理措施，有效解决矛盾，使项目顺利进行。

（17）项目建设运营是否可行的结论及有关建议。

》》 七、建设工程技术（扩大）初步设计

根据我国建设工程的建设审批程序和国家发改委、财政部对 PPP 项目前期工作的要求，政府或政府授权的项目实施机构要安排 PPP 项目建设工程的初步设计工作。

一般项目的设计分为初步设计和施工图设计两阶段设计工作，但对于技术比较复杂的工程，依据有关规定，实行初步设计、技术（扩大）初步设计和施工图设计三阶段设计工作。

初步设计和技术（扩大）初步设计是对项目范围的全面性，单项、单位工程技术规范的适应性和分项分部工程具体施工做法及其技术措施方法的技术规范标准要求进行描述，体现的是技术的合理、合法、合规性和经济指标的控制性、有效性。

施工图设计主要是对难度较大的分部分项工程的细化创新技术措施做法和生产工人的实际操作的便利有效性技术和工艺在初步设计的基础上进行技术性深化，更加有利于经济指标的节约型消耗。

基于 PPP 项目一般投资规模大、技术相对比较复杂，适宜采用三阶段设计。技术（扩大）初步设计工作的完成，标志着项目前期技术经济工作论证的基本可控性到位，有利于后期社会资本的技术创新提高投资效益，又有利于政府对项目的投资控制，也符合我国对建设工程前期管理的程序和深度要求。

因此，政府在组织 PPP 项目前期工作论证阶段，要深化建设工程初步设计文件，达到技术（扩大）初步设计的深度。

（一）初步设计条件

建设用地、规划条件、建设工程设计方案、项目修建性详细规划和建设工程设计方案的总平面图以及地质勘查、地形测量成果文件等是完成初步设计的前提

条件。

（1）PPP项目实施机构取得了建设用地规划许可和建设用地土地使用权后，按照规划条件的要求，组织项目本身的区域控制性详细规划或修建性详细规划方案的设计和报批。在符合经依法审批的项目本身的区域控制性详细规划或修建性详细规划方案的设计规划条件范围内，项目实施机构组织项目（包括项目区域总体布局和建筑物、构筑物、道路、管线及其他配套工程具体设计方案）的建设工程设计方案，并申请办理建设工程规划许可。有关规划部门依法将经审定的项目修建性详细规划和建设工程设计方案的总平面图予以公布，项目实施机构根据建设工程规划许可（含项目修建性详细规划和建设工程设计方案的总平面图）的规划条件组织建设项目初步设计。

（2）PPP项目实施机构应组织建设用地的地质状况勘查和地形地貌测量工作。地质勘查报告反映的不良地质情况，项目初步设计要做出治理设计方案，地下水位测量成果文件反映的不良地下水位情况，在初步设计文件中要体现地下水位的处理方案。设计单位在方案处理达标的地质土层地基上布置建筑物、构筑物的结构。地形地貌测量成果文件，是设计平面和整体格局布局的基本前提，设计单位要根据地形地貌的测量成果文件，结合建设工程设计的要求，妥善完善设计工作。

（二）地质、管线勘查和地形测量

建设用地的地质勘查、地形地貌和地下管线的勘测成果文件是项目设计工作开展的前提条件之一。PPP建设项目完成规划选址和用地审批后，在设计工作开展之前，PPP项目实施机构要组织现场踏勘、调研。通过招标选择地质勘查和地形、管线测量单位，对拟将建设的建设工程用地的地质情况、地下水位情况和地形地貌情况以及用地范围的已有地下管线管沟情况进行实际勘测。主要完成下列勘测工作：

（1）地面地形测量。对用地的导线、水准、GPS等地标控制测量和地形测量、断面测量，绘制用地地形地貌现状大样图，供设计使用。

（2）地下管线测量。在建设用地范围内及其周边一定范围，对地下现有水电气热及电话网络等弱电管线进行物探性测量，绘制测量成果，并报项目所在地方政府有关部门规划建设项目所需配套设施使用，测量成果及政府有关部门对建设项目的配套规划要求一并提供给设计单位用作设计配套及建设项目的有关基础管线的设计工作使用。

（3）岩土工程勘查。通过物探或钻孔，探测建设用地地下地质情况和地下水位情况，形成反映是否有不良地质和地下水位的深度情况的地质、地下水位书面勘查报告，并经有关审图专业单位审查通过的书面地质地下水位勘查报告，提供给设计工程师用作工程设计的基础及结构布局的依据材料。

（三）初步设计范围

PPP 项目实施机构根据建设工程规划许可的用地位置、范围、建筑性质、栋数、层数、高度、结构类型、容积率、建筑密度、绿化率、管线和道路的要求、总面积和分类面积等规划条件，结合项目功能需求、工艺技术方案内容和周边自然、社会环境条件，立足于建设用地的地形地质条件（项目实施机构要组织拟建用地的地形测量和地质勘查测量，并组织整理测量和勘查报告经审批后，供设计使用），组织建设项目初步设计。即涵盖建设配套设施、人防、消防、园林绿化、节能减排、绿色建筑要求以及项目本身建设工程在内的整个建设项目的建设工程系列技术图纸，包括设计说明、总平面布置、单体建筑物和构筑物以及配套设施等内容。其中，设计说明涵盖设计规范和设计标准、项目做法等内容。总平面布置包括项目本身的建筑物、构筑物排列位置和管线平面、纵断面布置以及周边环境。单体建筑物、构筑物技术图纸土建部分包括平面、立面和剖面图纸。其中，平面图纸包括建筑平面和结构平面；立面图纸包括外立面和外墙大样立面图纸；剖面图纸包括基础结构、结构节点等详细图纸。单体建筑物、构筑物技术图纸安装部分包括水、电等功能专业系统管线和设备布置及室外管口对接节点布设。配套设施技术图纸主要包括室外铺装、园林绿化、道路布置以及项目建设工程投入使用所需要的水、电、气、热等外接供给排布情况等。

（四）初步设计深度

对初步设计图纸中涉及人防、消防、园林绿化、节能减排、绿色建筑的相关内容，遵照行业管理的要求深化描述，对重要的分部分项工程的施工技术做法，尽量按照相关适用的标准图集结合项目本身的特点深化到位，对重要的材料设备选型要有详细技术规格和技术功能参数，对管线管井接口和结构钢筋混凝土的节点、配合比以及装修、管线等主要用材要明确材质和规格尺寸，确保依据相关概算定额能够计量分部分项工程量和单价分析，达到技术（扩大）初步设计的深度要求。

（五）建筑工程的建筑面积

建筑工程的建筑面积是 PPP 项目建设规模的指标之一，也是反映建设工程投资水平的衡量标准之一，更是现行建设工程投资计量规范的计量基数之一，同时还是国家有关项目规划审批部门审批或控制项目建设规模的指标之一。所以，正确计算计量 PPP 项目建设工程的建筑面积，意义重大。

住房和城乡建设部《关于建筑工程建筑面积计算规范》（GB/T50353—2013）的国家标准，是我国现行建筑面积计算的规范性文件。

PPP 项目建设工程技术（扩大）初步设计图纸完成后，项目实施机构要组织仔细详尽的建筑面积计算审核工作，确保项目建筑面积规模在地方政府相关主管部门规划控制的范围之内或准许浮动的范围之内。

八、建设投资总费用和 PPP 项目招标（采购）控制价

（一）PPP 项目建设投资总费用

建设项目总投资是为完成项目建设并达到使用要求或生产条件，在建设期内预计或实际投入的全部费用总和。生产经营性或准经营性建设项目总投资包括建设投资、建设期融资利息和流动资金三部分；非生产经营性建设项目总投资包括建设投资和建设期融资利息两部分。建设投资和建设期融资利息之和对应于建设项目固定资产投资。

任何一个规模、工艺技术建设指标、项目产出都确定的建设项目，它的固定资产投资成本价值基本上是确定的，需要开展科学的固定资产投资论证工作，来发现并运用这个基本确定的固定资产投资成本。

在项目建设技术（扩大）初步设计工作完成后，根据有关计价依据和项目设计内容，编制审核 PPP 项目的建设工程投资概算总金额，是 PPP 项目建设的预期总成本，也是我国项目建设的控制性成本，原则上不能超出，PPP 项目更是如此。

（二）PPP 项目存量资产权益转让总费用

对于现有在用或暂停用的存量资产，拟将采用 PPP 模式运营，那么首先政府须对拟将转让的资产权益价值进行评估，评估价值作为招标的基准，再行招标选择有利于国家和社会公共利益的投标价值，用作 PPP 项目运营成本回收的项目合同价格基准。

（三）PPP 项目运营维护费用

PPP 项目运营维护费用，包括生产人力、能源燃料原材料易耗品消耗、设备设施维护等直接成本费用和管理费用、营业费用、财务费用等期间费用。

（四）PPP 项目招标内容

PPP 项目建设运营工程的招标内容一般为项目投资融资、施工图设计、工程

监理、工程施工和项目运营。PPP存量项目的招标内容一般为投资融资、存量资产权益转让和项目运营。

(五) PPP项目招标 (采购) 控制价

根据项目招标内容、风险分配、市场行情，合理确定PPP项目招标控制价和招标文件、合同约定。

招标控制价一般包含建设成本的转移支付总金额和生命运营周期对应的当期成本支付总金额以及社会资本的合理不暴利利润。对于存量资产收益转让运营项目来说，招标控制价包括收益转让成本动态回收价值和运营当期成本以及社会资本的合理不暴利的利润。

九、投资回报和市场测试

(一) 投资回报

PPP项目是政府在缺少前期投资的条件下，引进社会投资并在后期项目运营阶段给予社会投资及其合理利润的回报。

1. 投资回报水平竞争上限

政府在项目前期工作论证中，要针对同类项目和市场投资的社会平均水平设立投资利率（资金折现率和合理利润率）的投标竞争上限，择优选择技术能力强、管理水平高的社会投资人参与基础设施和公共服务领域的公益事业项目的投资、建设和运营。

一般来说，参照国家债券和项目所在地方政府的债券收益率，结合项目本身的具体情况，合理确立项目投资资金的折现率水平竞争上限。参照中央银行中长期贷款基准利率和商业银行中长期贷款利率水平，结合项目的具体情况，确立项目投资社会资本合伙人投资的合理利润率水平竞争上限。

2. 投资回报资金来源

政府是基础设施和公共服务项目产品或服务提供的最终责任人。PPP项目的合同委托人是政府或政府授权的项目实施机构，所以政府是PPP项目社会投资回报的最后落实人和责任人。

根据项目的行业性质、公益性程度或政府向社会公众有偿提供产品或服务的收费程度等具体情况，政府可以采用使用者付费或政府财政预算直接购买服务或使用者付费＋政府财政预算可行性资金缺口等资金来源实现社会投资人的投资金额及其合理利润的回报。

在条件允许的前提下，政府也可以委托项目社会资本合伙人合理地进行一些商业开发以增加投资回报资金来源的渠道，如广告开发等。

PPP 项目建设或运营维护期间，政府设置的一些补助、奖励等资金，是政府财政预算资金的一部分，用于抵扣项目总投资的资金额度，如示范 PPP 项目的政府奖励基金等。

3. 投资回报实现方式

对于 PPP 模式，一般政府不予安排固定投资回报。在项目合同的约定下，充分发挥社会资本的技术、管理优势，给予社会资本控制风险、提高投资效益的主人地位工作平台，给予社会资本在工作中实现合理利润的同时也承担社会责任的机会。

（二）市场测试

在 PPP 项目实施方案编制和招标采购文件编制过程中，应重视市场测试，重视征询潜在社会资本方的意见和建议，重视引导社会资本方形成合理的收益预期，建立主要依靠市场的投资回报机制。

对潜在社会资本进行尽职调查，开展市场测试，是为便于政府遴选出合格、适当的 PPP 项目主要参与者和实施者，以推进 PPP 项目顺利实施的重要工作环节。

政府基于检验自己有关 PPP 项目的前期工作论证成果的可行性、合理性、市场响应性等，在招商程序之前，针对 PPP 项目设立项目结构、费价标准、投资回报模式、风险分担和其他边界条件的详细设计等招标因素，邀请一些潜在社会资本投资人进行非正式沟通，了解他们的兴趣、愿望和要求，征求他们对项目的意见和建议，充分引导他们的投资兴趣和对投资的预期收益目标，从而达到自检项目前期论证成果的有效性目标。这有利于项目物有所值评价和财政承受能力论证的市场可行性分析。

由于市场测试是非正式的调查，政府不承担正式采购程序中要约邀请方的法律责任。对于潜在社会资本投资人的意见和建议，政府通过对比分析、充分论证，才能考虑是否应该采纳或采纳多少。吸收合法、合规、合理且有利于项目顺利推进的普遍性意见和建议，个别意见和建议如果不是实质性的，一般不代表项目招标或合同约定的因素，政府一般不予采纳。

十、PPP 项目物有所值评价

可行性研究审批通过的国民经济和社会发展需求的建设项目，要通过物有所值评价，一是判断项目是否采用 PPP 模式实施，采用何种具体 PPP 运作方式；二是评判项目合同条款、产品或服务价格是否需要变更以及变更的程度；三是评价项目 PPP 模式的建设运营绩效；四是为项目政府全生命周期监管提供成本测算和相关数据。一般物有所值评价报告主要包括下列内容：

（一）项目基础信息

项目基础信息包括项目概况、项目产出说明、PPP 运作方式、风险分配框架以及投资回报机制和调价机制。

（二）定性和定量评价

定性评价重点关注项目采用 PPP 模式与采用政府传统采购模式相比能否增加供给、优化风险分配、提高运营效率、促进创新和公平竞争等。

定量评价主要通过 PPP 项目全生命周期内政府支出成本现值与公共部门比较值进行比较，计算项目的物有所值量值，判断 PPP 模式是否降低项目全生命周期成本。

（三）公共部门比较（PSC）值和项目 PPP 值

公共部门比较（PSC）值主要包括项目全生命周期的"模拟传统模式项目的建设与运营维护净成本、竞争性中立调整值和政府承担项目全部风险的成本"的现值之和。

项目 PPP 值主要包括项目全生命周期的"政府投入拟将 PPP 模式项目的建设与运维净成本、政府自留风险承担成本和政府其他成本"的现值之和，包括拟将 PPP 模式前期准备阶段的 PPP 值，项目建设、运维阶段 PPP 值和项目移交退出阶段的 PPP 值。不同阶段的项目 PPP 值围绕不同的政府项目监管目标而进行，其中前期准备阶段的 PPP 值小于或等于 PSC 值，则说明可行性研究审批通过的建设项目适宜 PPP 模式建设运营。

十一、PPP 项目财政承受能力论证

对于经过项目前期物有所值论证适宜于 PPP 模式的国民经济和社会发展项目，为确保财政中长期可持续性，财政部门应根据项目全生命周期内的财政支出、财政债务等因素，对部分政府付费或政府补贴的项目开展财政承受能力论证，每年政府付费或政府补贴等财政支出不得超出当年财政收入的一定比例。针对项目投资回报方式不同的经营性项目、准经营性项目和公益性项目，分别论

证，确保 PPP 模式建设、运营的项目，政府财政预算支付部分及时、足额支付到位，规避政府政务失信问题。

十二、PPP 项目招商实施方案

通过物有所值评价和财政承受能力论证的 PPP 项目，政府或政府授权的项目实施机构，组织编制项目招商实施方案。PPP 项目实施方案一般包括下列内容：

（一）项目概况

项目概况主要包括项目基本情况、技术经济指标和项目公司股权情况或资本金及资金情况。

基本情况主要明确项目提供的公共产品或服务内容、项目采用社会资本合作运作的必要性和可行性，以及项目运作的目标和意义。

技术经济指标主要明确项目区位、占地面积、建设内容或资产范围、投资规模或资产价值、主要产出说明和资金来源等。

项目公司股权情况主要明确是否要设立项目公司以及公司股权结构。

（二）项目风险分配基本框架

按照风险分配优化、风险收益对等、风险可控和风险责任等原则，综合考虑政府风险管理责任和能力、项目回报机制和市场风险管理能力和责任等因素，在政府和社会资本间合理分配项目风险。

原则上，按照基本建设项目的建设管理基本程序规律和我国 PPP 项目的生命流程，项目前期项目建议、项目可行性研究、项目规划选址、项目建设用地以及项目环境影响、社会稳定风险评价、节能减排评价、交通影响评价和地质勘查、地形测量、技术（扩大）初步设计（含配套设计、不良地质处理设计、地下水处理设计、各类评价影响的问题处理措施设计、建设用地场地平整纵向横向设计）等前期工作的责任风险（包括最低需求风险）和政策、法规变化风险，由政府承担。在技术（扩大）初步设计范围内的项目施工图设计、建设施工组织设计的技术方法和工艺程序流程、投资融资、运营维护等商业、技术和管理风险，由社会资本承担。市场经济风险〔包括人工、材料设备、机械台班市场价格变化，技术（扩大）初步社会范围内的项目工程量的误差、运维人工工资福利和材料能源市场价格变化等〕和不可抗力风险，由政府和社会资本合理、合规共担。

（三）项目运作方式

PPP 项目运作方式主要包括委托运营、管理合同、建设—运营—移交、建设—拥有—运营、移交—运营—移交和改建—运营—移交等 PPP 模式的具体方式。

PPP 模式具体运作方式的选择主要由收费定价机制、项目投资收益水平、风险分配基本框架、融资需求、改扩建需求和期满处置等因素决定。

（四）项目交易结构

PPP 项目交易结构一般包括投融资结构、回报机制和相关配套安排。

项目投融资结构主要说明项目资本性支出的资金来源、性质和用途，项目资产的形成和转移等。

项目回报机制主要说明社会资本取得投资回报的资金来源，包括使用者付费、可行性缺口补助和政府付费等支付方式。

相关配套安排主要说明由项目本身以外的，项目正常运行所必需的土地、水、电、气、热和道路等基础配套使用设施和项目所需的上下游服务需求等。

（五）合同体系

PPP 项目合同体系主要包括项目合同、股东合同、融资合同、工程服务合同、工程承包合同、运营服务合同、原材料能源供应合同、产品采购合同和保险合同等。项目合同是其中最核心的法律文件，是政府和社会资本责任、风险承担的主要依据。其他合同都是政府或社会资本各自责任范围分别与第三方的责任或风险转移合同，分别与政府或社会资本承担各自连带的责任或风险。

项目边界条件是项目合同的核心内容，主要包括政府或社会资本的权利义务、交易条件、履约保障和调整衔接等边界。

权利义务边界主要明确项目资产权属、社会资本承担的公共责任、政府支付方式和风险分配结果等。

交易条件边界主要明确项目合同期限、项目回报机制、收费定价调整机制和产出说明等。

履约保障边界主要明确强制保险方案以及由投资竞争保函、建设履约保函、运营维护保函和移交维修保函组成的履约保函体系。

调整衔接边界主要明确应急处理、临时接管、提前终止、合同变更、合同展期、项目新增改扩建需求等应对措施。

（六）监管架构

PPP 项目监管架构是指授权关系和监管方式。授权关系主要是政府对 PPP

项目实施机构的授权，以及政府直接或通过项目实施机构对社会资本的授权。监管方式主要包括政府或政府授权的项目实施机构对社会资本以及 PPP 项目建设运营过程、程序进行行政、业务监管和项目实施机构代表政府对项目的责任履约管理，还包括社会公众对项目实施机构、社会资本以及项目本身的建设运营的公开监督等。

（七）招标采购方式选择

政府或政府授权的项目实施机构应根据《中华人民共和国招标投标法》、《中华人民共和国政府采购法》等招标采购法律及相关规章制度进行 PPP 项目投资人及项目建设运营机构的招标采购。根据具体项目的实际情况，可以采取公开招标、邀请招标、竞争性谈判、竞争性磋商和单一来源采购等具体招标采购方式。

第四章

政府和社会资本合作（PPP）项目
固定资产投资结构

能源、交通运输、水利、农业、林业、环境保护、市政基础设施以及保障性住房、养老、医院、学校、科技、文化、旅游等基础设施和公共服务领域的 PPP 项目，一直是由政府采用传统模式直接投资建设运营供给公共服务的。我国传统模式建设运营包括公共服务项目在内的建设运营项目的投资管理和控制已经相当规范。自 2014 年以来，我国引进 PPP 模式建设运营基础设施和公共服务项目以提供公共服务或公共产品，意义之一是该模式能较政府单一投资的传统模式节约成本、提高投资效益，固定资产投资金额是 PPP 项目的重要成本构成，那么建设项目固定资产投资的构成及其相关数据结构，是 PPP 项目的重要研究内容。

》》 一、项目固定资产投资构成

固定资产投资包括项目建设投资和建设期融资利息。国家发改委和建设部发布的《建设项目经济评价方法和参数（第三版）》（发改投资 [2006] 1325 号）指出，项目建设投资构成包括工程项目所含各种设备的购置费用、建筑和安装工程施工费用、与工程建设有关的其他费用（包括委托选址意见书、项目区域控制性详细规划或修建性详细规划、项目总体规划布局、项目工艺技术方案或设计方案、环境影响评价、初步设计或施工图设计、项目建议书或可行性研究报告、项目实施方案等编制费用、招标代理、工程监理等项目其他费用）、土地使用费用（含补偿费、拆迁安置费及土地污染治理、周边基础设施条件建设等规划条件开发费等）和项目实施机构进行项目筹建和管理的正常开支费用（含上报审批等程序应缴纳的政府费用和其他行业费用）等。

（一）设备购置费用

设备购置费包括购置或自制的达到固定资产设计标准的设备、工器具及生产家具等所需的费用，由设备原价和设备运杂费构成。设备原价包括国产设备原价和进口设备原价。

（1）国产设备原价一般是指设备制造厂的交货价或订货合同价，分为国产标准设备原价和国产非标准设备原价。

1）国产标准设备是指按照主管部门颁布的标准图纸和技术要求、由我国设备生产厂家批量生产的、符合国家质量检测标准的设备。国产标准设备原价有两种，即带有备件的原价和不带有备件的原价。一般通过设备市场交易获取原价。

2）国产非标准设备是指国家尚无定型标准、各设备生产厂不可能在工艺过程中采用批量生产、只能按照订货要求并根据具体的设计图纸制造的设备。非标准设备由于单件生产、无定型标准，无法获取市场交易价格，制造厂家只能按照具体技术参数和制造工艺形成的独立成本计算设备原价。一般来说，国产非标准设备原价由制造设备所发生的主要材料及辅助材料费（含外购标准配件费）、工艺加工费（含加工机械、人工使用费）、非标准设备设计费、成型设备本体包装费以及设备制造厂家的管理费、利润和税金等费用构成。

（2）进口设备原价是指进口设备的抵岸价，即设备抵达买方边境、港口或车站，缴纳完各种手续费、关税费后形成的价格（含进口从属费）。进口从属费包括银行财务费、外贸手续费、进口关税、消费税、进口环节增值税等。

（3）设备运杂费是指国内采购设备从来源地、国外采购设备从到岸港运到建设项目场地所在地的工地仓库或指定堆放地点发生的采购、运输、运输保险、保管、装卸等费用。一般按照设备原价的一定比率计算，这个比率可以参照有关部门现行指导费率，也可以买卖双方根据实际发生的成本市场价计算。

（二）建筑安装施工费用

建筑安装施工费用是指完成建设项目设计方案构成的建筑物、构筑物（含规划条件需开发的构筑物，如当地区域配电开闭站、燃气或热力、自来水转换站等）、道路（含规划条件需开发的道路）、园林铺装及绿化、管线（含规划条件需开发的基础设施管线、绿化等）、施工（含工程材料）及其生产所需设备安装所发生的费用。根据住房城乡建设部、财政部颁布的"关于印发《建筑安装工程费用项目组成》的通知"（建标〔2013〕44号），我国现行建筑安装工程费用是按照建设工程设计方案和规划条件要求所要完成的技术分部分项实体工程项目费用和为完成分部分项实体工程项目所采取的非实体技术措施项目费用，以及为项目完成所发生的管理费、规费、税金，并包括管理企业合理的利润。各个技术分部分项实体工程项目和为完成分部分项实体工程项目所采取的非实体技术措施项目费用，是由完成对应项目的人工、材料（含工程设备）、机械使用消耗费用及其工艺合成费等费用构成要素的费用合成。

（1）分部分项实体工程项目是分部工程和分项工程项目的总称。分项工程是分部工程的技术组成部分。例如，基础工程为分部工程，构成基础的地面防水、基础垫层、结合层、找平层、基础钢筋混凝土等项目为分项工程。分部工程是单位工程的组成部分，是按照建筑物和构筑物结构部位、路段长度或系统功能专业系统的管线、设备链接节点分解及施工特点或施工任务将单位工程划分为若干分部工程。例如，建筑物的建筑工程和装饰工程、暖气工程都为单位工程，而土石方工程、基础工程、砌筑工程、混凝土工程等为建筑单位工程的分部工程构成；楼地面、天棚、门窗、外墙装修等为装饰单位工程的分部构成；管道、阀门、暖气片等为暖气单位工程的分部工程构成。满足设计要求和功能发挥的建筑、安装等各个专业功能的单位工程构成建筑物、构筑物、道路、专业系统等单项工程。各个建筑物、构筑物、道路、管线系统等单项工程构成整个基础设施或公共服务产品的建设项目。

（2）非实体技术措施项目是相对于工程实体的分部分项工程项目而言，为完成分部分项实体工程项目施工，在实际施工中必须发生的施工准备和施工过程中技术、生活、安全、环境保护等方面的非工程实体项目的总称。一般包括专业措施、安全文明措施及其他措施项目，如脚手架、模板、水电等专业工程系统检测检验、吊装加固、焊接工艺、顶升提升装置等为专业措施；环境保护、临时设施、二次搬运、已完工程或设备成品保护等为安全文明措施及其他措施项目。

(三) 建设工程土地使用费用

建设工程土地使用费是指通过一定的程序获取工程项目建设土地的使用权而发生的各项费用。获取使用权的方式不同，发生的土地使用费用也是不一样的。根据《中华人民共和国土地管理法》和《房地产管理法》的有关规定，我国建设工程用地获取土地使用权有划拨和出让两种基本方式。

（1）通过划拨方式获取国有土地使用权的土地使用费包括征地补偿费用、对原用地单位或个人的拆迁补偿费用等。①征地补偿费用包括土地补偿费、青苗补偿费和地上附着物补偿费、安置补偿费、新菜地开发建设基金、耕地占用税和土地管理费等。②拆迁补偿是指在城市规划区内划拨国有土地建设，需要实施房屋拆迁的，拆迁人应当对被拆迁人给予补偿、安置。

（2）通过使用权出让方式获取建设用地国有土地使用权，土地使用者除了支付征地补偿费用和拆迁补偿费用之外，还要向国家缴纳土地使用权出让金。土地使用权出让，政府一般参照城市基准地价并结合其他因素，采用协议、招标或拍卖方式，对应的协议价格、招标价格或拍卖价格构成土地使用者向国家缴纳土地使用权出让金的金额。协议价格要合理确定最低价的额度，规避土地国有资产流失。基准地价是由市土地管理部门会同物价部门、国有资产管理部门和房地产管理部门等政府部门以城市土地综合定级为基础，用某一地价或地价幅度表示某一类别用地在某一土地级别范围的地价（也称某一范围的平均地价）。

在有偿出让或转让土地国有土地使用权时，政府对地价不做统一规定，但要坚持以下原则：地价对目前的投资环境不产生大的影响；地价与当地的社会经济承受能力相适应；地价要考虑已经投入的土地开发费用（包括土地一级开发费用）、土地市场供求关系、土地用途、所在区类、容积率和使用年限等因素。有偿出让或转让、租赁使用权，政府要向土地受让者（土地使用者）征收契税；转让或租赁土地使用权如有增值，政府要向土地转让者征收土地转让或租赁使用权增值税；土地使用者每年应按照规定的标准缴纳土地使用费。土地使用权出让或转让、租赁，应先由地价评估机构进行价格评估后，再经一定的程序和手续签订土地使用权出让或转让、租赁合同。

（四）建设工程其他费用

建设工程在前期准备、建设实施过程中，根据工作需要和有关法规，可以通过一定的程序邀请有资格、有资质、有能力的咨询机构帮助建设单位完成与项目建设有关的其他工作，如项目建议书、可行性研究报告的编制，设计方案或设计图纸的制定，地质状况的勘查，地形的测量，工程质量的监理，土壤污染等环境治理和影响评价，造价咨询等第三方咨询工作，都要发生第三方建设工程其他费用。同时，建设单位在项目管理过程中，还要发生一些管理费用和政府收缴费用等与建设项目有关的其他费用。如建设项目为生产经营性项目，为了项目建成后能正常投入生产，产生投资经济效益和社会效益，在项目建设过程中，还会发生项目功能系统的联合试运转、人员培训、生产准备及营业开办等与未来生产经营有关的建设项目其他费用。这些建设项目其他费用，按照国家有关规定，都是列入建设工程的建设投资的组成部分。

1. 咨询费用

项目建设从计划准备时起，为了保证程序文件编制的科学性、合规性，建设单位一般可以依照相关法规按照有关程序聘请相应技术咨询合作单位，协助项目建设、运营过程中的有关技术工作。例如，编制项目工艺技术方案，编制环境影响评价报告，编制项目区域性控制详细规划或修建性详细规划、规划条件开发设计方案，野外地质勘查、测量并编制地质勘查、测量报告，项目设计文件的制作，编制项目建设工程造价，编制项目建议书和可行性研究报告，项目招标代理和工程监理等，都是不可缺少的第三方咨询工作，都要合理发生相关咨询服务费用。之前在计划经济条件下，这些咨询费用都是按照政府或行业的规定费率计算，后来经历了政府或行业指导费率下的合同双方协商价定价，2015 年，为贯彻落实中共十八届三中全会精神，按照国务院部署，充分发挥市场在资源配置中的决定性作用，基于《国家发展改革委关于进一步放开建设项目专业服务价格的通知》（发改价格〔2015〕299 号）的执行，这些建设项目有关的第三方咨询费用，实行市场调节价。通行的做法是根据咨询工作成果依托的项目价值或咨询工作量、结合项目的复杂程度和咨询工作的难度，参照有关政府和行业之前政府指导价费率，遵照《价格法》、《关于商品和服务实行明码标价的规定》，合理确定咨询费用，以满足咨询者提供的服务符合国家和行业有关标准规范、合同约定的服务内容和质量要求。例如，可行性研究报告编制费用是指在项目投资决策阶段，依据项目有关调查，对有关建设方案、技术方案或生产经营方案进行的技术经济论证，此项报告编制费用以报告反映的项目投资总额为基数，参照原《国家计委关于印发〈建设项目前期工作咨询收费暂行规定〉的通知》（计价格〔1999〕1283 号）的原指导费率，结合项目的复杂程度和编制工作的难度和质量水平，在不超出原指导费率为上限的前提下，合同双方市场价协商确定合同约定价。又如，环境影响评价费是指按照《中华人民共和国环境保护法》、《中华人民共和国环境影响评价法》等规定，在工程项目投资决策过程中，对其进行环境污染或影响评价所需的费用，包括编制环境影响报告书或环境影响报告表以及对其进行评估所需的费用，此项费用参照原《关于规范环境影响咨询收费有关问题的通知》（计价格〔2002〕125 号）的相关指导价格水平结合报告书或报告表的编制或评估工作量、工作强度市场价确定合同约定价。

2. 与建设项目有关的其他费用

建设单位管理费、工程保险费、特殊设备安全监督检验费、技术引进费用、水电气热等市政公用设施和绿化补偿缴纳费用、消防人防费用、园林绿化报批发生的工作费用以及招标采购发生的评审费用和场地租赁费用等其他费用。这些费用按照实际市场发生或政府及其行业部门的收费意见缴纳费用金额。

3. 与未来生产经营有关的其他费用

为保证生产经营性或准经营性项目建成后顺利发挥正常生产功能，在基础设施和公共服务建设项目建设投资的其他费用中还应包括功能设备系统联合试运转费、专利及专有技术使用费、生产准备及开办费等与建设项目未来生产经营有关的其他费用。

（1）联合试运转费是指新建或新增加生产能力的工程项目，在交付生产前按照项目设计文件要求的工程质量标准和技术要求以及设计生产能力或效率，对整个生产线或系统装置进行负荷联合试运转所发生的原材料、燃料、动力消耗、低值易耗品消耗、其他物料消耗，工具用具使用费，机械使用费，施工单位参加试运转人员工资以及专家指导费等费用的净支出（试运转费用支出超出试运转收入的差额）。试运转收入包括期间生产产品的销售收入和其他收入。

联合试运转费不包括应由设备安装工程费用开支的调试及试车费用，以及在试运转中暴露出来的因施工原因或设备缺陷等发生的处理修复费用。

（2）专利及专有技术使用费是指国外设计及技术资料费，引进有效专利、专有技术使用费，技术保密费，国内有效专利、专有技术使用费以及商标权、商誉权获取费用等。

（3）生产准备及开办费是指在建设期内，建设单位或项目实施机构为保证项目正常生产而发生的人员培训费和提前进厂费（自行组织培训或委托其他单位培训的人员工资、工资性补贴、职工福利费、差旅交通费、劳动保护费、学习资料费等）以及初期正常投入使用必备的生产办公和生活家具、用具、工器具的购置费用。

（五）项目建设期利息

建设期利息是指在建设期内发生的为工程项目筹措资金的融资费用和债务资金利息。该项费用与借款本金、借款期限及借款发放的次数有关。

》》 二、项目分部分项实体工程项目划分

对于拟将论证是否采用 PPP 模式实施的基础设施和公共服务设施项目的固定资产投资（工程造价）的主要组成部分是构成建设工程建筑安装造价的分部分项实体工程项目费用。分部分项实体工程项目一般包括：发电站、变电所、锅炉房、水泵房、污水垃圾处理房和铁路、机场、港口、水利、环境保护等基础设施配套建筑物、构筑物以及保障用房、医疗卫生、教育（学校）、养老、体育、科技文化、旅游等公共服务设施建筑物和构筑物的土木建筑功能技术构造项目；能源、道路（含公路、城市道路）、桥梁、涵洞、铁路、机场、港口、轨道交通、综合管廊、水利、环境保护等行业性质项目的土木建筑功能技术构造项目；管道、设备、电气等机电安装系统功能技术构造项目；网络通信、绿色智能化自动控制系统的技术构造项目等。不同性质和规模的建设项目，其技术构造项目是不

同的，项目实施机构要根据拟建项目的工艺技术方案和初步设计以及规划条件的开发强度项目，细致认真列出项目可能包含的土木建筑、机电安装和网络通信、绿色智能化自动控制等技术构造，即土木建筑分部分项实体工程项目和机电安装分部分项实体工程项目以及网络通信、绿色智能化自动控制等系统分部分项实体工程项目，以确保基础设施和公共服务项目固定资产投资成本论证的有效性和准确性，有效降低项目风险率。

（一）土木建筑分部分项实体工程项目划分

1. 建筑物、构筑物土木建筑分部分项实体工程项目

建筑物和构筑物统称为建筑工程。满足功能需求并提供活动空间和场所的建筑工程称为建筑物；仅满足功能需求的建筑工程为构筑物。

（1）构筑物分类。按照承重结构材料分为砖结构、混凝土结构、木结构、钢结构等。如砖砌围墙、混凝土门柱等。按照功能用途分为水塔、烟囱、设备基座、码头等。

（2）建筑物分类。建筑物的分类方法很多，如用途、高度、层数、结构材料、结构形式等分类方法。根据有关规范，按照承重体系结构划分为混合结构、框架结构、剪力墙结构、框架—剪力墙结构、筒体结构、桁架结构、网架结构、拱式结构、悬索结构、薄壁空间结构、排架结构、刚架结构、空间结构等各类砖混、混凝土或钢筋混凝土、型钢混凝土建筑物。

（3）建筑物、构筑物土木建筑分部分项实体工程项目。尽管不同性质、不同规模的建筑物、构筑物的技术土建构造不一样，但无论哪种类别的建筑物、构筑物，一般都由基础、墙或柱、楼梯、屋顶（盖）、门窗、楼地面、梁板等基本土木建筑技术构造项目即分部分项实体工程项目构成。

2. 行业项目的土木建筑分部分项实体工程

能源、道路（含公路、城市道路）、桥梁、涵洞、铁路、机场、港口、轨道交通、综合管廊、水利、环境保护等行业项目的土木建筑功能技术构造项目，可以说是基于行业管线设备系统功能发挥的配套支撑或围护土建设施，是行业基础设施建设不可缺少的组成部分。主要体现为：公路（含高速公路）、城市道路、机场港口火车站及园区道路和乡村道路以及道路公用设施等道路体系；提供铁路、道路、渠道、管线基础设施跨越河流、山谷或其他交叉交通线路等各种障碍，或在修建路基、水利堤坝和电站等用于排水通水的桥（含城市立交桥）涵体系；钢制木质轨道体系；地下管沟管廊体系；绿化铺装体系。

（1）道路体系土木建筑分部分项实体工程。道路体系可以说是一种带状的构

筑物体系，主要表现为几何线状形式，包括机动车道、非机动车道、分车带、人行道、绿化带、设施带、应急车道、保护性路肩、道路公用设施等分部工程。不同的分部工程构造分项也不一样。

（2）桥涵体系土木建筑分部分项实体工程桥涵体系一般有桥梁和涵洞，也是一种特殊功能的构造物。涵洞与桥梁的区别按照国家现行标准《公路工程技术标准》的规定，单孔跨径小于5米、多孔跨径总长度小于8米的桥涵体系称为涵洞，这个标准之外的桥涵体系称为桥梁。但圆管涵及箱涵则不论孔径大小、孔数多少，都称作涵洞。

（3）地下管沟管廊体系土木建筑分部分项实体工程。包括沟道管廊的土方开挖、回填，基础底板混凝土垫层，钢筋混凝土基础底板、顶板、墙侧壁以及沟内管道钢结构排架和出风口、检查口等分项构造构成。

（4）绿化铺装分部分项实体工程。包括绿地整理、原土过筛、草坪、树木、花枝等绿化种植，坐凳、花架、假山等园林小品，小路、广场的块料砖石或水泥、水磨石铺装等分项构造。

（5）钢制木质轨道体系土木建筑分部分项实体工程。包括道床、道岔、钢木轨枕、钢木轨道、扣件、轨道焊接、轨道打眼、道床标志、车挡等分部分项构造。

（二）机电安装分部分项实体工程项目划分

机电安装工程是指功能应用系统管道、设备、电气等机电安装系统功能技术构造项目的集成。基础设施和公共服务设施项目的功能应用系统种类繁多，应用广泛，但都离不开管道、设备、电气等基本要素，项目实施机构根据项目需求及其对应的工艺技术方案和初步设计，整理分析拟将实施项目对应的需求专业功能系统单位工程的分部分项工程构造项目，根据现有计价规范和需求品质，实事求是、全面有效地论证机电安装分部分项实体工程项目计划成本费用，为建设项目投资的经济、社会效益做出贡献。

1. 常用设备构造分部分项实体工程项目

PPP项目投入使用、正常发挥需求功能时，各类功能设备必不可少。如消防水泵、生活给水泵、排污泵等各种泵类设备，锅炉及其附属、各类压力容器、塔器、换热设备等供热换热设备，货运、客运电梯设备，冷水机组、风机等中央空调系统设备等。PPP项目工程建设过程中，起重运输机械、破碎机、搅拌机等施工辅助机械，也是不可或缺的重要施工要素。上述设备设施，都属于基础设施和公共服务项目建设运营需要使用的常用设备，一般也是通用标准设备。项目实施机构根据拟建项目的工艺技术方案和初步设计适当选择设备本体，并按照设备安装并达到运营需求的附属设备、配件及土建支撑基础的整体技术需要，整理分析包含设备本体在内的设备项目分项构造，并按照有关计量计价规范和市场品质，合理成套设备购置及安装价格。

2. 常用专业功能系统构造分部分项实体工程项目

（1）消防工程分部分项实体工程项目。火灾是各种灾害中发生最频繁且极具毁灭性的灾害之一。火的形成必须具备可燃物、氧气及热源三大要素，要使燃烧过程持续进行，三者缺一不可。消防工程专业系统，就是针对这三者或三者之一的消除处理以达到灭火或控制火势的功能系统。针对各类火灾的情况，一般有水灭火消防系统、气体灭火消防系统、泡沫灭火消防系统和火灾报警系统等。

（2）变配电工程分部分项实体工程项目。变配电工程是指高压电力输送到开闭站高压开关柜，经高压母线连接到高压变压器，经变压器降压后的低压电力经低压母线传送到低压开关柜，再经电力电缆接入建筑使用配电箱柜，接入用电点使用。电力输送系统中还包括高压断路器、高压隔离开关、高压熔断器、高压避雷器、低压继电器屏、直流屏、低压断路器、低压熔断器、室内电缆、接地母线、互感器、漏电保护器、室外埋地或架空电力输送电缆、电杆、防雷接地装置等分项构造。

（3）动力电气照明工程分部分项实体工程项目。电气照明是现代人工照明极其重要的手段，是现代建筑物、构筑物的重要组成部分。常用电源和灯具的选择及其安装是电气照明工程的组成部分，它们分别的构造分项是电气照明专业功能系统的分项实体工程项目。

PPP 项目建设工程入户电缆、配电室高或低压配电柜、变压器、各层或各个用电区域的配电箱以及传输电量的电线电管敷设安装，荧光灯具、白炽灯具、高压水银灯、高或低压钠灯、LED 节能灯、发光二极管、壁灯、顶灯、疏散灯、应急灯等各类灯具及其灯架、灯源和开关、面板、插座等分项构造，是组成电气照明专业工程的计价分部分项工程项目。

动力系统是由工业民用电力或机械等各类功能设备和驱动或控制电动机管线开关等构造构成。

（4）室外给水系统分部分项实体工程项目。室外给水系统是从水源取水，按照用户对水质的要求进行处理，并向用户用水点供水的功能系统。

系统分部分项实体工程项目包括：从地下水源或地表水源等选定的水源取水的构筑物、将取来的原水进行处理的水处理构筑物、将所需水量提升到要求高度的一级泵站和输送清水的二级泵站和设于管网中的加压泵站、输水灌渠和管网、用以储存和调节水量或兼有保证水压作用的高地水池、水塔和清水池等调节构筑物，还包括管网的管沟开挖、回填和阀门、阀门井及管道防腐保温等分项构造项目。

（5）室内生活生产给水系统分部分项实体工程项目。室内给水系统包括引入管（进户管）、水表、管道系统（水平干管、立管、支管）、给水附件（阀门、水龙头）等构造项目。如室外给水入户管网水压不足，还需设置水泵、水箱、储水池、气压给水装置等加压储水设备构造项目。

（6）热水供应系统分部分项实体工程项目。热水供应系统包括锅炉、热水器、工业余热、废热、地热、太阳能等热源供应设备系统，加热水箱和换热器等换热设备，热水箱或热水罐等热水储存设备，阀门出水龙头和补偿器、排气阀、压力表、水表、泄水装置和联通冷水热水管网（含发泡聚氨酯、岩棉、玻璃棉等管道保温）以及冷热水循环管路上的循环水泵、控制水温的温度自控装置、蒸汽管道末端安装的疏水阀等分项构造项目。

（7）室外排水系统分部分项实体工程项目。室外排水系统分项包括：排水管道、检查井、跌水井［雨水井或污水井（池）］、雨水口或污水处理设备及其处理系统构成的污水处理厂等。

（8）室内排水系统分部分项实体工程项目。室内排水系统的基本要求是迅速通畅地排除建筑内部的污水、废水，保证排水系统在气压波动下不会使水封建筑设施破坏，包括卫生器具或生产设备的受水器（排水系统的起点，如卫生洁具）、存水弯、排水管道系统（排水横支管、立管、埋地干管和排出管及其管路阀门等，排水管将室内污水废水排到室外第一个检查井）通气管、检查口、清扫口、地漏等分项构造。

（9）采暖系统分部分项实体工程项目。采暖系统是由热源、热网和散热设备三个分部组成。

（10）燃气工程分部分项实体工程项目。燃气是以可燃气体为主要组分的混合气体燃料，一般有天然气、人工煤气、液化石油气等。

燃气工程主要由燃气提取或制造系统、燃气储配站、调压计量站、燃气输送无缝钢管管网及管路上切断阀、调节开关阀、补偿器、过滤器、凝水器（用于收集、排除燃气的凝水）及用户计量气、用户接气管路或管路封堵等基本构造组成。

（11）通风系统工程分部分项实体工程项目。建筑通风是指自然或通过机械系统使新鲜空气连续不断地进入建筑内，及时排出室内生产或生活产生的或地下室、食堂等密闭空间既有的粉尘、废气废烟或有害气体，改善室内温度、湿度、洁净度和空气流速，保证人们的身体健康以及正常生活和工作环境。

通风系统工程（机械通风）包括将清洁空气送入室内的送风系统和将室内的污染粉尘、废气、毒气等排出并回收有害气体的排风排烟除尘系统。

（12）空调系统工程分部分项实体工程项目。空调系统是一种高级的人工机械通风系统，目的是创造和保持一定的温度、湿度、气流速度及一定的室内空气洁净度，满足生产工艺或人体的舒适要求，由空气处理、空气输配和冷热源三部分构成。通风机、空气处理设备将空气处理后，由风道送入室内各个房间。

（13）能源、水利、市政等管道、构筑物排水及路灯、绿地浇水等专业工程分部分项实体工程项目。管道传输一般为室外埋地敷设或局部架空敷设，需采用防腐保温钢管及保护管、阀门、补偿器等管路系统。构筑物排水系统构造一般为雨水排水，包括雨水口、排水沟、排水井砌筑和铸铁、PVC 等排水管道等。绿地浇水构造包括水井、水管及浇水喷头等。

路灯分项构造包括电源接入电缆、路灯电控配电箱、电源线及路灯基座、路灯等。

（三）网络通信及智能化构造分部分项实体工程项目划分

1. 网络通信室外传输线路分部分项实体工程项目

远距离接入网络通信信号，需要穿过管道或直接入地或架空走壁架设电缆光缆通信线路及其配套设施，直接入地一般要明挖或暗挖沟道，在沟道沿路砌筑或浇筑线路检查井或检查小室，沟道底部铺放砂石料，再安放电缆或光缆，电缆或光缆上面要铺放一层盖板以保护使用。电缆或光缆接续和联动测试，也是正常网络通信安装工作的重要工程内容。

2. 综合布线系统分部分项实体工程项目

室外远距离通信电缆、光缆传输过来的数据、语音、图像等信号，通过建设项目区域设置的单级或多级网状配线架、连接电缆、光缆构成的综合布线系统，将信号分别送入各个专业功能系统使用设备，发挥专业智能系统的使用功能。

3. 网络工程分部分项实体工程项目

网络工程是集语音、数据、图像、监控设备、综合布线于一体的系统工程，支持多种媒体、多种信道、多种速率、多种业务的通信，新一代基于 IP 的多媒体高速通信网、光通信网是未来新的通信业务支撑平台。

4. 自动控制系统分部分项实体工程项目

自动控制系统是指运行设备的自动作业系统。该系统一般不需要人工直接参与作业过程，只是通过人工设置某一个物理量或多个物理量，由设备系统的控制装置自动产生控制作用。如自动运行的电梯，自动运行的水泵、空调、变配电设备等自动控制系统。

5. 有线电视系统分部分项实体工程项目

有线电视系统有同轴电缆、光缆或其组合作为信号传输介质（通道或线路）的有线传输和多频道微波分配系统、调幅微波链路系统的无线传输，在封闭的线缆中或特定的数据频道传输图像信号、声音信号和控制信号，不向空间辐射电磁波，又称闭路电视系统。

6. 卫星电视接收系统分部分项实体工程项目

卫星电视接收系统由专用接收天线、高频头（弧形大天锅）接收图像音频信号，通过专用中频和馈线等专用同轴电缆传到卫星接收机设备，经调制处理后由电缆或光缆输送给用户使用的系统。

7. 电话通信系统分部分项实体工程项目

程控固定电话主要由发送和接收信号的电话机、传真机、计算机等用户终端设备，电缆、光纤或短波、微波中继、卫星通信等信息传输，程控交换机等电话交换设备，配线架、交接箱、分线箱、分线盒、光缆或双绞线等中继线、线缆钢制接地保护管等构成。

移动通信系统分项构造包括信号铁塔及其土建基础、微波抛物面天线、同轴电缆馈线、分路系统、微波设备、监控设备、馈线辅助设备和区域全向天线、定向天线、室内天线、卫星全球定位系统天线以及室外线缆线管、避雷装置等。

8. 扩声（含会议扩声，又称同声传译系统）和音响系统分部分项实体工程项目

主要分部分项有：声柱、吸定喇叭、音箱等声音还原设备终端；电压或功率放大器、前置放大器、调音台等信号处理和放大设备；将信号源声音信号转换为系统能处理的电信号话筒或录音机或调谐器等电声设备；信号传输管线等。

9. 视频会议系统分部分项实体工程项目

视频会议系统是一种互动式的多媒体通信，它利用图像处理技术、计算机技术及通信技术，进行点与点之间或多点之间双向视频、音频、数据等信息的适时通信。

10. 防盗报警安全防范系统分部分项实体工程项目

在重要地点或存在潜在危险的区域，根据需要警戒的区域范围，选择性设置开关入侵探测器、压电式振动入侵探测器、电动式振动入侵探测器、主动或被动红外探测器、声控探测器、超声波探测器、微波入侵探测器、视频运动探测器中的一种或多种，用于自动测定警戒范围内的异常声光状态电信号，通过双绞线有

线传输或将探测器输出的探测电信号经过调制，用一定频率的无线电波向空间发送的无线传输方式，将探测电信号直接传送（有线）到入侵报警控制器或同接收频率的入侵报警控制器接收探测电信号，并经过报警器发出声光报警信号且显示入侵发生的部位，以便及时出警。如是建设项目有多个警戒区域，则可通过有线或无线信号传输通道将各处报警控制器的声光报警信号传送到项目中心机房设置的总控入侵报警器，实现多区域警戒防范。

11. 电视监控安全防范系统分部分项实体工程项目

电视监控实际上是一个闭路电视系统，通过摄像机收集需要监控区域的图文信号，使用电缆或光缆传输至控制中心的控制设备，进而输入电视显示的全闭路电视显示系统。

根据电信号需要传输的距离，选择多芯控制电缆或双绞线编码对云台、摄像机进行多线制控制传输信号，或选择射频、微波、光纤等方式将摄像机输出的图像信号和对摄像机、云台的控制信号转换成光信号传输到控制中心的控制设备和监视电视设备。

12. 出入口控制安全防范系统分部分项实体工程项目

出入口控制系统即出入口门禁控制系统，通常在大楼入口、电梯入口或需要人员身份识别的区域设置，以达到区域安全的安防管理目标。

13. 对讲门禁系统安全防范系统分部分项实体工程项目

对讲门禁系统通过对讲管理主机、大门口主机、户门主机和用户分机等对讲设备，通过信号传输电缆光缆馈线线路传输，网状连接各个级别的主机与电控门锁链接，以数字或功能键为传输信号源头实现可视或不可视内外空间对讲，以达到安全识别。

14. 电子巡更系统安全防范系统分部分项实体工程项目

在建设项目的主要通道、地下车库、地上停车场、闭路电视监控死角、防范中心附近等重要区域设置人工巡更点位，并在选定的巡查路线的适当位置设置巡更开关或巡更人员到巡读卡器，能有效管理巡更人员按时按路线完成巡更工作，同时也能保障巡更人员的安全。

有线巡更系统在需要巡检的地方安装读卡器或其他数据识别器，通过电缆或光缆馈线将读卡信号输送到安防中心机房的控制计算机，值班工作人员能通过电脑显示，跟踪巡更人员在读卡器上留下的到巡数据信息以有效管理，规避缺勤缺岗导致的突发事故。

离线电子巡更系统不通过布线传送到巡信号，而是使用巡更人员携带巡更棒、信息钮等不锈钢离线巡更器材，通过通信座设施、管理软件将巡更人员是否到岗信息空间送到管理计算机系统的巡更管理模式。

15.办公自动化系统分部分项实体工程项目

办公自动化系统有事务型、管理型和综合决策型办公自动化三级网状系统。构造分项通过一定的方式集成，达到人机集成、单一办公系统与社会公众信息的集成，通过数据通信网络，实现数字、文字、图像、声音和动画等的传送和指令在计算机终端的双向多媒体云处理自动化事务、管理、决策功能体系。

三、项目措施技术非实体工程项目划分

项目建设过程中，为完成分部分项实体工程项目所采取的非实体技术措施项目的费用是建筑安装工程投资的有机组成部分。措施技术非实体工程项目主要包括：①地基处理措施，如施工排水降水项目；②结构施工措施，如脚手架、混凝土模板及支架、大型机械设备进出场及安拆，室外垂直运输，超高施工增加消耗等；③安全文明措施，如购置和更新施工安全防护用具及设施、改善安全生产条件和作业环境所需要的安全文明设施等；④功能措施，如夜间施工照明、二次搬运、冬雨季施工以及地上、地下设施的临时保护和已完成工程或设备的成品保护等；⑤设备安装措施，如安装脚手架搭拆、吊装加固、金属抱杆安装与拆除移位、平台铺设拆除、顶升提升装置、大型设备专用机具、焊接工艺评定、胎（模）具制作安装拆除等；⑥其他措施，如防护棚制作安装拆除、特殊地区施工增加、安全与生产同时进行施工增加、在有害身体健康环境中施工增加、工程系统检测检验及运行调试、设备管道施工的安全防冻和焊接保护、焦炉烘炉热态工程、管道安拆后的充气保护、隧道内施工的通风供水供气供电照明及通信设施等。

四、项目水、电、气、热节能监管和地热、太阳能制热、光伏发电能源开发等绿色建筑项目划分

能源是有限的，人民生活和社会发展每时每刻都需要消耗能源，无论是从世界范围还是从国内各行业、各部门的管理要求来看，节能减排、能源开发都是一项重要的工作。建设项目的能源使用监控管理以及地热、太阳能在建筑行业的应用，都越来越受到重视。

水、电、气、热等节能监管平台建设是建设项目节能的一种重要手段。在这些能源用户点位布置计量仪表（含控制模块）、在能源传输管路或线路上设置能源损失检查设备和能源计量数据传输装置，通过处理数据模块和控制器将使用数

据传到能源管理中心机房，值班人员通过数据分析，及时通知有关人员采取能源损失点位的修理措施，并发现是否有能源浪费的现象，及时通知相关部门采取相应管理措施。高效节能、超低能耗的智能专业建设费用，除了政府补贴部分外，其他部分列入项目成本。

通过深层打孔提取地下温泉水，输送到热能处理装置供给建筑取暖或生活热水，对应的专业设备或管线系统构成地热专业项目构造。通过成排接受太阳日照的过水钢管，太阳光能转化为热能进入建筑热水供水系统，提供生活热水。通过光源给发电设备提供能源，经光能转化装置及发电装置共同协同作用，由光源而不是燃料转化的电能，供给发电系统输送电源的用户区域供电的系统为光伏发电系统。

无论是地热、太阳能制热还是光伏发电或者是风能发电等，都是利用能源转换且能量守恒的原理，通过一定的专用处理工程设备，充分利用自然界的可利用能源给人们的生活和工作提供必要的能源消耗。减少燃煤燃油燃气的消耗，一方面这些资源有限，另一方面也减少燃烧产生的环境污染。从局部或区域建设来说，虽然增加了建设成本，但从能源的综合利用、生态环境的建设以及社会长远可持续发展来说，自然生态能源在基础设施和公共服务建设中的开发利用是客观要求，是国计民生的大事。国家财政在积极推动对实施这些能源节约和开发利用的建设项目，给予一定方式的补助，余下成本由项目实施机构实事求是地列入项目成本，政府和社会公众都是受益的。

》》 五、项目土地规划条件配套开发及其他项目划分

拟将按照 PPP 模式实施的项目，在规划审批、土地使用权取得阶段，对拟用建设用地周边配套水、暖、电、气及道路、绿化的环境规划，都要达到一定的开发条件。财政部在《关于印发政府和社会资本合作模式操作指南（试行）的通知》（财金［2014］113 号）的项目准备阶段中也指出：项目实施方案应明确项目的相关配套安排，即项目本身之外的相关机构提供的土地、水、电、气和道路等配套设施和项目所需的上下游服务。换句话说，项目技术方案中，除了项目本身功能所需的设施外，周边水、暖、电、气、道路、绿化等上下游配套服务的规划条件设施也是项目技术方案的重要组成部分，这些配套服务的规划条件的开发费用也是项目固定资产投资的重要组成部分，项目实施机构在项目成本论证阶段，要按照各个配套专业的特征和初步设计的范围，划分构造分项并列入成本。

征地拆迁后的建设用地，遗留在该用地上的硬化路基路面、砖混基础砌块、

坏死草木等废弃物，在破土动工之前，都要进行清理。建设工程设计的零星项目，如墙角装饰线条、路灯基础硬化等，都需要实施完成。项目工程建设过程中，可能根据实践需要而突发的零星项目，如外墙灯光、窗户贴画等，也是项目必需的工程内容。上述与项目建设相关的工程内容对应发生的费用列入项目建造成本。

不同类别、不同性质、不同需求功能、不同规模的建筑物或构筑物项目，除了基本功能的土建或机电（含智能化）安装专业单位工程的构成之外，可能还有一些局部的结构性、装饰性、特殊功能性的零星实体或措施项目，如建筑外墙的钢筋混凝土装饰字、结构性装饰线条、标志性图标、园区交通线路标志、园区宣传性橱窗；又如学校的多媒体教学设施，医院的病人叫号系统等。项目实施机构要根据具体功能或装饰效果需求，实事求是地落实在初步设计方案中，并对应列入项目预计成本，确保项目成本的科学性，也规避日后运用 PPP 模式运行中不必要的风险因素。

六、项目材料设备和项目工艺技术做法定额消耗

（一）分部分项项目材料设备

1. 材料设备种类

构成建筑工程各个分部分项构造的材料设备是不同的，一般来说包括土木建筑结构材料、装饰材料、机电安装管线材料、工程设备、措施周转材料以及园林绿化、仿古工程材料。

2. 材料设备选择

建设项目的固定资产投资总费用中，工程材料设备费用大约占 70%。因此合理选择满足建设功能需求的工程材料设备，是项目技术经济管理工作的重要组成部分。施工过程中耗费的原材料、辅助材料、构配件、零件、半成品、工程设备的费用，均是工程材料设备费用的组成部分。工程材料设备费用的内容包括材料（设备）原价、运杂费、运输损耗费、采购及保管费。

建设工程材料设备种类、品质繁多，应用广泛。项目实施机构在项目技术经济论证或项目实施过程中，根据拟建项目的工艺技术方案或初步设计文件涉及的单位专业工程的分部分项构造，本着满足结构安全和功能需求的前提条件，经济、合理地选择使用。

（二）分部分项项目工艺技术做法定额消耗

建筑工程（含建筑物、构筑物、园林绿化和仿古建筑）的构造要素分部分项

工程，是对建筑材料设备通过一定的工艺做法加工制作或安装而成，制作或安装工艺的人工机械消耗费用同样是固定资产投资费用的重要组成部分。

不同的建筑物、构筑物，不同的专业单位工程，分部分项构造工程也是不一样的，但每个分项工程的费用元素都是消耗性人工、材料、机械费用组成的。通过一道道的施工安装工序加工制作成不同材料设备构成的分项工程，各个分项工程有机集成为建筑物、构筑物，体现为整体建设项目的综合功能运行，服务于社会公众和社会的可持续发展。

我国现行建设项目固定资产投资论证的分项工程工序人工、建筑材料设备、机械消耗的管理体系，是国家、地方政府或行业部门，在正常施工安装条件和环境下，通过实际测量生产计量单位分项工程合格产品所消耗的普工、技工等各类人工工日，主辅材等各类材料设备数量和各类机械工具使用时间的社会平均值，编制国家类、地方政府类或行业类建设工程定额消耗量来管理和控制建设项目的人工、材料设备和机械消耗。

建设工程定额是一个综合概念，是建设工程建设投资计价和管理中各类定额的总成。

（1）按照定额反映的生产要素消耗内容，有劳动消耗定额、机械消耗定额和材料设备消耗定额。

1）劳动消耗定额是在正常的施工技术、环境因素和组织条件下，生产计量单位分项工程合格产品所消耗的普工、技工、辅助用工或综合人工工日的社会平均数量标准。

2）材料设备消耗定额是在正常的施工技术、环境因素和组织条件下，生产计量单位分项工程合格产品所消耗的原材料、成品、半成品、构配件、燃料及相关附属材料和水、电等动力资源的社会平均数量标准。

3）机械消耗定额是在正常的施工技术、环境因素和组织条件下，生产计量单位分项工程合格产品所消耗的各类机械或工器具工作台班的社会平均数量标准。

（2）按照建设项目建设程序的阶段用途，建设工程定额有投资估算指标、概算指标、概算定额、预算定额和施工定额。

1）投资估算指标是以建设项目、单项工程、单位工程为对象，反映建设项目总投资及其各项费用构成的经济指标。在项目建议书和可行性研究阶段编制投资估算、计算投资需要量时使用的一种定额指标。往往参照历史的同类建设项目预算、决算资料和价格变动等资料估算，这是一种非常粗略的经济估算指标。不太适宜 PPP 项目建设招标投资人使用。

2）概算指标是以单位专业工程为对象，反映完成一个专业单位工程产品的经济消耗指标，是概算定额的扩大与合并，即将构成分部工程的各个分项工程的综合人工、材料、机械消耗费用，以分部工程为单位综合体现，很粗糙地反映建设项目的投资估算。

3）概算定额是完成单位扩大分项工程合格产品所需消耗的人工、材料和施工机械台班的数量及其基本费用的一种计价性定额，是编制扩大初步设计概算的指导性依据，概算定额的计量粗细，与建设项目扩大初步设计的深度相对应。

4）预算定额是在正常的施工技术、环境因素和组织条件下，生产计量单位分项工程合格产品所消耗的人工、材料设备、施工机械工器具数量及其基本费用的一种计价性定额，与详细施工图阶段相对应，是建设项目施工承发包阶段建设工程的工程量清单的计价基础。

5）施工定额又称企业定额，是完成集成单位分项工程的某个工序所消耗的人工、材料设备、机械工器具数量及其基本费用的一种计价性定额，是建设项目施工实施过程中企业成本核算的指导性定额。

（3）按照建设项目的行业性质，建设工程定额有建筑工程定额和安装工程定额。

1）建筑工程定额有建筑及装饰工程定额、房屋修缮工程定额、市政工程定额、铁路工程定额、公路工程定额、水利工程定额、机场码头工程定额、矿山井巷工程定额等。

2）安装工程定额有电气设备安装工程定额、机械设备安装工程定额、热力设备安装工程定额、通信设备安装工程定额、化学工业设备安装工程定额、工业管道安装工程定额、工艺金属结构安装工程定额等。

（4）建设工程定额，无论是要素消耗、建设程序的阶段性，还是行业性质，都存在地域性的价格水平差异，对应的各种定额均有国家统一版本、地方政府版本。我国建设工程的建设用材和机械使用以及人工消耗等费用要素单价水平，各个地区的差异较大。不同地区在同一时间建设同类、同规模、同品质的建设工程，其固定资产投资额度是不一样的。

综上所述，建设工程定额种类很多，但都是我国反映各个建设工程的消耗性人工、材料设备和机械工器具数量的计价基础管理文件，它们是一个互相联系、有机统一的整体，PPP 项目实施机构要结合建设地域、建设程序的阶段和项目行业性质，在建设项目固定资产投资论证的实际工作中配合使用。

≫≫≫ 七、项目单位分项工程合格产品的成本消耗

项目单位分项工程合格产品的成本消耗，由完成单位合格分项产品消耗的人

工费用、材料设备费用和机械工器具费用组成，是完成单位分项工程产品消耗的各类人工、各类材料设备、各类机械工器具数量和工程所在地的人工、材料设备与机械工器具的市场单价的乘积确定的。

（1）人工日工资市场单价是由各地工程造价管理机构参照当地人力资源和社会保障部门发布的最低工资标准的一定倍数，动态确定普工、一般技工和高级技工等各类人工日工资市场单价或综合专业人工日工资市场单价。如高级技工的日工资市场单价为当地人力资源和社会保障部发布的最低工资标准的 3 倍。单位分项工程合格产品消耗的各类人工消耗数量与对应人工日工资市场单价的乘积的和，构成单位分项工程合格产品的人工消耗费用。

（2）材料设备市场单价包括构成单位合格分项工程的各类材料设备的市场单价，各类材料设备的市场单价与单位分项产品对应材料设备的消耗量乘积的和，构成单位合格分项工程产品的材料设备消耗费用。材料设备市场单价由原价、运杂费、运输损耗费、采购保管费以及材料设备出厂合格性检验试验费用构成，可以参照各地工程造价管理机构发布的动态造价信息结合市场调研确定材料设备市场单价。

（3）施工机械工器具市场使用台班单价是由机械工器具折旧费、大修理费、经常修理费、安拆费、场外运费、机械司机人工费、机械运行燃料动力费和按照国家有关规定应缴纳的养路费、车船使用税、保险费及年检费用等费用的台班分摊费。参照各地工程造价管理机构发布的机械台班费用指导意见，并结合具体机械的使用时间和强度，市场化合理确定施工机械工器具市场使用台班单价。按照定额确定的单位合格分项工程产品使用各类机械台班消耗量与对应机械台班市场价的乘积的和，综合确定单位合格分项工程产品的机械使用消耗费用。

》》 八、正确认识 PPP 项目固定资产投资结构的意义

建设项目固定资产投资包括建设项目的建设投资和建设期融资利息，是建设项目投资总费用的重要组成部分，正确认识建设项目固定资产投资结构意义重大。

正确认识建设项目固定资产投资结构，有利于建设成本论证的全面性，有利于识别各个费用结构对应的风险环节，对事前风险预防意义重大。

政府对于基础设施和公共服务领域建设项目是否采用 PPP 模式实施，首先要考虑该模式是否有利于节约包括建设成本在内的成本，即是否物有所值，固定资产投资是项目全生命周期投资总费用的主要构成部分，正确认识建设项目固定资产投资结构，有利于建设成本论证的科学性，从而有利于政府决策的科学性。

　　PPP 项目固定资产投资成本的真实合理性是体现社会资本投资回报率或回报利润金额是否合理的基础。正确认识建设项目固定资产投资结构，有利于真实合理地论证固定资产投资成本。

　　对于政府付费回购服务或政府可行性缺口支持的 PPP 项目，固定资产投资成本的真实合理性是政府付费的公平公正合理性的重要依据。正确认识建设项目固定资产投资结构是固定资产投资成本真实合理性论证的前提条件。

　　对于经营性或准经营性 PPP 项目，产品或服务价格的合理性，即使用者（社会公众）付费的公平性或可承受性，也离不开对固定资产投资结构的正确认识。

　　正确认识固定资产投资结构，还关系到政府和社会资本合作的成败。

第 五 章

PPP 项目固定资产投资概算论证

PPP 项目中新建项目和改扩建项目，统称 PPP 建设项目。建设项目与所有的物品一样，都有自身的固有价值，在量上等同于工程造价的固定资产投资是其价值的价格体现。建设项目固定资产投资计价的单件性、多次性特征，决定了建设项目固定资产投资论证的必要性、复杂性。固定资产投资是 PPP 项目成本的主要构成，PPP 模式的运用与否以及 PPP 项目的产品价格、政府付费、社会资本回报率，都是以 PPP 项目成本为基准，因此，PPP 项目固定资产投资论证意义重大。

一、固定资产投资论证的必要性

（一）固定资产投资论证是建设程序的需要

建设项目固定资产投资论证贯穿项目建设程序的始终。任何构成建设项目的建筑物、构筑物、设施设备，其建设过程都需要在一定的程序中投资形成，即都会受到自然技术经济规律的约束。建设程序不以人们的主观意志为转移，人们认识它、遵循它，就容易实现项目建设的质量、工期、投资、安全、环境等控制目标，将项目的内、外负面影响（也称风险）控制在预期范围内。不遵循它，甚至否定它，蛮干瞎干，就会受到惩罚。

建设程序以及对投资的程序性管理在世界其他国家和国际组织也基本相同。世界银行对贷款项目有一套完整、严密和相对稳定的管理程序。世界银行必须经过项目选定、项目准备、项目评估、项目谈判、项目实施和监督、项目总结评价等阶段。世界银行的投资程序管理周期与我国的建设程序基本相同。

我国现行的基本建设程序，无论是政府投资审批项目，还是企业投资的核准或备案项目，都要遵循基于国民经济和社会发展的需要，经过调研论证，形成功能性建设意向框架，组织编制工艺技术方案和粗略性投资估算，进行选址和用地、规划申报，编制项目建议书或可行性研究报告报批立项或核准、备案申请立项；组织编制初步设计和施工图详细设计文件（含施工图预算）的技术性报批或执行文件（含消防、人防、环境评价），按照审批的含土地、规划条件开发强度在内的计划施工图文件，组织招标控制价经济控制指标和技术要求文件，根据国家现行的招标投标法或政府采购法等相关法律在国家、地方政府相应的公开平台上进行公开或竞争性邀请招标，合同谈判并组织建设；在建设过程中严格按照审批的技术经济文件和国家、行业的有关技术规范要求组织建设，通过尽职尽责的管理，实现质量、进度、投资、安全、环境影响的预期计划目标；建设投产后，组织项目建设绩效后评价（包括项目规模、项目技术功能和项目竣工验收财务总决算等评价）等。

PPP 项目建设，虽然增加了投资主体选择、风险分担、运营绩效评价、运营中期评价和项目全生命周期结束后的项目移交及后评价阶段，但并没有改变项目建筑物、构筑物、设备设施所受到的自然技术经济规律约束，也没有改变自然技术经济规律约束所决定的建设程序。相反，只是相比较传统模式建设项目来说，环节更多，管理程序更加复杂，对应各个程序阶段的建设项目固定资产投资论证工作的要求更加严格。

（二）固定资产投资论证是 PPP 法规的要求

财政部、发改委在《关于进一步共同做好政府和社会资本合作（PPP）有关工作的通知》（财金〔2016〕32 号）中强调：扎实做好 PPP 项目前期工作，加强项目可行性研究，充分论证，科学决策，合理确定产品价格和收费标准、运营年限，确保政府补贴适度，防范中长期财政风险，防范政府过度让利，加强成本监督审查，在确保社会资本获得合理收益的同时，实现激励相容。财政部在《关于政府和社会资本合作项目财政管理暂行办法》（财金〔2016〕92 号）中也明确提出：PPP 项目实施机构要在项目合同中综合考虑项目全生命周期内的成本核算范围和成本变动因素，设定项目基准成本；PPP 项目合同应当根据项目基准成本和项目资本金财务内部收益率，结合建设工程竣工决算金额合理测算来确定项目的政府补贴或项目收费定价基准。国家发改委在《关于传统基础设施领域实施政府和社会资本合作项目工作导则》（发改投资〔2016〕2231 号）中更加明确：重大基础设施政府投资项目，应重视项目初步设计方案的深化工作，细化工程技术方案和投资概算等内容，作为确定 PPP 项目实施方案的重要依据。

基础设施和公共服务领域的公共服务或产品建设项目，其固定资产投资金额包括建设投资和建设融资利息，是项目投资成本的主要构成，在建设项目建设程序的前期论证审批阶段表现为投资估算或设计概算的经济文件形式。在项目建议书、可行性研究报告或项目 PPP 实施方案等项目前期论证阶段，项目固定资产投资金额是这些报告文件的重要经济投资预期指标，是项目是否获得可行立项或 PPP 立项的重要依据之一，更是生产性项目在前期论证阶段论证是否收益或收益效益的重要评价依据之一。

（三）固定资产投资论证是 PPP 模式决策的重要依据

财政部在《关于印发政府和社会资本合作模式操作指南（试行）的通知》（财金 [2014] 113 号）中提出：在项目识别阶段，各地财政部会同行业主管部门，从定性和定量两方面开展项目的物有所值评价工作。定量评价主要通过对 PPP 项目全生命周期内政府支出成本现值与公共部门比较值进行比较，计算项目的物有所值量值，判断 PPP 模式是否降低项目全生命周期成本（VFM 是否大于零），也就是说，PPP 值小于或等于 PSC 值的，被认定为项目物有所值评价的定量评价通过，即采用 PPP 模式投资运营较传统模式降低成本。同时，当物有所值评价通过后，为确保财政中长期可持续性，各地财政部门应根据项目全生命周期内的财政支出、政府债务等因素，对于部分需要政府付费回购公共服务或产品的项目以及需要政府奖励或可行性缺口财政补助的项目，开展财政承受能力论证，每年政府付费或政府补贴等财政支出不得超出当年财政收入的一定比例。通过物有所值评价和财政承受能力论证的项目，可进行项目准备。如果没有通过物有所值评价的项目，则不适宜采用 PPP 模式投资运营项目。对于不适宜采用 PPP 模式投资运营的可行性项目，则采用政府传统模式投资运营。

国家发改委关于印发《传统基础设施领域实施政府和社会资本合作项目工作导则》的通知（发改投资 [2016] 2231 号）也强调：通过实施方案审查的 PPP 项目，可以开展下一步项目准备工作；未通过审查的，可以在调整实施方案后重新审查，经重新审查还不能通过的，则不再采用 PPP 模式。

当然，一个可行性基础设施和公共服务或产品项目，是否采用 PPP 模式投资运营，实施方案的物有所值评价不是唯一的因素，但它是必要条件，这是由 PPP 模式的"节约成本，提高效率"的本质内涵决定的，正如英国执行 PPP 模式的清晰目标就是"节本增效"一样。

PPP 基础设施和公共服务项目与所有的项目一样，生命周期建设运营投资总成本包括固定资产投资成本和运营流动资金成本，而固定资产投资成本是投资成本中的主要构成，所以，合理论证可行性项目的固定资产投资成本是政府决策是否采用 PPP 模式的重要依据。

（四）固定资产投资论证是 PPP 项目监管实践的前提条件

PPP 项目从尽职调研、项目识别、项目准备、项目采购到项目执行和移交的全生命周期的监管实践工作中，项目实施机构要以项目相应的技术经济指标为监管资料依据，才谈得上监管是否有效。

投资的确定和控制是项目监管的重要工作，也是项目成败的重要影响因素。基于建设项目的建设程序性，项目固定资产投资在不同的建设程序阶段，分别表现为投资估算、概算指标、设计概算和施工预算以及项目合同价、竣工决算等不同的形式，不同表现形式的固定资产投资的准确程度也是有差别的，最终的竣工决算才是建设项目在竣工时间的静态真实投资价值。静态真实投资价值的竣工决算来源于科学的投资估算或设计概算的预期指标和细致有效的建设过程的投资控制。在项目论证的前期阶段，包括决策是否采用 PPP 模式的物有所值评价和财政部分付费的财政承受力论证阶段，除了根据政策对物有所值等有关指标进行定性评价外，数据量化分析越来越重要，没有对物有所值、财政承受力、项目成本、收入、税负、现金流、财务内涵报酬率和回收期限、投资回报率等量化指标进行分析，政府方和社会资本方都无法清晰地了解己方的财务收支，也无法知晓己方在项目招投标或磋商中的利益底线，直接影响 PPP 项目的落地或进程。这些量化指标的基础性指标又是项目的投资成本，而固定资产投资量化指标是项目成本最主要的成本要素。在项目建设实施阶段的风险管控过程中，如果没有前期对项目的约定范围内的风险费用的充分认识，即项目固定资产投资结构费用的认识和量值合理性掌握，又怎么能够识别实施过程中的费用是否应该列入项目变更洽商政府风险增量呢？项目竣工阶段，如果没有科学论证项目竣工决算金额，又怎么能根据竣工决算金额来调整或论证项目运营产品价格或运营年限呢？所以，政府或政府授权的项目实施机构在项目全流程的监管工作实践中，本着对社会公众、社会资本、项目本身的客观性负责的要求，要扎实做好建设项目相关管理阶段的固定资产投资成本的详细量化指标论证工作，是 PPP 项目实践监管有效的前提条件。

总之，无论是建设项目本身的客观要求，还是 PPP 模式的政府监管工作需要，在充分论证项目用地、规划条件、功能需求和社会公共服务需要的前提条件下，政府或政府授权的项目实施机构在招标采购项目投资实施人之前，全面、合理、深度地分析论证项目的工艺技术方案（一定深度的扩大技术初步设计文件），科学论证项目预期固定资产投资即投资概算和项目实际固定资产投资即竣工决算，有利于项目的 PPP 模式合作成功，也有利于政府财政支付的公平合理，更有利于服务对象公众或社会纳税人公众的权益维护，自然也有利于社会投资合伙人的投资资本收益市场合理化。

二、固定资产投资论证的对象

建设项目本身的复杂性、多样性决定了建设项目计价的单件性。也就是说，不同的建设项目，造价不同；相同的项目，在不同时间段，造价不同；规模相同，但功能不完全相同的项目，造价不同；规模相同，功能也相同，选材或工艺制作安装方法不同，造价不同；规模、功能、选材、工艺都相同，但在不同地区的建设项目，造价也不同。因此，政府或政府授权的项目实施机构要因地因时，做好具体项目的固定资产投资（工程造价）论证工作。

PPP 项目是由构成项目的土地及地上建筑物、构筑物、设备设施、管线及相关配套设施集成的一个有形整体，综合发挥国民经济和社会发展所需的功能作用。每个项目的固定资产投资都是由项目技术方案覆盖的范围及范围内的分部分项实体工程构造和为完成实体分部分项工程而发生的非实体措施分部分项工程对应的市场消耗费用、项目工艺设备方案的设备工器具市场购置成本、土地使用费用、与项目建设有关的咨询费用、缴纳费用等其他费用和建设期融资利息构成。换句话说，项目固定资产投资论证的对象，就是构成具体项目的工艺技术方案或设计文件或建成的有形项目的一个个实体或非实体的分部分项工程的费用、土地使用费用、建设融资利息费用和与建设项目有关的咨询等其他费用的计划或实际的全面性、合理性论证。

三、固定资产投资论证的阶段和深度

项目技术（扩大）初步设计工作完成后，PPP 项目实施方案编制审查的准备阶段，根据项目的技术（扩大）初步设计全套图纸和相关项目的技术说明，市场价格，适当概算定额，编制项目投资概算作为 PPP 项目实施方案的预期固定资产基准投资；在 PPP 项目建设竣工阶段，立足项目预期固定资产基准投资和项目过程的风险承担，实事求是做好 PPP 项目的建设竣工决算，为项目政府付费和产品价格、合同价或合同期限调整提供主要的可行依据。这两个建设程序阶段论证 PPP 项目的投资概算和竣工决算，是 PPP 项目政府监管工作程序和工作质量要求的需要，也是财政部、国家发改委关于政府和社会资本合作的工作要求；国家发改委在《关于传统基础设施领域实施政府和社会资本合作项目工作导则》（发改投资［2016］2231 号）中明确指出：基础设施政府投资项目，应重视项目初步设计方案的深化工作，细化工程技术方案和投资概算等内容。财政部在《关于政府和社会资本合作项目财政管理暂行办法》(财金〔2016〕92 号)中也明确提出：PPP 项目实施机构要在项目合同中综合考虑项目全生命周期内的成本核算范围和成本变动因素，设定项目基准成本；PPP 项目合同应当根据项目基准成本等指标结合建设工程竣工决算金额合理测算来确定项目的政府补贴或项目收费定价基准。

(一) PPP 项目技术 (扩大) 初步设计投资概算

建设项目的建设程序性决定了建设项目计价的多次性。由于建设项目的建设程序性，在项目建设的不同程序阶段，论证的精度不一样，固定资产表现的形式也不一样，起的作用也是不一样的。投资估算是非常粗略地反映拟将建设项目的预期投资；设计概算是一个介于投资估算与施工预算之间，比较接近项目实际投资的一个预期指标；施工预算(此处不仅是建安费用)基本能体现施工图出具期间的施工图涵盖的项目内涵、品质的项目投资预期指标；项目竣工验收期间的竣工决算，是真实体现建成项目的竣工固定资产实际静态投资。

PPP 模式的优势和内涵主要是政府和社会资本风险共担、利益共享、伙伴合作。既充分发挥社会资本的专业管理优势，又通过加强政府监管，实现满足公共服务或产品保质保量供给的前提下，项目成本较传统模式降低且社会资本又有利可图、社会公众承担合理的双赢甚至多赢的管理目标。项目采购投资以后，由社会资本或项目公司作为项目投资人具体负责项目建设、运营维护管理项目，甚至有些项目的设计工作也一并委托社会资本或项目公司具体承担。政府或政府授权的项目实施机构，在满足项目产品或服务合格供给的前提下，既要对政府回购付费或可行性缺口财政补贴费用的合理性负责，又要对项目服务或产品价格即对社会公众利益负责，同时还要对社会资本投资收益的合理不暴利或合理不亏损负责。PPP 项目的论证实施流程要求在项目实施方案阶段通过是否节约成本的物有所值评价和财政是否具有年度支付能力论证，并且要确定项目的招标或磋商预期投资成本、投融资结构和竞标收益率上限控制；项目竣工验收阶段要结合项目竣工决算成本为主要构成的项目投资基准分析确定项目合同的正负付费金额和产品或服务价格，同时根据投资成本的时间价值约定合同的产品或服务的价格调整机制。所有这些 PPP 项目的程序流程中的工作要求，都离不开 PPP 建设项目的固定资产投资成本的有效性和合理性，PPP 项目实施是在建设流程程序中逐步推进的，而建设项目的固定资产也是随着建设程序的推进逐步形成的，要经历很多阶段。各个阶段的精度是不同的，而 PPP 项目虽然主要委托社会资本或项目公司作为主要投资人具体负责项目的建设、运营维护，甚至设计工作，但是肩负重任的政府或政府授权的项目实施机构在项目准备阶段的投资概算和项目建设竣工验收阶段的竣工决算这两个阶段的固定资产投资的详细准确论证工作，也是非常必要的。投资概算把控了投资的基准，竣工决算把控了合作期限和产品价格。

综上所述，结合 PPP 项目的建设程序和实施流程，政府或政府授权的项目实施机构在深化可行性项目的初步设计，论证好设计文件中的主要分部分项工程的技术工艺详细做法，合理选择好材料设备的规格型号，即完成可行性项目的技术（扩大）初步设计文件的制作工作并完成选址土地的详细地质勘查工作后，根据工程的全部技术（扩大）初步设计图纸、详细的技术说明、材料设备清单、工程现场地质勘查资料等，利用合适的国家或地方或行业的设计概算定额，结合工程所在地的人工、材料设备、机械使用的编制期间的市场价格，逐项逐条计算，从而汇总出编制和评价 PPP 项目实施方案所需的预期固定投资成本，即投资概算，切实构成 PPP 项目的基准固定资产投资预期，为项目的后期流程程序打下坚实的安全基础，也为项目实施过程中的风险管理提供可识别风险的风险管理平台，更为社会资本的具体工作提供明确的方向。

建设项目的固定资产投资以及以固定资产投资规模为基准的流动资金都是有其自身的固有价值的，不是简单倒退测算能够做到的，PPP 建设项目也不例外。同时，项目设计文件涵盖的计划技术分部分项、单位工程、单项工程的详细技术做法和材料设备规格品质以及以此为基础的项目其他消耗，是项目固定成本乃至项目成本的基本制约因素。如果把制约项目成本的设计文件制作工作（包括详细概算投资计算工作）全部委托给社会资本或项目公司来承担，社会资本或项目公司虽然有专业素养，但它们毕竟是项目实施的主体和被监管的单位，虽然要承担部分社会责任，但它们主要还是项目利益的诉求方，投资追求利益最大化的商业意识，总的来说不会改变。否则 PPP 模式的合作项目就不会需要政府部门的有效监管，来控制社会资本的暴利目标了。

国内、国外在建设程序的前沿阶段的前期准备工作中使用的投资估算都比较粗略，不适用于 PPP 项目预期投资的功能作用发挥。PPP 项目一般投资金额巨大，少则上亿元，多则十亿元、百亿元，甚至千亿元，如果采用工艺方案阶段对应的投资估算或概算指标（都是参照已经完成的同类项目估算值）作为社会资本招标实施方案的控制金额，无论低了还是高了，都不是个小数目。

（1）国外投资设想阶段的投资估算。这是在没有工艺流程，没有平面布置，也没有进行材料设备分析的情况下，根据假设条件比照同类已经投产项目的投资额，并考虑涨价因素编制项目所需投资额测算的。这一阶段称为毛估阶段，或称为比照估算，这一阶段投资估算的意义只是判断一个项目是否需要进行下一步工作，此阶段对投资估算精度的要求较低，允许误差大于正负 30%。国内项目规划阶段的投资估算，是建设项目规划阶段，按照国民经济发展规划、地区发展规划和行业发展规划的要求和内容，粗略估算建设项目所需投资额，这个阶段对投资估算精度的要求为允许误差大于正负 30%。

（2）国外投资机会研究阶段的投资估算。这是指利用此程序阶段已有的初步工艺流程图、主要生产设备的生产能力及项目建设的地理位置等条件，套用相近规模的单位生产能力建设费用来估算拟建项目所需的投资额。这个阶段称为粗估阶段，或称因素估算，该阶段对投资估算的精度要求误差在正负 30% 以内。国内项目建议书阶段的投资估算，是指按照项目建议书中的产品方案、项目建设规模、产品主要生产工艺、企业车间组成、初选建设地点等，估算建设项目投资额。此阶段项目投资估算是审批项目建议书的依据，是判断项目是否需要进行下一步工作的依据，该阶段投资估算精度的要求为误差控制在正负 30% 以内。

（3）国外初步可行性研究阶段的投资估算。这是指利用此程序阶段已有的设备规格表、主要设备的生产能力和尺寸、项目的总平面布置、各建筑物的大致尺寸、公用设施的初步位置等条件，初步估算项目的投资额，决定拟建项目是否可行，称为认可估算，对投资估算精度的要求为误差控制在正负 20% 以内。国内初步可行性研究阶段的投资估算，是指在掌握项目规模、平面、功能、专业、分区、控制容积率、绿化率、控制建筑密度、层高檐高、规划开发条件等更加详细、更加深入资料的条件下，估算建设投资额，为项目进行技术经济论证提供依据，同时也是判断项目是否进行详细可行性研究的依据，该阶段对投资估算精度的要求为误差控制在正负 20% 以内。

（4）国外详细可行性研究阶段的投资估算。此阶段项目的细节基本清楚，并已经进行了建筑材料设备的询价，也已经进行了设计和施工的咨询，只是工程设计图纸文件和技术说明尚不完备，这个阶段的投资估算称为控制估算，该阶段对投资估算精度的要求为误差控制在正负 10% 以内。国内可行性研究阶段的投资估算，是对项目进行较详细的技术经济分析，决定项目是否可行，对比并选出最佳投资方案。该阶段对投资估算精度的要求为误差控制在正负 10% 以内。

经过上述的系列分析和研究，在 PPP 项目的实施方案编制阶段，即项目准备阶段，认真做好技术（扩大）初步设计图纸的制作工作，深化工艺技术分析，适当选择概算定额，充分调研市场价格，结合可行性研究报告或核准、备案申请报告的内容，全面细致编制技术设计图纸文件为计价基础依据的投资概算，作为 PPP 项目实施方案的投资预期的重要构成，有利于 PPP 项目的成败，有利于社会资本的投资收益预期引导，也有利于 PPP 建设项目的实施过程目标和风险监管以及项目竣工决算即建设项目固定资产投资的合理性评价。

（二）PPP 项目建设竣工验收合格竣工决算

PPP 项目完成实施方案的编制审查工作后，审核通过的拟建 PPP 项目，根据有关招标投标法或政府采购法，项目实施机构组织社会资本的采购、项目合同或特许经营协议及相关附属协议的签订，由社会资本或项目公司作为项目建设单位组织项目建设实施工作。如委托施工图详细设计工作的，则在项目实施机构用于社会资本招标的技术（扩大）初步设计的范围内细化具体分部分项工程的节点工艺做法、钢筋连接节点工艺、设备具体安装位置等详细工程做法，细化成能让施工工人用于施工现场指导具体工艺的工序动作的详细施工图纸文件。但施工图纸的工程范围、规模、产出水平标准、材料设备档次等原则性要求不能较技术初步设计有所变更，如为社会资本或项目公司自行改变，政府不承担变更风险，也不支持列入回收收益的成本范围，即在项目竣工决算中，政府不予以认可，由社会资本或项目公司自行承担风险。

PPP 建设项目已经按照构成招标或采购实施方案的技术初步设计全套图纸和技术做法的内容施工完成后，符合《建设工程质量管理条例》的规定，并通过负荷联动生产试运行，达到了技术初步设计规定的质量要求，并具备正常使用条件，则项目实施机构可以依据相关规定，组织项目建设的竣工验收。对于竣工验收合格的 PPP 建设项目，由社会资本或项目公司编制竣工决算，包括竣工财务决算说明书、竣工财务决算报表、工程竣工图和工程竣工造价对比分析四部分。

竣工决算是以实物数量和货币指标为计量单位，综合反映竣工项目从筹建开始到项目竣工交付使用为止的全部建设费用、建设成果和财务情况的总结性文件，是竣工验收报告的重要组成部分。竣工决算是正确核定固定资产价值、考核分析投资效果、建立健全经济责任制的依据，是反映建设项目实际造价和投资效果的文件，是建设工程经济效益的全面反映。

PPP 社会资本或项目公司，在编制 PPP 建设项目竣工决算时，以政府招标使用的投资概算内容为基础，以项目合同或特许经营协议约定的固定资产合同价及其风险分配结算办法为条件，以项目实施的实际内容为前提，建设项目实施过程中，属于项目合同或特许经营协议约定由政府承担的风险费用列入竣工决算编制范围，属于社会资本或项目公司承担的风险费用则在合同价之外不再列入建设项目竣工决算的编制范围。

政府或政府授权的项目实施机构，对社会资本或项目公司编制的 PPP 建设项目竣工决算组织全面审核，审核通过并报政府批准的项目竣工决算金额为 PPP 项目实际建设投资成本（含建设期融资利息），即固定资产投资成本回收的基准金额。

实际竣工固定资产投资金额加上社会资本合理收益，较 PPP 项目实施方案阶段政府编制的投资概算现值即固定资产预期投资金额现值的减少量值，就是 PPP 模式的固定资产投资成本节约金额。

四、固定资产投资论证的主体

建设项目固定资产投资包括基本建设成本和建设期融资利息，在量值上等同于建设项目工程造价，属于工程造价的计价论证范畴。住房和城乡建设部对工程造价的编制和审核的准入有严格的制度规范，各级地方政府都有相应的建设工程造价管理处归口管理各地的建设工程造价有关事项。现行注册造价工程师和助理造价师是有资格从事建设工程造价编制和审核的人员，具备住房和城乡建设部或地方政府工程造价管理部门颁发的工程造价咨询甲级或乙级资质证书的工程造价咨询公司是工程造价的咨询机构。也就是说，具有工程造价甲级或乙级咨询资质的工程造价咨询机构和注册造价工程师或助理造价师是 PPP 建设工程固定资产投资的论证主体。

在 PPP 项目的管理过程中，财务人员也是必要的专业技术人员，但不是固定资产投资论证的主体。他们以造价咨询机构和注册造价工程师或助理造价师计算论证的详细工程造价即固定资产投资金额为基准，编制各类财务报表，计算固定资产现值折现率、成本内部收益率等财务方面的数据。但没有造价人员编制审核的实际投资成本为量值基础，他们就没有工作的基础，正如现阶段许多参与 PPP 现场管理的财务人员说，他们只能依据一步一步或一遍一遍试用数值来寻求投资成本，显然是不科学的，违背了"价值决定价格"的价值规律。

政府行政管理人员（非造价专业）也不是固定资产投资论证的主体。实践中，英国有关部门地方政府通常需要专业机构支持，还会聘请、培训自己的专业人才，特别是擅长合同管理，懂市场、懂法律的人才。单靠行政人员管理 PPP 项目，往往导致项目失败，必须慎重。

五、固定资产投资论证的重要意义

PPP 项目固定资产投资论证对项目是否以 PPP 模式落地及其落地后的建设运营具有重大的意义。

（1）PPP 项目固定资产投资论证是项目投资合理性的基础、是项目运营维护成本额度的基础、是项目是否采用 PPP 模式实施的物有所值和财政承受能力评价的基本依据、是政府是否决策采用 PPP 模式的重要依据、是社会资本内部收益率计算的基本依据及其合理性的基础、是融资成本计算的基础、是项目运营年限计算的基础、是项目产品价格的基本依据、是政府付费的重要依据、是政府与社会资本投融资结构的基本依据、是社会公众付费合理性的基础。所有这些量化的论证使用指标，都离不开 PPP 项目的建设成本，即固定资产投资金额。

（2）PPP 项目固定资产投资论证是构成固定资产投资的土地使用费、设备购置费、建筑安装工程费、与工程建设有关的其他费用以及建设融资利息等所有费用的逐条逐项分析计算，特别是建筑安装工程费用，是对构成建筑物、构筑物、道路、管线、电气控制等建设单项工程的分部分项工程的实体费用及措施费用计算到制作工序的消耗费用。让政府、咨询单位、社会公众等利益相关者、社会资本等有关部门和人员能清清楚楚、一目了然地了解项目的建设成本，有利于政府清晰决策，有利于社会资本清晰项目风险，有利于第三方对成本的监控，更有利于项目风险的识别和责任承担到位，不至于模糊风险、产生纠纷，也有利于项目的客观监督管理，规避有些主观因素对项目管理的负面影响，更有利于规避随意调整项目预期建设成本的违背建设项目价值规律的做法。

（3）PPP 项目固定资产投资论证，有利于政府对承担风险费用的控制，也有利于社会资本对风险承担费用的控制，对应有利于项目建设成本的控制和政府付费、社会公众费用承担强度的控制，有利于项目投资效益的提高，有利于规避社会资本隐形收益的负面激励，对项目合同的执行周期、产品价格调整提供清晰明了的判定准则。同时，对项目移交提供清晰的资产账单，规避国有资产、资源的流失，有利于国民经济和社会的可持续发展。

（4）PPP 项目投资概算是合格完成项目技术初步设计全部内容的建设成本控制上限，也是项目监管目标和竣工决算论证的基础；竣工决算为 PPP 项目固定资产实际投资金额即实际建设成本，项目实际建设成本的确定有利于项目投资回报的合理性合同调整。

（5）基于投资概算的控制作用，有利于加强项目实施机构在组织论证的工作责任性，也有利于政府部门监管目标的清晰性和有效性，有利于规避社会资本或项目公司项目管理方向的偏离。

六、分项详细论证 PPP 项目固定资产投资概算

PPP 项目固定资产投资概算是项目招标控制价的重要组成部分，PPP 项目招标控制价是项目合同价的形成基础，项目合同价指标既是项目后期建设运营政府监管的基础指标，又是政府后期转移支付对价的基础。所以，政府在项目前期工作论证中，分项详细论证 PPP 项目固定资产投资概算的意义重大。

（一）分项详细论证 PPP 项目固定资产投资总概算

1. PPP 项目固定资产投资总概算分项构成

PPP 项目固定资产投资概算总金额即建设投资和建设期贷款利息的总和，在

数量上与建设工程的工程造价相等。基于 PPP 模式由社会资本融资建设，政府在项目后期运营周期分年度给予社会资本投资回报，而社会资本的前期投资需要资金利润，融资也是需要资金成本的。所以，下列各项构成 PPP 项目政府固定资产投资概算的综合组成。

（1）建设工程费用。建设用地的不良地基处理费用，地下水位降水费用，项目运行需要的上、下游基础设施配套建设费用，项目节能减排建设措施费用，项目绿色建筑建设费用，项目与社会、环境相互影响的改造费用，项目与周边交通相互影响的改造建设费用，项目本身规模、功能建设费用等，构成 PPP 项目建设的工程费用。

（2）咨询等其他费用。PPP 项目工程建设过程需要设计单位、地质勘查单位、监理单位、工程造价咨询单位等社会专业咨询机构尽职尽责，同时还会发生招标程序、审批手续、联动运行等与工程建设和未来项目运行有关的其他费用。

（3）建设用地费用。PPP 项目建设用地除了以划拨方式免除国有土地使用权出让金之外，有偿出让方式获取土地使用权以及土地本身的征地、拆迁、安置补偿等土地开发费用，都是项目土地使用发生的项目成本构成。

（4）建设期融资成本。PPP 项目一般投资规模较大，社会资本一般也不可能有如此多的自有资金，贷款或资产证券化等融资方式是必要的。融资成本对政府来说也是应该承担的支付责任。

（5）建设投资合理（含税）利润。政府在缺少资金又要清理地方政府债务的前提下，引进社会投资，并以合作的方式建设运营基础设施和公共服务领域项目，为社会提供公共产品或服务，那么社会资本的投资是需要投资利润的。对政府来说，引进社会投资并合作建设运营，合理的投资利润也是政府应该承担的回报责任。

（6）预备费。预备费包括基本预备费和价差预备费。项目建设工程的建设存在一定的建设周期，环境和社会的变化在所难免，同时项目前期投资概算分项详细论证也难免存在一些考虑不周全的地方，为了项目建设投资的有效控制，在投资概算论证阶段考虑适量的预备费用，是建设工程投资控制的有效环节，传统模式是这样，PPP 模式也不例外。

2. 分项详细论证 PPP 项目固定资产投资总概算

（1）PPP 项目固定资产投资概算总金额计算。具体情况如表 5-1 所示。

表 5-1　PPP 项目固定资产投资概算总金额汇总

序号	费用名称	单位	金额	备注
1	（一）建设工程费用	万元		含配套及其他工程

续表

序号	费用名称	单位	金额	备注
2	（二）咨询等其他费用	万元		
3	（三）建设用地费用	万元		
4	（四）建设期融资成本	万元		
5	（五）建设投资成本合计	万元		
6	（六）建设投资合理利润	万元		含税
7	（七）政府预期建设投资成本及合理利润责任支付	万元		概算编制年度估算目标值
8	（八）基本风险预备费（含不可抗力）	万元		
9	（九）价差风险预备费（含法规、市场变化）	万元		
10	（十）PPP 项目固定资产投资概算总金额	万元		竣工年度估算目标控制值

（2）"PPP 项目固定资产投资概算总金额汇总"有关说明。表 5-1 描述的是 PPP 模式下，政府在项目招标前期准备阶段（年度）编制的预期固定资产投资概算控制总目标，即 PPP 项目固定资产投资概算总金额投资概算。计算公式（十）＝（七）＋（八）＋（九）。

1）价差风险预备费是基于 PPP 项目建设工程的建设周期过程中，可能发生的材料、设备、人工、机械租赁社会平均的市场价格发生涨价变化以及政策、法规变化引起项目的各项成本费用的增加风险而预备的预算科目及估算金额。政府传统模式一般实际结算，但在风险共担的 PPP 模式下，政府和社会资本要各自分担一些能够承受的风险费用。基本上政策、法规引起的汇率、利率变化，列入政府预期的目标价差预备费科目。另外，市场经济价格的人工、材料、机械等社会平均水平的价格上涨变化，由政府和社会资本各自承担一部分，政府部分列入价差预备费科目。社会资本承担部分由社会资本在成本利润中综合消化。PPP 项目投资规模一般较大，参照传统模式一般在 3%～5%的水平，可以考虑 3%的水平比较适宜。如果建设期间没有发生政府承担的涨价风险强度，则实际决算时，该项预备费用不发生。计算公式为（九）＝（五）×3%。

2）基本风险预备费。从项目前期论证角度可能有些细节的现场因素考虑不周到的角度，如项目局部规模和功能的调整，设备材料选型选规格没有细致全面，或者现场有局部测量估计不是完全准确，都会产生项目工程分部分项工程类别或工程量的少量变化，要考虑基本预备费科目的设置。项目相关单位及社会资本责任承担的变化风险之外，由政府应该承担的基本风险因素，国家发展改革委在项目可行性研究和投资概算审核审批阶段，一般考虑 5%左右的基本预备费，同样 PPP 项目的投资规模较大，一般考虑 3% 左右作为政府基本风险担当是比较合适的。需要强调的是，政府在前期项目固定资产投资概算论证时，一定要着眼于详细仔细论证，在项目实施过程中，不要随意发生项目构成的分部分项及其工程量的变化。尽量不要想到去动用基本预备费，基本预备费是用于政府项目实施机构及其聘请的设计、勘查测量、工程造价咨询单位因为现场与主观预计不到的一些差距或者一些突发事件导致的项目位置或数量的改变而需要调剂的费用。如对于局部不良地基，设计图纸没有反映处理措施，自然投资概算也没包括，发生不良地基又需要处理。类似这样的风险，经论证，如果确实不是勘查测量单位通过尽职尽责可以解决的局部客观风险，在合同约定社会资本承担的风险强度之外的风险，找不出其他相关责任单位，只有政府动用基本风险预备费来调整了。计算公式：（八）＝（五）×3%。

3）政府预期建设投资成本及合理利润责任支付是指政府在 PPP 项目固定资产投资概算编制年度，对自身在编制年度的投资概算估算目标值。即政府在概算编制年度计划给予项目合作的社会投资者投资的建设成本全部金额及其合理利润的投资回报。PPP 模式是基于政府的责任要向社会提供基础设施和公共服务领域项目领域的公共服务或公共产品。只是在缺钱又要减轻前期债务的前提下，引进社会资本前期投资并在项目运营阶段，政府通过授予社会资本特许经营权等方式，实现社会资本的投资及其利润的回报。那么，不管何种资金来源，如财政预算直接支付、使用者付费、财政预算补助奖励、开发项目周边第三方商业收入等，都是政府用来实现支付责任的资金来源。政府支付责任，对具体项目来说，是可以计量的，社会资本获取的回报也只能是合理利润，那么科学论证项目的成本投资，政府的支付责任才能公正，社会资本的合理利润才能公平，仅凭利润率的高低，不能充分反映政府的责任承担和社会资本的获利合理与否。

无论是使用者付费项目还是第三方商业开发收入，都不能减少社会资本应得到的成本补偿及其利润回报的详细公平论证环节。因为使用者付费或商业开发收入都是政府还款的资金来源，社会资本承受特许经营权，并不代表社会资本可以任意收取，不接受政府监管。政府监管的目标是在政府应该承担的责任补偿前提下，使用者付费或商业开发的资金能否足够支付。如果剩余利润过多，政府就要从社会公众的利益出发，调整减少项目产品或服务的价格。如果特许经营收入不足以支付社会资本投资成本及其利润的回报，社会资本自然会提出价格调整或者要求政府财政预算直接补偿缺口。

总之，社会资本应得的建设投资及其利润的补偿，原则上是政府的全部责任。反过来说，政府在具体 PPP 项目中应该承担的全部成本及其利润的补偿责任，就是社会资本应该获取的投资成本和利润补偿的全部。计算公式为（七）＝

（五）＋（六）。

4）建设投资合理利润是指政府在固定资产投资概算编制年度，对照合理的社会投资平均利率水平，参照当年商业银行中长期贷款利率水平，合理确定具体项目的社会资本投资成本合理利润率，与 PPP 项目概算编制年度政府编制的建设投资成本的乘积。计算公式为（六）＝（五）×合理利润率。

5）建设投资成本是 PPP 项目投资概算政府编制年份，基于 PPP 项目建设工程的技术（扩大）初步设计图纸涵盖的全部内容，当时当地市场价格、当地地方政府或行业概算定额和项目固定资产资本金的要求，当地地方政府债券收益率水平等，综合编制的含有土地使用费在内的 PPP 项目当年计划建设总成本。计算公式为（五）＝（一）＋（二）＋（三）＋（四）。

6）建设期融资成本。PPP 项目一般投资规模较大，社会资本一般也不可能有如此多的自有资金，贷款或资产证券化等融资方式是必要的。融资成本对政府来说，也是应该承担的支付责任。根据我国有关建设工程固定资产投资资本金的相关政策，不管社会资本独立成立的项目执行公司还是政府与社会资本合股设立的项目执行公司，在项目公司注册或社会资本自行执行时，都需要有一定的资本金。在项目企业资本金的管理制度中，资本金不计算资金成本。那么，在投资概算估算阶段，以投资概算论证的工程费用、咨询等其他费用和土地费用之和为基准，并扣除资本金额度后的余额投资计划成本，原则上是融资成本的计算基数。在项目竣工验收后的竣工决算阶段，再根据具体年度的融资额度，实际结算或决算实际融资成本及其资金时间价值。概算投资论证阶段的建设期融资成本估算金额计算公式为（四）＝﹛［（一）＋（二）＋（三）］－资本金额度－建设期政府补贴或奖励等﹜×融资利率。

融资利率可以参照地方政府的同期债券收益率水平，合理确定。

建设期融资成本即建设期利息，后文会有详细的论述。

7）建设用地费用。

8）咨询等其他费用。

9）建设工程费用。

（二）分项详细论证 PPP 项目建设用地费用

1. PPP 项目建设用地使用权取得方式

根据《中华人民共和国土地法》及有关政府和社会资本合作的政策规定，PPP 项目用地应当符合土地利用总体规划和年度计划，依法办理建设用地审批手续。在实施建设用地供应时，不得直接以 PPP 项目为单位打包或成片供应土地，应当依据区域控制性详细规划确定的各宗地范围、用途和规划建设条件，分别确定各宗地的供应方式。

对于国家《划拨用地目录》内的非经营性城市基础设施和公益事业以及国家重点扶持的能源、交通、水利等基础设施等公共领域的公共产品项目，项目实施机构在取得建设项目的建设用地规划许可证后，依法向相关土地管理部门申请划拨用地，经县级以上人民政府审批后，由相关土地管理部门划拨土地。

对于国家《划拨用地目录》之外的经营性或准经营性交通、水利、能源等基础设施和医疗、教育、旅游、养老等公共设施的准公共产品项目，项目实施机构按照有关规划部门确定的规划条件以协议、招标、拍卖等土地使用权有偿出让方式取得有限期的土地使用权。按照取得土地使用权的实际成交地价向有关政府或其土地管理部门缴纳土地使用权出让金。

2. PPP 项目建设用地费用分项构成

依据建设用地使用权的获取方式和建设用地的具体情况，PPP 项目建设用地费用一般由下列分项构成。具体费用构成要根据土地的具体情况而定。

3. 分项详细论证 PPP 项目建设用地费用

（1）PPP 项目建设用地费用计算。具体如表 5 - 2 所示。

表 5 - 2　PPP 项目建设用地费用汇总

序号	费用名称	单位	金额	备注
1	国有土地使用权出让费	万元		出让
2	征用集体所有土地补偿费	万元		
3	需要安置的农业人口补助费	万元		
4	青苗补偿费	万元		
5	拆迁费	万元		
6	搬迁补助费	万元		
7	临时安置补助费	万元		
8	异地安置补助费	万元		
9	开发整修未利用土地费用	万元		
10	征地拆迁管理费	万元		
	合计	万元		

（2）"PPP 项目建设用地费用汇总"有关说明。建设用地的土地费用构成要根据 PPP 项目的性质及地块具体情况，来具体调整汇总表的内容。

1）建设用地各项土地使用构成费要根据具体地块的实际情况和《中华人民共和国土地法》以及国家财政部等相关部委和地方政府的有关土地相关费用的政策性指导意见，实事求是核算并补偿。

2）根据我国土地法，建设用地可以采用划拨和出让的方式，获取国有土地使用权。如果适用划拨方式取得土地使用权的，则不发生国有土地使用权出让费。在国家《划拨用地目录》范围内的非经营性城市基础设施和公益事业项目以及国家重点支持的能源、交通、水利工程项目等，适用于划拨方式供应建设用地。其他非《划拨用地目录》范围的 PPP 项目（有其他特殊规定的除外），一律采用出让或租赁等有偿方式获取建设用地使用权。

3）采用 PPP 方式实施项目建设时，相关用地需要有偿使用的，可将通过竞争方式确定项目投资主体和用地者的环节合并实施。

4）依法需要以招标拍卖挂牌的方式供应土地使用权的宗地或地块，在市、县国土资源主管部门编制供地方案、签订宗地出让（出租）合同、开展用地供后监管的前提下，可将通过竞争方式确定项目投资方和用地者的环节合并实施。

5）地方政府及时、足额地收取土地有偿使用收入，并按照《中华人民共和国土地管理法》的有关规定上缴中央财政和地方政府自留使用。

6）PPP 项目的资金来源与未来收益及清偿责任，不得与土地出让收入挂钩。

7）建设用地涉及农用地或未利用地的，则要经有关土地部门和人民政府依据相关法规审批农用地、未利用地转用并办理征地审批手续。征收土地的，按照被征收土地的原用途给予补偿。征地发生的土地补偿费、拆迁安置补偿费及其他补偿费等土地取得费用，计入项目成本。按照规划条件开发整修未利用土地或原来就是建设用地的，开发整修费用计入项目成本。

8）土地使用权出让费用、征地补偿、农业人口补偿、青苗补偿、拆迁费、安置补偿等取得具体地块实际发生的土地使用费用之和，是 PPP 项目的土地使用总费用。

9）建设用地使用费属于建设项目固定资产投资总费用的组成部分。

（三）分项详细论证 PPP 项目咨询等其他费用

1. 咨询等其他费用分项构成

（1）我国现行建设工程的责任管理体制和专业资质技术管理体制是，建设工程的建设过程需要各类专业技术机构完成相应的建设工程建设所需要的有关社会责任技术工作。各类专业技术咨询机构的合同费用构成项目成本，如住房城乡建设部《建筑工程五方责任主体项目负责人质量终身责任追究暂行办法》（建质〔2014〕124 号）规定：建设工程的建设、勘查、设计、施工、监理单位为建设工程质量的五方责任主体，五方责任主体项目负责人为质量终身负责人。又如，城乡建设部有关具有工程造价资质的机构或人员编审建设工程造价的技术资格要求。所以，工程建设过程中，与项目建设有关的各类专业技术机构的咨询使用费是建设成本构成的重要组成部分。

（2）建设工程的建设使用根据地方政府和行业的管理规定，需要上缴各类费用，列入工程成本，如城市基础设施缴纳费、异地人防建设费等。

（3）建设工程建设过程中，需要专业管理团队的专业协调管理。财政部《基本建设项目建设成本管理规定》（财建〔2016〕504号）中规定建设管理费是指项目至办理竣工财务决算之日止发生的管理性质的开支，包括工作人员工资福利，医疗、养老、失业保险等，办公费，差旅交通费，劳保费，工具用具使用费，固定资产使用费，零星购置费，招募生产工人费，技术图书资料费，印花税，业务招待费，竣工验收费和其他管理性质的开支等。

（4）与项目建设有关的上述三项之外的其他费用、与项目未来运营有关的其他费用。

2. 分项详细论证 PPP 项目咨询等其他费用

（1）PPP 项目咨询等其他费用计算。具体如表 5 - 3 所示。

表 5 - 3　PPP 项目咨询等其他费用汇总

序号	费用名称	单位	金额	备注
1	项目前期工作代理费	万元		
2	项目建议书编制费	万元		
3	项目工艺技术方案编制费	万元		
4	项目环境评价报告编制费	万元		
5	项目社会稳定评价报告编制费	万元		
6	项目节能评估报告编制费	万元		
7	项目交通评价报告编制费	万元		
8	项目总体规划（总平面）设计费	万元		
9	项目控制性详细规划设计费	万元		
10	项目可行性研究报告编制费	万元		
11	建设用地地质勘查及成果审核费	万元		
12	建设用地地下管线测量费	万元		
13	建设用地地下水位测量费	万元		
14	建设用地地形地貌测量费	万元		
15	工程技术（扩大）初步设计费	万元		
16	项目配套基础设施设计费	万元		
17	城市基础设施缴纳费	万元		
18	项目不良地基（含地下降水）处理设计费	万元		
19	项目环境综合治理设计费	万元		
20	项目建设用地场地平整纵向设计费	万元		
21	项目固定资产投资概算编审费	万元		
22	工程施工图编制费	万元		
23	工程施工图审图费	万元		

续表

序号	费用名称	单位	金额	备注
24	工程施工招标代理费（含清单）	万元		
25	工程施工监理费	万元		
26	工程竣工图编制费	万元		
27	建设工程技术档案微缩费	万元		
28	竣工规划验收测量费	万元		
29	地基沉降观测费	万元		
30	工程质量及特种设备安全监督检验费	万元		
31	工程保险费	万元		
32	项目功能系统联合试运转费	万元		
33	生活用水水质化验费	万元		
34	建设工程竣工结算编审费	万元		
35	竣工（财务）决算编审费	万元		
36	建设管理费	万元		
	咨询等其他费用合计	万元		

（2）"PPP 项目咨询等其他费用汇总"有关说明。"PPP 项目咨询等其他费用汇总"中所列 PPP 项目咨询等其他费用项目，为 PPP 项目建设工程一般情况下需要发生的费用，不包括已经包含在项目分部分项或单位工程或单项工程中已经包含的材料、设备检验调试费等。具体项目的咨询等其他费用，根据具体情况而定。各个具体的 PPP 项目发生的具体各项其他费用，根据国家发改委《关于进一步放开建设项目专业服务价格的通知》（发改价格〔2015〕299 号）的文件精神，参照国家各部门、各行业以及地方政府有关各项工程服务费用的指导意见，实事求是计算。需要招标确定工程服务单位的，编制招标控制价，招标形成各类工程服务合同价格。

1）项目前期工作代理费。前期工作代理费是指社会资本招标（采购）之前，因为项目前期准备工作，政府通过招标引进的咨询公司的咨询工作费用。包括设计、勘查、造价咨询等工程服务招标代理费用以及项目前期配合 PPP 项目实施机构的各项管理协调工作费用等。参照原国家计委关于《招标代理服务费暂行办法》（计价格〔2002〕1980 号）的计算规则，结合市场情况，计算工程服务招标代理费用。参照财政部《基本建设项目建设成本管理规定》（财建〔2016〕504 号）中关于"项目建设管理费总额控制数费率表"和地方政府关于前期代理单位管理费和建设实施代建单位管理费的分配比例，结合项目情况计算确定前期代理工作管理费用。

2）项目建议书编制费。参照原国家计委《关于建设项目前期工作咨询收费暂行规定》（计价格〔1999〕1283 号），结合项目具体情况计算项目建议书编制费用。

3）项目工艺技术方案编制费。参照国家计委、建设部关于《工程勘察设计收费管理规定》（计价格［2002］10 号），结合项目情况计算方案编制费用。

4）项目环境评价报告编制费。参照国家环保部、地方政府物价局和环境保护局关于建设项目环境影响评价收费指导意见，结合项目具体情况，协商确定具体项目环境影响评价报告的编制费用。例如，合肥市物价局、合肥市环境保护局于 2013 年 7 月 11 日联合发布的《关于建设项目环境影响评价收费标准的通知》及其《建设项目环境影响评价收费标准》。

5）项目社会稳定评价报告编审费。参照国家发改委、地方政府关于建设项目社会稳定风险评估编制或评价报告咨询服务收费指导意见，结合项目具体情况，计算 PPP 建设项目社会稳定风险评估编制或评价咨询服务费用。

6）项目节能评估报告编制费。参照地方政府关于节能评估收费指导意见，结合项目具体情况计算项目节能评估报告编制费。

7）项目交通评价报告编制费。建设项目交通影响评价报告编制收费，可以参照建设部委托中国城市规划设计研究院结合社会经济发展水平以及估算不同规模项目的编制成本于 2012 年 2 月编制并发布的《建设项目交通影响评价报告收费标准》，结合 PPP 项目具体情况，协商或招标确定项目交通评价报告编制费。

8）项目总体规划（总平面）设计费。参照中国城市规划协会关于《城市规划设计计费指导意见》、地方政府规划部门有关计费指导意见、《工程勘察设计收费管理规定》（计价格［2002］10 号）有关项目总体设计的计费指导意见，结合项目情况计算。

9）项目控制性详细规划设计费。参照中国城市规划协会关于《城市规划设计计费指导意见》、《工程勘察设计收费管理规定》（计价格［2002］10 号）有关项目总体设计的计费指导意见、地方政府规划部门有关计费指导意见，结合项目情况计算。

10）项目可行性研究报告编制费。参照国家计委《关于建设项目前期工作咨询收费暂行规定》（计价格［1999］1283 号），结合项目具体情况计算项目建议书编制费用。

11）建设用地地质勘查及成果审核费。参照《工程勘察设计收费管理规定》（计价格［2002］10 号），结合项目情况计算地质勘查费，参照地方政府或行业有关地质勘查报告成果审查费用指导意见计算成果审核费用。

12）建设用地地下管线测量费。参照《工程勘察设计收费管理规定》（计价格［2002］10 号），结合项目情况计算地下管线测量费。

13）建设用地地下水位测量费。参照《工程勘察设计收费管理规定》（计价格〔2002〕10号），结合项目情况计算地下水位测量费。

14）建设用地地形地貌测量费。参照《工程勘察设计收费管理规定》（计价格〔2002〕10号），结合项目情况计算地形地貌测量费。

15）工程技术（扩大）初步设计费。参照《工程勘察设计收费管理规定》（计价格〔2002〕10号），结合项目情况计算技术（扩大）初步设计费。

16）项目配套基础设施设计费。参照《工程勘察设计收费管理规定》（计价格〔2002〕10号），结合项目情况计算配套基础设施设计费。

17）城市基础设施缴纳费。遵照地方政府关于征收城市基础设施建设费用的有关意见，依据项目的具体情况，协商地方政府有关主管部门确定收费。

18）项目不良地基（含地下降水）处理设计费。参照《工程勘察设计收费管理规定》（计价格〔2002〕10号），结合项目情况计算不良地基（含地下降水）处理设计费。

19）项目环境综合治理设计费。参照《工程勘察设计收费管理规定》（计价格〔2002〕10号），结合项目情况计算项目环境综合治理设计费。

20）项目建设用地场地平整纵向设计费。参照《工程勘察设计收费管理规定》（计价格〔2002〕10号），结合项目情况计算建设用地场地平整纵向设计费。

21）项目固定资产投资概算编审费。参照地方政府或中国建设工程造价管理协会关于工程造价咨询参考费用指导意见，结合项目情况计算固定资产投资概算编审费。

22）工程施工图编制费。参照《工程勘察设计收费管理规定》（计价格〔2002〕10号），结合项目情况计算工程施工图编制费。

23）工程施工图审图费。参照地方政府或行业施工图审查费用指导意见，结合项目情况计算。

24）工程施工招标代理费（含清单）。参照原国家计委关于《招标代理服务费暂行办法》（计价格〔2002〕1980号）计算规则，结合市场情况，计算工程施工招标代理费用。

25）工程施工监理费。参照国家发改委、建设部关于《建设工程监理与相关服务收费管理规定》（发改价格〔2007〕670号）的指导意见，结合项目情况，实事求是计算工程监理费用。

26）工程竣工图编制费。参照《工程勘察设计收费管理规定》（计价格〔2002〕10号），结合项目情况计算工程竣工图编制费。

27）建设工程技术档案微缩费。按照当地城市建设档案馆的有关收费意见执行。

28）竣工规划验收测量费。参照《工程勘察设计收费管理规定》（计价格

［2002］10 号），结合项目情况计算竣工规划验收测量费。

29）地基沉降观测费。参照《工程勘察设计收费管理规定》（计价格［2002］10 号），结合项目情况计算地基沉降观测费。

30）工程质量及特种设备安全监督检验费。参照地方政府或行业收费指导意见，结合项目具体情况计算工程质量及特种设备安全监督检验费。

31）工程保险费。遵照保险公司的有关意见，协商确定。

32）项目功能系统联合试运转费。

33）生活用水水质化验费。参照当地卫生防疫部门有关水质化验费用的指导意见，协商计算生活用水水质化验费。

34）建设工程竣工结算编审费。参照地方政府或中国建设工程造价管理协会关于工程造价咨询参考费用指导意见，结合项目情况计算固定资产竣工结算编审费。

35）竣工（财务）决算编审费。参照地方政府或中国建设工程造价管理协会关于工程造价咨询参考费用指导意见，结合项目情况计算固定资产竣工决算编审费。

36）建设管理费。参照财政部关于《基本建设项目建设成本管理规定》（财建［2016］504 号）中"项目建设管理费总额控制数费率表"和地方政府关于前期代理单位管理费和建设实施代建单位管理费的分配比例，结合项目情况计算确定前期代理工作管理费用。

（四）分项详细论证 PPP 项目建设工程费用

这里所说的 PPP 项目建设工程费用，是指工程建设成本费用，包括直接消耗性成本和间接管理成本。

1. PPP 项目建设工程成本分类

（1）按照消耗性质分类。建设工程成本按照消耗性质可以分为直接性消耗费用和间接性消耗费用。直接性消耗费用是指构成建设项目的分部分项实体工程所消耗的生产工人的人工工日费用、材料设备费用和施工机械台班费用。间接性消耗费用是指为生产建设产品而发生的管理人员工资及管理办公用品、管理工作使用的工具器具、管理人员的劳保福利以及办公固定资产使用费和通信、交通等建设工程管理性质的费用。

（2）按照实体性质分类。建设工程成本费用包括构成工程实体的分部分项工程费用和为完成实体工程而发生的非实体性技术措施费用。

（3）按照费用层次分类。建设工程建设成本分为分部分项工程费用、单位工程费用、单项工程费用和建设工程费用。

（4）按照专业性质分类。建设工程成本包括土建工程费用和机电、设备安装工程费用。

（5）按照建筑风格分类。建设工程成本分为仿古工程费用和现代建筑费用。

（6）按照行业性质分类。建设工程成本分为交通运输工程费用、水利工程费用、市政基础设施工程费用、能源工程费用、学校工程费用、医院工程费用等。

（7）其他分类。建设工程成本构成的分类很多，还可以分为建筑物工程费用、构筑物工程费用等。

2. PPP 项目建设工程成本分项构成

通过上述建设工程成本分类可以看出，本质上来说，各个行业建设工程成本都可以归纳为建设工程整体功能发挥所需求的各个专业系统单位工程的分部分项工程的实体或措施生产人工、材料设备、机械消耗费用和为完成单位工程建设而发生的生产管理性质的消耗性费用构成；构成单项工程的各个专业系统单位工程的成本费用汇总成各个单项工程成本；构成建设工程的各个单项工程成本汇总成建设工程总成本费用。

3. 分部分项实体工程或非实体措施项目消耗性计量

我国建设工程执行定额消耗管理体系，有施工定额、预算定额和概算定额。

（1）施工定额消耗适用于施工企业组织生产和加强管理在企业内部使用的一种单位工程量基本工序消耗的人工、材料和机械台班数量标准，属于施工阶段企业内部成本核算的范畴。

（2）预算定额消耗是指各级地方政府和各个行业，在完成施工图纸设计工作后，用于包括一定损耗在内的单位工程量所需要的人工、材料、机械台班数量标准，属于施工图阶段计价性定额，是以施工定额为基础包含正常施工条件下正常损耗在内的综合扩大定额，一般用于传统模式政府建设单位招标工程施工的计价定额。现行建设工程工程量清单计价规范就是以各地的地方政府预算定额或行业预算定额为扩大消耗基础的全国性施工招标计价规范。

（3）概算定额消耗是指各级地方政府和各个行业，在完成初步设计或复杂工程的技术（扩大）初步设计图纸设计工作后，用于估算建设工程的单位工程量所需要的扩大性的人工、材料、机械台班数量标准，属于设计图阶段控制性计价定额，是在施工定额基础上扩大编制而成的，每一综合分项概算定额都包含了数项预算定额。概算定额是编制扩大初步设计概算、确定建设项目投资额的依据。

（4）概算指标和投资估算指标是在设计方案或项目意向阶段，参照同类已经建成项目的指标粗略估算项目建议书或可行性研究报告中的投资估算。一般误差率在正负 10%～30%。

（5）PPP 项目政府前期投资论证消耗性计量。PPP 项目是基于社会资本的技术和管理优势，政府引进前期建设投资又引进社会资本的管理、技术优势，达到政府前期不投资又节约的目标，社会资本达到投资盈利又发挥自我优势赚钱的目标，"双赢"是 PPP 模式在基础设施和公共服务领域的初衷。因此，基于"双赢"目标和我国政府建设工程管理程序、定额管理体系，以及市场在资源配置中起决定性作用的国家战略，在 PPP 模式的项目前期投资管理和投资控制工作中，政府采用概算定额消耗量和项目当地消耗性人工、材料、机械台班市场价为基础计算的建设工程投资概算控制性建设成本，是合乎建设程序的科学选择。

4. 分项详细论证 PPP 项目建设工程费用

（1）建设工程费用构成。建设工程是由各个相对独立的单项工程组成，各个单项工程由其功能所需要的各个专业系统单位工程组成，各个单位工程由其结构所需的各个分部分项工程组成。

通过上述的论证分析，运用 PPP 项目所在各个地方政府的概算定额，计算对应单位工程量分部分项项目的概算定额人工、材料、机械台班消耗量；调研当地消耗人工、材料、机械的市场单价，单位工程量消耗量与对应市场单价的乘积的总和，就是单位工程量分部分项工程项目的消耗性直接成本。根据技术（扩大）初步设计图纸，计算各个单位工程的分部分项项目工程量，与单位市场单价的乘积，单位工程的各个分部分项项目的乘积之和，即各个单位工程的建设工程费用。

将各个分部分项工程的消耗性费用逐项汇总，构成单位工程费用；单位工程逐项汇总，构成单项工程费用；单项工程费用逐项汇总，构成 PPP 项目整个建设工程费用。

（2）建设工程费用计算。PPP 项目包括基础社会和公共服务领域的公用事业项目，具体包括交通运输、市政基础设施、水利、能源、工业、农业、环境保护等基础设施工程和保障性用房、医院、学校、文化体育、养老设施、旅游等公共服务工程。

交通运输、市政基础设施、水利、能源、工业、农业、环境保护等基础设施建设工程，除了水、电、气、热、网络、通信等机电管线、设备主要安装工程之外，还有管理用房、设备用房等建筑物工程，配套的道路、桥梁、围墙等构筑物工程，生态环境建设要求的配套绿化园林工程。

保障性用房、医院、学校、文化体育、养老设施、旅游等公共服务建设工程，除了对应功能的主要建筑物工程建设之外，还需要配套的水、电、气、热、网络、通信等专业系统安装工程建设。道路、围墙等构筑物和生态园林绿化工程建设，也是完整的公共服务项目的配套建设内容。

综上，无论基础设施 PPP 项目，还是公共服务 PPP 项目，都需要建筑物、构筑物、水电气热通信网络等机电安装基础设施专业工程以及生态环保建设的园林绿化工程内容。因此，PPP 项目建设工程费用一般包括具体项目的技术（扩大）初步设计图纸范围内各个单项建筑物、构筑物、基础设施及附属、园林绿化工程费用（见表 5-4）。

表 5-4   PPP 项目建设工程费用汇总

序号	单项工程名称	单位	金额	备注
1	一、建筑物单项工程费用合计	万元		
2	1. 建筑物单项工程一	万元		
3	2. 建筑物单项工程二	万元		
4	……			
5	二、构筑物单项工程费用合计	万元		
6	1. 构筑物单项工程一	万元		
7	2. 构筑物单项工程二	万元		
8	……			
9	三、基础设施及附属单项工程费用合计	万元		
10	1. 基础设施及附属单项工程一	万元		
11	2. 基础设施及附属单项工程二	万元		
12	……			
13	四、园林绿化单项工程费用合计	万元		
14	1. 园林绿化单项工程一	万元		
15	2. 园林绿化单项工程二	万元		
16	……			
17	五、PPP 项目建设工程费用总计	万元		

（3）有关说明。

1）建设工程一般包括建筑物和构筑物。满足功能要求并提供活动空间和场所的建设工程称为建筑物，是供人们生活、学习、工作、居住，以及从事生产和文化活动的房屋，如工厂、保障性住房、学校、体育馆、文化影剧馆等。仅满足功能需求不提供活动空间和场所的建设工程称为构筑物，如围墙、水塔、景观塔、道路、桥梁、广场、挡土墙等。

2）建筑物一般包括生产性建筑物和民用建筑物（又称非生产性建筑物）。生产性建筑物包括工业建筑物和农业建筑物。工业建筑物是指供人们从事各类工业生产的房屋，包括各类生产用房和为生产服务的附属用房，如生产车间、辅助车间、动力车间、仓储建筑等。农业建筑物是指供人们从事农牧业生产和加工用的房屋，如种子库、畜禽饲养场、粮食与饲料加工站等。民用建筑物是指供人们工作、学习、生活、居住和从事各种政治、经济、文化活动的房屋，包括居住建筑物和公共建筑物两大部分。

3）建设工程费用一般是指建设建筑物和构筑物所需要消耗的建筑工人的人工费、材料设备消耗费、机械台班消耗费用以及为完成建筑物、构筑物建设工作而发生的生产管理性质的费用。但是，建设工程的建筑物、构筑物要发挥功能作用，还必然需要水、暖、电、热等能源供应和消耗，通信、网络等现代生活工作工具，安全监控、消防等智能工具。也就是要在建筑物、构筑物建设的同时，设计建设水、暖、电、热、通信、计算机网络、安防、消防等配套的基础设施及其附属工程。同时，为了美化环境，必要的园林绿化配套必然是建设工程的重要组成部分。

综上，PPP 项目建设工程费用包括建筑物工程费用、构筑物工程费用、基础设施及附属配套工程费用以及园林绿化工程费用。

4）基础设施及附属工程费用。

① 在工程建设过程中，要采取必要的技术措施节约能耗，建设绿色建筑是工程建设工作的重要组成部分，如使用太阳能、光能、风能系统节约电、气等能源消耗，并减少常规能源消耗过程中排放的环境污染，增加保温措施防止能源浪费等，都是节能减排、绿色建筑的要求。PPP 项目设计工作中，充分考虑节能减排、绿色建筑的要求，由此发生的专业单位工程费用，列入建设工程费用。

② 环境、社会稳定风险和交通评价是国家对建设工程建设评价的政策要求，也是国民经济和社会发展民生工程建设的需要。通过论证评价，如果建设工程的建设运营，会对项目所在的环境产生影响：影响周边群众生活工作，引起群众的强烈不满，造成高风险类型的社会稳定风险，或对周边的交通产生不良影响，严重妨碍交通，那么，政府要针对环境、社会稳定和交通评价结论的意见，在 PPP 项目设计工作中充分考虑处理措施。

③ 经过地形测量，征地拆迁后的建设用地凹凸不平或地坪标高不能满足建设工程的需要，那么，政府要根据技术（扩大）初步设计的要求，对建设用地进行场地平整，并将地上杂草、不能留用的树木以及其他地上废弃的零星构筑物清理干净，满足建设施工的场地平整需要，发生的费用，列入建设工程费用。

④ 根据地质、地下管线勘查结果，在项目设计工作中，政府要安排将勘查结果反映的不良地基，在设计文件中设计相应的处理措施，将相应的管线合理利用。不良地基、地下水处理的专业系统单位工程费用，列入建设工程费用。

综上所述，基础设施及附属工程费用既包括建设工程使用必要的水、暖、电、气、热、网络、通信、安防、消防等专业系统的室外基础设施工程费用，还包括节能减排、绿色建筑，环保、社会稳定、交通改善以及不良地基、地下水处理、场地平整等可能发生的其他附属单位工程费用。具体项目的具体情况不同，要实事求是。

5）PPP 项目建筑物、构筑物、基础设施及附属和园林绿化单项工程费用。每个 PPP 项目建设工程，规模、功能不一样，所需要的建筑物、构筑物、基础设施及附属工程和园林绿化工程的规模、数量，都是不一样的。具体 PPP 工程，依据该工程的技术（扩大）初步设计图纸反映的具体情况，确立具体 PPP 项目的各项建筑物、构筑物、基础设施及附属工程以及园林绿化工程的具体构成。

6）PPP 项目建设工程费用总金额，就是构成 PPP 项目技术（扩大）初步设计图纸范围内的各个类别的各个单项工程费用之和，包括配套及综合治理费用。

5. 分项详细论证 PPP 项目建设（单项）工程费用

单项工程是指具有独立的设计文件，竣工后可以独立发挥生产能力、投资效益的一组配套齐全的工程项目。单项工程是建设工程的组成部分，一个建设工程有时仅包括一个单项工程，有时也可以包括多个单项工程。

（1）单项工程的构成分项。单项工程是竣工后可以独立发挥生产能力、投资效益的一组配套齐全的工程项目，是由单位工程构成的。基础设施或公共服务 PPP 单项工程，一般由平整场地独立土石方工程、建筑物或构筑物的地基处理工程、地下降水工程和土建建筑反装修工程、水暖气热电网络通信等机电安装和基础设施工程（建筑室外为基础设施，建筑室内为机电安装）、各类设备安装工程、园林绿化工程、特殊单项工程的钢结构工程、轨道安装工程等一个或多个专业系统单位工程构成。一个具体单项工程的单位工程构成，由具体 PPP 项目各个单项工程的技术（扩大）初步设计图纸的内容确定。例如，广场铺装单项构筑物工程，就是由广场砖或大理石或其他块料面层的土建工程独立构成。又如，室外田径场构筑物单项工程，由室外照明电气工程、室外给水、室外排水、室外安防、室外消防等室外基础设施单位工程和跑道混凝土、塑胶等土建单位工程构成。还如，办公用房单项建筑物工程，由土建建筑工程、土建装修工程、水暖电通风网络安防通信等室内机电安装工程、室外对应基础设施管线工程以及基础设施管线的管井、管沟构筑物土建工程构成。

（2）单项工程的费用计算。具体 PPP 项目建设工程构成的各个单项工程，分别由该项目技术（扩大）初步设计图纸设计的具体单位系统专业工程构成，各个设计的专业系统单位工程费用之和，便构成具体设计的该单项工程费用。表 5-5 所列的单位工程，是一般常见单位工程的专业系统，具体单项工程的单位工程构成要根据具体设计而定。

表 5-5   PPP 项目建设（单项）工程费用汇总

序号	单位工程名称	单位	金额	备注
1	建筑工程	万元		

续表

序号	单位工程名称	单位	金额	备注
2	装修工程	万元		
3	钢结构工程	万元		
4	独立土石方工程	万元		
5	施工降水工程	万元		
6	边坡及地基处理工程	万元		
7	构筑工程	万元		
8	管道工程	万元		
9	给排水工程	万元		
10	采暖工程	万元		
11	燃气工程	万元		
12	热力工程	万元		
13	变配电工程	万元		
14	动力、照明电气工程	万元		
15	计算机应用、网络系统	万元		
16	综合布线系统工程	万元		
17	建筑设备自动化系统	万元		
18	有线电视、卫星接收系统	万元		
19	音频、视频系统工程	万元		
20	安全防范系统工程	万元		
21	水灭火消防工程	万元		
22	气体灭火消防工程	万元		
23	泡沫灭火消防工程	万元		
24	火灾自动报警系统工程	万元		
25	通风空调工程	万元		
26	机械设备安装工程	万元		
27	静置设备制作安装工程	万元		
28	工业管道工程	万元		
29	自动化控制仪表安装	万元		
30	通信设备及线路工程	万元		
31	庭园工程	万元		
32	绿化工程	万元		
33	轨道交通土建工程	万元		
34	交通轨道工程	万元		
35	交通自动售票检票系统	万元		
36	道路工程	万元		
37	桥梁工程	万元		
	合计	万元		上述一个或多个单位工程费用之和

6. 分项详细论证 PPP 项目建设（单位）工程费用

单位工程是单项工程的组成部分，是指具备独立施工条件并能形成独立使用功能的专业系统工程，详见《建筑工程施工质量验收统一标准》（GB50300—2013），如工业厂房中的土建工程、设备安装工程、工业管道工程等分别是单项工程中所包含的不同性质的单位工程。

（1）单位工程的分项构成。单位工程是由各个分部分项工程构成的。按照工程的专业性质、建筑部位等划分的分部分项工程，是单位工程的组成部分。如土建建筑单位工程可以划分为地基与基础、主体结构、屋面等分部工程。地基与基础又可以划分为土石方、基础垫层、基础混凝土、钢筋等分项工程。一个分部工程可以包含一个或多个分项工程。

分项工程是指将分部工程按照工种、材料、施工工艺、设备类别等划分的工程，是分部工程的组成部分，也是施工生产工人的人工、材料设备、机械台班数量直接消耗的工程。例如，土方开挖、土方回填、钢筋、模板、混凝土、砖砌体、木门窗制作安装等分项工程，是工程项目施工生产活动的基础，也是计量工程用工、用料和机械台班消耗的基本单元。同时，分项工程又是工程质量形成的直接过程。总之，分项工程（实体或措施非实体分项工程）既有其作业活动的独立性，又有相互联系、相互制约的整体性。

一个具体单位工程的分部分项（包括实体或措施非实体分项工程）工程构成，由具体 PPP 项目各个单位工程的技术（扩大）初步设计图纸的内容确定。

（2）单位工程的费用计算。构成 PPP 项目建设工程的各个单位工程的费用计算，是建设工程投资概算论证的基础工作，其合理与否，直接影响投资的合理性。

1）阅读 PPP 项目建设工程技术（扩大）初步设计图纸文件，落实项目建设内容的全面性。

① 认真阅读建设工程设计图纸及设计说明，了解建设工程各个单项工程、构成每个单项工程的各个单位工程以及构成每个单位工程的各个分部分项工程的具体设计内容。

② 查阅建设工程前期有关技术工艺方案内容，对比设计文件是否涵盖了政府方案、功能、规模的全部工程内容。

③ 查阅建设工程有关规划选址方面的审批文件，对比规划部门的规划条件，在设计图纸或设计说明文件中是否落实设计。

④ 查阅建设工程的地质勘查、地形测量方面的成果文件，成果文件反映的不良地质情况、地下不良水位情况，是否在设计文件中有对应的改良设计图或设计说明。

⑤ 查阅环境影响评价、社会稳定风险评价、节能减排评价、交通影响评价等评价报告，报告中反映的问题是否在设计文件中有对应的技术处理设计方案或内容。

⑥ 调查、踏勘 PPP 项目建设用地现场，看看现场情况是否满足设计文件所需要的设计地坪标高，看看现场的拆迁、清理情况是否满足工程建设的施工要求，看看现场水、电接口位置是否在建设用地附近。对比现场情况，看看设计文件中是否有相应的反映或体现。如果现场不平或清理不到位，设计文件中是否有相应的处理方案；如果现场施工用水用电不到位，看看设计文件中是否有相应的处理设计方案等。

2）阅读 PPP 项目建设工程技术（扩大）初步设计图纸文件，落实设计深度是否满足计价列项的要求。仔细阅读设计文件，看看各项设计内容的深度是否满足投资概算列项计价的要求。概算计价，需要准确计量分项工程的工程量，需要分析各个分项工程单位工程量的人工、材料、机械台班数量的消耗量，还需要调研各种各类的人工、材料设备、机械台班的市场价格。如果设计深度不能满足这些要求，则要与设计院的有关专业技术工程师沟通，直到设计工程师通过修正或补充设计做法、设计绘图，达到概算计价的要求。

3）比对 PPP 项目建设工程技术（扩大）初步设计图纸文件与前期各项审批文件，落实内容要求的一致性。

① 全面性比对。通过阅读设计文件与各项审批评价文件，如果设计内容没有全面体现项目的建设规模、功能和需求，或没有体现配套规划条件，或没有对环境影响等评价报告反映的问题设计相应的处理措施，或没有对地下地上需要处理的情况做出相应的处理措施设计等，要沟通相关设计工程师，完善设计文件的内容。

② 一致性比对。通过阅读设计文件和相关文件、有关材料，如果设计文件反映的内容与相关要求不一致，如材料、设备的选型、规格等技术参数要求，与项目需求不匹配，则要沟通调整设计文件。同时要查看设计文件是否有指定供货厂家、品牌等违背《中华人民共和国建筑法》的内容。

4）全面计算分部分项工程的工程量。根据技术（扩大）初步设计图纸文件或修正调整的设计文件和概算定额关于工程量计算规则，计算构成 PPP 项目的设计图纸或设计说明反映的各个单项工程、各个单位工程、各个分部分项实体工程或者为完成实体工程而发生的各个非实体性措施分部分项工程的工程量，做到计算准确无误。具体包括以下分类项目工程量：

① PPP 项目本身的规模、功能和专业需求的各项工程量。

② 规划条件要求的开发强度，包括项目建设运营所需要的项目水电等配套

设施的各项工程量。

③ 地质勘查、地形测量需要整改的项目工程量。

④ 场地平整、场地清理的工程量。

⑤ 环境影响评价、社会稳定风险评价、节能减排评价、交通影响评价等评价报告反映的整改意见处理措施项目工程量。

5) 选择计价依据，计算单位工程费用。

① 直接工程费用。依据各个地方政府或行业部门的概算定额，列出计算工程量的各个单位工程的分部分项工程量计算清单，对照单位工程工程量清单中各个分部分项工程的定额消耗项目及其消耗量，调研当地对应消耗项目的市场价格，合理分析各个分部分项工程的市场消耗单价，市场消耗单价与对应工程量的乘积即为该项分项工程的项目工程费用，各个组成单位工程的分部分项工程费用之和，即为该项单位工程的直接消耗工程费用。

② 间接管理费用。依照各个地方政府或行业部门的概算定额及其计价配套文件，按照单位工程的专业性质，并参照当地价格水平，合理计算单位工程的间接管理费用。

一般概算定额的间接管理费用的计算，是以直接费用或生产工人的人工费用为计价基数，参照当地的价格水平和项目本身的复杂、消耗程度，在当地工程设计概算定额计价相关指导文件的指导下，在当地概算定额费率水平的基础上，市场浮动一定比例，合理确定间接管理费用的计价比率，计算对应专业单位工程的间接管理费用。

③ 单位工程费用。技术（扩大）初步设计文件或修正后的设计文件范围涵盖的计划工程内容的各个单位工程的费用，是指对应单位工程的直接工程费用和间接管理费用之和。

（五）PPP 项目建设（单位）工程费用表格化

根据设计文件单项工程的具体单位工程，依照地方政府或行业部门的对应设计概算定额计价体系，分别计算具体单位工程的各个分部分项工程的工程量和对应市场单价，逐步汇总构成设计单项工程的工程费用，进而汇总成整个 PPP 项目建设工程的工程总费用。

不同的地方政府，其概算定额可能有些不一样，如北京地区与河北地区的投资概算定额就有一些费率和人工工种的计价差别。但总的来说都是分别计算图纸工程量，并分析市场直接消耗单价，加上一定比例的间接管理成本，构成单位工程的单位工程消耗成本，即单位工程费用。

单位工程的间接管理性消耗费用一般是以直接性消耗费用或人工消耗费用为计

算基数，乘以一定的百分比来计算的。下面分别表格化描述单位工程的费用计算。

1. 直接费用为计费基数的 PPP 项目单位工程费用分析

具体如表 5-6 所示。

表 5-6　直接费用为计费基数的 PPP 项目单位工程费用分析

单位工程名称：　　　　　　　　　　　　　　　　　　　　　　　　　　　单位：元

序号	实体或措施分部分项工程	单位	工程量	单价	合价	备注（人工费）
1	一、直接成本					
2	（一）实体分部分项费用合计					
3	分部分项工程 1					
4	分部分项工程 2					
	……					
1	（二）措施分部分项费用合计					
2	分部分项工程 1					
3	分部分项工程 2					
	……					
1	（三）总价措施费用合计					
2	总价措施 1					
3	总价措施 2					
	……					
1	二、管理成本	元				
2	基本管理费率成本	元	直接费	费率		
3	规费费率成本	元	人工费	费率		
1	三、成本合计	元				
2	管理＋直接成本	元				

（1）实体分部分项工程项目。依照地方政府或行业设计概算定额，划分单位工程的计价项目。依照技术（扩大）初步设计图纸文件、设计概算工程量计算规则和计量单位，计算单位工程的实体分部分项项目的工程量。对照设计概算定额规定的分部分项工程单位工程量的人工、材料和机械台班消耗量以及当地市场价格，分析分部分项工程项目的市场单价。

（2）措施分部分项工程项目。依照地方政府或行业设计概算定额，划分单位工程的措施计价项目。依照技术（扩大）初步设计图纸文件、设计概算措施项目工程量计算规则和计量单位，计算单位工程的措施分部分项项目的工程量。对照设计概算定额规定的措施分部分项工程单位工程量的人工、材料和机械台班消耗量以及当地市场价格，分析分部分项工程项目的市场单价。

（3）总价措施项目。依照地方政府或行业设计概算定额及其有关计价指导文件，有些技术措施项目的费用是按照直接消耗费用为计费基数，以一定比率综合计算；有些技术措施费用，是以"项"为计量单位，综合包干。如安全文明施工费，按照概算定额的一定百分比，以直接消耗费用为基数综合计算。

（4）管理成本构成。管理成本是指施工现场管理费用，包括管理人员及服务人员工资、办公费、差旅交通费、固定资产使用费、工具用具使用费、劳动保险和职工福利费、劳动保护费、工程质量检测费、工会经费、职工教育经费、工程财产保险费及其他施工现场管理性质的费用。

一般设计概算定额中列项的财务费用、税金，在 PPP 模式的建设工程费用计算中，不在管理成本列项。因为 PPP 模式的融资成本即财务费用，单独市场计量。另外，PPP 模式的社会资本投资人的投资总额（含资金成本）的投资利润（含税）也单独计量。

（5）管理成本计算。以直接消耗费用为计费基数的管理成本，共有两项构成。

$$基本管理成本＝直接消耗总金额×企业管理费率$$
$$规费成本（企业承担的员工社会保险费和住房公积金费用）＝$$
$$人工消耗费用总金额×规费费率$$

（6）以直接费用为基本管理费计费基数的 PPP 项目单位工程费用为：

$$单位工程费用＝直接成本＋管理成本$$
$$直接成本＝实体分部分项费用合计＋措施分部分项费用合计＋总价措施费用合计$$
$$管理成本＝基本管理成本＋规费成本$$

2. 人工费用为计费基数的 PPP 项目单位工程费用分析

具体如表 5-7 所示。

表 5-7　人工费用为计费基数的 PPP 项目单位工程费用分析

单位工程名称：　　　　　　　　　　　　　　　　　　　　　　　　　　　　单位：元

序号	实体或措施分部分项工程	单位	数量	单价	合价	备注（人工费）
1	一、直接成本					
2	（一）实体分部分项费用合计					
3	分部分项工程1					
4	分部分项工程2					
	……					
1	（二）措施分部分项费用合计					
2	分部分项工程1					
3	分部分项工程2					
	……					
1	（三）总价措施费用合计					
2	总价措施1					
3	总价措施2					

续表

序号	实体或措施分部分项工程	单位	数量	单价	合价	备注（人工费）
	……					
1	二、管理成本	元				
2	基本管理费率成本	元	人工费	费率		
3	规费费率成本	元	人工费	费率		
1	三、成本合计	元				
2	管理＋直接成本	元				

注：（1）基本管理成本＝单位工程生产工人的人工消耗总金额×企业管理费率。

（2）规费成本列入管理费成本，规费费率按照各地政府的相关规定或设计概算定额的规定。

3. PPP 项目分部分项工程（单价）分析

具体如表 5-8 所示。

表 5-8　PPP 项目分部分项工程（单价）分析

实体或措施分部分项工程名称：　　　　　　　　　　　　　　　　　单位：元

序号	人材机消耗项目	消耗项目计量单位	消耗数量	消耗项目市场单价	消耗项目合价	备注
1	人工消耗1	定额	定额			人工、材料、设备、机械台班消耗数量，为计量单位工程量的分部分项工程项目的设计概算定额消耗量。各个地方政府的 PPP 项目，按照各个地方政府或行业设计概算定额标准
2	人工消耗2	定额	定额			
…	……	定额	定额			
1	材料消耗1	定额	定额			
2	材料消耗2	定额	定额			
…	……	定额	定额			
1	设备消耗1	定额	定额			
2	设备消耗2	定额	定额			
…	……	定额	定额			
1	机械台班消耗1	定额	定额			
2	机械台班消耗2	定额	定额			
…	……	定额	定额			
一	单位工程量分部分项人工消耗费用合计	元				各类人工费之和
二	单位工程量分部分项材料消耗费用合计	元				各类材料费之和
三	单位工程量分部分项设备器具消耗费用合计	元				各类设备器具费之和
四	单位工程量分部分项机械台班消耗费用合计	元				各类机械台班费之和
五	单位工程量分部分项工程（单价）合计	元				五＝一＋二＋三＋四

（1）一个计量单位的实体或措施分部分项工程项目的生产工人用工、用材、用设备工器具、用机械台班等消耗性数量，与各个对应消耗项目的当地市场单价的乘积的和，构成单位工程量的分部分项工程消耗费用，即分部分项工程（单价）。

（2）人工消耗费用是指 PPP 项目所在地方政府或行业设计概算定额规定的，单位工程量分部分项工程项目消耗的人工类别及其人工数量，分别与当地人工工资社会平均水平的乘积的和。人工工资社会平均水平，可以参照当地政府有关工程造价管理部门颁布的同期"工程造价信息"的人工费水平。

（3）材料消耗费用是指 PPP 项目所在地方政府或行业设计概算定额规定的，单位工程量分部分项工程项目消耗的材料类别及其材料数量，分别与当地材料市场价格平均水平的乘积的和。材料市场价格平均水平可以参照当地政府有关工程造价管理部门颁布的同期"工程造价信息"的对应材料单价水平。

（4）设备器材消耗费用是指 PPP 项目所在地方政府或行业设计概算定额规定的，单位工程量分部分项工程项目消耗的设备类别及其设备数量，分别与当地材料设备市场价格平均水平的乘积的和。材料设备市场价格平均水平可以参照当地政府有关工程造价管理部门颁布的同期"工程造价信息"的对应材料设备单价水平。

（5）机械台班消耗费用是指 PPP 项目所在地方政府或行业设计概算定额规定的，单位工程量分部分项工程项目消耗的机械类别及其台班数量，分别与当地机械租赁市场价格平均水平的乘积的和。机械租赁市场价格平均水平可以参照当地政府有关工程造价管理部门颁布的同期"工程造价信息"的对应机械租赁单价水平。

（6）单位工程量实体或措施分部分项工程（单价）＝人工消耗费用＋材料消耗费用＋设备器材消耗费用＋机械台班消耗费用。

七、分项详细论证 PPP 项目固定资产投资概算有关注意事项

（一）对比分析可行性研究报告投资估算

我国建设项目的建设程序是先有可行性研究报告的投资估算，在可行性研究报告审批通过后，组织项目初步设计或技术（扩大）初步设计。按照我国建设工程投资管理程序要求，可行性研究报告投资估算准允误差率在±10％左右的精细水平。对比分析固定资产投资概算与可行性研究报告的投资估算，如果两个阶段的造价金额相差水平超过±10％，则要分析原因，找出问题。

1. 投资概算低于可行性研究报告投资估算

投资概算低于投资估算，降低比例在 10％范围以外，则要仔细分析对比，看看投资概算是否范围有遗漏，或质量档次、规格标准是否符合建设工程的功能要求或计算错误等，如果有实质性缺项、漏项，或质量档次、技术规格要求，明显满足不了使用功能的需求，则政府责成 PPP 项目相关部门调整投资概算。

2. 投资概算高于可行性研究报告投资估算

投资概算高于投资估算，超出比例在 10％范围以外，则要仔细分析对比，看看投资概算是否范围、规模有扩大，或质量档次、规格标准是否超出可行性研究报告的设想或其他计算错误等。如果投资概算反映的规模、范围或质量技术规格，确实是建设项目功能需求所必需的，则政府可以授权项目实施机构对投资概算和投资估算做出详细对比分析，调整可行性研究报告投资估算并报原审批单位审批。

（二）建设用地费用和建设工程费用

如果政府采用建设用地一级开发整理土地，并且建设配套基础设施建设、场地平整等费用包含在土地一级开发费用中，则建设工程费用不计算这些费用。但配套基础设施、场地平整工作的开发实施，其设计工作不能减少，防止配套设施建设、场地平整不到位或不合乎建设和使用需求。

（三）项目资本金与建设融资成本

根据《国务院关于固定资产投资项目试行资本金制度的通知》（国发［1996］35 号）、《国务院关于决定调整固定资产投资项目资本金比例的通知》（国发［2009］27 号）等我国有关建设工程固定资产投资资本金的相关政策，PPP 基础设施和公共服务领域的项目建设，一般需要设立 30％、25％或 20％的资本金额度。具体项目资本金比例按照《国务院关于决定调整固定资产投资项目资本金比例的通知》（国发［2009］27 号）的要求执行。

作为计算资本金基数的总投资是指投资项目的固定资产投资与铺底流动资金之和。铺底流动资金一般按照建设工程固定资产投资金额的 30％考虑，具体项目可以具体分析。

作为建设投资的资本金或流动铺底资金的流动资金资本金，政府对社会资本投资回报计算时，都不考虑融资成本的计算。换句话说，建设投资或流动资金的利润计算基数、资本金基数不含融资成本。另外，建设期间或运维期间，政府奖励、补贴，在政府计算社会资本的投资回报时，不但要扣除成本补偿，更不能计算融资成本和融资成本利润。

（四）概算定额与 PPP 项目建设成本

基于 PPP 模式项目的投资及其回报方式，政府在项目运行期间对建设期间建设投资及流动资金投资，投资金额和资金融资成本都要列入回报总成本计算资金时间价值。那么，概算定额的传统模式建设成本静态利润及静态税金，在 PPP 项目的建设成本计算时，不能将静态利润指标或静态建设税金并入，否则，会造成后期成本投资及利润（含税）计算的重复。

（五）固定资产投资的造价形式选择

根据我国建设工程基本程序的建设规律，固定资产投资是一个由浅入深、由粗略到精细不断深化的过程。不同阶段决策的深度不同，投资计算的精度也不同。在投资机会和项目建议书阶段，投资估算的误差率在正负 30% 左右；在详细可行性研究阶段，误差率在正负 10% 左右；在正常条件下的初步设计阶段，投资误差率在正负 5% 左右。如果不考虑施工阶段的时间产生的风险费用或新技术、新工艺的运用与个别施工企业的管理和组织施工的优势差别，那么施工图设计阶段的投资估算误差率基本上为零。

正因为建设工程的建设程序规律和施工企业的社会平均水平与个别企业的施工管理、技术上的优劣，在项目建设的各个程序阶段，通过工程造价的确定和控制，形成相应的投资估算、设计概算、施工图预算、合同价、结算价和竣工决算价，各造价形式之间存在着前者控制后者、后者补充前者的相互作用关系。因此，只有加强项目决策的深度，采用科学的估算方法和可靠的数据资料，合理地计算可行性研究阶段的投资估算和技术（扩大）初步设计阶段的设计概算，才能保证其他阶段的造价被控制在合理范围，避免"三超"（概算超估算、预算超概算、结（决）算超预算）现象的发生，继而实现投资控制目标。

因此，结合我国建设工程的建设程序及其不同阶段的造价表现形式，根据我国政府对可行性研究投资估算和初步设计阶段的投资概算的审批投资控制要求，将建设工程技术（扩大）初步设计固定资产投资概算，作为 PPP 项目的建设投资控制性招标控制价，是比较科学的选择。

第 六 章

政府和社会资本合作（PPP）项目财务指标测算

在 PPP 模式建设运营项目的政府监管工作中，政府付费责任评价、运营维护成本、存量项目资产权益转让价值、产品或服务价格、折现率、投资利润率、项目合作期限、现金流量等财务指标测算工作，同样具有重大的理论和实践意义。

》》》 一、政府付费责任评价

PPP 项目全生命周期过程的政府支出责任，主要包括社会资本对项目固定资产的投资及其合理利润和社会资本对项目运营维护的投资及其合理利润。

对 PPP 项目来说，无论政府授权政府部门或事业单位作为入股单位参与组建 PPP 项目公司与否，社会资本都是项目公司的股权控制单位，政府参股单位也是项目公司的股东之一，是项目公司的成员，对作为 PPP 项目合同的政府方来说，也是合同乙方。所以，无论是政府参股的项目公司还是社会资本独立成立的项目公司，都是 PPP 项目合同的乙方，统一由项目公司法人对外负责并承担法人责任。因此，政府作为 PPP 项目合同的甲方，行使甲方的监管权力并履行职责。政府入股单位的股东权责利归属于项目公司内部，不影响 PPP 项目合同政府方的权力和责任。

PPP 项目是政府通过授予 PPP 项目公司特许经营权的方式，即政府将传统模式下本应由政府经营收费的权力授予 PPP 项目公司，同时也将 PPP 项目建设工程的建设投资和运营投资的责任委托给项目公司。如果是存量资产项目，则政府将资产收益权转让给 PPP 项目公司，政府获取的转让资金用于投资其他新建基础设施或公共服务项目。PPP 项目公司则通过获取一定时间年度的特许经营权即经营收费权，来实现建设投资或存量资产权益受让投资和项目运营成本以及总投资的合理利润的投资回报。

综上所述，无论政府部门入股与否，还是项目有无使用者付费，都不能改变 PPP 项目政府的支出责任。只是如有政府部门入股的 PPP 项目，则政府入股单位作为项目公司的内部成员享有股权权益和承担股东责任。如有使用者付费或其他商业开发收入或有政府补贴和奖励，只是对政府支出责任的分担，原则上也是政府支出责任的一部分或全部资金来源。

配套投入是 PPP 项目建设工程投资的一部分，属于建设工程固定资产投资的范畴，政府支出的责任归于建设投资的承担和风险范围。

PPP 项目建设和运营风险的政府支出责任，分别属于建设工程固定资产投资与运营维护投资的政府承担和风险的论证范畴，在建设工程固定资产投资论证及其风险承担环节中归属于政府的责任范围，则政府承担支出责任。在运营维护成本论证评价及其风险论证环节中归属于政府的责任范围，则由政府承担支出责任。

总之，在 PPP 项目建设运营生命周期过程中，社会资本或项目公司承担项目建设工程的建设和运营投资融资责任，并具体负责项目的建设运营过程，政府则在项目运营期间通过各种资金来源（包括财政预算、使用者付费或第三方商业开发以及政府补贴、奖励等各种方式的资金来源）实现社会资本或项目公司的建设运营投资及其合理利润的投资回报。

如果在项目建设过程中，产生资产转让、租赁或处置，或政府补贴和奖励，或第三方商业开发收益，则在建设工程竣工决算中抵扣相应的工程建设投资。

如果在项目运营过程的相应年份，产生政府补贴、奖励、第三方商业开发收益、使用者付费，则在相应年份抵扣相应的运营成本。

》》》 二、项目运营维护成本评价

（一）项目运营维护成本的构成

PPP 项目运营维护成本，即项目使用成本，也称项目流动资金或项目运营维护需要的流动资产投资，是指生产经营性或准经营性或公益性项目投产或运营后，为进行正常生产经营，在运营使用过程中发生的购买原材料、燃料、辅助材料、低值易耗品、维修备件、包装物、其他材料、支付工资福利和水电气热等能源消耗、动力机械消耗等直接消耗费用和建筑构筑物、设备设施、工艺管道等日常维护以及设施大修、升级改造等费用，还包括管理费用（含必要的办公用品和人员工资福利）、营业费用（含必要的业务招待费用）、财务费用（如发生融资成本，铺底流动资金的资本金部分除外）等期间费用，同时作为运营企业的 PPP 项目公司按照我国政府规定应该缴纳的各种费用等。

但是，对于 PPP 项目运营，一方面，政府对固定资产投资给予项目公司投资及其合理的利润回报；另一方面，最终在全生命周期结束后，项目公司要将运营使用的固定资产（含非消耗性设备工具器具和办公用品）完好无损地移交给政府，所以项目建设成本对应的折旧，不列入运营维护成本。同时，项目建设期间的建设投资融资利息和摊销金额已经列入作为建设投资回报计量的竣工决算，因此，项目运维成本也不包括项目建设融资的利息支出。如果政府同意，同时项目功能又有需求，在运维期间发生了融资投资行为，则必要的融资利息也可以列入运维成本的财务费用。另外，遵照建设工程的质量缺陷保修制度，建设工程的土建、装修、给排水、采暖、电气等专业单位工程都有一定的质量缺陷保证期限，自建设工程竣工验收合格之日起，屋面防水有五年质保期，装修工程、给排水等可以有 24 个月质量缺陷保证期等。也就是说，在建设单位工程的质量缺陷期内，质量维护人工费用和维修备件等费用不计入运营成本，属于项目公司在建设竣工决算费用中的风险包干费用。

（二）项目运营维护成本的特征

项目运营维护成本是 PPP 项目全生命周期成本的重要组成部分，项目规模、性质不一样，生命周期的年限不一样，运营维护成本的量值也不一样，而且在一般情况下，全生命周期的运营维护成本往往大于项目建设的一次性投入。PPP 项目政府监管是以追求项目全生命周期总成本最低、最节约为出发点。又基于 PPP 项目的建设运营程序管理，在项目准备的实施方案编审阶段，要对包括运营维护成本在内的生命周期总成本进行论证，那么不仅要考虑建设成本的科学性，更要考虑项目使用成本与建设成本之间的权衡，以及项目功能与全生命周期总成本之间的权衡，同时还要考虑项目建设周期与项目全生命周期总成本之间的权衡。

PPP 项目的适用范围有能源、交通运输、水利、环境保护、农业、林业、市政工程、科技、保障性安居工程、医疗、卫生、养老、教育、文化体育、旅游等公共服务领域的基础设施和公共服务项目，不同行业领域、不同规模和不同功能需求的 PPP 项目，提供的公共服务或产品、运营方式、消耗、管理模式和政府监管方式都是不一样的，对应发生的原材料、燃料、动力、人工等直接消耗和管理、经营等期间消耗也是不一样的。就如同 PPP 项目建设工程造价的单件性一样，PPP 项目的运营维护成本也是具有单件性的。

在项目论证的早期进行评价，运营维护成本与固定资产建设成本一样，PPP 项目实施方案阶段的评估准确性难以保证，但也要如固定资产预期投资概算的全面、科学评估一样，既要对费用发生的时间顺序加以掌握，又要对消耗性材料费和劳务费用的构成波动加以考虑，还要对资金使用的时间价值加以考虑，尽量保证 PPP 项目实施方案阶段对项目生命周期运营维护成本评价的有效性、科学性。在项目运营期间，政府对项目运营进行介入监管，实事求是地确认项目运营的原材料、燃料、人力资源、电力等运维成本构成的实际消耗，并据此调整运维成本估算，作为政府对项目公司绩效评估支付对价的依据。

（三）分项详细评价项目运营维护成本

PPP 项目的运营维护流动资金，即运营维护成本，一般采用分项详细估算的方法进行评价。

1. 分项详细估算项目运维成本的基本依据

省、直辖市、自治区地方政府或交通、水利、信息、住房和城乡建设部等行业部门各个行业的运营费用核算社会平均水平及其参考指标（包括人员定员和材料能源等消耗）是计算 PPP 项目运维成本的基本依据。根据省、直辖市、自治区地方政府或交通、水利、信息、住房和城乡建设部等行业部门各个行业的运营费用核算社会平均水平及其参考指标，结合项目本身的规模、功能和市场情况，科学估算项目运维招标成本，并在项目实际运维期间，政府直接介入有效监管 PPP 项目实际消耗，据此调整项目实际运维成本，是政府绩效对价支付的依据。

2. 分项详细估算项目单位产品或服务运维成本

对政府项目实施机构来说，在 PPP 项目招标准备阶段，参照省、直辖市、自治区地方政府或交通、水利、信息、住房和城乡建设部等行业部门各个行业的运营费用核算社会平均水平及其参考指标，结合项目招标内容和功能需求、项目产品或服务的市场情况，分项详细估算项目单位产品或服务运营维护成本，是 PPP 项目招标控制价的计算基础。

（1）PPP 项目单位产品或服务运维成本估算表。如表 6 - 1 所示。

表 6 - 1　PPP 项目单位产品或服务运维成本估算

序号	成本项目	耗用项目	耗用量	耗用市场价格（元）	耗用成本费用（元）	备注
1	主要材料	耗用材料 1				原材料、燃料等主要材料消耗
		耗用材料 2				
		……				

序号	成本项目	耗用项目	耗用量	耗用市场价格（元）	耗用成本费用（元）	备注
2	辅助材料	耗用材料1				低值易耗品等辅助材料消耗
		耗用材料2				
		……				
3	生产工人工资及福利	一类生产工人				直接一线各类作业的生产工人工资福利，不包括设施维护工人的工资福利
		二类生产工人				
		……				
4	管理人员工资及福利	高级管理				各类管理人员的工资福利
		中级管理				
		……				
5	其他服务人员工资及福利	保洁人员				各类其他服务人员的工资福利
		保安人员				
		……				
6	水电气热等能源消耗	水耗用				生产和办公消耗
		电耗用				
		气耗用				
		热耗用				
		……				
7	设施检修维护（含设备设施维护工人工资福利及工具器具和维护耗材）					对建筑构筑物、设备、工艺管道等固定资产日常检修维护发生的费用
8	设施设备大修费（预备暂估）					为设施设备大修理预提的费用，招标价格中列为整项暂估价
9	财务费用					运营期间融资利息（铺底资本金流动资金除外）
10	其他营业管理费用					新的财务制度，又称为销售费用
11	单位产品或服务运营维护估算成本合计					

（2）"PPP 项目单位产品或服务运维成本估算表"计算说明。

1）PPP 项目单位产品或服务运维成本不包括建设工程建设投资融资利息、建设固定资产折旧费和摊销费用。

2）财务费用。如果 PPP 项目合同约定，政府不是在运营起始年度支付建设运营成本及利润，那么未支付年度的运营融资利息计入运维成本财务费用（铺底资本金流动资金除外），按照融资当年以地方政府债券收益率为基础的利息折现率计算融资利息。如果政府从运营起始年度开始逐年支付建设成本及利润和当年运维成本及利润，那么 PPP 项目的运维成本估算则不考虑融资利息等财务费用。

3）建设工程质量缺陷期间设施维护。建设工程固定资产单位工程的建筑构筑物、设备设施和工艺管道等质量缺陷保修期内的设施维护费用，在 PPP 项目建设工程的建设竣工决算总金额中包含运维成本中不再考虑。在建设工程单位工程质量缺陷保修期结束后的运维年份，才在运维成本中正常计算 PPP 项目的设施维护费用。

4）主要材料成本估算。参照省、直辖市、自治区地方政府或交通、水利、信息、住房和城乡建设部等行业部门各个行业的运营费用核算单位产品或服务的社会平均水平参考指标，结合项目的具体工艺情况，估算单位产品或服务对应主材的消耗量。按照 PPP 项目所在地方建材市场的市场行情，调研确定招标准备阶段该项主材的市场单价。依据估算消耗量和市场单价估算单位产品或服务的对应主材消耗成本费用。

5）辅助材料成本估算。根据 PPP 项目的公共产品或服务的具体生产工艺，结合省、直辖市、自治区地方政府或交通、水利、信息、住房和城乡建设部等行业部门各个行业的运营费用核算单位产品或服务的社会平均水平参考指标，列出单位产品或服务的具体辅助材料的消耗类别和消耗量的估算。按照 PPP 项目所在地方建材市场的市场行情，调研确定招标准备阶段该项辅助材料的市场单价。依据估算消耗量和市场单价估算单位产品或服务的对应辅助材料消耗成本费用。

6）生产工人工资及福利费用估算。参照省、直辖市、自治区地方政府或交通、水利、信息、住房和城乡建设部等行业部门各个行业一定规模运营项目的劳动岗位定员标准，结合 PPP 项目本身的具体情况，估算单位产品或服务的各类生产工人用工消耗量。根据当地劳动部门和物价部门的工资标准与项目的具体工作复杂程度以及项目当地的工资社会平均水平、工种情况，估算各类生产工人的日工资单价（含福利）。根据单位产品或服务的各类生产工人劳动用工消耗量和已经估算的各类生产工人的日工资单价（含福利），估算单位产品或服务消耗的各类生产工人的工资及福利费用。

7）管理人员工资及福利费用估算。参照省、直辖市、自治区地方政府或交通、水利、信息、住房和城乡建设部等行业部门各个行业一定规模运营项目的劳动岗位定员标准，结合 PPP 项目本身的具体情况，估算单位产品或服务的各类管理人员用工消耗量。根据当地劳动部门和物价部门的工资标准与项目的具体工作复杂程度以及项目当地的工资社会平均水平、工种情况，估算各类管理人员的日工资单价（含福利）。根据单位产品或服务的各类管理人员用工消耗量和已经估算的各类管理人员的日工资单价（含福利），估算单位产品或服务消耗的各类管理人员的工资及福利费用。

8）其他服务人员工资及福利费用估算。参照省、直辖市、自治区地方政府或交通、水利、信息、住房和城乡建设部等行业部门各个行业一定规模运营项目的劳动岗位定员标准，结合 PPP 项目本身的具体情况，估算单位产品或服务的各类其他服务人员用工消耗量。根据当地劳动部门和物价部门的工资标准与项目的具体工作复杂程度以及项目当地的工资社会平均水平、工种情况，估算各类其他服务人员的日工资单价（含福利）。根据单位产品或服务的各类其他服务人员的用工消耗量和已经估算的各类其他服务人员的日工资单价（含福利），估算单位产品或服务消耗的各类其他服务人员的工资及福利费用。

9）水电气热等能源消耗成本估算。参照省、直辖市、自治区地方政府或交通、水利、信息、住房和城乡建设部等行业部门各个行业的运营费用核算单位产品或服务的社会平均水平参考指标，结合项目的具体情况，估算单位产品或服务对应的水电气热的基本费用和消耗量。根据项目当地的同类企业用水、用电、用气、用热的行业收费市场单价，估算单位产品或服务消耗的基本能源费用和消耗量费用，各类能源基本费用和消耗量费用之和为 PPP 项目单位产品或服务的能源消耗总费用。

10）设施检修维护（含设备设施维护工人工资福利及工具器具和维护耗材）成本估算。可以参照省、直辖市、自治区地方政府或交通、水利、信息、住房和城乡建设部等行业部门各个行业的运营费用核算单位产品或服务的社会平均水平参考指标，结合项目的具体情况及市场情况，估算单位产品或服务的设施检修维护费用。由于人工工资水平在不同年份的水平不同，不同年份的劳动效率不同，不同企业使用的人员机构也不同，还有同类不同项目的维护消耗维护不一定有可比性，因此一般不适用社会平均的参考成本费用基准估算，而具体估算办法应该为：一是运用地方政府或行业的对应性质项目的设施检修班组定员计算估算期间运维人力资源成本；二是将检修维护可能需要的材料更换消耗列入基本预备费用；三是检修工人使用的工具用具列入其他营业管理费用，在运营年度期末实际结算评价。这种在估算时分类暂估列项，发生年度实际评价结算补偿支付的评价方法，是比较客观科学的。建设工程固定资产质量缺陷保修期间的设施检修维护费用在建设成本竣工决算中已包含，不再在对应年度的运维成本中列项。

11）设施设备大修成本估算，是指为设施设备大修预提的费用，一般在估算成本时暂时计入，不发生则不列入成本核定。一般情况下，设备大修费＝设备原价×大修修理费提存率。国产设备的修理提存率约为 2%，进口设备的修理提存率约为 1.8%。在 PPP 项目运维成本估算时，一般暂时参照省、直辖市、自治区地方政府或交通、水利、信息、住房和城乡建设部等行业部门各个行业的运营费用核算单位产品或服务的社会平均水平参考指标，结合项目的具体情况及市场情况，估算单位产品或服务的设备大修预提维护费用。设备大修是有年限规定的，年度运维成本核定核算时，不发生则不计算，预提费用在运维成本核定总金额中，政府在支付年度成本及其利润时也不考虑。在 PPP 项目招标控制价编制和招标时，设备大修预提费用作为预备暂估价列入，但使用权归政府所有，不发生则不列入支付的范围。

12）其他营业管理费用或销售费用成本估算。是指 PPP 项目生产经营而发生的管理人员工资福利及其他管理费用之外的经营性质的费用。例如，职工教育经费、劳动保险经费、工会经费、劳动保护经费、职工医疗养老等社保中企业负担费用、职工住房公积金企业承担部分、运输费、装卸费、必要的招待经费、交通费、差旅费、邮资费用、电话网络使用费、开办费、咨询费、审计费以及纸张、办公用品、印刷、油墨耗材、工具用具费用等 PPP 项目正常运维而发生的其他列项材料、工资、能源消耗科目之外的必要合理的营业管理性质的消耗费用。

一般在估算 PPP 项目运维成本时，参照省、直辖市、自治区地方政府或交通、水利、信息、住房和城乡建设部等行业部门各个行业的运营费用核算单位产品或服务的社会平均水平参考指标，结合项目的具体情况及市场情况，估算单位产品或服务的其他营业管理费用或销售费用的暂估价，运维年份实际发生才进行评价结算补偿支付。

3. 分项详细估算 PPP 项目年度运维成本

（1）PPP 项目年度设计能力运维成本估算。不同规模、不同功能需求、不同生产工艺的 PPP 项目，项目运维成本的构成不太一样。同一 PPP 项目，不同生产或服务能力的运维成本也不一样。同一 PPP 项目，处在不同的生产或服务负荷运行能力时，运维成本也是不一样的。

PPP 项目达到设计的满负荷生产或服务能力时，当年年度项目运维成本总金额估算价为年度设计能力的生产或服务总数量和单位产品或服务运维成本估算值的乘积。

（2）PPP 项目招标控制价的年度运维成本。PPP 项目运营在实践中一般达不到设计运营能力或者超出设计运营能力的合理承受范围，都是常见的现象。同时 PPP 项目在各地或行业单位产品或服务运维成本消耗的参考指标也不一定能完全反映实际生产或服务的运维实践。所以，PPP 项目招标控制价的有效组成部分——运维成本，按照地方政府或行业的对应行业参考运营费用指标、市场行情、设计产品或服务能力估算的项目运维成本，可能没有考虑到有些具体因素。因此，在按照分项详细估算方法估算的运维基本成本的基础上，计算一定的基本预备费，作为运维成本的组成部分共同构成 PPP 项目招标控制价的估算费用。

建设投资固定资产运营年度折旧费用，不在招标控制价的运营维护成本中列支；不发生运维融资，财务费用也不在招标控制价的运营成本列支。设备大修预提费用不一定在每个运维年度发生，因为设备大修是有规定年限和实际情况的，所以设备大修预提费用只是成本暂估价，也不在招标控制价的运维单位产品或服务成本中合并列支。

未达或超出设计运营能力的，在项目运维成本核定工作中调整。PPP 项目产品或服务的数量在运维成本估算或核定中与在项目使用者付费的收入计量中要完全一致。

（3）PPP 项目招标（采购）控制价——年度运维估算汇总表。如表 6 - 2 所示。

表 6 - 2 年度运维估算汇总

序号	费用项目	耗用项目	耗用量	耗用市场价格（元）	耗用成本费用（元）	备注
1	一、单位产品或服务消耗性运营维护估算成本合计					该项成本消耗为下列八项消耗费用之和
2	1. 主要材料	耗用材料 1 耗用材料 2 ……				原材料、燃料等主要材料消耗
3	2. 辅助材料	耗用材料 1 耗用材料 2 ……				低值易耗品等辅助材料消耗
4	3. 生产工人工资及福利	一类生产工人 二类生产工人 ……				直接一线各类作业的生产工人工资福利，不包括设施维护工人的工资福利
5	4. 管理人员工资及福利	高级管理 中级管理 ……				各类管理人员的工资福利

续表

序号	费用项目	耗用项目	耗用量	耗用市场价格（元）	耗用成本费用（元）	备注
6	5. 其他服务人员工资及福利	保洁人员				各类其他服务人员的工资福利
		保安人员				
		……				
7	6. 水电气热等能源消耗	水耗用				生产和办公消耗
		电耗用				
		气耗用				
		热耗用				
		……				
8	7. 设施检修维护（含设备设施维护工人工资福利及工具器具和维护耗材）	该项检修所使用的工具器具，在其他营业管理费用中综合考虑，发生年度实际评价结算支付			该项列入检修人工耗用成本，材料成本估算时列入基本预备费，实际评价时计入绩效评估的支付成本	对建筑构筑物、设备、工艺管道等固定资产日常检修维护发生的费用
9	8. 其他营业管理费用					主辅材料、工资福利、能源、设施检修维护等之外的直接项目消耗性质的费用
10	二、项目产品或服务年度设计能力运维消耗性成本					该项消耗费用为 PPP 项目年度设计能力产品或服务的数量总和与上述第一项单位产品或服务的消耗性费用的乘积
11	三、其他缴纳费用					按照政府和行业的规定缴纳
12	四、年度可能发生的财务费用					运营期间融资利息（铺底资本金流动资金除外）

续表

序号	费用项目	耗用项目	耗用量	耗用市场价格（元）	耗用成本费用（元）	备注
13	五、年度设计能力运维成本					（二～四项合计）
14	六、年度运维成本合理利润（含税）					（五）与合理利润率的乘积
15	七、合计					（五～六项合计）
16	八、年度可能发生的建设工程固定设备之外的其他必要运营活动设备家具购置成本					根据具体项目计划规模和运营性质，估算一定费用的暂估价
17	九、年度预提设施设备大修预备费（预备暂估）					为设施设备大修预提的费用，招标价格中列为整项暂估价
18	十、年度可能发生的基本预备费					第五项费用的一定比率
19	十一、年度可能发生的涨价预备费					第五项费用的一定比率
20	十二、PPP 项目招标（采购）控制价年度运维估算总计					

（4）"PPP 项目招标（采购）控制价——年度运维估算汇总表"有关说明。

1）第一项为竞争性投标报价费用。

2）第二项的项目设计产品或服务的年度总数量为 PPP 项目建设初步设计规定的投标人不可竞争的投标数量。

3）第四项财务费用，如 PPP 项目招标合同条款约定需要运维成本融资，则对照年度运维成本需融资金额（铺底资本金流动资金除外）和当年地方政府债券收益率基础，计算当年融资财务费用，列入当年运维成本。

4）第八项建设工程固定设备之外的其他必要运营活动设备家具购置成本，PPP 项目招标时为暂估价，投标人不可竞争。可以对照 PPP 项目建设运营规模方案和功能需求，预计要购置的活动设备家具的类别和数量品质，市场调研后估算暂估价。有些 PPP 项目的运营活动设备家具的购置费用比较高，如轨道交通的车辆购置费用，又如铁路建设工程的火车、动车、高铁车辆费用等。可以一次性投入，也可以分次投入，逐年递增等。如果政府财政预算或使用者付费金额或其他商业开发收入金额足以支付当年购置成本及其利润回报，则可以在当年结清；如果支付资金来源金额不足以补偿购置成本及其利润回报，则可以 PPP 项目合同条款约定多年分次补偿支付。

5）第九项设施设备大修费，为 PPP 项目招标暂估价，投标不可竞争。可以参照年度设计产品或服务能力的总数量与单位产品或服务估算费用的乘积预提 PPP 项目设备大修费用暂估价。

6）第十项基本预备费用为政府招标列入的一个费用科目，包括设施维护检修可能发生的材料配件更换、不可预见的耗材和人力等，投标不可竞争。

7）第十一项涨价预备费用，为政府招标列入的一个费用科目，包括由政府承担的工资、耗用材料、能源涨价、风险费用等，投标不可竞争。

8）第十二项 PPP 项目招标控制价的年度运维估算合计，对照 PPP 项目的具体情况区别计算。例如，政府在运维期间有投资回报支付的资金来源，且按合约及时足额，则不考虑融资财务费用。同时，招标控制价的年度运维成本在不同年度可能不一样，如运营初年没有设施检修维护费用，因为该项费用包含在建设工程竣工决算总金额中。

》》 三、项目运营维护成本评价注意事项、重大意义和案例分析

（一）估算主体及阶段

PPP 项目实施机构在项目准备前期，根据 PPP 建设或存量项目的规模、地点、规划或现状、需求功能、产品或服务的年度产出量值及其劳务、管理人力和材料消耗等具体项目的预计基本情况，参照正在运营或运行的同类项目，结合项目功能相关行业或部门的有关运营维护管理、作业机构设置和产出或服务经营要求（如地方政府的吨位污水处理运营维护费用的参考指标），估算运维成本的年度预算费用。

（二）核定主体及阶段

运营维护成本估算一般在项目识别或准备阶段进行，而且是针对项目运营或运行预计可能发生的消耗及与环境、社会和项目之间的相互影响估算得来的。项目评审、招标采购或项目建设一般会有一段时间，市场是变化的，资金是有时间

价值的，就如同新建、改建扩建项目固定资产投资论证要以项目竣工决算的实际建设投资作为项目的实际建设成本或固定资产投资调整 PPP 项目合同成本及成本决定的产品或服务价格一样，PPP 项目政府实施机构对项目运营维护成本同样要以运营期间实际发生的实际消耗来调整 PPP 项目合同成本及成本影响的项目产品或服务价格。在项目实际运行或运营时，PPP 项目政府实施机构根据运营项目单位产品或服务实际燃料材料、电力动力资源、机械工具及劳务管理人力消耗及市场价格或价格指数，并结合项目运营期间与环境、社会之间的正负影响（指增加或减少成本）实际计算，调整评估期间运营维护成本，调整量值作为 PPP 项目政府付费和产品或服务价格合同调价的依据。成本与价格对应项目产品或服务的计量单位相同。

（三）不同负荷的核算

运用分项详细估算法来计算或估算项目运营维护成本消耗时，在不同生产负荷下的消耗是不一样的，应按照不同的生产负荷所消耗的实际资源分项计算，不能简单地按照负荷比率计算。

（四）扩大指标估算法的适用性

扩大指标估算法，是指根据现有同类公益性或经营性或准经营性项目的实际资料或行业、部门给定的参考值或经验，确定各种流动资金率指标，将各类流动资金率乘以相对应的预算年度费用基数，来估算各类流动资金，即运营维护成本。一般常用的预算年度费用基数可以参照同类项目实际的营业收入、经营成本、总成本费用和建设投资等。

扩大指标估算法估算的运营维护成本即流动资金，非常粗略，一般只适用于建设项目的项目建议书阶段的总投资估算。在 PPP 项目实施方案编审阶段，一般采用分项详细估算法来估算运营维护成本，相对来说，精度要高出许多，有利于项目评价的科学性和运营运行的持续稳定性。

（五）项目运营维护成本估算的基础指标选择

PPP 项目是国民经济和社会发展需要的基础设施和公共服务领域的公用事业项目，只是政府在之前采取政府招标建设，竣工验收合格后委托国有企业或事业单位，通过财政拨款运营。政府与社会资本合作建设运营一体化，项目的类型和性质基本上在之前多年都有同类项目，也就是说，各级地方政府或行业部门都有详细的类似项目运营的成本目标指标管理规范和成本核算指标及劳动定员指标，可以参照估算运维成本，如"河南省城市生活垃圾卫生填埋处理运营成本核算办法（试行）及运营成本参考指标"和"河南省城市生活垃圾处理场（厂）劳动岗位定员标准（暂定）"等参考评价指标体系。同时，可以通过项目公司创新的技术管理方法，降低成本消耗，提高投资效益。如有部分新型项目的运营，在我国之前没有规范的管理规范或成本核算指标，可以去世界范围考察调研取得基本成本构成及指标作为基础性参考，进而估算具体项目的运维成本，实际核定政府支付金额。也可以从类似企业的内部成本核算资料中寻找相应参考指标，结合项目的具体情况和拟招标的社会资本或项目公司的实力技术要求，估算项目运维成本，实际核定政府结算金额。

（六）政府组织项目运营维护成本评价的重大意义

对于 PPP 项目，虽然政府在缺乏前期建设投资的情况下，通过引进社会资本投资建设并授予社会资本特许经营收益权实现投资及其合理利润的回报，但社会资本的建设运营投资成本及其利润回报的实现，都是由政府财政预算来承担，所以政府要公平公正地实现投资及其利润的回报支付，那么包括运维成本在内的成本的科学评价绩效评估工作，意义重大。

政府通过设立运维成本招标控制价，可以科学估算项目运营运维成本，对比收支，计算盈亏，并为合理设定项目产品或服务价格提供重要依据；可以为正确评价计划执行的实际效果，分析考核成本升降的原因，挖掘节约劳动耗费、降低成本的潜力，提供重要的数据资料；可以为及时、有效地监督和控制 PPP 项目运营过程中的各项费用支出，争取达到或超过预期的成本目标，提供重要的数据资料；也可以为成本预测、规划下期成本水平和成本目标，提供重要的数据资料。

分项详细运维成本估算和核定，有利于社会资本投标预期的实现，也有利于社会资本分项成本控制目标的实现，最终有利于成本有效节约。

分项详细运维成本的估算和核定，有利于政府对运维成本的明晰和绩效分析评估，有利于社会公众对成本的监督，也有利于评价社会资本的投资利润是否合理。

分项详细运维成本的估算招标，有利于社会资本认真对待投标报价和招标评审的科学性。

（七）项目运营维护成本的单件性、多次性和复杂性

PPP 项目覆盖的行业领域很多，如能源、交通、水电综合管廊等市政工程、水利、保障性住房、养老设施、医疗卫生、学校教育等，不同领域的项目性质不一样，运营消耗也不一样；同一领域项目的内部构成和规模不一样，运营消耗也是不一样的；运营投资的方式不一样，成本也不一样；不同水平的项目企业对设

备设施的使用爱护程度不一样，引起的设施检修成本不一样，对应设备设施大修的时间间隔和修理程度的不同发生的大修费用也不一样，这些直接构成项目的年度运维成本不一样；不同的运维年度，发生的项目支出成本不一样，如某些年度可能发生财务费用或活动设备购置费用或维修工具器具购置费用，某些年度又发生人工材料的涨价程度超过企业风险范围而引起的政府支出成本变动等。总之，PPP 项目的年度运维成本，除了必须发生的主要材料、燃料、辅助材料、生产人员管理人员工资福利和水电能源消耗等固定成本之外（固定成本只是科目发生固定，金额不一定固定），在各个不同的运营年度还可能发生运营服务需要的财务费用、活动设备购置、维护工具购置、维护材料更换、设施设备大修、材料人工涨价、政府风险承担的产品或服务的评价支付成本上浮等不同的变动成本（包括科目变化及其金额变化等）。

综上所述，PPP 项目的年度运维成本，具体项目各不相同，并且论证非常复杂。即 PPP 项目年度运维成本具有单件性和复杂性特征。同时估算可能与实际不一样，有时还会有很大的差别。因此，科学全面估算评估，列入政府财政预算（年度或中长期预算，回报资金来源为政府财政预算回购或可行性缺口补助项目）。在项目运营维护的实际年度，政府采取一定的方式组织有效的直接介入式监管方法，如聘请专门的技术经济人员到运营现场验收材料消耗，考核上岗人员数量，打表计量水电等能源消耗等，实际监控人力、能源、材料等直接性消耗的数量，同时对动产设备的添置或设备设施大修等不一定经常发生的变动成本，也要直接介入实际考量。根据实际考察考量取得的实际消耗项目及其消耗量，对应合同约定价格或合同约定的调整价格，实事求是地做好年度运维成本的绩效评估。实际计量的年度运维成本绩效评价结果，作为年度运维成本对价支付的依据，因为项目年度运维成本也具有计价的多次性。招标阶段的估算运维成本金额，只是合同约定的估算价。实际运维年度，无论是固定消耗的人力、能源、材料数量或品质还是可能消耗的大修费用、动产购置费，都与合同约定的估算价值不一定相同，所以合同约定的对价支付，依据风险范围内的实际绩效评估结果，比较科学合理。同时，通过直接介入式监管方法，还有利于及时发现社会资本在项目运营维护管理工作中的优势和不足，对帮助或督导社会资本提高项目运维管理效率有积极的推动作用。通过直接介入式监管方法，可以向社会公众提供真实的成本数据，有利于社会公众的公开监督，有利于社会资本向社会提供稳定优质的公共产品或服务。

（八）项目年度运营维护成本的性质和作用

从前面的论述可以看出，项目运维成本或称为流动资金，首先具有单件性、计价多次性和复杂性，同时 PPP 项目竞争性形成政府合作合同伙伴的前提下，PPP 项目运维成本构成的材料、能源动力、其他费用、财务费用和工资福利、大修费、检修维护费等资金因素基本上是可变的，随着条件的改变，这些构成 PPP 项目运维成本的资金因素都会发生改变，直到实际发生后才形成准确的成本费用。对政府来说，这个实际一定的成本费用才构成政府补偿支付（含财政预算或使用者付费等资金来源）的金额及其合理利润。

因此，PPP 项目招标准备阶段的估算运维成本，只是社会资本竞争投标的共同起点，是实施项目在实际运营过程中成本控制和政府监管的基础目标，不是不变的。因此，PPP 项目招标准备阶段的运维成本估算金额只是一个招标用的暂估金额，因为会变，所以资金构成因素要细致全面地论证，这样实际监管才有详细目标，才能使得监管有效、绩效评估准确。当然，运维成本总体上是暂估金额，并不代表所有的构成资金因素全部是暂估的，也有风险包干的资金因素，如发电项目运行过程中，运行消耗的燃煤等主要消耗性材料的消耗数量，在项目招标投标阶段的投标数量，即为合同约定的实际绩效评估的结算数量的上限，如果实际消耗量小于投标数量，则实际量为结算量；如果实际量大于投标数量，则在合理损耗范围内的投标数量为绩效评估的结算量（风险约定范围之外的实际消耗量除外）。又如，在政府详细估算运维成本的控制上限的基础上，社会资本投标的报价在一定风险承担范围之内是包干不变的。

综上，PPP 项目运维成本具有单件性、多次性、复杂性和招标控制性、过程可变性、资金构成因素风险程度的承担性和实施完成的详细实际评估的准确性等属性。社会资本科学投标并有效管理、控制，政府监管细致到位、评估实际准确，可以让社会资本没有隐形利润的暴利空间，实现政府支付或社会公众付费公平公正。

（九）PPP 项目招标控制价年度运营维护成本估算案例分析

基于 PPP 项目运维成本的单件性、计价的多次性和复杂性，各类不同的情况在后面不同的章节分别阐述。在这里做一个比较简单的案例分析，供读者初步了解年度运维成本的估算过程和基本原则。

案例：

河南省某县政府要在某个工厂和居民密集的区域建设一座日处理能力 20000 吨的污水处理厂，建成后投入生产运营，采用 BOT 的运营模式，经处理的污水要达到国家和地方政府质量要求的排放标准（以国家和地方政府要求的标准为准）。项目建设竣工决算固定资产投资 5000 万元，每年使用者付费的不足部分由政府财政预算支付可行性资金缺口，解决年度建设投资及其合理利润回报和当年运维成本及其利润回报。按照达到年度设计生产能力运营，运营第一年起政府予以补贴，不考虑运营投资贷款融资。请估算招标控制价质量缺陷保修期之外且不发生设备大修也不购置活动设备的某个年份的年度运维费用。不考虑拟将建设的污水处理厂的厂外泵站及厂外污水管渠养护和政府及其行业费用收缴。本案例仅按照污水处理 PPP 企业为一般纳税人的年度运营成本增值税缴纳考虑。

分析：

根据案例设置的基本条件，本案例要求招标准备阶段对项目的年度运维成本进行估算。

本案例只要求估算一个年度的当年运维成本。在估算运维成本的当年，不考虑融资财务费用；不考虑设施设备大修预提费用暂估价；不考虑建设固定资产之外的活动运营设备购置暂估价，且实际生产能力达到设计要求——每日污水处理 20000 吨。

本案例要求不考虑拟将建设的污水处理厂的厂外泵站及厂外污水管渠养护。

本案例需要考虑设施设备维护检修费用成本的估算。

基于上述题设条件，按照本章前面的 PPP 项目招标控制价的年度运维成本估算、计算说明和估算汇总表等基本资料，只需要依据有关规定，估算出人工、材料和能源消耗以及设施设备检修维护和其他营业管理暂估价，并估算出该污水处理厂相应的增值税，同时按照一定比例计取相应的基本、涨价预备费估价，即得出该年度当年的运维估算。

另外，根据 PPP 项目的特征，政府使用包括使用者付费在内的各种资金资源兑现社会资本建设和运维成本及其利润，所以建设投资的固定资产折旧及建设融资利息以及建设其他摊销费用不在 PPP 项目运维成本中列项。

1. 分析基本依据

（1）基本依据一：河南省建设厅关于印发《河南省城市污水处理企业运营成本核算办法（试行）》（豫建城〔2006〕127 号）的通知及其附件。

《河南省城市污水处理企业运营成本核算办法》的通知

各省辖市、扩权县建设行政主管部门：

为加强对我省污水处理企业运营成本核算的管理，使污水处理企业正确运用成本核算方法，全面促进污水处理企业实行经济核算制，不断改进生产经营管理，争取最优的经济效果，根据国家、省有关技术政策和规定，结合我省实际，制定了《河南省城市污水处理企业运营成本核算办法（试行）》（以下简称《办法》），现印发给你们。请结合各市污水处理企业的具体情况，参照执行。

各市、县建设行政主管部门要根据本《办法》，加强对污水处理企业运营成本核算的管理，督促污水处理企业正确核算污水处理成本。要根据《河南省城市污水处理费征收使用管理办法》（河南省人民政府令第 94 号）的有关规定，加强对城市污水处理费的征收使用和管理，及时编制资金使用计划，使污水处理企业的污水处理费用能够及时拨付到位，确保污水处理企业正常运营。

在执行过程中如遇到问题，请及时反馈省建设厅城市建设处。

河南省城市污水处理企业运营成本核算办法（试行）

一、污水处理成本核算的意义

进行成本核算，是污水处理企业成本管理的基础。正确运用成本核算方法，对于加强成本管理，全面促进污水处理厂实行经济核算制，不断改进生产经营管理，争取最优的经济效果，具有重要意义。

通过成本核算，可以正确确定污水处理成本，对比收支，计算盈亏，并为制定污水处理收费政策提供重要依据；可以为正确评价成本计划执行的实际成果，分析考核成本升降的原因，挖掘节约劳动耗费、降低成本的潜力，提供重要的数据资料；可以为及时、有效地监督和控制污水处理过程中的各项费用支出，争取达到或超过预期的成本目标，提供重要的数据资料；可以为进行成本预测，规划下期成本水平和成本目标，提供重要的数据资料。

二、污水处理企业的成本构成

成本构成指污水处理厂在污水处理过程中发生的费用。不同规模、不同处理工艺的污水处理厂，其污水处理成本的构成有着一定的区别，但其主要的成本构成包括如下几项（不含污水输送成本）：

（1）直接材料：在污水处理过程中耗用的各种材料、药品、低值易耗品费用。

（2）动力费：在污水处理过程中耗用的燃料和动力费用。

（3）工资福利费：污水处理厂内生产工人、管理人员的工资及福利费。

（4）折旧费：指企业提取的固定资产折旧额，折旧率按相关财务规定分类计取。

（5）修理费：指为设备大修理预提的费用。

参考计算方法：修理费＝设备费合计×修理费提存率

修理费提存率的确定：设备基本国产的按 2.4%，适量进口的按 2.2% 计取。

（6）检修维护费：指对建筑构筑物、设备、工艺管道等日常检修维护实际发生的费用。

（7）财务费用：指企业长、短期贷款发生的利息支出。

（8）其他费用。如污泥处置费、生产用车费、办公费、差旅费、税金（如土地使用税、房产税、印花税等）、邮电费等。

三、污水处理企业运营成本核算的主要指标

考虑到我省大多污水处理工程为新建项目，现阶段处理规模不能完全满负荷运行，运行管理经验较少，在出水达到设计指标的前提下，运营成本核算的主要考察指标有如下几个：

（1）吨水耗电指标

a. 吨水实际耗电＝年实际耗电量/年污水处理总量（m³）

b. 与满负荷运行时的理论吨水耗电比值：

$$吨水实际耗电/理论吨水耗电$$

$$理论年耗电量＝8760N/k$$

N——污水处理厂内的水泵、空压机或鼓风机及其他机电设备的功率总和（不包括备用设备）（kW）；

k——污水量总变化系数。

（2）污水处理总成本：将企业成本构成中的所有成本项发生额汇总合计。其中：

固定成本为工资福利费、折旧费、修理费、检修维护费、长期贷款利息费用合计；

变动成本为直接材料、动力费、流动资金贷款利息及其他费用合计。

（3）污水处理单位总成本

$$单位总成本＝污水处理总成本/年污水处理总量（m³）$$

（4）污水处理经营成本

$$污水处理经营成本＝污水处理总成本－（固定资产折旧费＋财务费用）$$

（5）污水处理单位经营成本

$$单位经营成本＝污水处理经营成本/年污水处理总量（m³）$$

详细的成本指标参考范围见附表（吨污水处理运行成本费用参考指标）。

四、吨污水处理运行成本费用参考指标

成本项目	耗用项目	价格	耗用量范围		成本费用（元/吨）	
药剂费	液氯	2200 元/吨	5.00 克	10.00 克	0.011	0.022
	絮凝剂阳离子聚丙烯酰胺	35000 元/吨	0.50 克	0.55 克	0.018	0.019
电费	电度电费	0.55 元	0.30 度	0.45 度	0.165	0.248
	基本电费				0.025	0.030
工资及福利					0.033	0.033
修理费					0.026	0.029

续表

成本项目	耗用项目	价格	耗用量范围	成本费用（元/吨）	
折旧费				0.162	0.180
检修维护费				0.030	0.034
利息支出				0.001	0.002
其他费用				0.044	0.049
单位总成本				0.515	0.646
单位经营成本				0.352	0.464

注：①本表中所附成本费用指标为我省中小型活性污泥法二级生物处理的城市污水处理企业运营成本核算的参考指标，不做核算依据。进行核算时，应根据成本项目的实际发生额进行核算。其他污水处理厂可参考。②本表中所附成本费用指标为污水处理厂满负荷运行时的成本指标。

（2）基本依据二：河南省建设厅关于印发《河南省城市污水处理厂劳动岗位定员标准（暂定）》的通知（豫建城〔2006〕96号）及其附件。

《河南省城市污水处理厂劳动岗位定员标准（暂定）》的通知

各省辖市（扩权县）建设行政主管部门：

为了提高我省城市污水处理工程项目科学管理水平，合理确定和正确掌握建设标准，促进城市污水处理项目健康发展，根据省政府领导的指示精神，按照提高劳动生产率、有利生产经营和提高经济效益的原则，依据《城市污水处理工程项目建设标准》，结合我省实际，制定了《河南省城市污水处理厂劳动岗位定员标准（暂定）》，现印发给你们，请各地参照执行。执行过程中的问题，请及时反馈省建设厅城市建设处。

本标准是为控制项目人员定额的全省统一标准，是城市污水处理厂劳动岗位定员的重要依据，也是各级建设主管部门核定污水处理厂劳动定员标准的尺度。

本标准适用于我省城市污水处理工程建设规模为1万～5万吨/日活性污泥法二级生物处理项目的新建工程；改建、扩建工程可参照执行。

本标准不含污水厂厂外泵站及厂外污水管渠养护的生产工人定员。污水厂厂外泵站生产工人劳动定员、厂外污水管渠养护的生产工人定员可参照《城市污水处理工程项目建设标准》确定。

其他服务人员可以由社会化服务解决。

附件：河南省城市污水处理厂劳动岗位定员标准（暂定）

二〇〇六年七月十七日

河南省城市污水处理厂劳动岗位定员标准（暂定）

类别	岗位	定员（人）	备注
生产人员	污水处理工段	5～9	两个工段设一名负责人
	污泥处理工段	2～4	
	水质化验分析室	2	
	机修电工维护班	3	
	调度自控室	5（含生产技术科）	调度自控室和生产技术科共计设一名负责人
管理人员	生产技术科		
	综合办公室及财务科	3	
	经营管理负责人	2～3	
其他服务人员	后勤服务人员	5	保卫、食堂等勤杂人员
	污泥外运处置班	3	
合计		30～37	

其他服务人员由社会化服务解决后，总人数为 22～29 人。

2. 分析过程

（1）年度污水处理工资及福利分析。

参照"豫建城［2006］96 号"劳动定员标准（1 万～5 万吨/日污水处理能力的劳动定员），考虑社会资本的高效管理和科学技术工艺的工作方法，按照 5 万吨/日处理量且"豫建城［2006］96 号"规定的下限劳动定员，不再另行考虑其他社会化服务，同时也不考虑拟将建设的污水处理厂的厂外泵站及厂外污水管渠养护的生产工人定员。在此条件下，案例中污水处理厂运营劳动定员及各类用工的吨位和年度设计能力工日消耗如表 6-3 所示（包括设施设备的检修维护用工）：

表 6-3　20000 吨/日处理量的年度污水处理劳动定员及工资福利一览

类别	岗位	工日消耗量/吨	工日消耗/年度处理量	人员工资福利市场工日单价（元）	年度设计达产工资福利（万元）	备注
生产人员	污水处理工段	0.0001	730	172.34	12.58	
	污泥处理工段	0.00004	292	172.34	5.03	
	水质化验分析室	0.00004	292	172.34	5.03	
	机修电工维护班	0.00006	438	172.34	7.55	
	调度自控室	0.00006	438	172.34	7.55	
管理人员	生产技术科	0.00004	292	206.41	6.03	
	综合办公室及财务科	0.00006	438	206.41	9.04	
	经营管理负责人	0.00004	292	262.23	7.66	

续表

类别	岗位	工日消耗量/吨	工日消耗/年度处理量	人员工资福利市场工日单价（元）	年度设计达产工资福利（万元）	备注
其他服务人员	后勤服务人员	0.0001	730	135.93	9.92	
	污泥外运处置班	0.00006	438	135.93	5.95	
年度工资福利合计					76.34	

说明：

1）年度污水处理量为：20000 吨/日×365 日/年＝7300000 吨/年。

2）参照河南省统计局公布的 2014 年城镇非私营单位就业人员各行业各岗位就业人员平均工资水平公布表中"电力、热力、燃气、水的生产和供应业"的各类人员的工资社会平均水平，结合现行工资情况和项目情况：

污水处理工段和污泥处理工段等生产人员为生产操作人员，年平均工资总额为 62906 元，工日单价 172.34 元；

生产技术、综合办公室及财务为专业技术人员，年度平均工资总额 75338 元，工日单价 206.41 元；

经营管理负责人为中层及以上管理人员，年度平均工资总额为 95715 元，工日单价 262.23 元；

后勤服务人员、污泥外运处置班人员为服务业人员，年度平均工资总额为 49613 元，工日单价 135.93 元。

3）上述社会平均工资水平是能反映 PPP 项目所在地的人员工资水平的，各个投标社会资本可以依据自身的管理水平和管理能力优化组合管理机构及其管理服务工作人员，在不超过当地社会平均水平的前提下，竞争投标。

4）上述社会平均工资水平，是河南当地政府依照《国民经济行业分类》（GB/T4754—2011）标准，按照国家统计局制定的《企业一套表统计调查制度》、《劳动工资统计调查制度》进行全面调查的方法，统计得出的平均水平，具有科学性和客观性。

5）上述各类人员的日工资单价均包括基本工资、绩效工资、工资性津贴和补贴以及其他工资四个构成部分。具体来说，是根据国家《关于工资总额组成的规定》统计出来的，具有全面性。各类人员的日工资平均单价是指本单位直接支付给本单位人员的劳动报酬总额，包括计时工资、计件工资、奖金、津贴和补贴，加班加点工资以及特殊情况下的补贴工资等。各类人员的日工资平均单价是税前工资，包括了单位从业人员从个人工资中直接为其代扣代缴的房费、个人所得税、税费、电费，还包括住房公积金和社会保险基金个人应缴纳的部分等。

6）设施设备维护检修人员工资福利：在建设工程质量保修期限之内的年度，运维成本不列项，因为包含在建设投资总金额中。

（2）年度污水处理用材和能源消耗分析。参照"豫建城〔2006〕127 号"河南省建设厅关于印发《河南省城市污水处理企业运营成本核算办法（试行）》的通知及其"吨污水处理运行成本费用参考指标"附件，结合现行市场行情和项目的实际情况，该项案例年度达到设计能力的污水产出的耗材和耗能费用分析如表 6-4 所示：

表 6-4　20000 吨/日处理量的年度污水处理耗材与耗能用量及费用一览

成本项目	耗用项目	耗材耗能市场价格（元）	每吨污水材料能源消耗量	达到年度设计能力污水处理量的材料能源消耗量	达到年度设计能力污水处理量的材料能源消耗费用（万元）
药剂费	液氯（考虑保险钢瓶称包装运输）	450 元/吨	10 克	73 吨/年	3.285 万元/年
	絮凝剂阳离子聚丙烯酰胺（选用河北文安县中德化工有限公司，该厂使用德国技术生产 pamc 阳离子聚丙烯酰胺水处理剂产品）	22000 元/吨	0.55 克	4.015 吨/年	8.833 万元/年
电费	电度电费	0.6259 元/度	0.375 度	2737500 度/年	171.34 万元/年
	基本电费				20.075 万元/年

说明：

1）根据国家发展改革委有关政策结合河南省的具体情况，河南省发改委和国网河南省电力公司研究决定全省执行同一电价标准、同一电价制度，全面实行城乡各类用电同价，现行一般工业用电电价为 0.6259 元/度。"豫建城〔2006〕127 号"、"吨污水处理运行成本费用参考指标"中的电度电耗用量为 0.30～0.45 度/吨，遵照国家节能减排的政策要求，从能源节约出发，督导社会资本的能源节约意识，本案例按照指标耗电量的平均值 0.375 度/吨考虑。由于现行河南电价水平相对于 2006 年"豫建城〔2006〕127 号"、"吨污水处理运行成本费用参考指标"发布时间的参考数值变化不大，所以基本电费还是按照"吨污水处理运行成本费用参考指标"基本电费成本费用平均价 0.0275 元/吨的水平估算。

2）"豫建城〔2006〕127 号"、"吨污水处理运行成本费用参考指标"中"液氯"的参考价格为 2200 元/吨，但这是 2006 年的参考价格。PPP 项目是市场对资源配置起决定性作用的产物，是遵循市场价值规律的，评价期间，要以当时当地的市场价格为基础。根据市场调研，综合河南当地和全国其他省份 2016 年的"液氯"出厂价格，考虑到建设运营耗材以属地为主，项目当地能解决的，政府执行属地价格评估。基于"液氯"储存困难、运输不便，可以按照 450 元/吨的"液氯"到场价格估算招标控制价的运营污水处理消耗价格（含特殊保险包装，如钢瓶称包装出厂价格、运输价格、储存及场内搬运价格）。实际运营年度，当地市场价格调整（增加或减少），以实际采用的厂家产品的对应实际市场销售价格调整耗材价格成本，分析污水产品处理的产品价格。钢瓶厂家周转使用时，要抵扣部分耗材成本费用。

3）吨污水处理"液氯"耗用量，"豫建城〔2006〕127 号"、"吨污水处理运行成本费用参考指标"中的耗用量为 5～10 克/吨，基于 PPP 项目污水处理是为百姓营造一个良好的生活工作环境，政府招标控制价采用 10 克/吨消耗量，确保污水处理优质排放。

4）"豫建城〔2006〕127 号"、"吨污水处理运行成本费用参考指标"中"絮凝剂阳离子聚丙烯酰胺"吨污水耗用量为 0.5～0.55 克/吨。"絮凝剂阳离子聚丙烯酰胺"是一种水处理化学品，是污水处理的净水絮凝剂，对污水中的一些有害悬浮物凝结随污泥排放，有利于环境的保护，因此本案例也按照"豫建城〔2006〕127 号"、"吨污水处理运行成本费用参考指标"中"絮凝剂阳离子聚丙烯酰胺"吨污水耗用量的上限消耗量水平 0.55 克/吨考虑。

5）"豫建城〔2006〕127 号"、"吨污水处理运行成本费用参考指标"中"絮凝剂阳离子聚丙烯酰胺"的参考价格为 35000 元/吨，但这是 2006 年的参考价格。PPP 项目是市场对资源配置起决定性作用的产物，是遵循市场价值规律的，评价期间，要以当时当地的市场价格为基础。经市场调研查询，不同厂家、不同品质的"絮凝剂阳离子聚丙烯酰胺"市场价格是不一样的。经调研查询、2016 年度下列厂家该项产品的出厂价格分别为：

广州市水润化工科技有限公司：17 元/千克；

广州中贝环保科技有限公司：12 元/千克；

河北任丘市金丰化工产品有限公司：8 元/千克；

河北文安县中德化工有限公司：22 元/千克（该厂使用德国技术生产 pamc 阳离子聚丙烯酰胺水处理剂产品）；

河南巩义市正邦净水材料有限公司：10 元/千克；

河南郑州紫坤环保科技有限公司：20.50 元/千克；

山东鱼台县济宁华凯树脂有限公司：65 元/千克（该厂生产 pamc 阳离子聚丙烯酰胺水处理剂产品）；

江苏宜兴市无锡蓝波化学品有限公司：0.25/千克；

湖南长沙市芙蓉区湖南凯涛环保科技有限公司：2.99 元/千克。

经过调研调查，国内生产阳离子聚丙烯酰胺水处理剂产品的厂家很多，品质有一些差别，价格也千差万别。仅从上面调研的厂家的出厂价格可以看出，价格每千克 0.25 元、2.99 元、8 元、10 元、12 元、17 元、20.50 元、22 元不等，还有最高 65 元的。为了污水处理的品质，综合权衡，本案例选用河北文安县中德化工有限公司作为招标控制价运维成本分析的价格。在项目实际运维年度，要根据社会资本实际使用的厂家产品，作为绩效评价和政府对价支付的依据。

6）年度污水处理量为：20000 吨/日×365 日/年＝7300000 吨/年。

（3）年度污水处理其他营业管理费用分析。如表 6-5 所示。

表 6-5　20000 吨/日处理量的年度污水处理其他营业管理费用一览

成本项目	耗用项目	每吨污水处理耗用的其他营业管理费用的暂定金额（元）	达到年度设计能力污水处理量的其他营业管理消耗费用暂定金额（万元）	备注
其他营业管理费用	职工教育经费、劳动保险经费、工会经费、劳动保护经费、职工医疗养老等社保中企业负担费用、住房公积金企业承担部分、运输费、装卸费、必要的招待经费、交通费、差旅费、邮资费、电话网络使用费、开办费、咨询费、审计费以及纸张、办公用品、印刷、油墨耗材、工具用具等 PPP 项目正常运维而发生的其他列项材料、工资、能源消耗科目之外的必要合理的营业管理性质的消耗费用	0.0465 元/吨	33.945	年度污水处理量为：20000 吨/日×365 日/年＝7300000 吨/年

说明：由于其他营业管理费用涵盖的内容多而杂，在项目招标准备阶段估算运维成本时，一般不太清楚详细消耗的费用类别及数量，暂时参照 2006 年"豫建城〔2006〕127 号"、"吨污水处理运行成本费用参考指标"中的"其他费用"参考指标平均值估算，即暂时按照每吨污水处理占用"其他营业管理费用"

（0.044＋0.049）/2＝0.0465 元/吨估算，在 PPP 项目实际运营年度，根据"职工教育经费、劳动保险经费、工会经费、劳动保护经费、职工医疗养老等社保中企业负担费用、住房公积金企业承担部分、运输费、装卸费、必要的招待经费、交通费、差旅费、邮资费用、电话网络使用费、开办费、咨询费、审计费以及纸张、办公用品、印刷、油墨耗材、工具用具等 PPP 项目正常运维而发生的其他列项材料、工资、能源消耗科目之外的必要合理的营业管理性质的消耗费用"，实际计算运营当年的其他营业管理费用，作为运营年度年末政府绩效支付的依据。

（4）年度污水处理税费分析。如表 6-6 所示。

表 6-6　20000 吨/日处理量的年度污水处理 PPP 企业运维成本增值税分析

成本项目	增值税率 17%	年度耗用（万元）	年度增值税（万元）	利润金额（万元）	备注
一、消耗性运维成本合计		313.818			
生产人员工资福利		30.19			
管理人员工资福利		22.73			
其他人员工资福利		15.87			
主辅材料消耗		12.118			
电力能源消耗		191.415			
维护检修人员工资福利		7.55			
其他营业管理费用消耗		33.945			
二、社会资本年度运维利润（含税）				15.8478	
三、运维成本及利润总额					应获得运维成本利润总额 329.6658 万元
四、年度运维增量增值税			2.6941		
五、税后利润					税后利润 13.1537 万元

说明：

1）本表中消耗的人工工资福利、材料能源和维护检修以及其他营业管理费用等消耗性年度运维成本数值，在前面已经详细分析。

2）社会资本合理利润的计算基数为运营维护的成本消耗费用。

3）社会资本项目企业应缴纳的各类税金（本案例只考虑增值税），不列入社会资本利润基数。

　　4）年度检修可能发生的材料配件更换费用在基本预备费中考虑，是检修工具用具费用在其他营业管理费用中考虑。估算当年，如在实际运维中发生，则在实际绩效评价对应年份计入实际支付成本。该项实际成本费用支出，在"基本预备费"和"其他营业管理费用"两个预算科目中列支。

　　5）利润率：商业银行中长期贷款利率水平综合项目市场情况，按照5.05%计算。

　　（5）PPP项目招标控制价年度运营维护估算汇总表。如表6-7所示。

表6-7　20000吨/日处理量的年度污水处理PPP项目招标控制价年度运营维护估算汇总

项目名称	金额（万元）	计算公式	费率	备注
一、消耗性运维估算成本合计	313.818			
二、社会资本年度运维成本估算利润（含税）	15.8478	（一）×利率	5.05%	同期商业银行中长期贷款利率
三、社会资本当年应获得运维成本及利润估算总额	329.6658	（一）＋（二）		
四、基本预备费	12.5527	（一）×费率	4%	参照国家发展改革委建设工程3%～5%的费率
五、价差预备费	9.4145	（一）×费率	3%	参照国家发展改革委建设工程3%～5%的费率
六、总计	351.633			估算暂估金额

　　说明：

　　1）年度运维估算总金额为暂估，只是该项在案例条件下的投标价款上限控制。

　　2）PPP项目投标人的中标金额为年度运维合同价约定。

　　3）PPP项目合同执行运维过程中，实际绩效评估金额为投资成本及其利润的回报金额。

　　4）消耗性成本、利率均为投标可竞争性指标，中标指标为合同约定。

　　5）基本预备、涨价预备费用为投标不可竞争，实施过程不发生政府增项涨价风险承担，则不开支；如实施过程发生增项涨价政府承担，则并入消耗性成本计量，费用支出出自该项预算科目。

（十）河南某县域 20000 吨/日污水处理成本案例分析的思考

上述分析了河南某县域拟建一座 20000 吨/日污水处理能力的污水处理厂，在分析该项目招标控制价的年度运维成本过程中可知：一是运营消耗的人工工日单价、耗材耗能单价，在不同的时间段、不同的地区是不同的，有时差别还很大，同时不仅是增量价差，有时减量价差也很多。二是同一产品，同一时间，甚至同一地区，不同厂家的质量有些差异，价格也相差悬殊。

案例分析的污水处理耗材之一的液氯，这种化工原料在不同的时间段、不同的地点，价格差距悬殊。使用旺季可能达到每吨 2000 元左右，在使用淡季也许每吨 100 元左右。例如，2006 年 9 月，河北、山东等地的"液氯"出厂价格为 1100～1400 元/吨，河南、江苏等地的"液氯"出厂价格为 900～1000 元/吨；2015 年 11 月，江苏"液氯"出厂价格为 650 元/吨左右；2016 年 7 月，山东"液氯"出厂价格为 200 元/吨左右。当然，同一时间段、同一厂家、同一含水量品质的不同包装"液氯"产品，价格也不太一样，如钢瓶称包装的要比其他包装的相对贵一些，但钢瓶装是可以周转利用的，这个因素在计量运维成本的估算或绩效评价结算时也是要考虑的。化工产品的生产效率越来越高，生产成本越来越低，国家市场价格变化了，在市场经济条件下的 PPP 污水处理项目耗用的"液氯"用材价格为什么不随行入市通过实际绩效评估而降价调整呢？为什么只调整电价上涨因素的价格增量呢？

案例分析的污水处理耗材之二的絮凝剂阳离子聚丙烯酰胺这种水处理化学品，是污水处理的净水絮凝剂，对污水中的一些有害悬浮物凝结随污泥排放，有利于环境的保护。同一时间，不同厂家的生产价格是不一样的，甚至价格差距悬殊。因此，政府或政府授权的 PPP 项目实施机构，无论在论证 PPP 项目招标控制价运维成本，还是在项目运营过程中的运维成本绩效评价，都要根据选择的具体厂家的对应品质的阳离子聚丙烯酰胺水处理剂产品，合理评价该项耗用材料的价格水平。

像上述案例分析的污水处理耗材之二的阳离子絮凝剂聚丙烯酰胺这种水处理化学品，如果没有仔细分析污水处理成本，就不会了解污水处理成本的构成因素阳离子絮凝剂聚丙烯酰胺这种水处理化学品的实际市场价格情况，就不会考虑降低成本因素对污水处理价格的降价影响，而只从社会资本提出的电力电量的能源涨价因素的声音出发，伴随合同约定涨价幅度。如果这种情况发生，则只能说明政府对 PPP 项目的目标论证和目标监管都不到位。以至于不了解 PPP 项目运维实际使用的耗材情况，也无从实事求是地评价实际消耗性成本，那么这些情况都是不利于 PPP 项目运维成本的控制和绩效评价的政府监管工作要求的，在实际工作中要规避这些情况的发生。

因此，由于 PPP 项目一般运营时间比较长，少则 10 年，多则 30 年，市场变化也较大，政府或政府授权的项目实施机构不仅要考虑时间增量调价因素，而且时间减量调价因素也要体现公平。同时 PPP 项目实施机构实事求是应用具体厂家的具体材料对应价格，估算招标阶段的运维成本和实际评价项目实施阶段的绩效成本，比较科学，也比较公平。无论哪种情况，细致分项详细估算 PPP 项目运维成本和实事求是分项详细评价绩效成本是关键。

四、存量项目资产权益转让价值评价

PPP 项目是基础设施和公共服务领域部分适宜于政府和社会资本合作的新建、改扩建或存量项目，目的是实现公共服务或产品的有效供给，提高资金使用效益。PPP 存量项目是指政府基于已经全部或者部分建成的公共产品或者公共服务项目设施，按照约定的条件与社会资本开展合作的项目。已经全部或者部分建成的公共产品或者公共服务项目设施，称为 PPP 存量资产。

政府将适宜于市场化运作的存量资产与社会资本合作，加强国有资产评估，很有必要。PPP 存量资产的合作方式，一般采用 TOT（移交—运营—移交）的合作方式。如果涉及要部分改造改建的项目，则可以采用 ROT（改建—运营—移交）的方式。也可以采用委托运营或管理合同的合作方式。改建成本投资按照建设项目固定资产投资论证的方法进行论证。PPP 存量资产价值评估，要根据实际项目的情况，科学评估，防止国有资产流失，也有利于公开透明地吸引意向社会资本的参与，还有利于使用者付费项目的付费公平。

PPP 项目实施机构在存量项目拟将实施政府和社会资本合作的前期，要充分收集整理项目的历史资料，估计项目的正常产出，明确评估目标（不同的评估目标，评估值是不同的），根据《中华人民共和国资产评估法》评聘有资格的评估机构，选择业务能力可信任的评估师，对 PPP 项目的收益权（资产权益）转让价值进行科学评估，评估结果用于后期项目招标采购和 PPP 项目合同的履行基础。

（一）项目资产权益转让价值评估的方法

资产评估方法，根据评估目的、评估对象、价值类型、评估对象的实际情况等评估条件的不同，具体分析收益法、市场法和成本法三种资产评估基本方法的适用性，恰当选择一种或多种资产评估基本方法。

（1）市场法也称类似交易案例比较法，是指评估机构对评估对象的价值进行评估时，参照规模、功能、行业性质、产出、交易合同约定条款、风险分配等与评估对象类似的项目市场价值，结合评估项目情况适当调整来评估项目价值的一种方法。

（2）成本法是指通过评估 PPP 项目的表内外各项资产、各项负债价值，确定 PPP 项目收益权价值的一种评估方法。

（3）收益法是指根据项目未来各个运营年度的预计收支净现金流量的折现值，即收益权价值，来评估项目资产权益转让价值的评估方法。

（二）项目资产权益转让价值评估注意事项及重大意义

大家知道，资产评估是一个很广泛的概念。同一评估对象，在不同时间的评估价值不同；同一评估内容，同一时间，不同的评估目标下，评估价值也是不一样的；评估条件都相同，但评估方法不同，评估价值还是不同。

（1）基于 PPP 项目存量资产权益转让价值评估，评估的目标是政府转让资产权益价值，用于合作社会资本对转让资产权益的投标报价的评定。市场法太粗略，评估不太准确；成本法，有些资产或负债的成本量化指标可能不方便单项量化，也可能造成评估目标价值的不太准确甚至无法评定；相对来说，收益法，各个年度的收入和支出的净现金流量以及净现金流量的评估基准日折现值，能比较准确地反映资产权益转让价值。所以，一般采用市场法作为定性参考，成本法作为定量基础或补充，以收益法为主，评定 PPP 项目资产权益转让价值。

（2）PPP 项目资产权益转让价值，即社会资本获取资产运营收费权的成本，与未来项目运营公共产品或服务的价格和服务年限有直接关系。PPP 项目实施机构，根据正常社会平均水平的产品或服务价格，合理确定运营合作年限，组织评估用于招标采购的基础转让价格。通过招标竞争，那些满足政府估算的合作年限、运营管理水平较高且节本增效的专业化投标人，在不超过政府测算采用的社会平均的产品或服务价格收费的前提下，报价越高的投标人，技术水平和项目管理能力相对来说较社会平均水平高，对应项目运营和管理消耗较低，即个别企业成本在同行业里有优势，这样的企业正是 PPP 模式招标采购的目标合作人，政府转让资产权益能获得较高的收益，同时也更好地满足社会公众和社会发展对公共产品或服务的需要。

（3）PPP 项目资产权益转让价值评估时，资产占用土地的使用权费用也是转让成本的构成部分。

（4）对正在运营的项目，政府拟将该项目按照市场化 PPP 模式运作时，还要考虑现有企业职工的安置问题，这不仅是收益权取得的成本支出问题，更是一个社会稳定和公众权益的问题。

（5）在对拟将转让资产权益的转让价值进行评价时，也可以对该拟将转让的资产价值进行评估，评估价值作为转让权益收入的对照，以让该资产原所有人对转让合作是盈是亏做到心中有数，也能判断是否存在国有资产流失。

（6）PPP项目资产权益转让合作经营意义重大。政府盘活城市基础设施或公共服务存量资产，可以减轻地方政府债务，开辟经营城市新途径；政府将资产权益转让收入资金用于投入其他基础设施或公共服务建设，增加了公共产品或服务供给量；同时，政府将闲置或低效资产开展PPP合作模式，还增加了一项新的提供公共服务融资的方法。

》》》 五、基础设施、公共服务项目产品或服务价格

PPP项目产品或服务的定价问题直接决定项目运营期的现金流和投资项目的价值评估，是项目公司最关心的问题，也是政府和社会公众关心的问题，对项目成败的影响也很关键。

我国的价格管理机构是县级以上各级政府价格主管部门和其他有关部门。各级政府在保证PPP项目建设、运营成本监管论证有效的前提条件下，按照我国《价格法》的相关要求，分门别类把好PPP项目产品或服务的价格关。

（一）政府定价或政府指导确定产品或服务价格

根据《价格法》等法律、法规规定，对于下列商品或服务价格，政府在必要时可以实行政府定价或政府指导价：与国民经济发展和人民生活关系重大的极少数商品价格；资源稀缺的少数商品价格；自然垄断经营的商品价格；重要的公用事业价格；重要的公益性服务价格。

政府定价或政府指导价的定价权限和具体适用范围，以中央和地方的定价目录为依据。中央定价目录由国务院价格主管部门（国家发展和改革委员会）制定、修订，报国务院批准后公布。地方定价目录由省、自治区、直辖市人民政府价格主管部门按照中央定价目录规定的定价权限和具体适用范围制定，经本级人民政府审核同意，报国务院价格主管部门审定后公布。省、自治区、直辖市人民政府以下各级地方人民政府不得制定定价目录。

属于中华人民共和国国家发展和改革委员会发布的《中央定价目录》和省、自治区、直辖市人民政府价格主管部门发布的"当地定价目录"中的PPP项目产品或服务价格，由政府依据有关商品或服务的社会平均成本和市场供求状况、国民经济与社会发展要求以及社会承受能力，结合拟将定价项目的产品或服务的具体情况，制定关系群众切身利益和社会资本合理利润的公用事业价格、公益性

服务或产品（商品）价格。政府在确定 PPP 项目产品或服务价格时，应当充分考虑项目的建设、运营成本及项目自身有关的其他情况，如可能的资本收益等，建立听证会制度，征求消费者、经营者和有关方面的意见，定出一个既符合实际市场水平又平衡各方利益的科学价格。

（二）市场调节价产品或服务价格

根据《价格法》等有关法律、法规的相关规定，在中华人民共和国国家发展和改革委员会发布的《中央定价目录》和省、自治区、直辖市人民政府价格主管部门发布的"当地定价目录"之外（以下简称"目录外产品或服务"）的 PPP 项目产品或服务价格，我国实行市场调节价管理体制。对于"目录外产品或服务"的 PPP 项目产品或服务的价格，由 PPP 项目实施机构根据项目固定资产投资论证的预计建设成本和项目计划规模的运营方案估算的运营维护成本，结合项目运营可能发生的其他收益，参照市场同类产品或服务的价格，经组织相关部门论证并提请政府召开听证会充分讨论，形成初步价格，报政府审核后，作为拟将实施的 PPP 模式项目的方案招标控制价格。

（三）PPP 项目产品或服务价格调控机制

PPP 项目，一般投资金额大，生命周期长，随着时间的推移，建设风险的发生、运营材料和劳动力消耗或市场价格的变化，或者项目周边各种商业开发的运营，项目产品或服务的方案控制价格有可能不再适应项目正常运营的需要，那么项目实施机构要会同社会资本或项目公司，根据项目运营需要的实际市场情况，在政府实施的宏观调控范围之内，在同类项目的平均价格水平附近，实时调整项目产品或服务的运营价格，以满足国民经济和社会发展的需要。

▶▶▶ 六、项目折现率

适宜于 PPP 模式的基础设施和公共服务项目，是由政府立项建设运营，通过合同合作的模式引进社会资本投资、建设、运营，或是政府将现有存量资产权益转让社会资本运营，提供更多更好的公共产品，满足社会公共需要，但社会资本的投资管理是需要资本效益的。政府选择社会资本合作供应公共产品，首先要较政府单方投资的成本更加节约，效益效率更高。根据项目建设、运营的流程程序规律，需要在项目实施的初期准备阶段，决策是否采用 PPP 模式建设运营，在建设竣工要考虑实际投入的建设成本到底是多少，在项目运营期间，还要针对不同的项目付费方式，对社会资本投资的建设成本予以分期支付返还，资金又是有时间价值的，政府如何在不同的项目阶段，用好资金管理的尺度来有效决策和管理项目呢？当然，除了在不同的项目阶段扎实做好本阶段的资金论证管理工作之外，衡量资金时间价值的折现率指标，是项目管理的一个重要财务管理指标，PPP 项目实施机构要在项目管理或监管的不同程序阶段合理选择使用，有效管理 PPP 项目。

（一）项目折现率的定义

基于资金的时间价值，从投资者的角度来看，利息体现为投资者对放弃现期消费的损失而得到的必要补偿。PPP 项目的政府作为债务人要通过财政预算或使用者付费等偿还方式对使用社会资本投资人的投资给予一定的利息补偿。

由于资金的时间价值，使得金额相同的资金发生在不同时间会产生不同的价值。反之，不同时点绝对值不同的资金在时间价值的作用下却可能具有相等的价值。这些不同时期、不同数额但其"价值等效"的资金称为等值，又叫等效值。

影响资金等值的因素有资金的多少、资金发生的时间、利率（或折现率）的大小等。其中，利率（或折现率）是一个关键因素，在等值计算中，一般以同一个利率（或折现率）为计算依据。换句话说，折现率就是在资金等值计算时使用的利率，即在单位时间内（如一年、半年等）的利息与借款本金之比，通常用百分数表示。PPP 项目，按照"年"为测算时间单位。

现金流量：对于一个独立的经济系统来说（PPP 项目，社会资本或项目公司可以看成一个独立的经济系统），在某一个时点流入系统的资金称为现金流入，流出系统的资金称为现金流出，同一时点上的现金流入和现金流出之差称为净现金流量。同一时点的现金流入量、现金流出量和净现金流量统称为现金流量。

资金现值（p），是指资金发生在（或折算为）某一特定时间序列起点时的价值，即现在的资金价值或本金。

资金终值（f），是指资金发生在（或折算为）某一特定时间序列终点时的价值，即未来的资金价值或本利和。

（二）项目折现率的选择

PPP 项目不但有建设周期，更有长时间的运营维护周期，基于资金的时间价值，在项目管理的各个阶段，需要进行资金的等值计算来管理项目。根据财政部关于《PPP 物有所值评价指引》（财办金［2016］118 号）和《政府和社会资本合作项目财政承受能力论证指引》（财金［2015］21 号）有关"参照同期地方政府债券收益率合理确定折现率"的要求，应该跟随项目的规律性实施周期，在项目的不同实施阶段，参照同期国家债券收益率和项目地方政府债券收益率，结合项目合作期限、所属行业性质等实际情况，考虑市场因素和经济增长因素，慎重确定项目各个阶段资金管理需要的当年年度折现率。

1. 等值现值计算

项目决策是否采用 PPP 模式执行阶段，应参照决策年度的国家债务和地方政府债务的债券收益率，确定项目折现率，用于将项目各年度的建设成本、运营维护成本和社会资本的合理利润以及有关收入的净现金流量折现到决策阶段的等值现值之和，计算政府应该投入的净成本现值或净收入现值（对于使用者付费项目，且付费总额大于成本的项目，存在净收入现值）。净成本现值越低或净收入现值越高的实施方案是最好的。

2. 等值终值计算

项目建设竣工验收后或存量资产权益转让后，进入项目运营维护阶段时，社会资本或项目公司开始项目运营并开始分期回收建设或受让资产权益的投资，同时产生项目利润。对政府来说，根据应付资金类别的资金基价计量年份（资金占用起点年份）对应的国家债券和地方政府债券收益率确定的项目折现率（例如，某 PPP 项目 2016 年 8 月竣工验收时确定的竣工决算投资实际建设成本，则 2016 年 8 月的建设成本为建设投资的现值成本，往后各年的建设成本回收均以金额发生时的 2016 年 8 月为付款时间计算起点。也就是说，政府在 2016 年 8 月向社会资本融资总额为竣工工程的竣工决算总金额。项目建成后进入运行阶段，在项目运行阶段的各个年度，政府要按照 2016 年 8 月的约定利息率复利计算对社会资本的偿还金额。用于政府对社会资本的绩效支出计算。

⟫⟫ 七、资金等值计算

常用的资金等值计算主要包括两大类，即一次性现金流量和等额多次现金流量计算。

（一）一次性现金流量的等值计算

一次性现金流量，是指对一个独立的经济系统来说，无论是流入现金还是流出现金，分别在时点上发生一次。一次性现金流量的等值计算包括终值计算和现值计算。

1. 等值终值计算

例如，现有一笔资金 p，现在的年利率（即折现率，对 PPP 项目来说，是指参照国家或地方政府债券的收益率）为 i，按照复利计算，则未来 n 年末的终值 f

的计算：

$$f=p(1+i)^n$$

其中，$(1+i)^n$ 为终值系数。

2. 等值现值计算

如果某独立经济系统在 n 年末收到一笔资金 f，则这笔资金在现在时刻的价值 p，即未来 n 年的一笔资金 f 对应现在时刻的价值 p 的计算：

$$p=f(1+i)^{-n}$$

其中，$(1+i)^{-n}$ 为现值系数。

在工程经济分析中，一般是将未来时刻的资金价值折算为现在时刻的价值，该过程称为"折现"或"贴现"，其所使用的利率常称为折现率或贴现率，对应 $(1+i)^{-n}$，即现值系数也称为折现系数或贴现系数。

（二）等额多次现金流量的等值计算

在工程经济管理工作中，经常会出现未来多次现金流量，多次现金流量是指现金流量（现金流入或现金流出）在多个时点发生，采用逐个折现的方法，即将多次现金流量分别换算或折算成多个现值并求代数和的方法。

1. 等值终值计算

例如，从现在时点起，n 年内，每年发生 a 现金流量，现在的年利率（即折现率，对 PPP 项目来说，是指参照国家或地方政府债券的收益率）为 i，按照复利计算，则第 n 年末本利和即第 n 年末的终值 f 计算：

$$f=a(((1+i)^n-1)/i)$$

2. 等值现值计算

如果某独立经济系统在 1 至 n 年末每年发生 a 现金流量，现在的年利率（即折现率，对 PPP 项目来说，是指参照国家或地方政府债券的收益率）为 i，按照复利计算，则开始时刻的现金现值 p 计算：

$$p=a(((1+i)^n-1))/(i(1+i)^n)$$

》》》 八、项目建设成本分期回收等值计算

对于 PPP 项目，政府一般委托社会资本或项目公司投资融资建设，项目竣工合格验收后，投入运营阶段时，根据项目盈利性区别为政府付费回购或使用者付费或政府可行性缺口补贴方式，让社会资本或项目公司从运营元年起逐年回收建设成本投资。不管采取哪种建设成本回收方式，均按照建设成本年度等额回

收，即在运营的各个年度，按照建设成本运营年度的平均值回收，即每个回收年度的建设成本的现值是相等的，但资金的时间价值即投资占用利息、社会资本或项目公司在每年的建设资金需一并回收，即每年实际回收的资金额是不一样的。实际上相当于每年回收相等建设资金现值的终值额，按照等额现金流量的等值终值计算方法，来计算年度等额分摊的建设成本每年应回收的实际价值。

(一) 项目建设成本年度等额计算

PPP 项目建设工程竣工验收合格时，竣工决算总金额即项目固定资产投资实际总金额除以运营年限，就得出 PPP 项目工程建设竣工年度的建设成本年度等额现值。项目建设工程固定资产投资总金额包括：①土地使用费；②规划强度开发的配套工程费；③项目本身建筑安装工程费用和设备工器具购置费用；④环境和社会影响改造工程费用；⑤包含勘查、设计、监理、可研、方案等咨询费用在内的与项目工程建设有关的其他费用；⑥项目建设期间的融资利息；⑦基本风险和价差风险实际发生的工程费用。

(二) 各个建设成本回收年度的回收价值计算

除了建设成本的时间价值以外，社会资本是需要投资利润的，即除了回收当年以含资金时间价值的等值价值一并回收之外，还要考虑当年等值成本的利润回收。例如，项目建设实际竣工决算实际造价投资金额为 g，项目全生命周期 n 年，其中建设周期 3 年，竣工年份的当地地方政府债券收益率为 r，社会资本建设投资的合理利润率为 i，则竣工验收年即全生命周期的第 4 年为运营的第 1 年，第 3 年为建设成本本金现值年份，从生命周期的第 4 年（回收的第 1 年）起，共计（n−3）年总回收年限，计算如下：

竣工年（生命周期第 3 年）的建设成本运营年度平均值为 $g/(n-3)$；

生命周期第 4 年即运营第 1 年的建设成本应回收的等值价值（即第 1 年的终值及其利润）为：

$$(g/(n-3))(1+r)(1+i)$$

生命周期第 5 年即运营第 2 年的建设成本应回收的等值价值（即第 2 年的终值及其利润）为：

$$(g/(n-3))(1+r)^2(1+i)$$

依次类推：

生命周期第 n 年即运营第（n−3）年的建设成本应回收的等值价值（即第 (n−3) 年的终值及其利润）为：

$$(g/(n-3))(1+r)^{n-3}(1+i)$$

社会资本对上述各个年度的等额建设成本本金的终值及其利润的回收价值，是社会资本针对建设投资的成本加合理利润的回收计算值，各项代数求和，将这个代数和价值减去社会资本在竣工决算实际投入的固定资产实际价值，理论上即为社会资本或项目公司在整个项目生命周期中获得的建设投资的绝对值增量资金。

九、项目建设成本分期回收的注意事项

（1）如竣工决算的当年进入运营期的建设成本回收期，则回收第 1 年可以不计算利息折现，即成本利润回收等值就是 $(g/(n-3))(1+i)$。对应地，生命周期的末年回收等值为 $(g/(n-3))(1+r)^{n-4}(1+i)$。

（2）在项目建设期间，对于项目获得的政府补助、社会影响产生的收益、环境影响产生的收益以及在建设过程中发生的转让、租赁和处置资产等所有由社会资本或项目公司收取的收益，则在项目建设固定资产投资竣工决算的实际造价中予以扣除。同时在建设过程中，应该划为社会资本或项目公司承担的风险费用，不应计入固定资产投资的竣工决算的实际建设成本本金中。

（3）由于项目实际建设成本及利息等值价值及其投资利润，均在项目运营周期内全部回收，PPP 生命周期结束后的项目固定资产剩余价值的所有权属于政府，社会资本或项目公司应该完好可用且不再另行收费地归还给政府，即无偿移交。

（4）社会资本或项目公司对项目建设投资成本本金的回收，也就是政府付费或使用者付费补偿社会资本投资的成本（含资金时间价值）及其投资利润。建设成本本金的合理准确性、成本现值发生年份的时间价值折现率（一般参照同期国家和地方政府债券的收益率，并结合市场、社会和项目情况确定）的大小和回收年限、远近期的时点回收金额额度和社会资本投资的合理利润率、项目建设周期（项目建设工期）等，都是影响政府付费或使用者直接付费现金流的重要直接因素。

十、项目建设周期

项目建设周期，即建设工程的建设工期，是影响项目全生命周期的长短、项目运营期时间的长短以及建设成本、运营期间成本回收的年度金额和总金额的重要因素，也是直接影响政府付费和使用者付费强度的重要因素。处理得不好，即工期不合理，甚至会导致项目的失败和社会的不安定。对于工程的建设工期，我国有规范化的工程建设工期定额管理制度体系。国家定额、地方政府定额和行业

定额等工程工期定额，工期定额计划的工期是对应具体项目的建设工期上限，是控制性建设周期。项目论证的建设工期可以以工期定额为基准。

十一、项目投资利润率

（一）投资利润率的意义

项目投资利润率，是投资人放弃现期消费的损失而在资金时间价值的正常资金成本之外需要得到的经济补偿。投资利润率的高低，是投资人得到经济补偿多少的重要因素。PPP 项目是本属于政府投资提供的公益性产品或服务，社会资本的投资利润率即投资回报率要合理且不暴利，以保证民生为前提。

项目建设、运营成本投资利润率，对社会资本来说，是收益的多少；对政府来说，是对社会资本投资付费补偿成本的费用，是纳税人缴纳税金的使用效益；对社会公众来说，是直接接受项目产品或服务的经济承受力付出。因此，科学识别具体项目的情况，建设、运营程序流程的具体社会环境因素的影响以及行业平均社会水平和拟将选择社会资本的素质要求，真正合理确定项目建设、运营成本的投资利润率，意义重大。

（二）投资利润率分析

投资利润率是投资人获得投资直接回报的考量指标，也是政府责任支出和社会公众使用费用承担的重要影响因素。科学评价投资利润率的有效性事关重大。

1. 投资收益率

投资收益率，是指投资方案达到设计生产能力后，一个正常生产年份的年净收益总额与方案投资总额的比率。它是评价投资方案盈利能力的静态指标，表明投资方案正常生产年份中，单位投资每年所创造的年净收益额。对于运营期内各年的净收益额变化幅度较大的方案，可以计算运营期间年平均净收益额与投资总额的比率。投资收益率计算公式：（年净收益或年平均净收益/投资总额）×100％。

投资收益率指标的经济意义明确、直观，计算简便，对社会资本来说，在一定程度上反映了投资效果的优劣；对政府来说，也从一定程度上看得出项目给财政或使用者产生的经济支出负担。但是，投资收益率反映不出投资收益的时间因素，忽视了资金具有时间价值的重要性，一般不常用于项目经济深度分析的领域。

2. 内部收益率

内部收益率，是指使投资方案在计算期内各年净现金流量的现值累计等于零时的折现率。即在该折现率时，计算期内项目的现金流入现值之和等于项目现金流出的现值之和。也就是说，项目的内部收益率是项目到计算期末刚好将未收回的资金全部收回来的折现率，是项目对贷款利率的最大承担能力。

内部收益率的经济含义就是使未回收的投资资金本金及其利息恰好在项目计算期末完全收回的一种利率。在 PPP 合作方式下，内部收益率的经济含义就是政府为提供公共服务或产品供给，对社会资本或项目公司的建设投资资金本金及其利息的一种费用补偿，使得社会资本或项目公司恰好在项目生命周期期末年度能够全部收回建设投资及其利息的最低盈利率（折现率）。

内部收益率是项目生命周期运营年度内能够回收初始建设投资本金及其使用利息的最低收益率，但不应作为项目建设运营的投资利润率指标，因为社会资本或项目公司的投资是需要有投资回报的，如果仅以项目估算的内部收益率作为项目建设、运营的投资利润率指标，也就是说，社会资本或项目公司在项目全生命周期结束后，只能刚好收回投资初始本金及其利息，理论上没有其他利润，那么以投资盈利为目标的社会资本难以参与到政府主持的基础设施和公共产品或服务项目的供给中来。也就是说，包含项目内部收益率的项目投资利润率，一般要合理高于项目的内部收益率（折现率）。

（三）投资利润率选择

项目基准折现率或项目基准收益率，即项目内部收益率，只有科学确认项目基准折现率（内部收益率），才能选择好包含内部收益率的项目投资合理利润率，让社会资本有合理但不暴利的投资回报，又使得政府或社会公众公平承担。

对于我国 PPP 模式项目，财政部在《PPP 物有所值评价指引》（财办金〔2016〕118 号）和《政府和社会资本合作项目财政承受能力论证指引》（财金〔2015〕21 号）中强调，"参照同期地方政府债券收益率合理确定 PPP 项目折现率"。那么 PPP 项目实施机构根据这个政策规定，结合项目具体情况，考虑项目可能发生的资金成本和机会成本、投资风险、通货膨胀等影响因素，综合计算项目的基准收益率或基准折现率，并报政府审批核准，用于 PPP 项目初始投资的投资折现率。

有了项目初始投资的投资折现率，PPP 项目实施机构根据项目初始投资及其折现等效价值的资金成本和财政部《政府和社会资本合作项目财政承受能力论证指引》（财金〔2015〕21 号）文件关于"建设、运营合理利润率，应以商业银行中长期贷款利率水平为基准，充分考虑可用性付费、使用量付费、绩效付费的不同情景，结合风险等因素确定"的政策要求，结合市场投资社会平均利率水平，综合确定 PPP 项目全生命周期各个运营年度或各个运营阶段的建设投资、运营维护投资的合理利润率，以确保社会资本或项目公司投资利润的合理而不暴利。

在确定各个年度或各个阶段的建设、运营利润率时，要充分考虑项目规模的投资成本额度，额度越高，利润率相对越低；投资成本额度越低，利润率相对来说越高，确保社会资本或项目公司的绝对利益金额也要相对合理而不暴利。

目前，我国国内商业银行贷款的利率以中国人民银行的基准利率为中心，可以有一定幅度的上下浮动，目前规定为下浮 10%，即商业银行贷款利率下限为基准利率的 0.9 倍，除城乡信用社以外的金融机构贷款利率上浮不设上限。对于城乡信用社，贷款利率仍实行上限管理，贷款利率上限为基准利率的 2.3 倍。中国人民银行不定期对贷款的基准利率进行调整，已经借入的长期贷款，如遇到中国人民银行调整利率，利率的调整在下一年度开始执行。

十二、项目净现值

项目净现值是反映投资方案在计算期内获利能力的动态评价指标。投资方案的净现值是指基于合理的资金折现率，将项目生命周期各个年度的净现金流量都折算为初始投资时点的现值之和。

对于经济系统的现金流量分析，流入该经济系统的现金称为现金流入，以"+"正数表示；从该经济系统流出的现金称为现金流出，以"−"负数表示。同一时点，该经济系统的现金流入和现金流出之差，称为在该时点上该项目的净现金流量。现金流入量、现金流出量、净现金流量统称为该项目在某个时点的现金流量。

由于资金存在时间价值，只有同一时点上的项目现金流量才有对比的价值，才能使得项目现金流量的比较符合客观实际情况，即资金价值等效（等效值或等值）。

项目净现值考虑了资金的时间价值，并全面考虑了项目在整个计算期内的经济状况，经济意义明确直观，能够直接以绝对金额值表示项目的盈利水平或投资成本水平，是评价项目盈利或支出水平的绝对指标。对项目盈利水平来说，项目净现值在大于零（满足基本收益率）的前提条件下，数值越大越盈利；如果项目净现值小于零，则项目投资不但不盈利，反而处于亏本状态。对于投资人的投资成本支出水平来说，在项目产出效果相同的前提条件下，项目投资人投资成本现值的绝对值越小，越节约成本，项目投资效益越高。

十三、项目全生命周期

（一）全生命周期内涵

根据财政部《关于印发政府和社会资本合作模式操作指南（试行）的通知》

（财金〔2014〕113号），PPP项目全生命周期，是指项目从设计、融资、建造、运营、维护至终止移交的完整周期，BOT模式、TOT模式、ROT模式一般项目合同期限为20~30年，管理合同的合同期限一般不超过3年，委托运营合同期限一般不超过8年。财政部《关于组织开展第三批政府和社会资本合作示范项目申报筛选工作的通知》（财金函〔2016〕47号）的评审标准要求：PPP项目合作期限必须为10年以上，必须带运营，BT模式不是PPP。政策对PPP项目的全生命周期有上限和下限的年度控制，但具体项目的全生命周期，即合同期限到底多少年要根据项目的具体情况具体分析。一般来说，项目合同的合作年限，即PPP项目全生命周期，应不低于项目投资回收的最短年限。在考虑资金时间价值的条件下，项目投资回收的最短年限是指动态投资回收期。

PPP项目动态投资回收期（不含建设期），是指将投资方案各年的净现金流量按照基准收益率折成现值后，累计现值等于零时的时间（年份），此时的项目建设、运营维护的利润率也刚好为零，即项目刚好将投资全部回收，还没有产生投资利润。因此，项目全生命周期，即项目合同合作期限一般都要大于项目的动态回收期限。

PPP项目的合同合作期限，即项目全生命周期，一般包括项目建设期和投产运营维护年限。项目建设期即项目的建设工期，以建设工程的工期定额为基准，项目运营维护期限按照动态投资回收期为基准，并考虑政府所需要的公共产品或服务的供给时间、项目资产的经济生命周期以及重要的整修时点、项目资产的技术生命周期、项目的动态投资回收期、项目设计和建设期间的长短、财政承受能力以及现行法律法规关于项目合作期限的规定和各部门、各行业对项目基准投资回收期限的指导意见等，但不能低于10年，一般也不能高于30年。特殊情况或政府采用BOO合作方式的除外。

（二）项目动态投资回收期

项目投资回收期是反映投资方案实施运营以后，回收初始投资并获得盈利能力的经济指标，包括静态投资回收期和动态投资回收期。在现行市场经济体制下，PPP项目应该以动态投资回收期为基础，综合考虑项目的合同合作期限。一般动态投资回收期要小于部门或行业的基准投资回收期。动态投资回收期一般在项目准备阶段基本确定，是项目评估的一项经济指标，是指项目实施运营时，将各年可能发生的净现金流量按照基准收益率折算现值后，累计现值等于零时的年份，正好实现了初期投资回收，在项目估算现金流量表中体现为项目现金流量刚好从负数转为正数的年份，不一定是整数年份。

1. 项目动态投资回收期的估算指标

基于下列条件，估算项目运营维护各年度的净现金流量在运营元年的现值之和为零时的运营时间（年份），即动态投资回收期（不含建设期）：

（1）项目准备年度的建设投资现值：技术（扩大）初步设计文件对应的项目固定资产投资概算论证值，用"g"表示，每个年度应支付的建设成本初始预计额度分别为 g_1，g_2，…，g_n，但 $g_1 + g_2 + … + g_n = g$。

（2）项目折现率：以项目准备同期地方政府债券收益率为参照基础的项目基准收益率，以"r"表示。

（3）项目建设投资利润率：以运营各个年度同期商业银行中长期贷款利率水平为基准的社会平均市场水平的建设投资收益率，用"h"表示，各年度的建设投资利润率分别为 h_1，h_2，…，h_n。

（4）项目运营投资利润率：以运营各个年度同期商业银行中长期贷款利率水平为基准的社会平均市场水平的运营收益率，用"i"表示，各年度的运营投资利润率分别为 i_1，i_2，…，i_n。

（5）项目运营期间各年度运营维护成本：根据项目正常的估算消耗，结合当地流动资产或负债的最低周转天数和当地政府或行业同类项目的运营费用参考指标，以及项目具体规模及性质等项目情况估算的年度运营维护成本（流动资金），用"m"表示，各年的运营维护成本分别为 m_1，m_2，…，m_n。

（6）项目从第一个运营年度的期末开始分期（年度）计算回收投资成本及其回报利润。运营期间某个 t 运营年度，政府基于全部引资建设、运营、分期偿还支付而应该承担的该运营年度的全部支出责任（用"w_t"表示），即项目在年度的全部现金流入为：

$$w_t = g_t(1+r)^t(1+h_t) + m_t(1+i_t)$$

2. 项目动态投资回收期的估算

项目在运营当年，要发生运营维护的成本，还要将运营收入的部分回笼初期建设投资，那么在运营当年 t 年度项目拟将发生的全部现金流出应该为（用"q_t"表示）：

$$q_t = m_t + g_t (1+r)^t$$

（1）基于动态投资回收期的内涵或定义，下列计算公式对应的计算年度"n"值，即为项目动态回收期时间（年份）：

$$[(w_1-q_1)/(1+r)^1] + [(w_2-q_2)/(1+r)^2] + … + [(w_n-q_n)/(1+r)^n] = 0$$

其中：

$$w_n = g_n(1+r)^n(1+h_n) + m_n(1+i_n)$$

$$q_n = m_n + g_n(1+r)^n$$

（2）PPP项目实际项目的招标采购准备论证阶段，一般具体项目的相关经济指标都已经论证到位，可以根据项目未来年度的估算现金流量编制现金流量计划表，根据现金流量计划表测算项目动态投资回收期初始数值，并根据可能的影响因素，合理论证项目的动态投资回收期时间（年份），一般参照下列数值估算并综合论证：

基于对编制的项目估算现金流量表的现金流量进行分析，"项目累计净现金流量现值出现正值的年份－1"与"上一年度累计净现金流量现值的绝对值除以出现正值年份净现金流量的现值"之和，即可视为初步估算动态投资回收期的时间（年份）。再根据估算指标的科学性、可行性以及环境、社会对项目的影响因素，综合确定项目动态投资回收期，作为项目合同期限决策的基础数据。

第七章

政府和社会资本合作（PPP）项目风险控制和风险分配

>>> **一、风险定义**

（一）广义风险与狭义风险

风险是指目标与成果之间的不确定性，表现为收益、成本不确定性或者损失的不确定性。若风险表现为收益或者成本的不确定性，说明风险产生的结果可能带来损失、获利或是无损失也无获利，属于广义风险。若风险表现为损失的不确定性，说明风险只能表现出损失，没有从风险中获利的可能性，属于狭义风险。

（二）PPP项目风险

政府和社会资本合作（PPP）项目风险，即PPP项目目标与成果之间的不确定性，属于广义风险的范畴。项目风险的产生，即影响项目目标因素的产生，可能带来收益，也可能带来损失。如新材料、新工艺、新技术的使用，如果使用成功，则产生经济效益和社会效益，如使用环保经济型建筑材料；如果使用失败，可能产生不可估量的损失。在这里所说的风险主要是指可能带来成本或损失的风险。

1. 新建、改扩建项目风险

新建、改扩建PPP项目，一般投资规模大，技术复杂，生命周期长，建设运营程序多，涉及的人员和部门广，工程建设和项目运营的各个环节都存在一定的风险。

工程风险，是指工程建设项目决策、设计准备、招标采购、项目施工、竣工验收等建设程序过程中可能发生并影响工程项目成本费用、工程完工进度、工程质量和建设安全等目标实现的有关事件，一般有项目决策风险、设计施工等技术风险、政治法规风险、汇率利率等经济风险、组织协调风险、合同条款风险、组织机构、人员素质风险和材料设备风险以及自然社会不可抗力风险等。

运营风险，是指 PPP 项目企业在运营过程中，由于外部环境的复杂性和变动性以及项目主体对环境的认知能力和适应能力，而导致的运营失败或使运营活动达不到预期目标的可能性及其损失或使项目产生意料之外的经营效益等。运营风险并不是某一种特定的风险，而是包含一系列具体的风险事件，一般有运营组织机构和人员风险、材料能源风险以及项目公司的管理决策风险、政治法规风险、不可抗力风险等。例如：PPP 项目公司的决策人员和管理人员在经营管理中出现失误而导致公司盈利水平变化，从而产生投资者预期收益下降的风险，或由于汇率的变动而导致未来收益下降或增加和成本增加或下降等。

2. 存量项目风险

PPP 存量项目一般是现有未用固定资产或运营效果不佳的经营项目，通过招标实现资产权益转让的一种合作项目。主要存在项目资产权益转让收益风险和运营风险。

3. 科学设立目标，加强对影响目标因素的控制

PPP 项目中，政府是目标设立方，社会资本是目标执行方。政府应科学设立 PPP 项目建设运营目标，并对社会资本加强监管和指导，尽职尽责，与社会资本通力合作，加强影响目标因素的控制，尽量规避影响项目目标因素的发生，使 PPP 项目在预定正常的轨道上建设运营，实现 PPP 项目对国民经济和社会发展的推动作用。

》》二、PPP 项目风险特征

PPP 项目与其他任何项目一样，在项目目标管理过程中是存在风险的，并且基于政府和社会资本合作的模式，它的风险也有其自身的特征。

（一）风险可描述性

PPP 项目从 PPP 实施方案准备阶段起，要经历招标采购、项目建设、项目运营维护至生命周期结束移交等，少则 10 年、多则几十年的时间跨度。实际建设施工过程的现场因素可能与招标方案预计的情况不太一致，运营消耗也可能不

同于计划论证，同时建设、运营还要受到环境、社会（包括政策法规的、政治的、社会稳定的）和市场变化的影响。所有这些情况都可能会发生，也就是说，这些可能发生的情况可能会导致项目计划的技术经济情况与实际情况有出入，这个出入就是人们常说的风险。

（二）风险可计量性

PPP 项目是新建、改建或扩建的公益性工程项目或生产经营性工程项目（包括存量固定资产权益转让工程项目）。我国建设运营项目的成本计量有量化的规定要求和相应的计算计量办法及各类指导标准，如建设工程竣工结算和竣工财务决算、运营项目的流动资金的核算指标等，都是实事求是量化项目计量得出的。它的风险费用也是可以量化计量的，并且建立在有效细致的前期预期和过程控制的基础上，没有前期的细致量化预期，就谈不上风险之说。

（三）风险共担性

PPP 项目的本质特征之一就是政府和社会资本"风险共担"。PPP 项目的风险产生于项目全生命周期，也影响项目的全生命周期。

一般来说，政府是在缺少资金和技术管理优势，又需要建设、运营基础设施和公共服务项目的前提下，通过与社会资本合作来实现基础设施和公共服务产品和服务的供给，而社会资本是基于有资金提供实力又要实现资金投资盈利的目标来参与政府项目的合作。

那么政府作为项目的监管者，又作为项目公共产品和服务的合同购买者，承担的风险和责任是什么呢？社会资本或项目公司作为项目建设的投资者和项目建设、运营的执行者，需要承担的风险和责任是什么呢？

1. 政府风险责任承担

PPP 项目虽然是政府和社会资本之间基于契约的一种风险共担、利益共享的合作关系，但是政府毕竟是基础设施和公共服务领域公用事业项目的责任主体，是最终责任的承担者，引进社会资本的目标不仅是融资，更是要利用社会资本管理和技术优势，实现项目相对于政府传统模式的更大效益，即质量提升、经费节约。

同时基于下列原因，政府更应承担自己的责任，如果管理不当，则要承担责任风险，追究管理者的责任。

一是 PPP 项目前期立项决策和项目招标采购工作是政府独立完成的。只有通过项目招标采购程序之后签订 PPP 项目合同，才有社会资本或项目公司参与项目管理。二是社会资本毕竟是带着钱来盈利的，利益最大化是企业追求的目标，而 PPP 项目提供的是社会公共服务，是人民群众的公共利益，政府加强监管是必需的工作要求。因此，扎实做好项目的前期论证，充分预见风险，最大限度地做好风险控制，并尽量降低公私双方的风险，以达到整体项目风险最小化的目标，是政府不可推卸的责任。

基于上述前提条件，政府一般要承担下列责任：

（1）土地获取、项目审批责任。

（2）涵盖项目功能、需求规模、投资规模、建设范围和运营标准等内容的技术（扩大）初步设计图纸文件的制作及其投资概算的编制责任。

（3）招标合同条款和招标控制价设置以及项目招标等其他风险责任。

（4）项目建设监管和项目运营监管、绩效评价责任。

（5）政治法规等不可抗力的风险也是政府责任的范围。

（6）洪水、台风等自然不可抗力对项目产生的风险损害，政府需要承担应该承担的部分。

（7）社会资本建设运营投资及其合理不暴利利润回报的实现，也是政府的责任范围。政府要根据项目的特点，有效且诚信地运用财政预算、奖励补贴及使用者付费和第三方商业开发收益等各类资金来源，充分、及时、足额确保社会投资及其合理利润回报的实现。

2. 社会资本或项目公司风险责任承担

政府通过招标（采购）引进社会资本参与基础设施和公共服务项目建设运营，不仅是引进项目前期建设投资，更重要的是引进社会资本的管理和技术优势。虽然我国建设项目的管理程序是政府作为项目的立项决策和前期准备、招标采购责任人，但是招标引进社会资本或成立项目公司后，社会资本或项目公司不仅要履行好融资责任，管好项目建设运营，取得合理的建设运营投资及其合理利润回报，更要承担社会责任。

在现有项目建设程序条件下，社会资本或项目公司主要承担下列责任：

（1）做好项目建设运营投标文件，完全响应招标（采购）文件的要求。

（2）公平公正参与投标，不要寻求捷径甚至行贿的渠道，扰乱招标投标市场秩序。

（3）充分利用有利的金融市场资源，确保项目建设投资到位。

（4）在政府技术（扩大）初步设计覆盖的项目范围及其内容要求的前提条件下，充分发挥技术优势，组织好项目建设施工图的细化设计工作。

（5）根据建设用地的特征即项目建设的布局和质量要求，做好施工组织设计工作，制定优良的施工组织设计方案和重点分部分项工程的技术工艺做法，寻求物美价廉的材料设备供应渠道，做好施工现场的管理工作，协调施工、监理、施工图设计及各个项目管理参与单位的关系，确保项目建设安全、优质、如期甚至提前竣工，并节约项目建设投资，早日发挥项目运营功能。

（6）组织精干高效的运营管理机构和人员，做好项目运营各项流动资金的合理安排，减少损耗浪费，确保项目稳定高效运营。

（7）加强项目运营的成本管理和成本控制，随时接受政府监管部门的监督检查。

（8）PPP 项目生命周期结束后，确保设备设施完好并及时无偿移交政府，做好清理退出工作。

三、建设前期政府风险控制

（一）政府风险控制的必要性

PPP 项目建设一般要经历项目需求提出、方案论证、项目审批、方案功能图纸设计、投资预期计划、建设执行、竣工结算办理，最终进行项目实际竣工技术功能、经济指标与项目方案设想阶段的技术需求、投资预期指标的对比，做出项目是否具有功能价值、投资效益高低的绩效评价。在这期间，从经济指标的变化来说，要历经投资估算、概算指标、投资概算、施工预算、合同价款、竣工结算、竣工财务总决算等不断变化的阶段，最终的竣工结算才是 PPP 项目的实际建设工程费用，竣工决算总金额才是项目固定资产投资的实际总费用。项目竣工决算无限接近投资概算或在投资概算范围内降低越多，说明项目投资效益越高，风险控制力度越强；相反，项目竣工决算大于或远远超出项目投资概算，则说明项目建设风险控制失败，或者说 PPP 模式没有发挥节本增效的价值。因此，扎实做好项目前期准备论证工作，深化风险预见和控制，有利于规避风险对项目的不利影响，促进项目有效成功，利国利民。

（二）扎实做好项目立项、建设用地、规划选址审批工作

建设用地、规划选址是否审批，直接影响项目的建设进程，这也是政府的责任，如果因为用地手续不完善、规划选址（含规划配套设施）不到位而影响项目建设进度，甚至产生先干后批的纠纷误工损失，则政府原则上要承担责任。

（三）场地整理或土地开发

需要拆迁征地、场地平整的建设用地，完善拆迁征地手续是项目前期工作的重要组成部分，无论是从建设投资费用控制来看，还是从政府责任和工作职能来看，政府都有义务、有责任完成 PPP 项目建设用地的拆迁征地手续及其拆迁征

地工作和场地平整工作。如果没有到位的场地，则无法准确设计，将来会产生更多的设计变更风险，从而得不偿失。

（四）组织地质勘察、地形管线测量工作

项目建设工程的布局、基础结构设计都要建立在良好的地基上，建设工程的水暖电气等设施管线布局和规格设计也是建立在项目周边的基础设施管线布局的基础上，如果没有准确的现有信息资源，则无法设计准确，后期同样会产生重大的变更风险。为了有效控制投资概算、防止产生重大设计变更风险，政府在项目前期要扎实组织项目用地的地质勘察、地形管线测量工作，为设计单位提供有用的信息，防止风险发生。

（五）环境、社会稳定、交通及绿色节能评价

项目建设施工和运营会对周边的社会稳定、环境、交通产生影响，同时节能减排绿色建筑也有行业部门相关的管理规定，建设前期要做好评价，将相应的影响因素在项目设计中采取相应的技术处理措施，规避项目建设或运营过程中产生相应的纠纷或违规影响因素，导致项目停工停运风险或项目费用大幅度上涨风险的发生。

（六）深化技术（扩大）初步设计工作，识别并控制项目风险

1. 深化项目技术（扩大）初步设计的必要性

（1）根据国家有关文件的规定，一般建设项目可按照初步设计和施工图设计两个阶段进行，称为"两阶段设计"。对于技术复杂、在设计时有一定难度的建设工程，根据我国的有关政策，一般按照初步设计、技术设计〔又称技术（扩大）初步设计〕、施工图设计三个阶段进行，称为"三阶段设计"。而且我国政府审批的建设项目，也执行项目初步设计概算的投资审批制度。对于 PPP 项目来说，一般投资规模大、周期长、技术也相对较为复杂，采用"三阶段设计"的设计程序比较妥当。

（2）从建设工程的程序来看，项目方案阶段项目建议书或可行性研究阶段投资估算或概算指标，准许投资误差的精度要求可以达到±10％到±30％，是一种粗略的投资指标。而项目初步设计阶段的投资概算，准许投资误差的精度要求为±5％到±10％。项目技术（扩大）初步设计和施工图设计的准许投资误差的精度要求为 0 到±5％。

（3）从 PPP 项目的政府监管要求来看，发改委财政部反复强调政府要做好前期工作，深化初步设计，关键项目的技术做法要细化，做好建设投资概算的论

证工作，合理设立基准成本。所以，政府前期技术（扩大）初步设计工作是政府监管 PPP 项目建设的目标和依据，非常必要。

（4）社会资本适宜承担施工图设计。一是 PPP 模式的目标之一是引进社会资本的管理经验和技术力量，提高项目的投资效益和项目的质量水平，增加公共产品或服务的有效供给。二是项目设计是分析处理工程技术和工程经济的关键环节，是有效控制造价的重要阶段，行话说得好，"设计一条线，造价万万千"。三是社会资本是以盈利为目标的投资行为。四是政府需要对项目有一个投资预期。五是社会资本是在政府做好项目和项目投资论证以后，通过国家规定的招标采购程序，才能进入项目管理。六是任何事务在遵循自律的前提下，也是需要监管的。七是 PPP 项目中政府对社会资本的投资要求只能是合理利润而不能暴利。八是 PPP 项目中政府要求政府或政府授权的项目实施机构对项目进行全程监管。九是 PPP 项目的社会资本在合理盈利不暴利的前提下，应多一份社会责任的承担。十是 PPP 项目的投资一般比较大，少则上亿元，多则十亿元、百亿元，甚至千亿元等，项目投资如果存在一点误差，则会导致巨大的资金损失。如一个十亿元规模的投资项目误差 1％，则会产生 1000 万元的资金流失风险。

综上所述，政府或政府授权的 PPP 项目实施机构，在项目的准备阶段，扎实做好新建、改建或扩建项目的技术（扩大）初步设计工作，是 PPP 项目风险控制和投资综合效益的根本要求。

2. 切实做好 PPP 项目技术（扩大）初步设计工作，识别并控制项目风险

国内外相关资料研究表明，整个设计阶段的全部设计费用只占建设工程全部费用的不到 1％，但在项目决策阶段，设计对工程造价的影响程度高达 75％以上，更何况施工图纸可以利用社会资本的技术实力由社会资本风险承担来继续完成。所以，政府或政府授权的 PPP 项目实施机构，扎实做好项目的技术（扩大）初步设计工作，不但有利于风险控制，增加投资决策的科学性，更为社会资本完成施工图设计工作提出一个监管的范围，更加有利于减少项目技术经济风险。

PPP 项目建设工程设计工作中，一般要根据具体项目建设工程的实际情况，立足于设计投资概算的全面性、深度性、可控性和未来实施过程中不发生变更或极少变更的风险，对影响建设工程造价的一些因素加以识别和控制，尽量减少项目建设施工过程中的项目风险。

（1）总平面设计。总平面设计是否合理，对于整个设计方案的经济合理性和使用有效性有重大影响。正确合理的建筑物、构筑物、道路、管线平面布局可大大减少建筑工程量，节约建设用地，节省建设投资，加快建设进度，降低工程造价和项目运营后的使用成本。更重要的是规避实施过程中调整布局的技术经济风险。例如，上水管线的位置与项目建筑以及配套水源位置不经济或者压力不够，

影响供水，那么调整设计或施工后再返工，真是得不偿失，不仅损失了金钱，浪费了人力，更重要的可能会导致项目运行供水不足的重大危害。

（2）工艺做法设计。在选择具体项目工艺设计方案时，要深入分析、比较、综合考虑各方面因素，符合技术规范需要的前提条件，以提高投资的经济效益为目的，尽量科学又简单。规避后期因不符合建筑规范和有关安全、消防等强制性技术要求而发生变更，增加本来在设计阶段可以控制的风险。

（3）建筑设计。PPP项目实施机构在组织项目设计工作时，首先要协商行业主管部门，在满足行业主管部门对项目的建筑规模、功能需求的前提条件下，尽量在设计阶段考虑好建设工程的平面形状、附属空间的占用面积（如过道、走道、公共楼梯等）、层高和层数、室内外高差等空间的合理匹配式空间组合、建筑工程的体积和面积、建筑结构的形式和选材等建筑本身设计构成，规避项目建设期间随意发生变更、洽商的投资风险。

（4）材料、设备选用。在现代建筑经济的有关管理文件中，建筑材料和工程设备统称为工程材料设备。一般来说，实践中工程材料设备费用一般占工程总投资的70％左右。所以，在建筑工程初步设计工作中，要根据建筑风格、装饰效果、使用功能等实际需要，切实选好工程材料设备，实际施工中不能任意选择或任意改变，否则不但不利于项目功能的论证，也不利于造价的控制，对PPP项目来说，更不利于政府对工程造价的风险把控。

（5）建设用地的地质情况。建设用地的地质情况，可能是岩石、岩土、黏土或是它们的组合。这些地质会影响建设工程的基础埋设和基础形式以至于结构形式和建设功能的运行使用，当然也影响建设工程造价。在项目初步设计阶段，首先要通过地质勘察工作，了解并评价建设用地的现有地质情况，作为PPP项目初步设计工作的基础性依据，规避项目建设施工期间因为地质情况不适应建筑物、构筑物的结构安全需要而发生变更的风险。对应的地质勘察和勘察报告分析评价费用，要在PPP项目设计阶段的投资概算中包含论证。

（6）特殊不良工程地质的处理情况。地基对建设工程的影响很大，松散、软弱土层，风化、破碎岩层，断层、泥化软弱夹层，岩溶和土洞等，都是建设工程的特殊不良地基，都需要经过不同的技术措施处理，才能进行地上建设工程的施工。技术措施处理费用并入设计投资概算，规避后期风险。

1）松散土层的处理。对于不满足建设工程承载力要求的松散土壤，如砂和砂砾石地层，可以采用挖出换填、固结灌浆、预制钢筋混凝土桩打入加固，或灌注钢筋混凝土桩凝结加固，或浇筑地下连续墙加固，或浇筑地下钢筋混凝土沉井加固等技术处理措施。

对于不满足建设工程抗渗要求的松散土壤，可以采取灌注水泥浆或水泥黏土浆或通过浇筑、砌筑地下连续墙防渗。

对于影响建筑工程地下基坑土壁边坡稳定的松散土壤，可以通过对土壁边坡喷射钢筋混凝土护面和灌注钢筋混凝土的土钉对边坡予以稳定性支护。

2）软弱土层的处理。对于不满足建设工程地基承载力的软弱土层，如淤泥或淤泥质地土壤等，浅层的可以挖出换填，深层的根据情况需求可以采取振动冲击等方法用沙砾、碎石或块石换填加固满足地基承载力的需求。

3）风化、破碎岩层的处理。风化、破碎岩层是一种岩体松散、强度低、整体性差、抗渗性也差的地质构成，一般不能满足建设工程地基承载力的要求。表层风化岩层和浅层的破碎岩层，可以挖出换填处理。深层的破碎岩层一般要通过灌浆加固或防渗，影响边坡稳定的破碎岩层，要经过喷射挂网钢筋护面处理，有时锚杆加喷射钢筋混凝土护面处理等。

4）断层、泥化软弱夹层的处理。对于断层、泥化软弱夹层，浅层的可以清除回填，深层的可以采用锚杆、抗滑桩、预应力锚索等抗滑加固处理。

5）岩溶和土洞的处理。对于岩溶和土洞，可以通过挖出洞内软弱填充物后回填石头或混凝土，也可以采用长梁、大平板钢筋混凝土跨越洞顶处理，还可以对岩溶打孔灌浆，对土洞进行顶板打孔灌浆灌注沙砾或做桩基础处理等。

（7）建设用地的地下水文情况。地下水是埋藏在地表以下岩层或土层空隙中的水，主要是由大气降水和地表水渗入地下形成的。PPP 项目设计阶段，项目实施机构要进行地下水位的勘察测量，如建设工程地基地质状况存在一定深度的地下水位，可能对建筑物、构筑物的基础甚至结构形成安全隐患，则在设计阶段要有地下水位降水或排水设计方案，规避后期建设实施产生项目建设工期和建设投资的风险。地下水位测量和降水、排水技术措施费用列入建设工程的设计投资概算。

（8）建设用地的气象情况。建设用地的降水等气象情况，需要调研有关历史资料，根据历史资料显示的当地降水等气象情况，在项目设计时考虑项目建设工程的排水设施设计，规避排水设施不足，以应对降水自然灾害，导致项目运行的风险损失。调研费用在设计单位的设计费中包含，不再另行列项费用。

（9）建设用地的地形地貌情况。通过地形测量，了解场地范围各处的地形标高，比照建筑设计地坪地形标高的需要，做好场地平整工作。地形地貌测量费用和场地平整费用列入设计投资概算。

（10）PPP 项目建设工程与周边情况的相互影响。PPP 项目建设工程要按照地区规划的有关要求和地区区域整体建筑布局的需要，合理布设项目建筑物、构筑物的位置，保证一定的交通空间和安全距离。如存在不安全、不通畅的情况发生，项目设计要协商周边建筑的权属单位或个人，妥善完善处理方案。方案实施费用列入设计投资概算。

（11）PPP项目建设工程的配套设施。PPP项目建设工程的建设产品，是为项目运行的使用功能发挥提供基础前提，项目运行需要正常的供水、供电、供气、供热以及网络、电话、电视、雨水、污水等满足项目正常运行需要的供给和排放等项目配套设施。那么，在项目设计阶段，首先要通过管线测量及地质勘查工作，了解周边现有供给情况，做好接通或新建配套设施的设计图纸文件并报当地有关政府部门审批。配套设施的设计费用在项目设计费列项，设计图纸对应的配套设施工程费用和设计费用以及管线测量勘察费用一并列入PPP项目建设工程设计投资概算。

（12）PPP项目建设运行期间与环境的相互影响。PPP项目建设运行期间，环境因素可能会影响项目的建设，如建设用地的土壤污染不利于项目建设后使用，需要在项目设计阶段考虑污染治理后进行建设，治理成本列入设计投资概算。项目建设运行也可能对环境造成正面或负面的影响。根据具体项目可能产生的环境污染情况，采取环境保护措施和污染治理措施。例如，医院运行产生的有毒废水，要在设计阶段除了正常设计医院项目的建筑构成和设备运行系统之外，还要考虑有毒废水的消毒回收措施，不能让有毒废水放任自流，污染环境，危害人民生活，更不能设计时不考虑，待到建设期间或运行期间发现问题时再来弥补，那样可能产生更大的投资风险，造成不好的社会影响。处理措施在设计阶段完善预期处理或治理方案，方案实施费用列入设计投资概算。

如项目运行对周边环境产生正面影响，则构成项目运行收入，冲抵政府应该给予社会资本的成本收入，如因为项目产生的环境旅游收入。

（13）PPP项目建设运行期间与社会的相互影响。PPP项目工程产品从项目构思、产品建成投入使用直至项目移交全生命周期中与社会之间也可能产生正面与负面的相互影响。负面影响要在设计阶段通盘考虑方案并加以实施，实施成本列入项目设计投资概算，如因项目建设引起的大规模移民，这种移民成本计入设计概算项目总成本。

项目对社会产生的正面收入影响，冲抵政府应该给予社会资本的成本收入，如因为项目产生的广告收入。

（14）国家政策对PPP项目的节能减排、绿色建筑要求。根据国家的有关政策要求，如果PPP项目需要做节能减排、绿色建筑设计的，项目实施机构在组织安排项目设计工作时，要安排设计院在正常功能需求的项目设计文件中合理安排节能减排、绿色建筑的有关设计建设方案，对应的设计费在设计总费用中列项，设计方案对应的方案施工建设费用在设计概算投资中统筹安排。政府对节能减排、绿色建筑的补助费用，冲抵政府应该给予社会资本的成本收入。

（15）国家人防、消防、园林等行业要求与 PPP 项目之间的相互影响。人防、消防、园林，国家或地方相关行业部门基于行业性质和当地规划区域，对不同的项目有不同的要求，PPP 项目实施机构要在征得对应行业部门对有关意向性总体要求同意后，才能让设计单位按照批准同意的人防、消防和园林方案进行详细图纸设计，规避项目建设期间的对应行业建设产品不符合行业部门的整体规划要求，从社会利益出发要求重新改造而给项目带来的工期和经济的风险，这个风险还可能涉及 PPP 项目建设工程的其他单位工程和分部工程的变动风险，那风险损失就更大了，所以必须按照程序规避这个不可估量的风险发生。

（16）建设用地上附着物的清理、补偿和拆迁安置。建设用地的现有地上存在青苗、树木、建筑物、构筑物等地上附着物时，PPP 项目实施机构需要根据有关政策、协商相关部门、通过一定的程序，对这些地上附着物进行核实、清点，在项目设计阶段完成青苗补偿拆迁安置方案设计并履行实施，承担补偿和拆迁安置费用，以便建设用地的地质、水文等勘察工作的有效，规避勘察风险，进而规避因地质勘察情况不准确导致的设计风险，当然就规避了能够预料的可控项目实施风险，提高了投资效益。地上附着物的清理、补偿和拆迁安置费用列入设计投资概算。

（17）临时材料设备堆放和生产办公人员生活临时用地。项目建设施工过程中，除了建设工程本身的地基土地需要之外，还需要材料设备的临时堆放，生产工人和现场办公人员需要临时宿舍与临时办公场所，这些临时用地应该在施工现场周边或场内考虑，发生的费用计入建设成本投资概算。

（七）全面合理编制建设工程初步设计投资概算

在项目技术（扩大）初步设计工作完成后，依照当地或行业部门的建设工程概算定额的单位分部分项工程的人材机消耗量、项目当地市场价格合理分析单位工程的市场单价，全面计算包括土地、规划配套、其他费用、融资利息以及建筑安装工程费用、设备工具器具费用在内的全部建设工程固定资产投资概算总费用，力争项目实施过程中，除了项目材料、人工社会平均水平涨价和政策法规费用变动之外，基本不发生项目内容的费用变更，并且概算项目工程量能够充分涵盖实际工程量。由于项目详细可行性研究报告的投资估算准许误差在 ±10％ 的范围，如果概算投资编制费用在可行性研究报告投资估算 ±10％ 的范围之外，那么要查清原因，调整建设用材档次，或者复验可行性研究投资估算的可行性，反复论证，确保项目技术（扩大）初步设计的投资概算能够全面、准确反映建设项目的全面性、质量档次的可用性，并实现投资概算与技术（扩大）初步设计图纸内容的互相检验性。

四、财务指标量化测算，政府风险有效控制

PPP 项目是基于政府缺少前期建设投资而引进社会资本，又缺少管理技术优势而与社会资本合作，发挥社会资本特长，最终政府要利用各种有效资金来源实现社会资本的本金和利润利息，所以不仅建设投资概算要详细论证合理有效性，项目运营本金和利息利率等财务指标也同样要论证合理有效性。

应该根据项目当地同类项目的运营费用消耗性参考指标和人员定额等单位产品和服务的材料、能源、人力消耗量，当地对应市场价格合理测算运维流动资金预算成本，参照当地同期地方政府债券收益率和同期商业银行中长期贷款利率，合理测算项目折现率和合理利润率，根据建设工程运营的工程经济管理内涵，扎实测算项目运营周期并结合建设工期确定项目生命周期，进而做好项目运营年度成本利润的估算工作，规避社会资本漫天要价还叫穷的假象风险发生。

五、合理招标（采购）项目合同约定及其控制价，有效控制 PPP 项目合同价

PPP 项目招标首先是有招标内涵的，与其他项目招标一样，政府作为招标主体和 PPP 项目合同的委托方，要设立详细的招标（采购）控制价，才有项目投资的预期目标，才能评判社会资本投标价格是否合理有效，才能实现项目建设运营量化指标监管，才能对照传统模式的同类项目比对 PPP 模式是否真正物有所值（尽管项目准备阶段做过物有所值评价，但那毕竟是存在假设的）。如果 PPP 项目合同价都不清晰明了，而是只有一个利润率或产品、服务价格或只有建议书价格或可行性研究报告估算指标价格参考，那么正如行内说"PPP 项目是一场婚姻而不是一场婚礼"一样，不扎实。没有扎实合同价基础的项目，根本谈不上 PPP 模式是否实际物有所值，更谈不上相对于合同价的所谓风险费用，是一笔糊涂账，害人害己。因此，政府组织分项详细的 PPP 项目招标（采购）控制价的合理编制，有利于社会资本投标合同价的真实有效，有利于政府在项目建设运营过程的有效监管，有利于建设竣工决算的真实有效，有利于项目运营成本及质量效益的绩效量化评价，有利于项目产品或服务调价的合理性论证，有利于政府对价支付的公平公正，有利于社会公众付费的意愿，有利于纳税人对政府的信任等。所以，政府扎实做好 PPP 项目的招标（采购）控制价，是合理项目合同价的基础，是规避以合同价为基础的一切风险发生的有效管理方法。

PPP 项目合同约定贯穿项目全生命周期的始终。合同条款的约定，是政府和

社会资本双方各自履责的基础，合同约定不全面、不清晰或者不够有深度等，要么导致合同纠纷，要么项目停工停产。

六、项目建设运营期间，政府风险有效控制

PPP 项目中虽然社会资本或项目公司基于政府授予的特许经营权作为项目建设和运营的主体管理单位以及项目 PPP 生命周期内运营期间的收益权人，但项目管理是否有效，收益多少，政府应该做到心中有数，因为政府是最终支付人，也是项目质量安全的最终承担者。在项目建设运营期间，政府要组织强有力的监管机构，依照招标（采购）控制价形成的投标合同价格明细项目的质量要求和价格水平，一对一地对建设工程的各个分部分项工程的数量、品质进行对照详细检查，对运营期间生产消耗的材料燃料数量、品质一一检查，装表计量能源消耗，检查监督规避能源和材料燃料的浪费，如实计量建设工程的实际项目工程量和运维消耗，同时要检查项目运维组织机构人员、编制的合理高效性，不符合投标编制的人员机构，政府绩效评价时不予以计入工资福利对价支付补偿的范围等。通过扎实有效的监管方法，切实做好政府建设运维监管工作，规避政府风险发生。

七、项目运营期末，政府接管风险控制

PPP 项目合同社会资本方在项目运营期末，原则上要将项目固定资产及运营设备工器具完好无损并无偿移交给政府。为此，政府在移交期间，要对照项目建设固定资产竣工决算资产表和项目运营期间购置的运营设备器具表，对于没有报废处理的设备器具进行质量检验和资产盘点，对固定资产设施进行质量完好查验，保证收回的资产及设备能够继续运营，也防止资产损失。同时政府要做好社会资本方的退场清退工作，规避社会稳定风险的发生。

八、做好财务预算，规避政府支付风险

PPP 项目的最终支付责任者是政府，只是使用的资金来源可能是财政预算，可能是政府传统模式属于政府收费的使用者付费，可能是政府奖励或补贴，可能是政府允许的项目周边商业开发收益等。针对不同的项目特点，采用不同的支付方式或者多种支付方式的组合，如政府可行性财政预算缺口支付方式，就是使用者付费与财政预算付费的组合方式实现社会资本的投资回报。

项目运行期间，正常运行在对社会提供服务的同时，也是社会资本建设投资回收的阶段。针对不同性质的项目，政府既要按照合同约定及时足额确保社会资本建设投资的逐渐回收及其投资利润的实现，又要参照行业平均运营费用水平结合项目的具体情况、市场情况确定项目运营年度预期费用水平，在项目运营阶段，进行绩效跟踪，及时确认项目以预期运营费用为基础的项目实际年度运营成本费用，并按年度保证运营成本及其利润的到位，以保证项目的正常运行。

（一）使用者付费项目

对于使用者付费或商业开发收入实现投资回报的，政府要通过核算评价使用者付费和商业开发的收益金额，及绩效评价年度应支付的成本及其合理利润的补偿金额，从而确定是否有资金缺口或是否需要财政预算补贴缺口。

政府对项目运营加强监管，及时评估项目运营使用者付费的年度收入和年度实际运营成本绩效，根据项目合同约定足额支付社会资本的建设分期投资回收及其利润和年度运营成本及其合理利润，如果项目使用者付费收入，在支付之后的超出部分，按照项目合同约定政府收益，收缴国库。如果经过政府评估，使用者付费不足以合同约定支付，则政府要按照项目合同约定，调整财政预算或授权社会资本或项目公司商业开发项目或项目周边相关收益项目，以保证 PPP 项目收益满足建设投资及其利润的回收和项目正常运营。

（二）政府付费和可行性财政缺口付费项目

对于政府付费和可行性财政缺口的 PPP 项目，政府要按照项目合同约定，及时足额保证预算费用到位。政府补贴或以奖励代替补助的财政预算费用在投入项目时，要根据投入的时间年度，注明费用使用是用于建设投资转移支付还是补贴运营，因为同一笔资金注入的费用方向不一样，等效价值是不一样的，资金存在时间价值。同样，在奖励补助及收费等各项资金不能满足项目建设投资回收和运营成本时，政府可以按照合同约定授权社会资本或项目公司商业开发项目或项目周边的收益项目，以调整项目费用的不足。如果开发费用高于项目应该的绩效或回收费用及合理约定利润，也要按照项目合同约定政府受益，政府受益收入收缴国库。

对于由政府财政预算全额支付的服务回购项目或者经过核算确实需要财政预算补贴缺口的 PPP 项目年度投资及其合理利润回报，各级地方政府财政部门要在编制年度预算和中期财政规划时，将项目财政计划支出责任纳入各级地方政府公共预算统筹安排，规避项目需要年度支付时却无钱可支付的风险发生。

（三）建设期间其他收入核算

PPP 项目原则上在建设期间的建设投资由社会资本融资投资，在事后项目运营阶段，政府根据项目收入的具体情况，采用不同的资金来源给予社会资本或项目公司包括建设投资成本及合理利润在内的费用利润的补偿。但有些项目可能在建设期间政府给予一定的补贴或奖励，或者发生一些租赁或置换收入，那么如果发生这些收入，在项目竣工决算总金额中要予以抵扣，同时除了合同规定的固定资产资本金不能计算资金成本之外，上述建设期间的其他收入也同样不能计算资金成本。

九、政府对资本金及建设投资资金来源监管风险控制

根据《国务院关于固定资产投资项目试行资本金制度的通知》（国发［1996］35 号）：从 1996 年开始，对各种经营性投资项目，试行资本金制度；公益性投资项目，不实行资本金制度。

政府在 PPP 项目招标资格预审文件中，要重点注明社会资本应该具有的固定资产投资资本金的数额要求。根据招标控制价中固定资产投资的招标金额予以核算。在资格预审评选活动中，投标社会资本要提交具备招标资格预审要求的资本金数额的有效财务证明，否则不予以通过资格预审，以规避项目建设过程的资金风险。

投资项目资本金资金，政府不承担任何利息和债务的补偿。作为计算资本金基数的总投资，是指投资项目的固定资产投资与铺底流动资金之和，具体核定时以经批准的动态概算为依据。

投资项目资本金可以用货币出资，也可以用实物、工业产权、非专利技术出资。土地使用权不能用作 PPP 项目的出资（有相关规定的除外）。以工业产权、非工业技术作价出资的比例不得超过资本金总额的 20%。

投资项目资本金占总投资的比例，与项目所在行业和项目的经济效益等因素有关，不同行业基本不同。根据《国务院关于固定资产投资项目试行资本金制度的通知》（国发［1996］35 号）和《国务院关于决定调整固定资产投资项目资本金比例的通知》（国发［2009］27 号）规定，PPP 项目基础设施和公共服务各个行业的资本金情况为：

机场、港口、沿海及内河航运资本金比例为 30% 及以上；

铁路、公路、城市轨道交通资本金比例为 25% 及以上；

电力、机电、保障性住房及其他行业资本金比例为 20% 及以上。

外商投资项目，另外从其相应规定。

经国务院批准，对个别情况特殊的国家重点建设项目，可以适当降低资本金比例。

对某些投资回报率稳定、收益可靠的基础设施投资项目以及经济效益好的竞争性投资项目，经国务院批准，可以通过发行债券、股票等资产证券的方式筹措资本金。

PPP 项目的投资资本金一次认缴，并根据批准的建设进度按照比例逐年到位。

对投资概算实行静态控制、动态管理。实际动态概算超过原批准动态概算的，投资项目资本金应按照原比例对应调整。按照国家有关规定，实际动态概算超过原批准动态概算 10%的，其概算调整须报原概算审批单位批准。

政府在 PPP 项目招标资格预审或招标（采购）文件中要明确规定投标社会资本提供建设投资资金来源（不含资本金）的有效财务证明材料，否则不予以通过资格预审或招标不通过。

》》》 十、政府对项目投资资金成本监管风险控制

（一）建设投资资金成本

PPP 项目是基于政府缺少前期建设投资而引进社会资本合作建设经营，在后期运营阶段以各种有效资金来源（包括财政公共预算、使用者付费、商业开发收益等）补偿社会资本的投资、建设资金成本和投资合理利润。那么建设投资的资金成本自然是政府需要控制和监管的范畴。

PPP 项目建设周期，如果超过一年及以上，则建设投资是每年发生的，同时为了监管社会资本对建设农民工资、材料供货货款支付是否到位，规避不到位引起社会不安定风险，政府在核算或决算建设工程的建设投资的资金利息即建设投资成本时，一般按照年度社会资本实际发生的支付费用给予投资成本补偿，既比较科学合理，又能达到规避社会不稳定风险的目标。

（二）建设投资资金成本的计算

社会资本对建设工程投资金额及其投资资金成本，对政府来说，都是补偿社会资本投资的范畴。PPP 项目投资金额一般较大，融资成本也是不小的数目，因此科学合理计算建设工程投资成本是政府规避投资风险、节约成本的重要手段。

按照有关规定，PPP 项目合同社会资本必须具备的资本金总金额，政府不再给予资金成本的补偿。

按照有关政策和 PPP 项目合同约定，准允项目合同社会资本通过融资取得建设投资的，这部分建设投资是要计算资金成本的。在项目运行阶段，政府给予社会资本的投资回收时，不但要对社会资本方补偿支付建设投资，还要支付该部分投资的融资成本。

由于年度投资不一定需要全部投资总费用，政府一般按照年末社会资本实际发生的为建设工程支付的年度融资（资本金支付的不计融资成本）总金额（各个年度的累计金额不能超出 PPP 项目合同建设投资总金额，资本金金额和暂估价、预备费用除外）为基数，乘以当年地方政府债券收益率，作为当年建设投资的资金成本计入补偿费用政府列支的范畴。

一般在建设工程投资概算论证阶段，按照论证当年项目所在地方政府的债券收益率与投资概算总金额（资本金额度除外）的乘积估算资金成本；在建设工程竣工验收合格后的竣工决算当年，分年度累计计算政府应该承担的建设投资资金成本，用于后期运营补偿支付的依据。

（三）建设投资资金成本计算案例分析

案例：

某 PPP 项目建设投资概算总金额 2 亿元（不含估算资金成本），按照规定，资本金 20%，建设周期 2 年。项目如期竣工，竣工决算总金额 1.9 亿元（不含实际资金成本）。经核实，社会资本建设第一年含预付款共计支付工程款 1.1 亿元，第二年末在竣工决算后一次性结清了所有工程款。那么政府对该项目的建设投资资金成本应补偿多少钱？

分析过程：

1. 当年地方政府投资概算估算资金成本（当年地方政府债券收益率平均水平 4%）：

$$估算资金成本 = （概算金额 - 资本金）\times 收益率$$
$$= 160000000 \times 0.04$$
$$= 6400000 （元）$$

2. 建设第一年的实际资本金 =（实际支付 - 资本金支付）× 收益率（首先使用资本金支付工程款，还是 4%）

$$= （110000000 - 80000000）\times 0.04$$
$$= 1200000 （元）$$

3. 建设第二年的实际资金成本：

（实际项目根据支付的具体时间和决算接续运营元年的月份计算。本案例从第二年的年初起按照全年贷款利息计算）

$$80000000 \times 0.04 = 3200000（元）$$

4. 第二年末政府应支付的建设投资的资金总成本为：

$$1200000 \times （1+4\%）+3200000 = 4448000（元）$$

5. 第二年末即第三年初，也就是运营元年初，建设工程竣工决算含资金成本总金额为 $190000000 + 4448000 = 194448000$（元）。该金额为建设投资总金额计算运营年度补偿支付的初始基数。

（四）建设投资资金成本计算案例分析的思考

1. 案例思考

本案例建设周期仅为 2 年，建设投资金额也不算大，建设投资资金成本是 4448000 万元，占建设投资金额 190000000 元的 2.34%（资本金首先用于支付并且不计算资金成本，同时按照年度实际支付金额计算资金成本的基数）。

如果按照融资总金额在建设起初一次性给予融资成本考虑，则资金成本就是：4576000 元，比照上述计算多出 128000 万元。

如果招标条件不设置资本金制度，或者不设置资本金不计算资金成本的约定，还按照起初一次性融资成本考虑，则资金成本金额就变为 $190000000 \times 0.04 \times 1.04 = 7904000$ 元，比照上述计算的 4448000 元超出 3456000 万元，占建设投资比例的 4.16%，将近增加一倍的资金成本。

2. 案例提示及资金成本的 PPP 项目合同约定

建设工程固定资产投资包括建设投资和建设期利息两部分，建设投资详细论证的有效跟踪控制很重要，建设期投资利息的有效控制与规避风险也是很重要的环节。

（1）在 PPP 项目合同中要按照国家有关规定设立资本金制度。

（2）要按照国家有关规定，在 PPP 项目合同中约定资本金投资建设不能计取建设期利息。

（3）建设周期超过一年以上的，在 PPP 项目合同中要约定，资本金优先于建设第一年用于支付工程款，第一年没有支付完的，第二年接续优先使用资本金支付，以此类推。

（4）PPP 项目合同还要约定，建设期投资利息计算要以年度实际工程款支付金额为基数，在竣工年份一并实际结算，纳入竣工决算投资总金额。

（5）如果建设年度存在项目资产租赁、政府补贴或奖励、商业开发等收入，那么不仅在项目竣工决算总金额中要予以扣除，在资金成本基数计算时，也要予以扣除。

（五）项目运营投资资金成本计算

根据《国务院关于固定资产投资项目试行资本金制度的通知》（国发［1996］35 号）、《国务院关于决定调整固定资产投资项目资本金比列的通知》（国发［2009］27 号）的有关精神，我国 PPP 项目建设运营投资项目实行资本金制度。根据文件精神，不同的 PPP 项目，要求的最低资本金比例不同，分别为总投资的 30％、25％或 20％不等。

上述文件规定资本金计算基数的总投资，是指投资项目的固定资产投资和铺底流动资金之和。

一般生产经营性建设项目的铺底流动资金可以参照建设固定资产投资的 30％左右计算。

上述文件规定，固定资产投资项目资本金，传统模式项目法人不承担这部分资金的任何利息。所以，如果 PPP 模式项目运营期间采用运营融资，那么项目流动资金成本估算或结算回报时，与建设投资资金成本计算一样，政府不考虑铺底流动资本金流动成本的资金成本计算。

还有，政府在 PPP 项目运营期间，给予项目的补贴、奖励、第三方商业收入等，除抵扣运维成本之外，也不计算跨年度的资金成本。

十一、咨询团队专业构成政府风险控制

中共中央国务院以及财政部发改委等国家和国家部委有关政策都强调咨询机构及其咨询专业人员在 PPP 项目政府监管工作中的重要作用，允许地方政府通过招标等程序引进咨询专业机构，协助地方政府管理及监督 PPP 项目的前期准备、建设运营工作。PPP 项目一般投资规模大，基数复杂，建设运营生命周期长，涉及的程序及方方面面的机构、人员也较多，政府监管工作以政府授权的项目实施机构为组织牵头单位，咨询团队配合协助 PPP 项目实施机构落实具体的项目前期准备和建设运营监管工作，需要法律、金融、财务、工程技术和工程造价等方方面面的专业技术机构与专业技术人员，切不可越俎代庖，财务人员去干工程造价咨询工作，法律金融人员去干财务工作等，否则，就不是专业的人干专业的事，使项目的前期管理和后期监管都达不到应有的效果。

因此，政府在启动 PPP 项目工作时，首先要组织具备工程造价咨询、工程技术、财务会计、法律、金融等专业技能的一家或多家专业技术咨询公司协助政府项目实施机构开展各项工作。

工程技术人员负责工程技术方案的编制，满足项目功能的需要。

工程造价咨询人员负责建设工程固定资产投资概算的编制和建设工程施工跟踪监管及竣工结算的编制审核工作。

财务人员负责 PPP 项目建设工程建设期间利息、建设工程竣工财务总决算的编审，运营维护成本和项目内部收益率、项目运营生命周期年度数量、年度流动成本绩效核算和年度建设运营政府补偿金额的计算以及使用者付费商业开发等项目收入的年度核算等财务核算评价工作。

法律人员主要为政府提供关于项目招标文件、合同条款以及建设运营的法律方面的服务。

金融人员主要协助政府咨询有关金融方面的事务。

十二、政府管理人员专业化风险控制

大家都知道，PPP 项目的前期政府管理和建设运营期间的政府监管工作，都是涉及建设工程、工程财务以及项目运营企业的复杂专业管理和监管工作，没有一定的专业技能是管不好也管不了的。现有地方政府的各个相关部门的专业技术人员或专业技术干部的专业技能还不够专业，依靠咨询团队当然是必要的选择，但每个咨询团队的专业技能可能无法满足 PPP 项目的全面管理需要，同时咨询团队之间也是需要政府或政府授权的项目实施机构的责任人来协调的，再有咨询团队毕竟是社会人员，不一定完全尽职尽责，现阶段的社会咨询人员脚踏两只船、既吃甲方又吃乙方的现象大有人在。PPP 项目投资规模大，技术复杂，如果稍有不慎，涉及的金额就不是一个小数目，如果咨询人员专业素质不过关或者业务道德有问题，出现基于咨询团队的咨询意见而做的政府决策失误，那么政府监管或管理人员承担得起责任吗？

综上，地方政府培养专业技术干部，协助政府管理监督并指导咨询团队的工作，向政府负责，可能会降低很多不必要的隐形政府风险，也会增加人民群众对政府的信任。

十三、政府转移风险控制

（一）技术（扩大）初步设计风险承担

根据政府对项目的功能和规模要求以及规划选址条件、环境社会交通评价、地质地形勘察测量成果等基础材料，做好调研、用好规范（如华北标和国标）、做好技术（扩大）初步设计工作，是设计单位的责任。如果设计文件不满足政府规划部门的规划要求和规划强度开发设计要求、设计规范使用不当、设计深度不够、设计文件涉及指定、设计范围不满足使用要求、设计配备配置不满足项目功能要求、设计文件没有按照地质勘察和地形测量以及节能减排绿色建筑等要求，由此产生建设工程的实施风险，由设计单位负责（规范要求在设计之后改变的除外），直到设计费为零，设计单位还要赔偿损失。涉及安全问题或安全隐患问题，该承担刑事责任的归为刑事部门处理。

（二）地质勘察、测量单位风险承担

地质勘察、地形测量等勘察测量工作成果，是设计工作的条件之一。如果地质勘察报告不能准确反映地质土壤情况和地下水位情况，地形地貌测量报告不能充分反映建设用地的地坪情况，地下管线测量报告不能准确反映建设用地范围内外的现有管线情况和管线有用情况，则由此产生的工程建设工期或费用风险，乃至建设工程的安全隐患和安全风险，由地质勘察和测量单位负责，直到勘察测量费用为零。如果情节严重的，地质勘察、测量单位还要赔偿损失。涉及安全问题或安全隐患问题，该承担刑事责任的归为刑事部门处理。

（三）环境社会交通评价单位风险承担

建设用地环境评价和社会稳定评价报告审批成果文件，是开展环境治理和社会稳定治理工作的基础性材料，如果根据环境评价和社会稳定评价报告进行环境和社会稳定的治理结果不能满足行业环保和当地社会稳定的要求，导致项目建设或运行产生建设工期或建设运营风险费用风险，以至于对周边社会公众的正常生活和国民经济的发展产生恶劣影响，则由环境评价和社会稳定评价单位负责，直到评价费用为零。如果情节严重的，环境社会交通评价单位还要赔偿损失。产生的后果构成严重违法，需要刑事处理的，移交法院。

（四）节能绿色建筑审计单位风险承担

节能减排和绿色建筑的规范要求，是项目建设的国家总体要求之一，也是设计的基础依据之一，如果节能减排和绿色建筑审计单位的审计结果不能满足国家规范要求，据此形成的施工指导文件在项目施工过程中产生工期或费用风险，由节能减排和绿色建筑的审计单位负责，直到咨询费用为零。如果情节严重的，节能绿色建筑审计单位还要赔偿损失。

（五）建设投资概算编审单位风险承担

投资概算应该包含土地使用费及拆迁安置场地平整等土地开发费用、项目使用配套功能系统建设或接口费、项目不良地质条件（含地下水位处理）处理费、环境社会治理费、交通道路建设改良费、项目红线范围内基础设施建设费、建筑安装工程费、设备工具器具购置费、与项目建设有关的咨询等其他费用、建设期贷款利息和基本预备费、价差预备费、政府法规税费调整预备费和不可抗力预备费等。根据项目前期准备的技术（扩大）初步设计文件、配套设计内容、地质勘察测量成果报告、土地规划相关资料、环境社会交通等评价报告核准文件以及人防、消防、园林等相关行业要求的设计文件等相关技术文件和有关概算定额及相关费用政府或行业指导意见，结合市场调研，合理合法合规编审建设工程投资概算，是投资概算编审工程造价咨询公司的职责，如果由于使用的计价标准不适用、计算不准确、漏项或多项等属于工程造价咨询公司或造价工程师的失误，造成项目招标和建设实施过程中的工期或费用风险，由工程造价咨询公司负责，直到咨询费用为零。如果情节严重的，工程造价咨询公司还要赔偿损失。构成犯罪的，由刑事部门处理。

（六）PPP 项目招标（采购）控制价编审单位风险承担

该项工作一般委托会计师事务所承担比较合适。测算运营期各项财务指标，结合建设投资概算总金额，编审 PPP 项目包括建设运营全生命周期的招标（采购）控制价。如果流动运维成本使用的消耗量指标不妥当、市场价格不合理、资金折现率设立不科学、利润率无依据、运营生命周期计算有误等，由此产生的招标（采购）控制价失去控制和指导意义，甚至导致项目政府风险过大或者项目失败，由招标（采购）控制价编审单位负责，直到咨询费用为零。如果情节严重的，招标（采购）控制价编审单位还要赔偿损失。构成犯罪的，由刑事部门处理。

（七）建设投资竣工结算编审单位风险承担

政府一般要委托工程造价咨询公司根据实际完成的建设工程项目及其工程量、PPP 项目合同关于建设工程有关结算条款，公平公正、合法合规完成建设工程竣工结算编审工作。如果结算的项目及其工程量、价格、费用风险不属于政府应该承担的范围，或者计算错误导致竣工结算有误，由工程造价咨询公司负责，直到咨询费用为零。如果情节严重的，工程造价咨询公司还要赔偿损失。构成犯罪的，由刑事部门处理。

（八）竣工财务决算和 PPP 项目运营绩效评估编审单位风险承担

PPP 项目建设工程竣工验收合格投入生产运营后，政府要按照 PPP 项目合同约定，使用各种可使用的资金来源（包括财政预算、政府补贴或奖励、使用者付费、第三方商业开发收入等）对社会资本的建设投资、运营成本及其合理利润分年度逐年回报支付。那么，政府需要委托会计师事务所专业技术人员根据 PPP 项目合同的各项约定，结合项目实际运营消耗和工程竣工结算金额，切实核实建设投资竣工财务决算金额和以此为固定资产投资基础的年度社会资本应实现的投资及其合理利润的实际回报金额，如果计算有误、使用的指标不对、运营消耗量价不准确等，由此造成的损失风险，由责任会计师事务所编审单位负责，直到咨询费用为零。如果情节严重的，责任会计师事务所还要赔偿损失。构成犯罪的，由刑事部门处理。

⟫⟫⟫ 十四、政府其他风险控制

PPP 项目建设运营的成功，还要得益于政府对下列风险的控制，规避这些风险的发生，保证项目的建设运营。

（一）项目唯一性风险

项目唯一性风险是指政府或其他投资人或改建其他相似项目，导致对该项目形成实质性的商业竞争而产生的风险。政府在项目立项准备阶段，要充分考虑，规避项目失败风险。

（二）项目腐败、干预风险

腐败风险是指政府官员或政府管理代表利用其影响力要求或索取不合法的财物，而直接导致社会资本或项目公司在关系维持方面的成本增加，同时也加大了政府在将来的违约风险。实际操作中，对外商承诺高回报率很多时候与地方官员的腐败联系在一起。这种情况，政府一定要通过廉政制度建设来规避。同时政府要建设一个权力责任清单，规避政府干预造成的项目风险。

（三）政府失信风险

项目建设运营成功与否，政府信用很重要。根据国务院《关于加强政务诚信建设的指导意见》（国发〔2016〕76 号）："加强政府和社会资本合作领域政务诚信建设。强化政府有关部门责任，建立政府和社会资本合作失信违约记录。明确政府和社会资本合作项目政府方责任人及其在项目筹备、招标投标、政府采购、融资、实施等阶段的诚信职责，建立项目责任回溯机制，将项目守信履约情况与实施成效纳入项目政府方责任人信用记录。"政府要尽职履责，妥善完成责任范围内的工作内容，规避政府失信造成的项目风险。不能有了一个意向，全盘甩给未来 PPP 合作方来代办代做，这样只会有更多失败的机会。

十五、PPP 项目融资社会资本风险控制

PPP 项目无论采用 PPP 模式的哪种具体方式，即无论是 BOT、BOOT、BOO、TOT、ROT 中的一种或多种组合，也无论是私人资本主动融资的 PFI 具体方式还是资产证券化的 ABS 方式，社会资本先行铺垫承担项目建设投资都是必需的责任。而政府在事后即建设工程竣工后才能补偿支付，同时政府又有严格的投资控制监管制度约束条件，如建设投资概算范围内、按照年度发生费用给予建设期利息等，所以社会资本在自身拥有一定资本金的前提下必须切实做好融资工作，必须保证建设资金到位且资金成本不高（因为政府是按照当地地方政府债券收益率来约定建设期准许融资成本的），否则资金不到位或资金成本过高的风险只会导致社会资本在该项目的失败，就谈不上实现投资利润了。

社会资本在项目融资战略中，应该学会如何去识别和分析项目的各种风险因素，确定自己、贷款人以及其他参与者所能承受风险的最大能力及可能性，充分利用与项目有关的一切可以利用的优势，最后设计出对社会资本具有最低追索的融资结构。这种融资结构一定要考虑政府招标（采购）文件约定的政府对资金成本能够承受的最大限度的要求，如资本金额度的要求、资本金是否允许计算资金成本、准许融资金额的资金成本计算方法等，这些政府招标要求都是社会资本在设计融资结构必须要考虑的风险因素。

如果采用 ABS 资产证券化融资，资金成本的风险更是社会资本应该考虑的重要风险因素。

在选择可行并能顺利拿到贷款的银行或其他金融机构时，社会资本也可以提请政府给予可能的信用支持，如寻求政府、社会资本与金融机构签订一个直接介入协议，这个直接介入协议不是对项目进行担保的协议，而是一个政府向借贷机构的承诺，承诺将按照政府与社会资本签订的项目合同支付有关费用的协定，这个直接介入协议使社会资本能比较顺利地获得借贷机构的贷款。

总之，社会资本在建设投资的融资工作中，首先要有充足的资金渠道，在此基础上要充分考虑"开源节流"的制约因素，即政府对资金成本的补偿上限为"开源"，社会资本尽量寻求最优成本的融资结构是"节流"。"开源"与"节流"的价差应该为正数，这才是社会资本融资风险控制的效益，同时也体现为社会资本对社会责任的承担。这样的社会资本才是政府招标选择的优质合作对象，是PPP 项目成功的良好开端。

十六、PPP 项目建设期间社会资本风险控制

(一) 风险控制目标

PPP 项目合同的社会资本方是指通过招标（采购）资格预审，并且在招标投标活动中，经过评审委员会的评审，被政府确认为 PPP 项目中标的社会资本投标人。中标社会资本投标人的投标技术文件、经济文件和商务文件以及其他投标文件中有关 PPP 项目工程建设的相应技术指标、经济指标和服务水平等承诺，构成 PPP 项目合同社会资本方的风险控制目标体系。

合同约定的建设工程各个单位工程的分部分项工程定额直接费单价、工程量、工程项目、取费类别及费率、其他费用、土地使用费及土地开发费用以及建设期利息等建设工程固定资产投资构成的各个费用组成及其约定指标是社会资本建设期间建设投资管理的目标，在合同约定由社会资本承担的风险强度范围内，社会资本要通过自身的管理和技术优势，在保证达到甚至超过政府招标（采购）技术（扩大）初步设计要求的工程内容和质量标准的前提条件下，安全、如期竣工，正常投入生产运营，实际竣工决算总金额还要控制在 PPP 项目合同建设投资合同价范围以内。

(二) 风险控制

PPP 项目建设期间的风险，即在政府目标设立的前提下、建设过程中可能发生，并影响工程资金费用、施工进度、施工质量和施工安全等目标实现的事件。要有效控制这些影响因素的发生，就应对产生工程风险的原因及其可能导致的后果有一个清晰的认识，进而有效控制，尽量规避，实现项目建设目标。

1. 施工图细化设计风险

在政府前期工作准备的技术（扩大）初步设计（含规划配套设计、不良地质地下水处理设计、拆迁安置土方平衡场地平整设计、环境社会稳定交通评价影响治理设计、节能绿色建筑设计等）内容范围内，社会资本或项目公司承担施工图细化设计工作。做好施工图的内部空间分割、结构体系、构造状况、建筑群的组成和周围环境的分析，各种运输和安全文明措施以及通信、管道系统、建筑设备规格型号以及非标设备制造加工图纸的深化描述等施工图设计应该达到的深度，结合工程质量、造价、工期、安全和环境等综合因素，进行方案优化，为建设施工工作做好充分细致的技术准备工作。

施工图细化设计是在政府技术（扩大）初步设计的基础上深化的过程，内容

不全、设计缺陷、错误和遗漏、规范不恰当、未考虑地质条件、未考虑施工可能性等因素，导致施工达不到设立目标，都是要控制和尽量规避的风险因素。

如果不是政府相对于初步设计内容改变做法、提高档次、增加范围，则社会资本承担施工图内容超出初步设计的风险（包括工程消耗费用及其税费）。

在初步设计范围内，政府按照实际发生项目内容，给予社会资本的投资回报。

2. 施工组织设计风险

社会资本方在组织施工之前，要对投标施工组织设计进行深化优化，最大限度地方便施工组织，节约时间和成本。

在政府规划配套条件的要求下，做好水、电等接通工作并办理各项工程的政府行业手续。细化施工组织设计，安排进度计划，通过工程网络计划技术妥善处理各项交叉作业，创新施工技术，节省施工时间，节约成本，保证质量。

施工阶段是实现建设工程价值的主要手段，也是资金投入量最大的阶段，社会资本应通过施工组织设计合理安排资金进度计划，确保施工正常进行又节约资金成本。

施工组织设计要体现建设工程施工过程中社会资本对施工成本的人力、物力和各项费用开支的影响，采取一定的措施进行监督、调节和控制，及时预防、发现和纠正偏差，保证工程项目成本目标的实现。在工程施工过程中，通过价值工程活动，进行施工方案和具体施工工艺做法的技术经济分析，确定最佳施工方案和施工做法，降低施工成本。

施工组织设计是施工的具体指导性文件，施工工艺落后、不合理的施工技术和方案、施工安全措施不当、应用新技术新方案的失败、未考虑场地情况、其他工艺设计未达到先进性指标、施工工艺流程不合理、未考虑操作安全性等，都是导致整体施工目标失败的内在风险因素，也是社会资本在项目工程施工阶段要深入管理、加强控制的风险。

3. 人工材料机械使用及费用风险

人工主要材料设备（合同约定）及主要机械（合同约定）租赁社会平均水平涨价幅度在一定范围之内的涨价风险，如 5% 的范围之内，由社会资本承担。PPP 项目合同约定之外的主辅材料设备和机械租赁费用的风险，由社会资本承担。也就是说，PPP 具体项目合同约定政府承担的幅度风险之外的所有施工分部分项实体工程和分部分项措施及总价措施非实体计价项目的单价为固定单价（达到初步设计的质量品质要求为前提）。

项目施工过程中，原材料、半成品、成品、设备等供货不足或拖延、数量差错或质量规格问题，特殊材料和新材料的使用问题，过度损耗和浪费，施工设备供应不足、类型不配套、故障及安装失误、造型不当等，都是社会资本在项目建设过程中要加强控制的风险事项。

4. 施工措施风险

依据政府初步设计及投资概算控制范围投标的社会资本的建设工程投标文件经济标的技术措施项目及其措施费用，一般由社会资本或项目公司自行承担风险。

5. 合同约定各项单位工程的取费费率，属于社会资本风险包干的范畴

6. 零星工程项目及费用风险

建设工程施工过程中，如遇到不构成工程实体又在施工现场需要发生的临时性或零星工程项目，如运输临时道路、临时用电的电杆架设、临时取水井的建设等，发生的项目及其费用风险由社会资本或项目公司承担。

7. 材料设备规格品质风险

政府技术（扩大）初步设计规定的材料设备品质要求，是社会资本投标报价的依据，也是建设施工的要求，如果没有达到，政府有权要求社会资本或项目公司免费更换。如果因为材料设备品质的不达标，造成项目后期运营不达产或维护费用过高，正常生产能力和社会同类项目的维护费用之外的运维成本由社会资本自行承担风险，同时不达产的收益损失也由社会资本自行承担。

8. 分部分项实体工程工艺做法风险

政府技术（扩大）初步设计文件规定的实体工程工艺流程施工做法是施工图纸细化具体做法的要求，如果施工图纸做法较初步设计复杂，发生的增量费用风险由社会资本承担。如果施工图纸细化工艺做法相对于初步设计太简单，首先政府有权要求免费重新施工。如果是社会资本采用新技术新工艺替代，则造成安全或运营隐患的话，与材料设备品质不达标一样，造成项目后期运营不达产或维护费用过高，正常生产能力和社会同类项目的维护费用之外的运维成本，由社会资本自行承担风险，同时不达产的收益损失也由社会资本自行承担。

9. 分部分项或总价措施非实体工程工艺做法安全风险

安全施工是社会资本或项目公司的管理职责，如果施工脚手架、运输吊装机械等安全文明施工措施项目安全性不够，造成的场内场外人员伤亡、经济损失、社会不良影响等安全问题，由社会资本承担一切风险。

10. 施工环境、交通、社会影响风险

建设工程施工过程中，产生对周边环境、社会、交通等不良影响（包括聚众

反对、政府行业部门整改、社会公众生活受干扰，环境污染等）造成的所有工期和费用风险，均由社会资本或项目公司承担。

11. 建设工程规划许可、施工许可等手续风险

依照政府前期工作准备的规划、土地、环评、可行性研究、初步设计等相关程序文件，做好施工图细化工作，办理建设工程规划许可、施工许可、环境、人防、消防等各类政府和行业部门要求的审批手续，是社会资本或项目公司作为政府项目承继管理者的责任。如果因为初步设计范围之内的要求，影响了项目建设，则由社会资本或项目公司承担所有工期和费用风险。

12. 与社会资本或项目公司合约关系的利益相关单位的合同价格风险

在以政府技术（扩大）初步设计、投资概算为建设工程招标基础的社会资本中标价格范围之外的各类与社会资本或项目公司有合约关系的施工图设计、工程监理等社会单位的实际收费，即超出 PPP 项目合同对应分项价格的社会资本方支付风险，由社会资本或项目公司自行承担。

13. 手续、程序和检验试验、建设罚款等费用风险

建设工程规划许可、施工许可、消防、人防、园林等所有政府行业部门的手续费用和材料设备结构检验试验费用以及各类合同产生的程序（含招标代理）费用、农民工的工伤保险费用、项目施工过程中各类违规的政府管理部门罚款等政府 PPP 模式招标不列项费用风险，均由社会资本或项目公司承担，政府视为这些费用均包含在其他列项招标项目的竞争费用中。

14. 项目法人责任承担及违规罚款风险承担

住房和城乡建设部关于印发《建设工程五方责任主体项目负责人质量终身责任追究暂行办法》的通知（建质〔2014〕124 号）对建设单位、工程监理单位、施工单位和施工图设计单位项目负责人的责任要求以及违规处罚的费用等风险，由社会资本或项目公司承担。至于社会资本或项目公司与监理、施工图设计、施工等单位的合同约定或风险转移，对政府来说，是社会资本方内部的关系，政府不负责任，也不承担任何罚款。

15. 建设工程竣工验收合格后质量保修和缺陷维护期内的设备设施维护费用风险

建设工程竣工验收合格投产运营后，根据我国工程建设的有关规定，质量保修和质量缺陷都有一定的保修维护责任，在土建、装修、采暖、给排水、电气、屋面防水等各个单位专业工程的质量和缺陷维护期间内，对应的保修和质量维护费用包含在建设工程的对应专业工程造价中，运营维护期间不再单列费用科目补

偿费用。如屋面防水保修期五年。

16. 项目人员机构及合同风险控制

项目公司业主管理机构的设置及其人员配备，施工图纸设计及工程监理人员，施工一般工人、技术员、管理人员，这些机构人员的专业素质、工作能力、工作效率，特别是工作责任心和执业道德品质，直接关系到 PPP 项目建设工程施工质量、进度、造价和安全等目标的实现，社会资本要通过有效措施和工作奖罚制度的执行，强力控制这些因素导致的项目风险发生。

社会资本如果没有相应的施工资格资质，要通过国家规定的施工招标程序选择合同施工承担人，同时施工图纸设计、工程施工监理等工程建设社会管理和监督工作，根据国家相应的政策，也需要产生相应的合同关系，因此施工、设计、监理等合同条款遗漏、表达有误、合同类型选择不当、承发包模式不当、索赔管理不力、合同纠纷处理不当等，都是社会资本施工管理的风险源头，要妥善管理，加强控制。

17. 社会资本组织协调及转移风险控制

（1）组织协调。社会资本或组建的项目公司作为 PPP 项目建设的法人或建设业主，为了有效管理和实施工程建设工作，需要与政府或政府授权的项目实施机构和国家、地方政府各类各级行业主管部门以及设计、监理或施工（另行施工招标产生）单位的各类关系保持协调，关系协调得顺畅与否直接关系到项目建设目标的完成。

（2）风险转移。施工图设计单位、工程施工监理单位、施工单位（含地基地下水配套设施施工以及环境综合治理施工等所有施工作业单位）以及材料设备供应单位、施工过程中的材料设备检验试验单位、竣工规划验收测量单位、地基沉降观测单位、竣工规划验收测量单位、特种设备和重要分部分项工程质量监督安全鉴定单位以及脚手架机械租赁单位和各种专业系统分包单位、劳务分包单位等与社会资本或项目公司合约关系的利益相关单位应该承担的风险及风险强度，属于社会资本或项目公司应该承担和控制的风险。

社会资本或项目公司可以通过设计、施工等各类合同权利和义务的约定，合理实现风险转移，让 PPP 项目建设的各个参与方各负其责、群策群力，共同实现 PPP 项目的远大目标。

（3）工程保险。目前，我国已经开办的与工程项目有关的保险包括建筑工程一切险、安装工程一切险、工伤保险和建筑意外伤害保险。正在逐步推行勘察设计、工程监理及其他工程咨询机构的职业责任保险、工程质量保修保险等。

社会资本或项目公司可以根据有关规定和建设工程的实际和需求情况，协调协商各个合同关系单位，办理有关工程保险，降低有些控制不了的风险因素对建设工程造成的损害损失。

十七、PPP 项目运营维护期间社会资本风险控制

PPP 项目合同约定的运维人员、材料、能源消耗指标和社会平均市场价格水平，是 PPP 项目运维管理的控制目标。在政府和社会资本合作模式下，社会资本或项目公司是 PPP 项目运行的主体管理单位，在政府结合行业平均水平实际市场评价的运营维护成本费用和运维质量要求的前提下，科学管理，控制成本，确保项目稳定高效运营是社会资本或项目公司的职责所在。

（一）组织精干的管理机构和管理人员

项目运行管理机构的精干，是节约成本的有效举措。管理人员的专业水准和尽职履责，是 PPP 项目高效高质运行的重要保证。如果管理机构臃肿、人浮于事的现象严重，人员专业素质和履职责任性不强，那么项目的运行就得不到保障。我国之前已经改制的国有企业就是血的教训。如果存在正常管理水平之外的机构和人员运行成本开支，政府不予以补助支付。对于使用者付费项目，政府绩效评估也不列入成本补偿开支。由社会资本或项目公司自行承担管理不妥或用人不当的费用和责任风险。

（二）科学创新管理技术措施，提升消耗性材料、能源利用率

项目运行过程中，正常的原材料、燃料及易耗品的消耗是前提条件，科学创新管理措施、规避不合理损耗是降低成本减少消耗的有效方法。首先要加强损耗意识，识别损耗产生的原因，并科学掌握控制损耗的方法，严格执行损耗控制措施。如仓储及时盘点、保存合理库存天数，防止盗窃损耗、堆放损耗和搬运损耗，加强项目运行消耗性损耗管理，严格按照消耗指标规范投入燃料、原材料等消耗，同时定期检修设备设施，制作故障排除手册，培训员工简单的故障排除知识等。经过政府组织的有效绩效评估，凡属于运营不正常的损耗性消耗，均由社会资本或项目公司自行承担，不列入政府任何方式的支付（包括使用者付费）。

（三）加强企业内部控制，提升 PPP 项目运行的综合营运能力

PPP 项目运营企业的营运能力，就是企业经营运作的能力，是企业为了得到更好的生存发展从而对已有资源进行优化利用的能力。能力越强，表明企业对自身资源优化配置的效率越高。具备良好的营运能力是企业在竞争激烈的 PPP 项

目招标投标中获胜的前提，是谋求长远发展的基础。应加强企业内部控制，对运营过程中水、电、热、气等能源利用和办公经费、交通餐饮、耗材和人力等各项正常必须开支成本加强优化协调控制，优化资源配置，提升项目运行效率和收益水平。

1. 流动资产、流动负债和流动资金

流动资产是指项目企业可以在一年或者超过一年的一个营业周期内变现或者运用的资产。流动资产在周转过程中，从货币形态开始，以此改变其形态，最后又回到货币形态，即货币资金—储备资金、固定资金—生产资金—成品资金—货币资金。流动资产包括存货、库存现金、应收账款和预付账款等。

流动负债是指项目企业将在一年或者超过一年的一个营业周期内偿还的债务，包括短期借款、应付票据、应付账款、预收账款、应付工资、应付福利费、应付股票利润利息、应交税金、其他暂收应付款项、预提费用和一年内到期的长期借款等。

流动资金等于流动资产和流动负债的差额，即流动资金＝流动资产－流动负债。

2. 分项详细估算各项流动资金

项目流动资金的显著特点是在生产经营过程中不断周转，其周转额的大小与生产经营规模及周转速度直接相关。分项详细估算法是对项目正常运营所需要的各项流动资产和流动负债占用资金额度的计算方法。在流动资金总金额一定的情况下，合理分配各项流动资产和流动负债的资金占用构成，是保证项目正常稳定运营的前提条件，也是项目内部控制的重要管理方法。

例如，某项商品年度经营成本预算为 300 万元，最低周转天数为 60 天，则它的年度周转次数为 6 次，那么正常运营条件下该项商品的应收账款占用资金额度最多为 300 万元/6＝50 万元。如果有超过 50 万元的应收账款收不回来，即企业的应收账款占用资金额度过大，会导致企业周转不开，生产运营不会正常，对 PPP 项目来说直接影响对社会公众的服务水平和政府信誉。

（1）周转次数。周转次数，是指流动资金的各个构成项目在一年内完成多少个生产过程。根据各类流动资产和流动负债的最低周转天数（可参照同类企业的平均周转天数并结合项目储存天数、在途天数和适当的保险系数等项目特点及因素确定各类流动资产和流动负债的最低周转天数；另外，也可以按照部门或行业的规定确定各类流动资产和流动负债的最低周转天数），可用一年天数（通常按照 360 天计算）除以流动资金的最低周转天数计算得出各类流动资产和流动负债的年度周转次数，即各类流动资产和流动负债的年周转次数＝360/对应流动资或负债的最低周转天数。

（2）占用资金额。占用资金额，是指各类流动资产和流动负债年度平均占用资金额度，用流动资金的年度周转额度除以流动资金的年度周转次数。

（3）应收账款资金占用额。应收账款，是指项目运营维护对外赊销商品、提供劳务等尚未收回的资金，即应收账款＝年经营成本/应收账款周转次数。

（4）预付账款资金占用额。预付账款，是指项目运营维护为购买各类材料、半成品或服务所预先支付的款项，即预付账款＝外购商品或服务年费用金额/预付账款周转次数。

（5）存货资金占用额。存货，是指项目运营维护为销售或生产耗用而储备的各种物质，主要有外购原材料、燃料；在产品；产成品；辅助材料、低值易耗品、维修备件、包装物、商品、自制半成品等其他材料，即存货＝外购原材料、燃料＋在产品＋产成品＋其他材料。

存货占用资金额分别为：

1）外购原材料、燃料＝年度外购原材料、燃料费用/对应分项周转次数。

2）在产品＝（年外购原材料、燃料费用＋年工资及福利费＋年修理费＋年其他制造费用）/在产品周转次数。

3）产成品＝（年度经营成本－年其他营业费用）/产成品周转次数。

4）其他材料＝对应其他材料年度费用/对应其他材料的年度周转次数。

（6）现金占用资金额。项目流动资金中的现金是指货币资金，即项目生产运营活动中停留于货币形态的那部分资金，包括项目公司库存现金和银行存款，即现金＝（年工资及福利费＋年其他费用）/现金周转次数。

备注：年其他费用＝（制造费用＋管理费用＋营业费用）－（"制造费用＋管理费用＋营业费用"三项费用中包含的工资及福利费、折旧费、摊销费和修理费）。

（7）应付账款占用资金额。应付账款，是指项目运营维护过程中，应该支付还未支付的各类费用，即应付账款＝外购原材料、燃料动力费及其他材料劳务等年费用/应付账款周转次数。

（8）预收账款占用资金额。预收账款＝预收的营业收入或其他收入年金额/预收账款周转次数。

（四）流动资金占用资金额的有关事项

在采用分项详细估算法估算项目的流动资金占用额时，构成流动资金的流动资产或流动负债的材料、资源、劳动力的最低周转天数要在充分结合项目实际情况的前提条件下，利用有关类似项目的参考数据和行业或部门的参考指标并考虑一定的保险系数进行确定。因为最低周转天数的减少将增加对应消耗资源的周转次数，从而减少对应流动资产或负债的资金成本占用额，即减少流动资金计划量。同样，最低周转天数的增大，将减少对应消耗资源的周转次数，从而增大对应流动资产或负债的资金成本占用额，即增大流动资金计划量。无论减少还是增加项目流动资金对应流动资产或流动负债的计划量，如果比例不协调，就会影响整个项目生产运行流程的衔接性，进而影响项目正常稳定的生产服务，因而是PPP项目运营的大敌。例如，现金流动资产占用资金额不够，那么有可能导致人员工资不能及时发放，就可能产生人员流失或劳动效率不高等项目风险。

因此，在安排各类流动资金的资金占用额度时，首先要充分考虑生产运营的整体性、协调性，同时加强各个环节工作的管理，确保各项流动资金在生产运营活动中正常周转。

(五) 加强环节工作管理，降低项目运行成本

抓好环节工作，降低项目运营成本，是PPP项目运行管理的重要工作。

1. 降低采购成本

采购部门是PPP项目非常重要的部门，采购部门要认真从采购物质的质量和价格上做好项目运营所需的物资采购，从管理上尽量规避采购回扣的发生，降低隐形采购成本。大宗主要物资实行厂家直接供货，避开经销商的中间成本。

2. 降低生产消耗

PPP项目在投产运行或运营的生产经营过程中，要消耗各种原材料、辅助材料、燃料、能源、人工费用、机械动力费用等许多消耗性成本，并且直接生产成本占有主要的成本比例。严格按照技术工艺执行是提高产品质量的前提，同时实行限额消耗制度、控制各种消耗是降低生产成本的关键。

3. 期间费用控制

期间费用包括管理费用、营业费用和财务费用。应做好各项费用预算，严格控制各项费用支出。

4. 人力资源优化

人力资源优化也称人力资源成本管理，管理的成败直接影响采购费用、直接生产消耗费用和期间费用，即直接影响运营维护成本的合理优劣。例如，工资分配不均、未发挥个人长处、上级压制有能力的下级等人力资源管理不妥的方法，都是造成企业成本和利润不对称的影响因素。

5. 加强运营能力分析，及时找出偏差，采取措施

应通过对PPP项目管理企业的年度总资产周转率、流动资产周转率、固定

资产周转率、应收账款周转率、存货周转率、营运资金周转率等财务指标进行分析，并对照同期同行业的对应指标进行比较，分析问题，找出有利或不足的原因，对症采取管理措施，提高运营的效率和盈利能力。

十八、PPP 项目风险分配

PPP 项目是政府和社会资本基于各自的目标，以契约的方式形成的一种合作关系。一般来说，PPP 项目投资规模大，技术复杂，生命周期长，尽管政府和社会资本在各自的责任范围内加强控制和管理，但有些对项目的建设运营产生影响的因素可能不是通过控制和管理能够避免的，也就是说，PPP 项目在建设运营过程中，总会受到一些干扰，影响计划目标的实现。根据 PPP 模式"风险共担，利益共享"的特征，结合我国建设项目的审批管理和招标采购程序，政府和社会资本在 PPP 项目建设运营中各自承担应该承担的不可避免的风险，共同促进项目的顺利实施。

（一）风险分配原则

按照项目责任范围，结合风险分配优化、风险收益对等与风险可控原则，综合考虑政府风险管理能力、项目回报机制和市场风险管理能力等要素，在政府和社会资本之间合理分配项目风险。

1. 责任原则

勇于担当、敢于担当，政府和社会资本在各自的合同约定责任范围内尽职履责是合作成功的前提条件。

2. 风险费用承担原则

承担风险的政府和社会资本或其他利益相关方，因为风险发生而导致的损失或费用，由风险责任承担者自行承担。

（二）风险分配框架

1. 合同约定风险

合同约定风险属于约定责任范围。在前面风险分担和风险控制的论述中，已经详细论证了政府和社会资本各自的责任范围和各自对风险的控制措施。在政府和社会资本各自责任控制范围内的风险因素，如果失控而由此对项目产生的损失或费用，由各自自行承担。如果是政府责任产生的风险费用，则要调整合同对应费用指标，政府自行根据国家有关管理法规追究相关责任者的责任；如果是社会资本责任产生的风险费用，则政府维持原合同对应指标费用。

2. 政策、法规变化

无论是国家还是地方政府或者政府相关行业主管部门的法律、法规或政策，都是代表政府制定或修订。如果政策、法规改变，对 PPP 项目产生收益或损失，都属于政府受益或费用承担的范畴，对应调整 PPP 项目合同费用（调减或调增）。

3. 市场变化

人员、材料、机械、能源等市场价格社会平均水平发生变化，政府和社会资本双方在 PPP 项目合同中约定一定的强度范围。经过市场调研和同行业其他传统模式项目的承担强度，作为合同约定社会资本承担的有限强度风险责任范围，超出范围的，政府应该调整 PPP 项目合同对应指标的费用，如污水处理价格等。

4. 社会、自然不可抗力影响

根据我国传统模式同类项目的相关政策条款，政府和社会资本各自承担相应的责任风险。

5. 合同条件改变风险

政府和社会资本合作，是围绕贯穿 PPP 项目全生命周期始终的 PPP 项目合同约定来实现政府管理、监管和社会资本的具体管理执行工作，合同约定的条件来源于政府在项目准备阶段对项目及其相关指标的论证。如果在 PPP 项目建设运营过程中，实际情况与合同约定存在政策、法规、市场和不可抗力之外的变化，那么根据变化的责任和强度，由政府和社会资本按照责任承担的原则，妥善补充协议解决。

一般来说，政府单方面提出项目功能、规模、质量档次的改变，责任在政府，PPP 项目合同对应费用调整；社会资本对合同要求的质量档次降低、替代产品使用或者服务质量不达标等，政府有权要求社会资本按照合同约定重新处理，并且不调整合同费用；如果在合同约定的范围之内，存在局部或极少量的建设工程量等与合同不一致，政府和社会资本约定一个风险承担范围，范围之内政府不调整合同费用，范围之外合理调整合同费用。例如，某分部分项实际工程量在合同约定量的±2%范围内，并且整个 PPP 项目该项分部分项工程费用总金额不超过 5000 元，则都不调整合同费用等。如果这两项变动都超出（包括减少或增加）约定强度，则属于政府受益或风险承担的责任范围，对应调减或调增对应项目的合同结算或决算价格。

（三）风险费用与违约措施

承担风险的政府和社会资本或其他利益相关方，因为风险发生而导致的损失或费用，由风险责任承担者自行承担。如果存在违约，怎么办？

1. 社会资本违约

PPP 模式首先是社会资本先行垫资建设，事后运营阶段政府根据绩效评价给予费用及合理利润补偿。如果社会资本违约，属于政府财政预算付费或可行性资金缺口付费的项目，政府可以拒绝支付；属于使用者付费并且经过政府评价核算，使用者付费金额大于社会资本应该得到的年度费用及其合理利润的，合同约定政府是要受益的，社会资本的违约使得政府得不到或不及时得到应得的收益时，政府可以启动法律程序维权。

2. 政府违约

对于政府违约风险，社会资本可以通过下列办法减少或化解风险。

（1）附加信用担保协议。社会资本可以在签订 PPP 项目合同的同时，提出签订 PPP 项目合同的附加信用担保协议，并且在 PPP 项目合同中明确规定附加信用担保协议与 PPP 项目合同具有同等法律效力。双方通过签订信用担保协议预防和降低政府信用风险带来的损失，是减少项目政府信用风险的一种有效方法，这样项目的运营强度就能够得到更强有力的支持。

（2）政治风险投保。政治风险投保是商业保险公司或官方机构可向项目投资者或项目公司、贷款银行和其他参与方提供政治风险投保。如山东日照电厂是德国 Hermes 和荷兰的 CESCE 两家信誉机构为其政治风险进行投保，从而保证了项目融资的顺利进行。

（3）寻求政府书面保证。我国政府机构会干预基础设施项目的建设与运营，因此政治风险不容忽视。社会资本应尽量向我国政府机构寻求书面保证，包括政府对一些特许项目权力或许可证的有效性、可转移性的保证，对特殊税收结构的标准以及对外汇管制的承诺等控制手段。广西来宾 B 电厂项目在政治风险控制方面得到了政府强有力的支持，如国家计委、国家外汇管理局、原电力工业部分别为项目出具了支持函等。

（4）委托多边投资担保机构。涉及多国参与的 PPP 项目，对于非商业性风险可以委托多边投资担保机构提供担保，从而对 PPP 项目的政治风险进行控制，如由于战争、暴乱等导致损失的风险等。另外，国际金融公司、世界银行、亚洲开发银行等对于外汇的不可获得风险和外汇的不可转移风险等提供担保，这对于社会资本控制 PPP 项目的政治风险提供了思路。

（5）相互担保协议。PPP 项目中政府和社会资本项目双方之间可以签署一系列相互担保协议，双方在自己的权力范围内做出某种担保或让步，以达到双赢目的。社会资本以这些协议为基础得到一定程度的法律保护。这些协议主要有进口制协议、劳务协议、诉讼豁免协议、公平仲裁协议和开发协议。根据项目的特点，不同的项目签署不同的相互担保协议。

3. 通力合作，规避违约

政府和社会资本的精诚合作是项目的支撑和基础，一旦双方的合作关系破裂就会直接导致 PPP 项目的结束。这不是政府采用 PPP 模式的初衷，更不是社会资本的意愿。因此，应尽量在政府项目准备阶段充分深入论证，在 PPP 项目合同中详细约定。如果遇到纠纷，尽量本着社会责任感，在不影响项目建设运营提供公共服务或产品的前提下，寻求法律的支持妥善解决。我国对项目管理和纠纷解决的法律还是非常健全的。例如，最高人民法院《关于充分发挥审判职能作用切实加强产权司法保护的意见》（法发〔2016〕27 号）强调，依法公正审理行政协议案件，促进法治政府和政务诚信建设。对因招商引资、政府与社会资本合作等活动引发的纠纷，要认真审查协议不能履行的原因和违约责任，切实维护行政相对人的合法权益。对政府违反承诺，特别是仅因政府换届、领导人员更替等原因违约毁约的，要坚决依法支持行政相对人的合理诉求。对确因国家利益、公共利益或者其他法定事由改变政府承诺的，要依法判令补偿财产损失。又如，国务院《关于加强政务诚信建设的指导意见》（国发〔2016〕76 号）强调，加强政府和社会资本合作领域政务诚信建设。强化政府有关部门责任，建立政府和社会资本合作失信违约记录。明确政府和社会资本合作项目政府方责任人及其在项目筹备、招标投标、政府采购、融资、实施等阶段的诚信职责，建立项目责任回溯机制，将项目守信履约情况与实施成效纳入项目政府方责任人信用记录。

》》》 十九、PPP 项目风险控制和风险分配的重要意义

PPP 项目风险控制和风险分配有效合理，对项目的建设运行以及公共效益最大化都具有重大的经济意义和社会意义，而风险控制和分配不当会给国家和社会带来很多危害。

一是项目成败的关键。中华发电项目总投资 168 亿元，装机规模 300 万千瓦，由山东电力、山东国际信托、香港中华电力以及法国电力共同发起的中华发电有限公司承担，合作经营期为 20 年，期满后电厂资产全部归中方所有。为促成合作，项目公司与山东电网签署了《运营购电协议》，约定了每年的最低售电量。根据 1998 年原国家计委签署的谅解备忘录，已建成的石横一期、二期电厂获准 0.41 元/度这一较高的上网电价，基本保障了项目收益。然而在 2002 年 10 月菏泽电厂新机组投入运营时，山东省物价局批复的价格是 0.32 元/度，这一电价无法满足项目的正常运营，从 2003 年开始，山东省发改委将中华发电与山东

电力间的最低购电量从 5500 小时减为 5100 小时。由于合同约束，山东电力仍须以计划内电价购买 5500 小时的电量，价差由山东电力自行填补，导致合作无法为继，项目收益锐减。

二是给国家公共利益带来损失。上述中华发电项目，发改委根据实际需要，用电量 5100 小时就可以满足需求，项目合同约定固定回购 5500 小时，造成 400 小时的电量浪费。

三是给人民群众造成不应该的经济负担。上述中华发电项目，山东省物价局批复的价格是 0.32 元/度，可该项目还要履行合同约定的 0.41 元/度的电价。

四是给社会资本贪婪的暴利追求提供条件。上述中华发电项目，本来国家需求量减少了，市场价格也降低了，可就是合同有约定，山东电力自行填补合同约定与需求、市场之间的价差。

五是给人民群众的生活造成严重损害，给社会稳定和生态环境造成严重的破坏。

中华发电项目为我们带来以下反思：项目合同存在风险控制设计缺陷，决策者在引入项目时安排定量回购，固定回报，也没有对可能遇到的各类风险进行具体明确的定义和估算，更没有合理量化的风险分配，导致项目走向失败。合同的风险控制和在有效控制前提下的合理风险分配必须引起项目各参与方的高度重视。

第 八 章

政府和社会资本合作（PPP）项目
招标采购文件（含控制价）论证

通过物有所值评价和财政承受能力论证的 PPP 新建、改扩建或存量项目，政府或政府授权的项目实施机构准备项目招商实施方案（在方案阶段，再次验证项目 PPP 模式的物有所值和财政承受能力），并组织编制含预算控制价的 PPP 项目采购文件，准备 PPP 项目采购。PPP 项目采购一般有公开招标、邀请招标、竞争性谈判、竞争性磋商和单一来源等采购方式。本章重点论证新建、改扩建 PPP 项目招标采购文件（含招标控制价）的通用实质性条款（存量项目或其他采购方式，可以对应参照使用），供政府或政府授权的 PPP 项目实施机构组织编制具体 PPP 项目采购文件主要是招标采购文件（含招标控制价）时参考使用。

》》》一、PPP 项目采购公告

政府或政府授权的项目实施机构，完成项目筹建的前期项目技术方案、规划选址、用地申请、环境影响等各类评价、地质勘察、技术（扩大）初步设计、固定资产投资概算论证、年度运营流动成本估算等 PPP 项目招商实施方案论证编审工作后，根据项目的具体性质、规模和我国的招标采购程序规定，在有关公开媒体、信息平台公开发布 PPP 项目招标公告，准备招标采购。存量项目在完成资产评估和运营维护年度成本估算等 PPP 项目招商实施方案论证编审工作后，发布招标采购公告。

（一）PPP 项目概况与招标采购范围

1. PPP 项目概况

根据已经论证并经评价审批的项目实施工艺技术方案、技术（扩大）初步设计文件内容及有关该项目的前期规划开发条件、用地情况，确定项目的建设建筑物、构筑物、道路、管线等基本建筑构成，项目建设投资规模，功能性质和项目运营维护要求等项目基本概况。存量资产项目描述现有项目建筑构成、运营状况等基本情况。

2. PPP 项目招标采购范围

（1）新建、改扩建项目招标采购范围。政府完成项目规划选址、用地申请、环境影响等前期评价、地质勘察地形测量、技术（扩大）初步设计、投资概算论证以及年度运维成本估算等项目前期工作后，在技术（扩大）初步设计文件及其固定资产投资概算范围内，项目招标采购的主要范围是指中标或项目合同约定的社会资本投资融资，并依照政府组织完成的技术（扩大）初步设计文件的要求，承担项目建设投资及铺底流动资金的融资，完成项目施工图纸细化设计，完成建设施工组织设计方案编制，组织工程监理和建设施工完成，实施项目运营维护，项目生命周期结束后原则上无偿向政府移交项目资产并平稳退场等。其中，社会资本投标的工程建设内容包括项目工程施工图设计、工程组织设计（含施工方案及其优化、创新的施工方法和高效的管理措施等）、工程施工、工程监理等工程建设工作。

（2）存量项目招标采购范围。政府或政府授权的项目实施机构完成经过政府或政府有关主管部门批准市场化的现有资产的评估工作后，在评估资产范围内，项目招标采购的主要范围是指中标或项目合同约定的社会资本投资融资，并依照被评估的资产及其功能范围，实施项目运营维护，项目生命周期结束后原则上无偿向政府移交项目资产并平稳退场等。

（二）PPP 项目投标人资格要求

根据 PPP 项目的行业性质、规模（含建设规模和投资规模）、功能及专业技术要求，设立社会资本投资人的投标资格要求。在遴选社会资本方资格要求方面，要客观、公正、详细、透明，禁止排斥、限制或歧视民间资本和外商投资。具体项目的具体要求，在各个 PPP 项目的招标采购文件中具体约定。

1. 独立性要求

社会资本投标人应该是国内外注册的民营企业、私营企业、现代企业制度的国有企业或外资企业等独立法人或法人联合体，即已经建立现代企业制度的境内外企业法人，但不包括本级政府所属融资平台公司及其他控股国有企业。

2. 资金实力要求

社会资本投标人应该具备国务院关于固定资产投资建设资本金制度要求的资本金实力，同时，对投资规模要求的资本金之外的投资资金，要有充足的融资资金来源。

3. 专业技术实力要求

社会资本投标人应该具备项目建设运营所需要的专业技术能力和专业管理能力，具体体现在社会资本企业现有的组织机构框架和专业技术人员构成框架中。

4. 业绩要求

社会资本投标人应该具备与招标采购项目相类似的项目建设业绩和运营服务业绩。

5. 诉讼、违规违约要求

社会资本投标人一般在至本项目招标采购期，近几年（如三年）没有因投标人违约或不恰当履约引起的合同中止或终止、纠纷、争议、仲裁和诉讼记录，也没有相关的行政处罚记录，没有处于限制投标期内等。

6. 联合体数量和资格要求

联合体社会资本投标人一般要求联合体成员不得超过一定数量，如 2～3 名。联合体各方成员均应当具备承担招标采购项目的相应能力和资格条件。联合体各方应当具有共同投标协议，不得再以自己的名义单独或加入其他联合体在同一标段中参加资格审查。在共同投标协议中要明确主要牵头单位对接招标项目的政府或政府授权的项目实施机构处理协商的各个项目事项。

7. 建设工程设计、施工、监理和 PPP 项目运维等综合管理能力要求

PPP 模式中政府不但需要引进社会资本的资金，还要引进社会资本优秀的技术、管理能力。在项目工程建设工作中，政府要引进的不仅是建设投资，还要引进社会资本施工图设计能力、工程质量监理能力、工程施工组织管理能力等，在工程建设阶段，PPP 模式如同我国的工程代建模式。因此，社会资本投标整体既可以是联合体，也可以是独立法人，但至少要具备项目投资融资能力、工程建设的施工图设计能力、工程监理管理能力和工程施工管理能力等，至于设计、监理、施工资质条件，社会资本可以具备，也可以在 PPP 项目中标、成交后，根据《中华人民共和国招标投标法》进行招标确定。

PPP 项目社会资本投标人的资格除了资本金及融资能力要求外，还要具备工

程建设施工图设计能力、工程施工管理能力、工程质量进度造价等监理工作能力和项目运营维护能力等。社会资本投标方可以与其他资格的社会单位合作，但绝不能转包。

综上，社会资本投标人在投资、设计、施工、监理、运维等方面，要么本身具备响应条件，要么具备综合管理能力（在社会资本投标人员构成和组织机构中体现），并且承诺通过第二阶段招标引进相应实施资质主体，要么具备相应资格和能力的独立法人组成联合体投标人。

（三）PPP 项目具体运作方式

1. 项目 PPP 模式的具体运作方式

应基于项目的具体特征和 PPP 模式各类具体运作方式的特点，恰当选用具体项目的 PPP 模式的运作方式。政府和社会资本合作模式主要包括三大类：特许经营类、政府购买服务类、特许经营和政府购买服务混合类。体现为使用者付费政府支付、政府财政预算直接支付和政府财政预算可行性资金缺口支付三种不同的社会资本投资回报方式。按照项目特征对应区分为经营性项目、公益性项目和准经营性项目。

新建项目优先采用建设—运营—移交（BOT）、建设—拥有—运营—移交（BOOT）、设计—建设—融资—运营—移交（DBFOT）、建设—拥有—运营（BOO）等方式。其中，"设计—建设—融资—运营—移交（DBFOT）"的设计是指施工图纸的细化设计工作。我国现有社会主义公有制的基本经济制度下，"建设—拥有—运营（BOO）"方式一般不被采用。现阶段，我国新建项目 PPP 模式一般以"建设—运营—移交（BOT）、建设—拥有（暂时的所有权转让，主要有利于项目抵押或有限追索融资工作的开展）—运营—移交（BOOT）、设计（施工图纸设计）—建设—融资—运营—移交（DBFOT）"为主要运作方式。

存量项目优先采用改建—运营—移交（ROT）方式，也可以采用委托运营和项目管理等具体合作方式。

2. 项目 PPP 模式主要具体运作方式的特点

（1）建设—运营—移交（BOT）方式。自进入投资领域后，BOT 方式很快就为投资国和东道国所认识和接受。实际上，20 世纪 80 年代以来，世界上一些国家，特别是亚洲一些国家或地区都采用 BOT 方式来吸引外资加快基础设施建设，改善本国的投资环境。BOT 作为国际项目或国内项目融资方式的创新模式，主要具有以下特点：

1）项目规模大，经营周期长。很多 BOT 方式投资项目，一般是由多国的十几家或几十家银行、金融机构组成银团贷款，再由一家或数家联合体承包商组织实施。一方面，这种方式可以拓宽吸引外资的渠道，有利于降低融资成本，并可带来先进的技术、设备和管理经验等；另一方面，从与东道国政府协商谈判、进行可行性研究，到经营周期最终结束，时间跨度往往达数年、数十年甚至更长。我国政府规定，一般在 10～30 年。因此，该运作方式不可避免地存在着多种风险，如政策变动、贸易和金融市场变动等。

2）投资难度大。每个 BOT 投资项目都各具特点，一般均无先例可循，对于承包商来说，遇到的每一个 BOT 投资项目都是一个新课题，都得从头开始研究，这无疑加大了投资的难度。

3）各方协作难度大。BOT 投资项目的规模决定了参与方为数众多，它要求参与方都参与分担风险和管理，各尽其责。参与 BOT 投资项目的各方只有通力协作才能保证项目顺利实施、如期竣工，从而正常投入运行，发挥作用。

（2）建设—拥有—运营—移交（BOOT）方式。BOOT 方式的特点主要表现在以下几个方面：

1）拥有所有权。BOOT 方式在项目建成后，在规定的期限内，社会资本既有经营权也有所有权，而 BOT 方式在项目建成后，社会资本只拥有所建成项目的经营权。

BOOT 方式代表了一种居中的私有化程度，因为设施的所有权在一定有限的时间内转给社会资本。对于项目设施没有任何时间限制地被私有化并转移给私人而言，BOO 方式代表的是一种最高级别的私有化。换句话说，一国政府所采纳的建设基础设施的不同模式，反映出其所愿意接受的使某一行业私有化的不同程度。由于基础设施项目通常直接对社会产生影响，并且要使用到公共资源，诸如土地、公路、铁路、管道、广播电视网等，因此，基础设施的私有化是一个特别重要的问题。如收费公路、收费桥梁等运输项目，都是采用 BOT 方式，因为政府通常不愿意将运输网的所有权转交给私人。

2）时间周期长。采用 BOOT 方式比 BOT 方式多了一个"拥有环节"，因此，BOOT 方式从项目建成到移交给政府这一段时间一般要比 BOT 方式长一些。

（3）建设—拥有—运营（BOO）方式。与 BOT 方式相比，BOO 方式的主要特点是社会资本或项目公司有权不受任何时间限制地拥有并经营项目设施。

（4）建设—移交（BT）方式。BT 方式作为一种特许经营模式，主要特点表现在以下几个方面：

1）仅适用于政府基础设施或公共服务非经营性项目建设。

2）政府利用的资金是非政府资金，是通过投资方融资的资金，融资的资金可以是银行的，也可以是其他金融机构或私有的；可以是外资，也可以是国内资金。

3）是一种新的投资融资模式，重点是建设阶段。

4）投资方在移交时，不存在建成后进行经营获取经营收入。

5）政府按比例分期向投资方支付合同约定的建设工程价款。

（5）设计—建设—融资—运营—移交（DBFOT）方式。根据建设工程的建设程序规律、我国政府对项目建设的初步设计投资概算的审批深度和设计阶段对工程造价的影响程度，该种 PPP 模式的设计工作，一般适宜政府授权社会资本组织施工图纸细化设计工作，从而既使政府有效控制建设投资工程造价，又有利于充分发挥社会资本的技术和管理优势。

（6）中国特色 PPP 模式——外包类、特许经营类及私有化类。PPP 模式是一个极其广泛的概念，包含数十种具体的运作实现方式。世界银行、欧盟等多个国际机构均对 PPP 模式有具体的分类和研究，结合中国的国情，我们在研究 PPP 模式时一般将其分为三大类：外包类、特许经营类及私有化类。每一个大的类型下面，又有不同的项目实现具体方式。例如，建设—移交（BT）方式就是外包类的范畴；建设—运营—移交（BOT）方式是特许经营类的范畴。

3. 招标 PPP 项目具体运作方式选择

综上所述，政府或政府授权的项目实施机构，结合招标 PPP 项目的行业性质、项目特征、投融资回报方式和各类具体运作方式的特点，合理选择具体 PPP 项目的具体运作方式。各个地区、各级地方政府可以根据当地实际情况及项目特点，积极探索、大胆创新，灵活运用多种方式或多种方式的有效组合，切实提高项目运作效率。例如，资产证券化方式配合建设—运营—移交（BOT）方式的综合运用。资产证券化方式是 20 世纪 80 年代在美国兴起的一种新型的资产变现方式，它将缺乏流动性但能产生可预见的、稳定的现金流量的资产归集起来，通过一定的安排，对资产中的风险与收益要素进行分离与重组，进而转换为在金融市场上可以出售和流通的证券的过程。

（四）PPP 项目的招标采购方式

1. 招标采购法律依据

PPP 项目是市场对资源配置起决定性作用的产物。政府对基础设施和公共服务项目投资人及其投资建设运营合作伙伴的选择，要遵循相关法律法规，在市场中通过竞争性方式产生。到目前为止，我国还没有专门的政府和社会资本合作模式选择社会资本合作伙伴的相关法律，根据国家和有关部门的相关规定，现阶段应按照《中华人民共和国政府采购法》和《中华人民共和国招标投标法》及其有关规定，结合 PPP 项目的具体特征，通过市场竞争，合理产生具体 PPP 项目的社会资本合伙人。

2. 社会资本方遴选方式

在中华人民共和国境内，政府通过与社会资本合作，以合同方式有偿取得基础设施和公共服务领域的货物、工程和服务的，可以采用公开招标、邀请招标、竞争性谈判、竞争性磋商方式、单一来源采购或国务院政府采购监督管理部门认定的其他采购方式，通过市场合法合规合理择优选择社会资本合伙人，但公开招标应作为政府采购的主要采购方式。详见《中华人民共和国政府采购法》、财政部《关于政府和社会资本合作项目政府采购管理办法》（财库〔2014〕215 号）。

PPP 新建、改扩建大型基础设施、公共服务等公用事业项目，无论国内投资融资，还是国际组织、外国政府投资融资，包括项目勘察、设计、施工、监理以及与工程建设有关的重要设备、材料等的采购，必须根据《中华人民共和国招标投标法》进行招标确定。

3. 政府 PPP 项目招标采购方式

公开招标和邀请招标是政府 PPP 项目采购的主要招标采购方式。PPP 项目一般投资规模大，公开招标采购方式比较适宜。

（1）一阶段招标采购。通过公开招标方式采购的社会资本合作方，并且中选的社会资本合作方本身具备建设工程的建设、生产或提供产品、服务的资格、能力，那么中选的社会资本合作方可以自行组织项目的建设运营。换句话说，中选的社会资本方可以不再组织第二阶段的建设工程的招标程序和招标工作，而是可以自行承担项目建设具体工作（《中华人民共和国招标投标法实施条例》第九条第三款规定：已通过招标方式选定的特许经营项目投资人依法能够自行建设、生产或者提供产品或服务，可以不进行招标）。

（2）两阶段招标采购。如果通过非招标方式（如竞争性谈判、竞争性磋商等方式）采购的社会资本合作方，或者虽然通过公开招标方式采购的社会资本合作方，但社会资本合作方本身不具备建设工程的建设、生产资格、能力，那么中选的社会资本合作方必须按照《中华人民共和国招标投标法》的规定，通过公开招标方式选择 PPP 项目工程建设的具体施工单位、施工图设计单位、监理单位以及重要设备、材料的供货单位等工程建设和工程服务合作人，作为 PPP 项目社会资本方的建设合作承包方。

（3）法律衔接性。依照《中华人民共和国政府采购法》第四条："政府采购工程进行招标投标的，适用招标投标法。"

（五）政府 PPP 项目非招标采购方式

竞争性谈判、竞争性磋商和单一来源等非招标采购方式，也是 PPP 模式的采购方式。对于各种非招标采购方式的使用范围、使用条件，国家和国家相关部门都有详细的规定，是 PPP 项目招标采购方式的重要补充方式。但非招标采购方式采购的社会资本合作方，不能直接从事 PPP 项目建设工程的施工图设计、工程施工或工程监理等工程建设和工程服务工作。中选的社会资本方需要按照《中华人民共和国招标投标法》进行第二阶段的公开招标，选择 PPP 项目建设工程的施工图设计、工程施工或工程监理等工程建设和工程服务工作的合作承包方。

1. 政府采购竞争性磋商采购方式

根据财政部关于《政府采购竞争性磋商采购方式管理暂行办法》（财库〔2014〕214 号），下列（1）～（5）项政府和社会资本合作项目，可以采用竞争性磋商方式选择社会资本合伙人。

（1）政府财政预算直接购买服务的公益性项目。

（2）技术复杂或者性质特殊，前期准备工作不能确定详细规格或者具体要求的项目。这类项目在合同中要约定详细监管程序和消耗性计量及其市场价格的监管工作。

（3）因艺术品采购，专利、专有技术或者服务的时间、数量事先不能确定等原因，前期准备工作不能论证项目价格时，在合同中要约定详细监管程序和消耗性计量及其市场价格的监管工作。

（4）市场竞争不充分的科研项目，以及需要扶持的科技成果转化项目。

（5）按照招标投标法及其实施条例必须进行招标的工程建设项目以外的工程建设项目。

（6）采用竞争性磋商采购方式采购的政府购买服务项目（含政府和社会资本合作项目），在采购过程中符合要求的供应商（社会资本）只有 2 家的，竞争性磋商采购活动可以继续进行。采购过程中符合要求的供应商（社会资本）只有 1 家的，采购人（项目实施机构）或者采购代理机构应当终止竞争性磋商采购活动，发布项目终止公告并说明原因，重新开展采购活动。详见财政部《关于政府采购竞争性磋商采购方式管理暂行办法有关问题的补充通知》（财库〔2015〕124 号）。

2. 政府采购其他非招标采购方式

竞争性谈判、单一来源采购等采购方式也是 PPP 项目社会资本合伙人的选择方式。根据财政部《关于政府和社会资本合作项目政府采购管理办法》（财库〔2014〕215 号）、中华人民共和国财政部令第 74 号《政府采购非招标采购方式管理办法》的有关规定，结合 PPP 项目的实际情况，适当选择使用。

（六）PPP 项目采购方式的选择

综上所述，政府或政府授权的 PPP 项目实施机构，针对具体项目，详细描述项目的基本概况和采购范围，恰当选择 PPP 模式的具体运作方式，合理设立投标社会资本合伙人的资格条件，运用最适当的采购方式，在有关公开媒体或信息平台公开发布项目采购公告，以达到广泛吸引有意向的合格投标人踊跃参与的目标。一般优先采用公开招标采购方式。如果公开招标采购方式的合格投标人数量不能让项目招标继续进行时，则可以依法变更为邀请招标或竞争性谈判或竞争性磋商或单一来源等采购方式。对应的采购方式要依照对应的法规制度进行。不管哪种 PPP 项目采购方式，项目预算控制价都是必须设立的。同时，不管哪种 PPP 项目采购方式，包括采购公告、采购人须知、采购评审及采购结果确认、采购合同签订等的采购文件，也是必需的。其他采购方式的采购文件可以依照有关法规制度，参照招标采购文件编制。

》》 二、PPP 项目投标人须知

不同行业、不同地域、不同规模功能的具体 PPP 项目、不同采购人、不同的采购方式等，项目投标人须知的内容是不一样的。这里只介绍几点共性的必要内容。

作为 PPP 项目的招标主体，政府或政府授权的项目实施机构至少应该让 PPP 项目潜在投标人了解与项目招标相关的有关情况与招标人的要求，这是 PPP 项目投标人须知的内容。投标人至少应该了解项目的基本内容，项目投资规模，政府完成的项目前期准备工作，本次项目招标的内容，项目建设运营的目标，招标采购方式是公开招标还是邀请招标，投标人的投标资格条件，是否允许联合体投标，是否需要二次工程招标，投标是否需要投标保证金，如果中标是否需要履约保证金，是否需要提交建设工程质量保证金，是否有招标代理机构协助招标，评标委员会的组建情况，评标定标的程序条件，投标报价的要求，投标人一旦中标的风险责任，如何实现投资回报，建设工期和运营维护周期的时间，项目建设或运营的组织机构或技术机构、技术人员的要求，合同条款的基本内容等情况，以上都是投标人想了解的内容，也是招标人应该在 PPP 项目招标采购文件的对应条款中给予明确的内容。

（一）招标 PPP 项目的基本情况

根据拟招标项目的具体情况，结合第三章 PPP 项目的工艺技术方案和技术（扩大）初步设计的基本内容，介绍招标项目的行业性质、建筑构成、专业系统、建设规模、功能性质、运营能力等项目本身的基本情况；介绍与项目相关或配套的基本情况，如项目建设运营所需要的周边水暖气电是否到位，项目建设用地的地质情况，场地是否平整，项目建设运营是否对周边环境、社会稳定产生影响等。

（二）政府完成招标 PPP 项目前期工作情况

基于我国政府对项目建设的程序管理要求以及政府需要对项目投资控制和监管的需要，政府一般在前期工作中已经完成了项目建设方案、项目规划选址工作、项目立项审批工作、项目建设用地的征地拆迁工作、地质勘察和地形测量工作、技术（扩大）初步设计工作以及项目环境影响评价、社会稳定风险评价、节能减排评价和交通影响评价等工作。其中，技术（扩大）初步设计工作除包括项目本身的设计之外，还包括项目水暖电气配套设施设计、各项影响评价的问题处理措施方案设计以及不良地质状况处理措施方案设计、地下降水处理措施方案设计、场地平整方案设计等。

（三）PPP 项目招标内容

（1）有些项目招社会资本投标人提供项目建设资金。有些项目可能还招一些运营年度的项目运营资金，具体情况具体描述。

（2）在项目技术（扩大）初步设计文件（除包括项目本身的设计之外，还包括项目水暖电气配套设施设计、各项影响评价的问题处理措施方案设计以及不良地质状况处理措施方案设计、地下降水处理措施方案设计、场地平整方案设计等）的范围内，投标社会资本还应完成施工图纸细化设计工作、建设工程的施工组织设计工作、工程监理工作、工程施工工作以及项目运营生命周期内的运营维护工作，在项目运营维护生命周期结束后，无偿向政府移交项目资产，并及时清理退场。

（四）PPP 项目投资规模、建设运营周期和产品或服务价格

根据 PPP 项目的具体建设规模、要求情况，结合第四章 PPP 项目的固定资产投资结构、第五章 PPP 项目固定资产投资概算论证（不含预备费），不含预备费的 PPP 建设工程投资概算总额为预期项目投资规模。

按照第六章 PPP 项目建设工期和动态投资回收期之和的年份数量，一般项目建设运营周期即招标 PPP 项目的生命周期，一般投标不可竞争。

产品或服务价格一般设立招标控制价格，详见第六章。投标可以竞争，超过招标控制价格为废标。

（五）PPP 项目投资回报方式

不同的项目，投资回报方式不同。应根据测定具体描述约定。

1. 使用者付费＋政府财政预算可行性缺口付费的投资回报方式

按照第五章 PPP 项目固定资产投资概算论证的投资概算金额（不含预备费）和第六章项目运维年度成本金额，依照建设投资在运维年度年均回报和当年回报流动成本（设计每年流动成本相同），运维生命周期投资及其合理利润年度回报现值之和，对照项目年度设计运营能力和政府价格部门核定的项目产品或服务价格（第六章论证，设计运维年度相同）的乘积的现值之和，如果前者大于后者，则采用使用者付费＋政府财政预算可行性缺口付费的投资回报方式。两者之差为政府财政预算可行性缺口付费的现值。这种情况下，政府可以对项目周边或项目本身进行一些可行的商业开发，授权社会资本开发，拓展一些支付收入，弥补财政预算直接资金的不足。

2. 使用者付费的投资回报方式

按照第五章 PPP 项目固定资产投资概算论证的投资概算金额（不含预备费）和第六章项目运维年度成本金额，依照建设投资在运维年度年均回报和当年回报流动成本（设计每年流动成本相同），运维生命周期投资及其合理利润年度回报现值之和，对照项目年度设计运营能力和政府价格部门核定的项目产品或服务价格（第六章论证，设计运维年度相同）的乘积的现值之和，如果前者小于后者，则采用使用者付费的投资回报方式。两者之差为项目使用者付费收入超过社会资本投资及合理利润成本的超额收入，政府和社会资本应该合理约定超额收入分成办法，政府收入缴入国库。

3. 政府财政预算直接支付购买服务的投资回报方式

如果项目为纯公益性的非经营性项目，则不产生使用者付费，则政府财政预算直接支付购买服务。这种情况下，政府可以对项目周边或项目本身进行一些可行的商业开发，授权社会资本开发，拓展一些支付收入，弥补财政预算直接资金的不足。

（六）PPP 项目运作方式和社会资本遴选方式

详见本章招标公告。

（七）资金来源及资本金情况

要求投标人具有一定的经济实力，根据项目性质和投资规模，至少具有《国务院关于决定调整固定资产投资项目资本金比例的通知》（国发〔2009〕27 号）规定的自有资本金。项目投资其他的资金来源有可行的资金融资渠道，并提供相关证明材料。

（八）项目公司组建情况及出资比例

社会资本可以独立组建项目公司，也可以与政府股份制组建项目公司。如果政府股份制参与组建项目公司，则政府要按照投资比例预备资本金而定投资金额，并落实出资人。一般政府参股不控股，具体比例依照项目的具体情况而定。

（九）投标人资格、业绩和信誉

一般要求投标人为民营企业、私营企业、现代企业制度的国有企业或外资企业或联合体。具有与招标项目类似的建设、运营经历、经验，提供相关证明材料。近几年没有违约或诉讼，提供相关证明材料。

如果投标人本身是建筑施工企业，又准备自身建设施工，那么必须具备工程施工相关资质，项目经理等相关技术管理人员必须有相应的执业或职称资格，如项目经理须具备一级建造师执业资格，并要提供能够建设施工的相应管理机构和人员构成、机械构成的证明材料。

（十）联合体投标

允许联合体投标。联合体社会资本投标人一般要求联合体成员不得超过一定数量，如 2～3 名。联合体各方成员均应当具备承担招标采购项目的相应能力和资格条件。联合体各方应当具有共同投标协议，并在协议中明确联合体出资比例和承担的责任，联合体成员不得再以自己的名义单独或加入其他联合体在同一标段中参加资格审查。联合体各方签订的共同投标协议，应当明确代表各个联合体成员共同权益的主责牵头人。该主责牵头人代表 PPP 项目合同的社会资本合同主体方，与 PPP 项目合同的政府合同主体方洽谈、协商与项目相关的各项事项。

联合体成员中，联合体牵头人或联合体负责工程施工的成员必须有建设工程施工相关资质，并具备建设工程管理相关技术人员及机构构成，如施工项目经理必须具备一级建造师执业资格等，并提供相关证明材料。

（十一）建设工程二次招标

如果投标人本身不具备建设工程的相关资质条件，那么社会资本投标人在获取中标资格后，必须按照《中华人民共和国招标投标法》的相关规定，组织项目建设工程的招标投标活动，并在本次投标文件中有相关承诺或说明。

（十二）运营维护组织机构

社会资本投标人应该在投标文件中明确运营维护阶段、项目运营维护组织机构和组织机构人员情况。将国家或地方政府同类政府运营管理的组织机构人员定额要求作为投标机构人员配备的上限水平。如果超出国家或地方政府同类政府运营管理的组织机构人员定额要求，视为不是优秀的社会资本投标人，投标文件不被接纳。

（十三）施工图设计、工程监理

施工图细化设计、工程监理工作既是项目招标的内容之一，也是投标社会资本应该承担的责任。为了规范社会资本施工图设计和工程监理工作，PPP 项目招标采购文件应该规定社会资本对施工图设计和工程监理的社会化、专业化机构和专业人员构成，提供相应要求的承诺材料，并在日后工程服务二次招标中落实执行，为政府或政府授权的项目实施机构提供监管的依据。

（十四）工程保险、材料设备采购、质量检测检验

社会资本投标人应该在投标文件中提供的风险费用范围内完成工程保险、材料设备采购、与建设工程相关的各类质量检测检验和消防、人防、园林等政府行业手续办理的承诺书。

（十五）接受政府监管承诺

包括建设阶段的管理人员的投标人到位、材料设备质量标准、施工工艺要求等与建设工程质量相关和管理程序相关的工作，社会资本要提供全程接受政府监管的承诺书，承诺实施过程中不符合要求的，接受政府处罚。

包括项目运营维护阶段管理服务及生产工人的人员配置不超出政府同类项目运营维护的人员定额水平，材料能源消耗不高于政府同类项目运营维护的消耗水平，人员专业技术素质、管理水平、消耗性材料、能源的品质以及环保程度、损耗等，社会资本要提供全程接受政府监管的承诺书，承诺实施过程中不符合要求的，自行承担费用，造成不良社会环境影响的，自行解决并接受政府处罚。

社会资本提供在项目生命周期结束时，按时、无偿、完好地向政府移交项目资产并清理退场的承诺书。如未兑现承诺，接受政府处罚。

（十六）投标保证金和履约担保

参加投标的社会资本应当缴纳投标保证金和履约保证金。社会资本应当以支票、汇票、本票或者金融机构、担保机构出具的保函等非现金形式缴纳保证金。投标保证金数额不得超过项目预算金额的 2％。履约保证金的数额不得超过 PPP 项目初始投资总额或者资产评估值的 10％。无固定资产投资或者投资额不大的服务型 PPP 项目，履约保证金的数额不得超过平均 6 个月服务收入额。参照财政部关于《政府和社会资本合作项目政府采购管理办法》（财库〔2014〕215 号）。

（十七）PPP 项目投标人其他须知

（1）建设质量要求：根据我国建设工程质量竣工验收有关规定，至少合格。

（2）运营维护标准要求：根据我国同类项目运营标准，至少应该达到地方政府或行业要求的运营品质。

（3）建设工程质量缺陷维修保养要求：根据我国有关建设工程的质量维保规定，至少要在规定的维保时间内免费检测维修。质量缺陷保修期内设施设备检测维修费用不能列入运维成本回报。

（4）投标费用要求：社会资本投标人在投标工作中发生的一切费用，由投标人自行负责。中标社会资本投资人不能将投标费用列入成本投资回报。

（5）备选投标方案要求：招标人一般不接受备选投标方案。

（6）现场踏勘和投标预备会：投标人可以申请现场踏勘和投标预备会，需要提问招标人的答疑问题，书面提交，招标人对各个投标人的答疑问题统一书面答复。

（7）是否退还投标文件：中标社会资本的投标文件构成项目合同的有效组成部分。未中标社会资本投标文件，招标人不予退还。

（8）投诉：社会资本投标人或其他利害关系人认为招标投标活动不符合法律、行政法规规定的，可以自知道或应当知道之日起的规定时间内向有关行政监督部门投诉。投诉应当有明确的请求和必要的证明材料。

（9）投标、开标、评标时间、地点：具体项目具体约定。

（10）异议：社会资本投标人或其他利害关系人对招标文件、开标程序、评标结果等招标有关事项有异议的，社会资本投标人可以在一定时间内提出。如对评标结果有异议，应当在中标人公示期间提出，招标人自收到异议之日起一定时间内做出答复，做出答复前，招标人应当暂停招标投标活动。

（11）投标人代表出席开标会：投标人的法定代表人或其授权的委托代理人，或联合体牵头人的法定代表人或其授权的委托代理人，携带相关证明材料参加投标开标活动。

（12）投标文件装订、密封、是否计算机辅助评标：具体项目具体约定。

（13）开标时招标人拒收投标文件的情形：具体项目具体约定。

（14）招标采购结果确认谈判可否变动的细节：在政府和社会资本合作招标采购评标结果之后，评标结果确认的环节很重要。一般招标采购评标委员会只是依据招标采购评标办法出具合格投标人的评标结果排名，政府或政府授权的项目实施机构招标人不授予评标委员会确认结果的权力。在评标排名结果出具后，政府或政府授权的项目实施机构一般组建招标采购结果确认谈判小组，依次谈判，确认采购结果。因此，根据项目的实际情况，招标采购文件可以明确约定有些不构成招标采购文件的评标或项目合同条款的实质性的细节内容，可以在谈判工作中变更，如项目合同签订的代表人依法授权变更。

（15）未参加资格预审的潜在社会资本投标人的约定：如采用资格预审，未参加资格预审的潜在社会资本可否参加投标的情形，可以在招标采购文件中予以约定。

（16）可能变动的实质性条款约定：如果采用竞争性谈判或竞争性磋商采购方式采购的，项目采购文件可以约定评标委员会根据与社会资本谈判情况并经请示政府，有些对项目实施有利的实质性条款可以变动，变动后的实质性条款构成项目合同的组成部分。例如，采购需求中的技术、服务要求以及合同草案条款等。

（17）采购本国货物和服务、技术引进和转让等政策要求的有关约定。

（18）社会资本投标人行贿、提供虚假材料或者串标行为的约定和处罚措施。

（19）评标委员会应该遵守评标工作纪律，不得泄露评审情况和评标过程中获悉的国家秘密、商业秘密的约定和处罚措施。

（20）招标控制价：本项目设立招标控制价。

（21）投标报价。

（22）是否授权评标委员会确定中标、成交社会资本合作方：一般不授权评标委员会直接确定中标、成交人，只是授权评标委员会将按照分项详细评估法评标的社会资本投标得分由高到低顺序排名的评标结果，提交政府或政府授权的项目实施机构，供政府确认社会资本合作方使用。

三、评标委员会组建

项目实施机构、政府采购代理机构应当成立评审小组，负责 PPP 项目采购的资格预审和评审工作。评审小组由项目实施机构代表和评审专家共 5 人以上单数组成，其中评审专家人数不得少于评审小组成员总数的 2/3。评审专家可以由项目实施机构自行选定，但评审专家中至少应当包含 1 名财务专家和 1 名法律专家。项目实施机构代表不得以评审专家身份参加项目的评审。详见财政部关于《政府和社会资本合作项目政府采购管理办法》（财库〔2014〕215 号）。

四、PPP 项目分项详细评估法评标

PPP 项目采购无论以哪种采购方式，采购评审和确认都是必需的程序，一般采用分项详细评估法对潜在社会资本参与者进行综合性评审是比较科学的。

分项详细评估法评标，一般按照初步评审、详细评审、社会资本投标文件的澄清和补正、项目 PPP 模式论证咨询费用评审、评标结果等程序进行。

（一）初步评审

对照采购文件、资格预审文件（如果采用资格预审方式）、采购公告要求的有关项目采购条件，对社会资本投标文件反映的有关投标情况进行核实，如果投标人的投标文件完全准确无误地响应招标人（采购人）提出的有关要求，则为有效投标文件；不完全响应采购要求的投标文件为废标。有效投标文件进入详细评审程序。例如，非竞争性报价项目少报或漏报的，未按照地方政府等概算定额或同类政府运维项目消耗成本核算、人员定额消耗报价的，工程消耗水平或运维材料、能源消耗水平高于概算定额或者地方政府等同类运维项目的成本核算、人员定额水平的，工程建设投资回报折现率未报价的或者报价超过招标控制价格的，项目产品或服务价格未报价或报价水平超过招标控制价格的，项目全生命周期高于招标生命周期的，竞争性投标报价水平高于招标控制价格的，等等，均为初步评审不合格，不进入详细分项评审。

（二）详细评审

进入详细评审阶段的有效投标文件，评标委员会对照采购文件设立的详细评标评分办法进行评分评审。一般评分评审（综合总分设为 100 分）包括社会资本资格评分（采用资格预审的除外）、投资融资评分、工程建设评分、项目运营维护评分、项目移交评分和社会资本工程建设投资回报折现率等技术、经济指标评分，各类评分按照招标采购文件设立的综合评分权重（一般资格 5 分，投资融资 20 分，工程建设 30 分，项目运营维护 30 分，项目移交 5 分，工程建设投资回报折现率 10 分，这种权重分配比较符合 PPP 项目融资建设运营维护的科学性内

涵，各个 PPP 项目招标人可以参考使用），综合评分最高的为评标排名第一，依次排名。

1. 社会资本资格（适用于资格后审）评分

根据招标采购文件或招标公告设立的投标人资格条件，各类条件的计分量值以社会资本资格总分 100 分为基准，区别各个条件的优秀、良好、一般、较差等等级，分别给予投标文件的对应计分，按照社会资本资格占综合总分权重（暂设 5 分）计算各个投标社会资本的资格得分，记为 f1。

2. 投资融资评分

投标社会资本的资金实力、融资渠道、融资水平、融资到位的程度，是确保项目建设运营维护正常和保证质量的前提条件之一。以投资融资总分 100 分为基准，评标委员会根据招标采购文件设立的社会资本能够落实的资本金额度、融资渠道的畅通性、体现融资水平的融资方案设计、融资到位的进度等，区别投资融资条件的优秀、良好、一般、较差等等级，分别给予投标文件的对应计分，按照社会资本投资融资占综合总分权重（暂设 20 分）计算各个投标社会资本的投资融资得分，记为 f2。

3. 工程建设评分

社会资本投标的工程建设内容包括项目工程施工图设计、施工组织设计（含施工方案及其优化、创新的施工方法和高效的管理措施等）、工程施工、工程监理等工程建设工作。

工程建设评标是指对社会资本本身或社会资本拟将二次工程招标的评审评分，包括施工图细化设计的理念构想等技术评分；施工组织设计（包括创新、优化施工方法、技术工艺做法）评分；工程监理组织方案评分；工程施工（含材料设备供货能力）组织评分；投标工程报价评分等。

工程建设评标评分指标点有：建设工程的施工图设计、工程施工、工程监理等组织机构和人力资源配备情况；建筑安装工程所需要的材料、设备供货渠道；施工机械的供应情况；施工图设计、工程施工和工程监理的执业资质情况；社会资本投标人（包括联合体投标人）以往完成类似项目业绩情况、信誉诉讼情况以及对项目工程建设的风险承担或分担情况；投标工程经济报价水平；社会资本投标人（包括联合体投标人）的商务情况等。这些评分指标点的优劣都是项目建设工程保质量、保安全、保进度、保投资控制是否有效的基础条件。以工程建设总分 100 分为基准，PPP 项目评标委员会应该根据 PPP 项目招标采购文件设立的各项工程建设打分指标，区别各项投标指标的优秀、良好、一般、较差等，给予各项指标计分，并按照社会资本工程建设占综合总分权重（暂设 30 分）计算各个投标社会资本的工程建设得分，记为 f3。

其中：

（1）施工图纸优化设计评分。主要是指社会资本投标人在政府技术（扩大）初步设计图纸文件的范围内，对政府提供的 PPP 项目建设工程技术（扩大）初步设计图纸文件涵盖的分部分项工程、单位工程施工技术措施和结构节点施工技术处理措施进行优化，优化后的施工方法既简单又科学有效，而且降低施工成本。这样的施工图优化设计为优秀的施工图优化措施，按照优秀、良好、一般和较差等级，分别计分。

（2）施工组织设计评分。施工组织设计是工程施工具体工艺工序操作的指导性文件，也是工程各个工序交错施工效率高低的指导性文件，是工程进度和工程质量保证的监督管理文件，非常重要。一个优秀的 PPP 项目社会资本投标人，对施工组织设计文件的要求非常重视，因为优秀的施工组织设计对工程建设的消耗性损耗、用工用材用机械的合理程度，都起着不可估量的作用，也是 PPP 项目招标实施的重要预期。因此，在招标采购评标工作中，评标委员会要根据施工组织设计评审打分指标，包括质量管理体系、施工方案与技术措施、重点分部分项工程的详细工序做法，安全和绿色施工保障措施、工程进度计划和保证措施、劳动力配置及保证措施、施工机械的配置、成品保护和工程保修的管理措施以及应急预案及处理措施等施工组织设计的具体指标，分别给予各个设计指标优秀、良好、一般、较差的区别打分。

（3）工程施工（含材料设备供应、人员机械配置到位）评分。社会资本本身或社会资本联合体或拟将二次招标的社会资本合作施工方，应该具备且在社会资本投标文件中应当体现的施工项目经理的建造师资格（一般为一级较妥）、技术负责人的技术职称（一般为高级工程师较妥）、施工组织机构及专业技术人员构成，材料设备供货渠道、机械配置、类似工程建设业绩（包括企业或项目经理、技术负责人的业绩）、施工资质等级、安全生产许可、信誉诉讼、工期和质量承诺等因素指标，是合格如期建设竣工的基本条件，评标委员会要根据招标采购文件设计的对应指标，分别予以优秀、良好、一般和较差的区别打分。

（4）工程监理工作评分。工程监理工作是社会资本方承担的投标或合同约定工作之一。社会资本或社会资本的联合体或其合作监理方，在社会资本统一的 PPP 项目投标文件中要体现工程监理工作的工作方案及其相关承诺，构成工程监理工作的人员、机构配置和按照国家有关监理工作规范规程组织施工监理并承担相关责任的监理方案的各个构成指标，这是 PPP 项目招标采购评审的范围。评标委员会要按照 PPP 项目招标采购文件规定的各项评标评分标准，给予各个对应指标不同的评分。

（5）工程建设投标报价评分。工程建设投资即固定资产投资。PPP 项目招标采购阶段工程建设投标报价，即固定资产投资概算社会资本报价。固定资产社会资本投资概算，是 PPP 项目建设投资的预期，包括建设工程费用（建筑安装工程费用、设备工具器具购置费用、与项目建设有关的其他费用）、土地使用费用、建设投资融资成本（建设期利息）等建设成本及成本合理利润。

PPP 项目工程建设的投标报价总金额，还应当包括基本预备费和涨价预备费两项。这两项预备费用的投标，一般按照招标文件规定金额，投标人不做任何改动地计入投标报价总金额中。这两项预备费是作为招标人的政府基于建设工程施工过程中可能发生一些政策、法规、市场变化以及局部项目工程量变化或不可抗力，导致的工程人工、材料费用增加而准备的预备性质的费用。另外，政府在 PPP 项目的前期准备工作中，可能要通过有关程序聘请相关技术咨询单位，则要发生与项目有关的相关咨询费用。这些费用如果列入社会资本总融资的范畴，则以不可竞争的费用列入报价；如果政府自行单独承担支付，则可以不列入社会资本投标报价的范畴。不管哪种方式，这些费用都是 PPP 项目固定资产投资总费用的组成部分。

这里研究的是固定资产投资总费用方式的社会资本投标报价，将包括基本预备费、价差预备费、政府前期咨询费用、土地使用费用等不可竞争的费用在内的社会资本报价总金额。采用分项报价、分项评分的原则。

包括基本预备费、价差预备费、政府前期咨询费用、土地使用费用等不可竞争的费用在内的社会资本报价评分，详见 PPP 项目工程建设投标报价评分一览表，如表 8-1 所示。

表 8-1　PPP 项目工程建设投标报价评分一览

序号	评分项目	招标控制价（万元）	投标报价（万元）	竞争性	得分	备注
1	建设工程费用（含设备工具器具购置费用）	控制价	报价	可竞争		基础设施报价一般低于控制价 8% 为低于成本；公共服务报价一般低于控制价 6% 为低于成本
2	咨询等其他费用	控制价	报价	可竞争		
		控制价	控制价	不可竞争		
3	建设用地费用	控制价	控制价	不可竞争		
4	建设期融资利息	控制价	报价	可竞争		
		控制利息率	投标利息率	可竞争		

续表

序号	评分项目	招标控制价（万元）	投标报价（万元）	竞争性	得分	备注
5	建设投资合理利润（含税）	控制价	报价	可竞争		
		控制利润率	投标利润率	可竞争		
6	基本预备费（含不可抗力等）	控制价	控制价	不可竞争		
7	价差预备费（含政策、法规、市场变化）	控制价	控制价	不可竞争		
8	竞争性投标报价总金额	控制价	报价	可竞争		
9	投标报价总得分					

PPP 项目工程建设投标报价评分一览表有关说明：

1）投标报价为分项报价、分项评分。

2）投标报价的评分点：可竞争性的报价项目，为评分计分项目。

3）不可竞争性的投标报价项目，不参与评分计分，但填写金额与招标控制价金额不完全一致时，整个投标文件为废标。

4）所有可竞争性的投标报价项目，其报价高于招标控制价的，整个投标文件为废标。

5）为了规避社会资本低于工程建设成本报价，在建设工程费用投标报价中，设立低于招标控制价一定比例的投标报价为低于成本价。例如，参照国家有关《房屋建筑和市政工程标准施工招标文件》的评标条款：评标过程中，评标委员会发现房屋建设工程投标人的投标报价低于招标控制价的 6%，或者市政工程投标人的投标报价低于招标控制价的 8%，启动质疑程序后投标人不能按照评标委员会要求进行合理说明或补正或不能提供相关证明材料的，该项建设工程费用投标报价对应的整个投标文件为废标。

6）不可竞争的投标报价：主要包括部分政府前期咨询费用、建设用地使用费用、基本预备费、价差预备费。

7）各项可竞争性的投标报价的评分标准及占总分的权重，具体项目具体设定。

4. PPP 项目运营维护评分

PPP 项目运营维护阶段，是实现项目提供公共产品或服务的阶段。PPP 项目中标的社会资本合作人，通过组建项目运营维护经营机构，消耗一定的材料、能源和人力资源，运行已经建成的固定资产或存量固定资产，接受政府授权向社会提供公共产品或服务。运营维护阶段的分项详细评估法评标，包括材料和能源消耗评分、人力资源消耗评分、提供产品或服务质量标准评分、固定资产维护评分、运营维护投标报价评分等。以运营维护总分 100 分为基准，PPP 项目评标委员会应该根据 PPP 项目招标采购文件设立的各项运营维护评分指标，区别各项投标指标的优秀、良好、一般、较差等并按照社会资本运营维护占综合总分权重（暂设 30 分）计算各个投标社会资本的运营维护得分，记为 f4。

（1）材料和能源消耗评分。PPP 项目运营性材料和能源消耗一般以不超出政府同类项目成本核算的单位产品或服务消耗为基础，结合项目设计能力，制定年度消耗方案。针对具体项目的年度投标消耗方案，按照 PPP 项目招标采购文件基于政府同类项目消耗基准的各个指标评分点，如各类主材年度消耗、各类辅材年度消耗、各类水电暖气等能源年度消耗指标点，对不同项目进行具体设计。评标委员会根据项目招标采购文件设立的主要材料、辅助材料、能源基本消耗、能源计量消耗等消耗性材料和能源方案所体现的消耗性材料的品质（材料品质一般以不低于某个品牌的某个型号、规格的材料品质为评价基础）、数量和能源的数量评分指标，在不超出政府同类项目成本核算的单位产品或服务消耗的基础上，对各个消耗性投标方案对应指标消耗按照优秀、良好、一般、较差级别分别计分。超出政府同类项目成本核算的单位产品或服务消耗水平的，为不合格方案，不合格方案为废标。

（2）人力资源消耗评分。PPP 项目运营维护服务管理机构的人员配置，一般要以政府同类项目运营维护单位产品或服务的人力资源定额消耗为基础，一般不能超出政府同类运营项目的单位产品或服务的人力资源定额水平，超过政府同类项目人员定额水平的投标方案为废标，对应整个社会资本的投标方案也为废标。针对各个合格的生产、服务和管理等各类人员配置及管理机构设置的社会资本人力资源投标方案，评标委员会根据项目招标采购文件，基于政府同类运营项目设置的各类人员及机构评分指标点，给予社会资本人力资源消耗各个指标点以优秀、良好、一般和较差的不同计分。

（3）提供产品或服务质量标准评分。在政府项目规划设计达到产品或服务生产能力的前提条件下，以政府同类项目的产品或服务提供的质量和服务水平标准为评分指标设置点。评标委员会按照 PPP 项目招标采购文件基于政府同类项目的产品服务提供质量和服务水平设置的评分指标点，对照各个社会资本的产品或服务提供的质量及服务水平承诺投标方案，按照优秀、良好、一般、较差等级对社会资本投标方案各个对应指标点分别计分。

（4）固定资产维护评分。PPP 项目建设工程固定资产维护，是项目正常运行的基本前提。维护得不好，可能会发生停业、停产、停运等，或者发生产品或服务提供不合格，影响社会公众的正常工作和生活，甚至引起社会不稳定等社会法律风险，影响国民经济和社会发展。所以，项目运营期间固定设施设备的正常维护或者设备设施正常大修处理，是保证项目正常运行的重要工作。优秀的固定资产维护方案，是保证固定资产得到正常日常检修维护和正常大修维护的根本。固定资产维护方案的评分指标点，一般考虑以下承诺，如未履行承诺，则在 PPP 项目合同风险条款中予以惩罚。投标社会资本一般要基于正常日常维护和正常大修维护至少做出下列承诺：

一是正常运营日，不能停产停运。如停产停运，则对应扣除停产停运日的成本及利润支付。

二是正常运营日，如果不是政府或社会公众的原因，一般要达到设计生产能力的运行强度。如未达到，则对应扣除未达产成本及利润支付。

三是按照国家、地方政府或行业规定的设施设备大修期限组织设施设备的大修或改造。如果未达到大修或改造年限，政府不予以补偿大修或改造费用。

四是不能因为设施设备的问题给社会公众或使用者造成工作或生活上的不便或降低服务水平。

根据社会资本上述应该有的正常承诺，设立对应的评分指标点，评标委员会根据优秀、良好、一般、较差层级分别计分。如果社会资本还有其他更优的承诺，评标委员会还可以适当加分，但总分不能超出该项评分方案的权重总分。

（5）运营维护投标报价评分。PPP 项目运营维护生命周期内的运营维护总成本，基于生命周期的长短不一样，有可能运维总成本还大于建设工程固定资产投资总成本。所以，运维成本的投标报价及其评估评分也是相当重要的。

年度运维成本发生在招标采购后期不同的年份，随着时间的流逝，未来不可预见的变化可能很多。但是招标采购阶段为了各个投标人的统一投标平台、共同投标基础，投标报价评分设置了一些共同的不可竞争的投标项目和投标参数，如动产设备购置、设备设施大修为不可竞争的报价项目，公共产品或服务的提供数量均按照年度设计能力计算人工、材料和能源等直接性消耗成本报价。这些为招标程序而设置的统一报价项目或报价参数，对具体 PPP 项目的具体年度风险，在 PPP 项目合同中详细约定。在材料、人员、能源、检修维护、其他营业管理等直接消耗性的单位产品或服务消耗量不高于政府同类产品或服务成本核算或人员定额的前提条件下，社会资本分项、竞争性、折现方式投标报价按照分项报价、分项评分的原则，PPP 项目运营维护生命周期投标报价评分详见表 8-2。

表 8 - 2   PPP 项目运营维护生命周期投标报价评分一览

序号	评分项目	招标控制价（万元）	投标报价（万元）	竞争性	得分	备注
1	运维生命周期各年度运维消耗性成本费用在采购年度的现值之和	控制价	报价	可竞争		各年度消耗性成本包括材料、人员、能源、检修维护、其他营业管理费用等直接消耗
2	运维期间各个年度融资利息在采购年度的现值之和	控制价	报价	可竞争		
		控制利息率	投标利息率	可竞争		
3	运维期间各年度与项目运维有关的营业管理消耗性之外的其他费用（含政府、行业正常收费）在采购年度的现值之和	控制价	报价	可竞争		
4	运维期间各年度运维成本合理利润（含税）在采购年度的现值之和	控制价	报价	可竞争		
		控制利润率	投标利润率	可竞争		
5	添置设备预备费	控制价	控制价	不可竞争		
6	设施设备大修预备费	控制价	控制价	不可竞争		
7	基本预备费（含不可抗力、绩效评价咨询等）	控制价	控制价	不可竞争		
8	价差预备费（含政策、法规、市场变化）	控制价	控制价	不可竞争		
9	运维期间各年度竞争性投标报价在采购年度的现值之和	控制价	报价	可竞争		
10	运维期间投标报价总得分					

PPP 项目运营维护生命周期投标报价评分一览表有关说明：

1）采用分项报价、分项评分的原则。

2）投标报价的评分点：可竞争性的报价项目，为评分计分项目。

3）不可竞争性的投标报价项目，不参与评分计分，但填写金额与招标控制价金额不完全一致时，整个投标文件为废标。

4）所有可竞争性的投标报价项目，其报价高于招标控制价的，整个投标文件为废标。

5）各年度的运维直接消耗性费用、运维期间各年度与项目运维有关的营业管理消耗性之外的其他费用（含政府、行业正常收费）、运维融资利息、运维合理利润等PPP项目运维费用，社会资本按照竞争性原则报价，并将各年度的竞争性费用竞争折现到项目招标采购年度，以现值求和方式所得总价报价。

6）不可竞争性的添置设备预备费、设施设备大修预备费、含运维期间政府绩效评价咨询等的基本预备费和包括政策、法规、市场变化在内的涨价预备费等不可竞争性费用，社会资本按照招标控制价格不做任何改动地填写报价，如报价填写项目名称或金额与招标控制价不一样，则整个社会资本投标文件为废标。

7）各项可竞争性的投标报价的评分标准及占总分的权重，具体项目具体设定。

8）评分项目"运维生命周期各年度运维消耗性成本费用"中的"其他营业管理费用"内涵与评分项目"运维期间各年度与项目运维有关的营业管理消耗性之外的其他费用（含政府、行业正常收费）"的内涵是完全不一样的。前者属于直接消耗性质，后者与项目有关。

5. PPP项目移交评分

这里所说的项目移交，是指PPP项目全生命周期结束后，社会资本向政府移交项目。由于社会资本已经在PPP项目合同约定的生命周期内收回全部投资、投资成本及合理投资利润，社会资本应该无偿将项目资产移交给政府。社会资本方在项目移交时，要制定移交方案，确保移交项目的资产各项性能正常。移交方案应该包括资产性能、资产类别及其数量、项目运维机构人员、项目建设运维有关资料、材料等技术文档以及项目所拥有的知识产权，法律过户手续和管理权移交手续，项目债务情况，人员工资福利是否清偿等移交内容。移交项目应该是建设运营投入资产全数归还并性能正常，各项与项目建设运营及项目本身有关的各项资料、材料等技术性文档齐全，法律过户和管理权移交手续齐全，至移交截止时间项目无债务并且项目运维机构齐全、人员工资福利未拖欠、材料能源费用无拖欠，也没有其他任何与项目有关的债务，项目移交过程中不影响项目正常运营提供公共产品或服务等。政府基于项目移交应该具备上述条件和要求，在项目采购文件中制定适当的评标指标评分点，评标委员会针对上述条件和要求，以项目移交总分100分为基准，区别各个指标的优秀、良好、一般、较差等级别，分别给予投标文件对应移交方案的指标计分，按照项目移交占综合总分权重（暂设5分）计算各个投标社会资本的项目移交得分，记为f5。

6. 工程建设投资回报折现率评分

PPP 项目是社会资本前期建设投资，政府在项目运营维护年度采用各类资金来源以适当的回报方式分期给予支付，而资金是有时间价值的，建设投资延期回报的资金时间价值即投资回报资金折现率的高低，直接影响政府后期支付的强度。对于使用者付费的项目来说，直接影响使用者的经济承担强度，处理得不好，项目失败不说，还会造成重大的社会和法律问题。因此，政府对社会资本后期支付的资金折现率予以控制意义特别重大，在招标采购评标分值设定时，分值权重应该较大，有利于选择优秀的社会资本投标人。

工程建设投资回报折现率，一般按照政府招标采购年度确定的招标控制价的资金折现率为投标报价的上限，评分权重以项目评标总分权重的 10 分为满分，计算各个社会资本的投标报价得分，记为 f6。详见 PPP 项目工程建设投资回报资金折现率投标评分一览表，如表 8-3 所示。

表 8-3　PPP 项目工程建设投资回报资金折现率投标评分一览

政府招标设立的工程建设投资回报控制折现率：	
社会资本对工程建设投资回报的投标折现率：	
评分得分（满分 10 分）f6	投标折现率高于控制折现率，废标
	投标折现率等于控制折现率，得 0 分
	投标折现率低于控制折现率 10%（含）以上，得 1 分
	投标折现率低于控制折现率 20%（含）以上，得 2 分
	投标折现率低于控制折现率 30%（含）以上，得 3 分
	投标折现率低于控制折现率 40%（含）以上，得 4 分
	投标折现率低于控制折现率 50%（含）以上，得 5 分
	……
	投标折现率为零，得 10 分
	对照投标折现率和招标控制折现率，根据上述评分标准，给予社会资本工程建设投资回报的投标折现率评分，评分结果 f6 构成社会资本投标总分构成

这里采用控制折现率的 10% 为计分档，具体项目可以具体分析。

7. 存量项目评标评分

参照上述对应阶段的评标评分执行。

（三）社会资本投标文件的澄清和补正

在 PPP 项目采购评审过程中，评标委员会可以书面形式要求投标人对所提交投标文件中不明确的内容进行书面澄清或说明，或者对细微偏差进行补正。评标委员会不接受社会资本投标人主动提出的澄清、说明或补正。

澄清、说明或补正不得改变投标文件的实质性内容（算术性错误修正的除外）。社会资本投标人的书面澄清、说明或补正属于投标文件的组成部分。

评标委员会对投标人提交的澄清、说明或补正有疑问的，可以要求社会资本投标人进一步澄清、说明或补正，直至满足评标委员会的要求。

（四）项目 PPP 模式论证咨询费用评审

政府在项目前期是否采用 PPP 模式的论证工作中，可能发生了一些咨询费用。例如，物有所值评价、财政承受能力论证、PPP 模式招商实施方案编制等。这些费用政府可以单列，也可以列入社会资本统一投标报价中（见表 8-4）。这里要求列入社会资本投标人统一投标报价中，列入不可竞争性的投标报价，社会资本不做任何变动地在社会资本综合投标报价中按照招标控制价格的列项和金额填写。

本次投标报价未列入的项目中期绩效评估评价等政府监管工作咨询等费用，在项目运维政府控制成本预算的基本预备费中列项考虑。

表 8-4　项目 PPP 模式论证咨询费用投标报价一览

序号	评审项目	招标控制价（万元）	投标报价（万元）	竞争性	得分	备注
1	项目 PPP 模式物有所值评价和财政承受能力论证报告编制费	控制价	控制价			不评分，但填写不对时，投标文件作废
2	PPP 项目招商实施方案编制费	控制价	控制价			不评分，但填写不对时，投标文件作废
3	PPP 项目招标代理费（含招标采购文件和控制价编制费，如为存量项目，还包含存量固定资产评估咨询费）	控制价	控制价			不评分，但填写不对时，投标文件作废
4	项目运维中期绩效政府评估预备费					在项目运维基本预备费中考虑
5	项目运维期末移交政府资产评估和绩效评价咨询预备费	控制价	控制价			不评分，但填写不对时，投标文件作废

（五）评标结果

PPP 项目招标采购评审委员会按照招标采购文件及其相关文件，对社会资本投标文件评审工作完成后，按照投标社会资本投标综合得分由高到低的顺序推荐中标候选人（见表 8-5）。总分得分最高的有效社会资本投标文件对应的投标人为排名第一的社会资本投标人，依此类推。

各个分项的评分指标及评分权重，应具体项目具体设置。

参与 PPP 招标采购项目分项详细评分评审的社会资本投标文件，必须是各项投标内容都完全符合招标采购文件要求的社会资本投标文件。例如，招标采购文件要求记入投标总价的政府前期咨询费用、土地使用费用、基本预备费、价差或涨价预备费用等，虽然投标为不可竞争费用，但未列入的投标文件要做废标处理，不参与分项详细评审评标程序。

评标委员会拟定书面评审报告，提交给政府或政府授权的 PPP 项目实施机构，供政府或政府授权的项目实施机构组建的"招标采购结果确认谈判工作组"谈判和确认中标、成交社会资本合作方使用。

表 8-5　PPP 项目分项详细评审评标结果一览

序号	社会资本投标人		投标人一	投标人二	……	备注
1		总分得分（总分 100）	总分得分最高	总分得分第二名	……	f1＋f2＋f3＋f4＋f5＋f6
2	得分	资格评审得分 f1（权重 5 分）				资格预审的采购项目没有这项，本项适用于资格后审 PPP 项目
3		投资融资评审得分 f2（权重 20 分）				
4		工程建设评审得分 f3（权重 30 分）				工程建设有五项评分指标：施工图设计方案、施工组织设计方案、工程施工管理方案、工程监理组织管理方案、工程建设投标报价方案。其中，投标报价权重适宜偏大，可以占 50%左右
5		项目运营维护评审得分 f4（权重 30 分）				项目运营维护有五项评分指标：材料和能源消耗方案、人力资源消耗方案、提供产品或服务质量标准方案、固定资产维护方案、运维投标报价方案。其中，投标报价权重适宜偏大，可以占 50%左右

续表

序号	社会资本投标人		投标人一	投标人二	……	备注
6	得分	项目移交评审得分 f5（权重 5 分）				
7		工程建设投资回报折现率评审得分 f6（权重 10 分）				按照分项详细评估法评标的"PPP 项目工程建设投资回报资金折现率投标评分一览表"评审计分

（六）重新招标和不再招标

PPP 项目招标采购可以采用资格预审（如果采用资格预审，提交资格预审申请文件的时间自招标公告发布之日起不得少于 15 个工作日），也可以采用资格后审。所谓资格后审，就是在招标投标活动中，评标时先对社会资本投标文件的有关社会资本的投标人资格进行审查。项目有 3 家以上社会资本通过资格审查的，项目实施机构可以继续开展采购文件准备工作；项目通过资格审查的社会资本不足 3 家的，项目实施机构应当在调整资格审查公告内容后重新组织资格审查；项目经重新资格审查后合格社会资本仍不够 3 家的，可以依法变更采购方式，如采取竞争性谈判、竞争性磋商、单一来源采购等非招标采购方式。参照财政部关于《政府和社会资本合作项目政府采购管理办法》（财库〔2014〕215 号）。

如依法变更为竞争性磋商采购方式，则在采购过程中符合要求的供应商（社会资本）只有 2 家的，竞争性磋商采购活动可以继续进行。采购过程中符合要求的供应商（社会资本）只有 1 家的，采购人（项目实施机构）或者采购代理机构应当终止竞争性磋商采购活动，发布项目终止公告并说明原因，重新开展采购活动。详见财政部《关于政府采购竞争性磋商采购方式管理暂行办法有关问题的补充通知》（财库〔2015〕124 号）。

五、招标采购评标结果确认

（一）招标采购结果确认谈判工作组的组建

评标委员会的评审工作结束后，依法出具社会资本投标评审排名的评审结果，提交政府或政府授权的项目实施机构对评标结果进行中标确认。

政府或政府授权的项目实施机构，一般组建一个招标采购结果确认谈判工作组。招标采购结果确认谈判工作组的成员及人数，一般由政府或政府授权的项目实施机构依照项目的具体情况确定，但至少应当包括财政预算管理部门、行业主管部门代表，以及财务、法律等方面的专家。涉及价格管理、环境保护的 PPP 项目，谈判工作组还应当包括价格管理、环境保护行政执法机关代表。评标委员会成员可以作为采购结果确认谈判工作组成员参与采购结果确认谈判。

招标采购结果确认谈判工作组负责采购结果确认前的谈判和最终的采购结果确认工作。

（二）招标采购结果确认

招标采购结果确认谈判工作组应当按照评标委员会评标报告推荐的候选社会资本排名，依次与候选社会资本及与其合作的金融机构就项目合同中可变的细节问题进行项目合同签署前的确认谈判，率先达成一致的候选社会资本即为预中标、成交社会资本。

招标采购结果确认谈判工作组的确认谈判不得涉及项目合同中不可谈判的核心条款，不得与排序在前但已终止谈判的社会资本进行重复谈判。

（三）中标、成交社会资本公示

政府或政府授权的项目实施机构，应当在预中标、成交社会资本确定后 10 个工作日内，与预中标、成交社会资本签署确认谈判备忘录，并将预中标、成交结果和确认谈判备忘录、项目合同文本在有关公开媒体、信息平台进行公示，公示期不得少于 5 个工作日。项目合同文本涉及国家秘密、商业秘密的内容可以不公示。

政府或政府授权的项目实施机构，应当在公示期满无异议后 2 个工作日内，将中标、成交结果在省级以上人民政府有关政府采购信息发布媒体或信息平台上进行公告。

公示期满无异议并且发布公开公告后，政府或政府授权的项目实施机构或本项目被委托授权的政府采购代理机构，可以向预中标、成交的社会资本发出"中标、成交通知书"。

政府或政府授权的项目实施机构，在"中标、成交通知书"发出后 30 天内，将项目招标采购公告内容，资格预审文件（如采用资格预审）包括的投标人的一些资格条件，招标采购文件涵盖的项目招标内容及相关要求、合同条款等内容，或竞争性谈判或竞争性磋商采购文件涵盖的一些协商条款，以及社会资本中标、成交投标商业标书、经济标书、技术标书，建设工程施工组织设计等技术内涵，项目运营维护，风险分担条款，项目移交等承诺，综合形成 PPP 项目合同文本（已经公示过的），上报 PPP 项目所在地本级人民政府，政府在组织有关部门形成的审核团队审核通过后，责成 PPP 项目实施机构按照政府组织审核通过的项目合同文本，与中标、成交的社会资本签订 PPP 项目合同或者项目合作意向协议（针对需要设立专门项目公司的 PPP 项目）。

对于需要设立专门项目公司（包括社会资本独立设立的项目公司，政府参股与社会资本共同组建的项目公司），来组织项目的融资投资、具体建设、运营维护以及项目资产移交的 PPP 项目，待项目公司成立后，由项目公司与政府或政府授权的项目实施机构重新签订 PPP 项目合同（基于项目合作意向协议签订），或者签订关于继承 PPP 项目合同的补充合同（基于 PPP 项目合同签订）。

PPP 项目合同（包括继承 PPP 项目合同的补充合同）签订之日起 2 个工作日内，政府或政府授权的 PPP 项目实施机构应当将正式签订并生效的 PPP 项目合同在省级以上有关公开媒体或信息平台上发布公开公告。但 PPP 项目合同（包括继承 PPP 项目合同的补充合同）中涉及国家秘密、商业秘密的内容除外。

六、PPP 项目招标控制价和招标采购文件的构成

（一）PPP 项目招标控制价概述

PPP 项目采购时，政府一般要设立项目控制价格作为社会资本参与竞争的报价上限，控制价格也是政府对采购项目的投资预期，对政府采购、后期建设运营维护、项目生命周期结束的投资监管及 PPP 模式的绩效评价都有重要的意义。无论采用哪种项目采购方式，或哪种合作形式，对 PPP 项目的投资本质上没有影响，因为项目投资是由项目本身的建设运维消耗及有关项目管理、资金成本和社会资本合理利润决定的。采用招标采购方式的控制价格，称为招标控制价。

政府或政府授权的项目实施机构在发布 PPP 项目招标采购文件时公布招标控制价，同时应将招标控制价及有关资料报送 PPP 项目所在地政府与 PPP 项目有关的管理机构备案备查。

PPP 项目招标控制价应该由具有编制能力的政府或政府授权的项目实施机构编制和复核。如果政府或政府授权的 PPP 项目实施机构没有编制能力，可以委托具有相应资质的社会咨询人（一般指工程造价、会计师事务所或评估机构）编制和复核。但接受委托编制复核 PPP 项目招标控制价的社会咨询人，不得再就同一 PPP 项目接受社会资本投标人委托编制投标报价。

1. PPP 项目招标控制价的构成要素

PPP 项目投资预期的招标控制价，包括固定资产投资费用、运营维护费用和社会资本的投资回报等费用要素。土地使用费、规划强度开发（配套项目建设或

改造）费用、当地环境和社会影响的成本费用、建筑安装工程费用、设备工具器具购置费用、咨询费用等与项目建设有关的费用以及建设期间贷款利息和国家要求的各项税费等，是项目固定资产投资构成费用，也是 PPP 项目招标控制价的重要费用要素。运营维护期间的能源、材料、人力资源等消耗性费用和维修维护、维修改造（包括资产大修）以及运营期间贷款利息、各种税费等，是项目运营维护的费用构成，同样是项目招标控制价的构成要素。由于 PPP 模式是引进社会资本投资、建设、运营实现项目功能的发挥，政府又只在项目投产后分期使用各类资金来源给予社会投资资金的补偿和资金利率的回报，那么社会资本投资的资金回报自然也是政府应该承担的支出责任，也是构成 PPP 项目招标控制价的组成部分。

2. PPP 项目招标控制价的影响因素

基于 PPP 项目招标控制价的构成要素，那么对各构成要素产生影响的因素都是项目招标控制价的影响因素，有些因素甚至贯穿项目成本的始终。

（1）土地使用权的取得及用地状况。我国建设用地使用权的取得分为无偿划拨和有偿使用权出让。采用无偿划拨方式获得建设用地使用权的，不需要缴纳土地使用权出让金。采用有偿使用权出让方式获得建设用地使用权的，建设单位要向国家缴纳土地使用权出让金。土地使用权出让金列入项目建设成本，直接影响项目招标控制价。建设用地有偿使用权出让方式，又可以采用招标拍卖、转让、协商等具体形式实现土地使用权出让，不同的使用权出让形式，产生的土地使用权出让金的金额是不同的。因此，建设用地使用权的获得方式，是项目招标控制价的重要影响因素。建设用地原有地上物的拆迁、征地费用也是项目招标控制价的影响因素。同时，建设用地的地质、地形状况等同样是影响项目投资或招标控制价格的重要因素。

（2）当地基础设施的配套。建设项目投入使用，无论是新建基础设施还是新建公共服务项目，水电气热等配套基础设施都是项目功能正常发挥的前提条件，在项目规划期间就要考虑项目上下游的基础配套设施的现状条件和使用需要。

（3）用地环境和社会条件。建设项目对环境的影响和当地环境对建设项目的影响，如土地污染治理、项目建设或使用对环境的预期影响，都要考虑治理方案并进行综合治理。项目建设和运营与当地社会之间的相互影响，如项目建设引起大规模的移民，可能增加社会的不安定因素，这种影响就应该计入项目招标控制价建筑安装费用中的社会成本。

（4）项目规模、技术规范要求。项目设计的技术规范、功能需求、规模大小、材料设备品质、工艺技术做法和技术措施等是项目建筑安装工程费用和设备工具器具购置费用的构成要素。

（5）与项目建设有关的程序和咨询。包括项目建设程序需要的各类审批费用，程序费用（如招标场地租赁费用），政府需要缴纳的行业费用（人防异地建设费用、水电气热等市政使用费用），勘查、设计、监理、可行性研究或实施方案编制等咨询费用，聘请技术人员、规划验收测量、地基沉降观测、建设竣工资料竣工图编制及其技术档案微缩、项目试运行联动调试等其他与项目建设有关的费用，建设期间贷款利息，物价上涨，社会资本的企业性质或企业资质（有些地方政府针对不同的企业采取不同的施工取费费率）等。

（6）项目运营维护。包括项目运营对水、电、气、热等能源的消耗，项目运营需要消耗的原材料、半成品、包装、测试等材料消耗和人力资源消耗；固定资产配件维修、更换大修改造所消耗的材料工具器具和人力资源的消耗；运营维护期间的贷款利息。

（7）各种税费。项目建设运营期间需要上缴的各种所得税、营业税、增值税等税收和政府各个行业部门的行业收费、程序收费、管理收费等费用。

（8）社会投资资金成本及投资回报方式。PPP项目是基于政府引进社会投资进行项目建设运营，社会资本是需要投资回报的。合理而不暴利的社会资本的投资回报即投资利润，也是PPP模式项目招标控制价的影响因素。政府给予社会资本投资回报的时间和方式，如运营年度不产生运维成本融资，则不产生运维成本的资金成本。如使用者付费的项目，如付费收入足以支撑运维成本及成本合理利润，就不会产生运维成本的资金时间价值，对应降低项目整体的政府支付，项目招标控制价水平也就降低。

（9）项目全生命周期的合作期限。由于PPP项目是在全生命周期内分期给予社会资本的投资回收支付，资金又是有时间价值的，所以无论是建设周期还是运营维护周期的时间（年份）长短，都直接影响项目的招标控制价。

（10）国家和地方政府的债券收益率。基于财政的有关政策文件，项目折现率参照同期地方政府的债券收益率，因此，政府债券收益率的高低直接影响项目投资社会平均水平的招标控制价。

（11）商业银行的中长期贷款利率。财政部的有关文件规定以商业银行中长期贷款利率水平为基准，综合确定项目建设运营的投资利润率的社会平均水平，而投资利润是PPP项目招标控制价的组成部分，那么商业银行的中长期贷款利率当然是项目招标控制价格高低的影响因素。

（12）其他因素。政策法规、市场、标准规范选择的恰当性、管理人员的管理水平和专业素质、咨询公司的咨询水平和咨询效率、国际国内社会经济影响因素以及自然灾害和不可预见的产生项目费用的因素等对招标控制价的费用构成有直接或间接影响的所有因素，都是项目招标控制价的影响因素。

3. PPP 项目招标控制价的重大意义

PPP 项目的成败，投资效益的高低，政府支付和社会公众付费是否合理公平，纳税人是否受益，社会资本或项目公司投资回报是否合理不暴利，都离不开政府的有效监管。政府授权监管项目的项目实施机构除了对项目规模、技术功能充分论证并监管实施外，在满足国民经济和社会发展对功能规模需求的前提下，投资成本的监管工作是项目 PPP 模式运营监管的重要环节。PPP 项目与其他所有项目一样，都有自己的建设、运营程序规律，每一个程序环节都会发生不同影响力的计划或实际现金流动指标，招标控制价、建设竣工决算投资、项目运营中期绩效评价、项目移交绩效后评价等现金流动指标的合理性，是评价每一个程序环节监管工作是否有效的基础，也是项目最终是否真正有效成功落地的有效鉴别因素。

PPP 项目在准备阶段应该编制拟将招标项目的招标控制价，招标控制价是政府作为项目责任主体，在项目建设期间不付费而采用运营期间分期付费的 PPP 模式应支付的项目全生命周期预计成本全价的初始现值，是项目招标预期的成本计划，是项目是否采用 PPP 模式的决策比较值，是项目投标社会资本衡量自己的实力并决策是否参与投标的指南针，是投标社会资本报价的上限，是 PPP 项目招标文件的核心组成部分，是项目后期建设、运营成本价值管理的基础性依据。招标控制价的编制标准是 PPP 项目合同条款的约定基础，也是 PPP 项目合同经济条款约定的重要指南。

PPP 项目在准备阶段的重要工作之一，就是根据全面、合理、深化、细致的技术论证需求，有效论证政府在 PPP 模式下应该承担预期建设、运营成本的合理有效性，即有效设置招标控制价。有效设置招标控制价是项目建设、运营投资成本监管工作的首要环节，是后期监管工作的基础。有效设置招标控制价有利于政府对 PPP 项目的有效监管，有利于投标社会资本对投资回报的预期测算和投标决策，更有利于社会公众对项目成本价值的社会评价。

属于政府支付的成本，根据财政部《政府和社会资本合作项目财政承受能力论证指引》（财金〔2015〕21 号）第五条关于"各级财政部门应当在编制年度预算和中期财政规划时，将项目财政支出责任纳入预算统筹安排"和第二十五条关于"每一年度全部 PPP 项目需要从预算中安排的支出责任，占一般公共预算支出比例应当不超过 10％。省级财政部门可根据本地实际情况，因地制宜确定具体比例，并报财政部备案，同时对外公布"的要求，PPP 项目实施机构在前期准备阶段合理确定招标控制价，有利于政府财政预算支出的合理测算和合理结算的基础性分析。

如果项目建设运营生命周期中，各个年度有包括使用者付费在内的其他收入，则可以抵扣政府财政预算支付的成本强度，但不构成招标成本现值的招标控制价的增减。因为招标控制价是项目正常发挥功能所需要的总体成本在招标阶段的等效价值。

(二) PPP 项目招标控制价的编制与复核依据

（1）国家、地方政府或行业关于建设工程的计价概算定额及其相关计价文件。

（2）国家、地方政府或行业关于 PPP 项目的同类政府项目运营维护成本核算办法和人员定额办法。

（3）国家、地方政府或行业关于 PPP 项目有关的社会咨询、服务计价管理办法。

（4）国家、地方政府关于土地有偿使用或征地拆迁补偿等相关办法。

（5）国家、地方政府有关项目管理的政策性、法规性费用标准。

（6）市场因素。

（7）拟定的 PPP 项目招标采购文件。

（8）同期国家、地方政府债券收益率。

（9）同期中央银行、商业银行中长期贷款利润率。

（10）PPP 项目技术（扩大）初步设计文件（含配套设计、不良地基处理设计、地下水处理设计、地形场地平整设计、环境影响和社会稳定影响设计、交通影响设计、节能减排绿色建筑设计等 PPP 项目的相关处理措施设计）以及与项目相关的标准、规范、技术资料。

（11）PPP 项目运营维护实施方案（包括机构编制和人员定额以及项目运行提供的产品或服务的质量标准和服务水平要求等）。

（12）PPP 项目全生命周期。

（13）其他相关资料。

(三) 分项详细论证 PPP 项目招标控制价

1. PPP 项目招标控制价总体构成

PPP 项目招标控制价是招标采购年度政府对项目整个生命周期的投资预期。招标控制价总体上是由 PPP 项目建设工程固定资产投资概算总金额、PPP 项目运营生命周期运维投资总金额（采购年度现值）和项目 PPP 模式论证咨询费用组成。

2. 分项详细论证 PPP 项目建设工程固定资产投资概算总金额

PPP 项目建设工程固定资产投资概算总金额（采购年度）的论证详见第

五章。

3. 分项详细论证 PPP 项目运营生命周期运维投资总金额（采购年度现值）

PPP 项目运营生命周期运维投资总金额（采购年度现值），详见 PPP 项目运营生命周期运维招标控制价一览表。项目运维年度投资属于社会资本投标可竞争性的报价指标，招标控制价按照年度折现值计算现值；属于社会资本不可竞争的预备报价，政府招标控制价不做折现而是直接估价列入。如果在项目实际运维年度发生了预备费包含的可能费用项目，则列入对应消耗性成本一并折现或当年支付。

（1）PPP 项目运营生命周期运维招标控制价如表 8-6 所示。

表 8-6　PPP 项目运营生命周期运维招标控制价　　　　　单位：万元

年份序号	运维生命周期年度运维消耗性成本费用在采购年度的现值	运维期间年度与项目运维有关的其他费用在采购年度的现值	运维期间年度融资利息在采购年度的现值	运维期间年度运维成本合理利润（含税）在采购年度的现值	添置运营设备家具预备费	设施设备大修预备费	基本预备费	价差预备费
a+1 年	$c/(1+r)^{a+1}$	$d/(1+r)^{a+1}$	$e/(1+r)^{a+1}$	$g/(1+r)^{a+1}$				
a+2 年	$c/(1+r)^{a+2}$	$d/(1+r)^{a+2}$	$e/(1+r)^{a+2}$	$g/(1+r)^{a+2}$				
a+3 年	$c/(1+r)^{a+3}$	$d/(1+r)^{a+3}$	$e/(1+r)^{a+3}$	$g/(1+r)^{a+3}$				
⋮	⋮	⋮	⋮	⋮	⋮	⋮	⋮	⋮
a+b 年	$c/(1+r)^{a+b}$	$d/(1+r)^{a+b}$	$e/(1+r)^{a+b}$	$g/(1+r)^{a+b}$				
各年度在采购年度现值合计	上述各年度现值之和，记为 p1	上述各年度现值之和，记为 p2	上述各年度现值之和，记为 p3	上述各年度现值之和，记为 p4	h	j	k	m

PPP 项目运营生命周期运维招标控制价＝p1+p2+p3+p4+h+j+k+m。

（2）PPP 项目运营生命周期运维招标控制价一览表有关说明：

1）年度消耗性成本包括材料、人员、能源、检修维护、其他营业管理费用等直接消耗。

2）运维期间年度其他费用是指与项目运维有关的其他营业管理消耗性之外（含政府、行业正常收费）的其他费用。

3）基本预备费（含不可抗力、绩效评价咨询等）。

4）价差预备费（含政策、法规、市场变化）。

5）PPP 项目建设周期 a，详见第六章建设工期（自招标采购年度起）。

6）PPP 项目运营生命周期 b，详见第六章动态投资回收期（自建设工程竣工年度起）。

7）PPP 项目招标采购年度的折现率 r，详见第六章折现率。

8）PPP 项目运维年度合理利润率 i，详见第六章合理利润率。

9）项目年度运维消耗性成本费用（包括材料、人员、能源、检修维护、其他营业管理费用等直接消耗）c，详见第六章年度运维消耗性成本费用。由于运营周期一般较长，未来的市场无法预料，采用招标采购年度的有关经济指标对招标控制价给予论证，并设计未来各个年度的当年运维成本与采购年度相同。未来年度的政府风险在 PPP 项目合同中具体约定。

10）运维期间年度与项目运维有关的其他费用（是指与项目运维有关的其他营业管理消耗性之外（含政府、行业正常收费）的其他费用）d，详见第六章交（缴）纳费用。由于运营周期一般较长，未来的政策、法规都无法预料，采用招标采购年度的有关经济指标对招标控制价给予论证，并设计未来各个年度的当年运维成本与采购年度相同。未来年度的政府风险在 PPP 项目合同中具体约定。

11）运维期间年度融资利息 e，详见第六章运维财务费用和第七章资金成本。由于运营周期一般较长，未来的政策、法规、市场都无法预料，采用招标采购年度的有关经济指标对招标控制价给予论证，并设计未来各个年度的当年运维成本与采购年度相同。未来年度的政府风险在 PPP 项目合同中具体约定。

12）运维期间年度运维成本合理利润（含税）g，详见第六章年度运维利润（含税）。由于运营周期一般较长，未来的政策、法规、市场都无法预料，采用招标采购年度的有关经济指标对招标控制价给予论证，并设计未来各个年度的当年运维成本与采购年度相同。未来年度的政府风险在 PPP 项目合同中具体约定。

13）添置运营设备家具预备费 h，根据具体项目的情况，估算一个基数 h 列入招标控制价。

14）设施设备大修预备费 j，根据具体项目的情况，可以参照项目建设设备购置费的一定比例，估算一个基数 j 列入招标控制价。

15）基本预备费 k，根据具体项目情况，参照项目实际消耗及财务费用和其他费用之和的一定比例估算一个基数 k 列入招标控制价。

16）价差预备费 m，根据具体项目情况，参照项目实际消耗及财务费用和其他费用之和的一定比例估算一个基数 m 列入招标控制价。

4. 分项详细评价项目 PPP 模式论证咨询费用

项目 PPP 模式论证咨询费用（采购年度）的构成，详见项目 PPP 模式论证咨询费用一览表。

（1）项目 PPP 模式论证咨询费用如表 8 - 7 所示。

表 8 - 7　项目 PPP 模式论证咨询费用

序号	费用项目	单位	金额	备注
1	项目 PPP 模式物有所值评价和财政承受能力论证报告编制费	万元		参照项目评估有关计价指导意见，结合评价或论证内容的复杂程度，合理计价
2	PPP 项目招商实施方案编制费	万元		参照项目建设的建议书或可行性研究报告编制计价指导意见，结合实施方案编制的复杂程度，合理计价
3	PPP 项目招标代理费（含招标采购文件和控制价编制费，如为存量项目，还包含存量固定资产评估咨询费）	万元		参照项目建设工程服务招标代理的有关计价指导意见，结合项目招标代理工作的强度和复杂程度，合理计价
4	项目运维中期绩效政府评估预备费	万元		参照项目评估有关计价指导意见，结合评价或论证内容的复杂程度，合理计价
5	项目运维期末移交政府资产评估和绩效评价咨询预备费	万元		参照项目评估有关计价指导意见，结合评价或论证内容的复杂程度，合理计价

（2）项目 PPP 模式论证咨询费用一览表有关说明：

PPP 项目在项目立项、规划、土地、环境影响等项目评价、勘察测量、技术（扩大）初步设计、投资概算等前期工作完成后，是否采用 PPP 模式实施建设运营，根据国家有关规定，需要进行 PPP 模式的物有所值评价和财政承受能力论证工作，需要编制物有所值评价报告和财政承受能力论证报告，但政府一般没有专业能力，通常委托社会咨询公司编制，要发生相应的咨询费用。通过评价和论证的项目，按照国家项目实施的程序规定和有关法规，需要基于项目前期各项工作的成果，结合项目情况编制 PPP 项目实施方案，准备招标采购文件，实施 PPP 模式招标采购程序，引进社会资本投资建设运营，同样政府需要委托社会咨询单位或有对应资质的招标代理单位协助工作，发生相应费用。PPP 项目实施过程中，政府对项目运营维护阶段的深度监管，期中、期末的绩效评估和评价是必需的工作环节，政府也需要委托具有相应资质的社会评估咨询机构协助编制相应的评价报告，给政府合理评价提供支持，从而发生相应的评估等咨询费用。

上述发生的项目咨询费用，是 PPP 项目政府前期管理和实施期间政府有效监管需要的费用，构成 PPP 项目投资总金额，但在项目建设工程咨询等其他费用中不便于设立费用科目，应单独列项，记入 PPP 项目的投资总额，记入招标控制价格范围内，投标社会资本按照非竞争性项目列入投标报价总金额。

（四）PPP 项目招标控制价总金额及相关说明

PPP 项目招标采购方式的招标控制价（或其他采购方式的采购控制价），是政府基于 PPP 项目的前期管理、实施过程监管、项目生命周期结束项目接管和评价发生的与项目有关的其他费用以及 PPP 项目本身固定资产构成实体费用。项目运营维护的合理定量消耗性费用在项目招标采购（或其他采购方式）年度的总投资预期，也是政府对项目 PPP 模式执行优劣的评价基础，更是政府对项目实施过程有效监管的技术经济指标。前面已经分项对构成项目招标控制价的各项指标进行了详细论证，这里将各项经济指标分类归类，便于政府或政府授权的项目实施机构从总体上掌握招标 PPP 项目的总投资预期以及政府对社会资本投标人投标报价的详细要求，也是社会资本投标人充分发挥技术、管理优势的方向。

1.PPP 项目招标控制价总汇总及相关说明

表 8-8　PPP 项目招标控制价总汇总一览

费用类别	费用项目	单位	控制价金额	备注
一、建设工程投资	可竞争	万元		投标为竞争性报价
	不可竞争	万元		投标为非竞争性报价
二、项目运维投资	可竞争	万元		投标为竞争性报价
	不可竞争	万元		投标为非竞争性报价
三、PPP 模式论证咨询费用	不可竞争	万元		投标为非竞争性报价
四、PPP 项目招标控制价总金额		万元		采购年度政府对项目投资总金额预期＝（一）＋（二）＋（三）
	期中：可竞争	万元		（一）、（二）、（三）项中投标可竞争性的控制价之和
	期中：不可竞争	万元		（一）、（二）、（三）项中投标非竞争性的控制价之和
五、招标控制价计价利率、费率	建设融资利息率	％		投标竞争
	建设投资利润率	％		投标竞争
	运维融资利息率	％		投标竞争
	运维投资利润率	％		投标竞争
	各年度运维成本利润在采购年度的折现率	％		投标不可竞争，统一按照招标折现率计算，否则为废标
六、工程建设投资回报折现率，详见第六章	可竞争，参与评分	％		建设竣工决算金额在运维各年度的回报折现率，高于招标控制费率的，为废标

续表

费用类别	费用项目	单位	控制价金额	备注
七、产品或服务价格和项目全生命周期，详见第六章	可竞争，不参与评分	元		高于招标控制价的产品或服务价格或控制生命周期的，为废标

2. PPP 项目招标控制价——建设工程投资及相关说明

表 8 - 9   PPP 项目招标控制价——建设工程投资一览

费用项目	单位（万元）	控制价金额（万元）	备注
一、建设工程费用（含设备工具器具购置费用）			投标可竞争，控制价详见第五章建设工程费用
二、投标可竞争咨询等其他费用			投标可竞争，控制价详见第五章咨询等其他费用
三、建设期融资利息			投标可竞争，控制价详见第五章建设期利息与第七章资金成本
	利息率（%）		投标可竞争，控制价利息率详见第五章建设期利息与第七章资金成本
四、建设投资合理利润（含税）			投标可竞争，控制价详见第五章合理利润（含税）
	利润率（%）		投标可竞争，控制价详见第五章合理利润（含税）
五、投标不可竞争咨询等其他费用			投标不可竞争，控制价详见第五章咨询等其他费用
六、建设用地费用			投标不可竞争，控制价详见第五章建设用地费用
七、基本预备费（含不可抗力等）			投标不可竞争，控制价详见第五章基本预备费
八、价差预备费（含政策、法规、市场变化）			投标不可竞争，控制价详见第五章价差预备费
九、PPP 项目建设工程投资总金额			控制价采购年度（一）～（八）项之和
	期中：投标可竞争		（一）＋（二）＋（三）＋（四）
	期中：投标不可竞争		（五）＋（六）＋（七）＋（八）

3. PPP 项目招标控制价——项目运维投资及相关说明

表 8-10　PPP 项目招标控制价——项目运维投资一览　　　　　　单位：万元

年份序号	运维生命周期年度运维消耗性成本费用在采购年度的现值	运维期间年度与项目运维有关的其他费用在采购年度的现值	运维期间年度融资利息在采购年度的现值	运维期间年度运维成本合理利润（含税）在采购年度的现值	添置运营设备家具预备费	设施设备大修预备费	基本预备费	价差预备费
a+1 年	$c/(1+r)^{a+1}$	$d/(1+r)^{a+1}$	$e/(1+r)^{a+1}$	$g/(1+r)^{a+1}$				
a+2 年	$c/(1+r)^{a+2}$	$d/(1+r)^{a+2}$	$e/(1+r)^{a+2}$	$g/(1+r)^{a+2}$				
a+3 年	$c/(1+r)^{a+3}$	$d/(1+r)^{a+3}$	$e/(1+r)^{a+3}$	$g/(1+r)^{a+3}$				
⋮	⋮	⋮	⋮	⋮	⋮	⋮	⋮	⋮
a+b 年	$c/(1+r)^{a+b}$	$d/(1+r)^{a+b}$	$e/(1+r)^{a+b}$	$g/(1+r)^{a+b}$				
各年度在采购年度现值合计	上述各年度现值之和，记为 p1	上述各年度现值之和，记为 p2	上述各年度现值之和，记为 p3	上述各年度现值之和，记为 p4	h	j	k	m

PPP 项目运营生命周期运维招标控制价总金额＝p1＋p2＋p3＋p4＋h＋j＋k＋m。

其中，投标可竞争报价的控制价总金额＝p1＋p2＋p3＋p4。

投标报价不可竞争的控制价总金额＝h＋j＋k＋m。

各年度折现率 r 为不可竞争性指标，投标人统一执行招标控制价折现率。

各个运维年度的各项折现费用、利润及利息率、利润率均为可竞争性投标报价，控制价计算执行上述"分项详细论证 PPP 项目运营生命周期运维投资总金额（采购年度现值）"。

投标报价不可竞争的控制价总金额＝h＋j＋k＋m，详见上述"分项详细论证 PPP 项目运营生命周期运维投资总金额（采购年度现值）"中的相关说明。

运维年度生产的公共服务产品或服务的数量，为项目设计生产能力。

4. PPP 项目招标控制价——PPP 模式论证咨询费用及相关说明

表 8-11　PPP 项目招标控制价——PPP 模式论证咨询费用一览

序号	费用项目	单位	控制价金额	备注
1	项目 PPP 模式物有所值评价和财政承受能力论证报告编制费	万元		参照项目评估有关计价指导意见，结合评价或论证内容的复杂程度，合理计价
2	PPP 项目招商实施方案编制费	万元		参照项目建设的建议书或可行性研究报告编制计价指导意见，结合实施方案编制的复杂程度，合理计价

续表

序号	费用项目	单位	控制价金额	备注
3	PPP 项目招标代理费（含招标采购文件和控制价编制费，如为存量项目，还包含存量固定资产评估咨询费）	万元		参照项目建设工程服务招标代理的有关计价指导意见，结合项目招标代理工作的强度和复杂程度，合理计价
4	项目运维中期绩效政府评估预备费	万元		参照项目评估有关计价指导意见，结合评价或论证内容的复杂程度，合理计价
5	项目运维期末移交政府资产评估和绩效评价咨询预备费	万元		参照项目评估有关计价指导意见，结合评价或论证内容的复杂程度，合理计价

5. PPP 项目招标控制价——建设工程咨询等（投标不可竞争性）其他费用及相关说明

表 8-12　PPP 项目招标控制价——建设工程咨询等（投标不可竞争性）其他费用一览

单位：万元

序号	费用名称	控制价金额	备注
1	项目前期工作代理费		
2	项目建议书编制费		
3	项目工艺技术方案编制费		
4	项目环境评价报告编制费		
5	项目社会稳定评价报告编制费		
6	项目节能评估报告编制费		
7	项目交通评价报告编制费		
8	项目总体规划（总平面）设计费		
9	项目控制性详细规划设计费		
10	项目可行性研究报告编制费		
11	建设用地地质勘察及成果审核费		
12	建设用地地下管线测量费		
13	建设用地地下水位测量费		
14	建设用地地形地貌测量费		
15	工程技术（扩大）初步设计费		
16	项目配套基础设施设计费		
17	项目不良地基（含地下降水）处理设计费		
18	项目环境综合治理设计费		
19	项目建设用地场地平整设计费		

续表

序号	费用名称	控制价金额	备注
20	项目固定资产投资概算编审费		
21	建设工程竣工结算编审费		
22	竣工（财务）决算编审费		
	……		
	建设工程咨询等（投标不可竞争性）其他费用招标控制价合计		

表 8-12 中各项费用的计算详见第五章。

6. PPP 项目招标控制价——建设工程咨询等（投标可竞争性）其他费用及相关说明

表 8-13　PPP 项目招标控制价——建设工程咨询等（投标可竞争性）其他费用一览

单位：万元

序号	费用名称	控制价金额	备注
1	城市基础设施缴纳费		
2	工程施工图编制费		
3	工程施工图审图费		
4	工程施工招标代理费（含清单）		
5	工程施工监理费		
6	工程竣工图编制费		
7	建设工程技术档案微缩费		
8	竣工规划验收测量费		
9	地基沉降观测费		
10	工程质量及特种设备安全监督检验费		
11	工程保险费		
12	项目功能系统联合试运转费		
13	生活用水水质化验费		
14	建设管理费		
	……		
	建设工程咨询等（投标可竞争性）其他费用招标控制价合计		

表 8-13 中各项费用的计算详见第五章。

7. 存量 PPP 项目招标控制价

存量 PPP 项目以现有资产评估价值为基础，参照新建、改扩建项目运维控制价和 PPP 模式论证咨询费用控制价格的方法，分项详细评估存量 PPP 项目的采购控制价格（含招标采购控制价）。资产评估价值详见第六章存量资产权益转让价值评估。一般存量资产权益转让价值，采用标底（暗标）方式开标评标，有利于国有资产竞争增值。

（五）综合评估法论证 PPP 项目招标（采购）控制价

1. 运维期间年度回收投资及其合理利润

项目从第一个运营年度的期末开始分期（年度）计算回收投资成本及其回报利润。运营期间某个 t 运营年度，政府基于全部引资建设、运营而应该承担的该运营年度的全部支出责任，也是社会资本年度应回收的投资及其利润，以"w_t"表示：

$$w_t = q_t (1+v)^t (1+o_t) + n_t (1+i_t)$$

其中，q_t 为 t 年度社会资本预期回收的工程建设投资；o_t 为 t 年度社会资本工程建设投资控制利润率；n_t 为 t 年度运维预期成本；i_t 为 t 年度社会资本运维成本控制利润率；v 为社会资本对项目工程建设竣工决算年度的资金控制折现率。

2. PPP 项目招标（采购）控制价的计算公式

PPP 项目是政府通过招标或采购引进国企、民企、私企、外资企业或联合体的资金，用于本应由政府投资建设运营的基础设施和公共服务领域的公共服务产品或服务项目，由合同社会资本或项目公司投资建设或投资购买政府存量资产权益转让权取得项目运营权、成本投入权和收费权，政府在项目投产后的运营期间分期给予社会资本或项目公司成本补偿和成本利润补偿的责任支付。政府对项目招标或采购的招标控制价是政府对项目应该承担的项目全生命周期建设运营的所有成本投资总额的预期，应该考虑资金时间价值和社会资本的投资利润。在社会资本投资建设运营、政府在运营期间分年度对成本及成本的合理利润予以支付补偿的条件下，基于上述招标控制价评价指标，运维生命周期 x 年的 PPP 项目招标控制价计算如下：

PPP 项目招标控制价（以"p"表示）包括项目建设投资成本及其投资利润和各年度运营维护成本及其投资利润。

$$p = (((n_1(1+i_1))/((1+v))) + q_1(1+o_1)) + (((n_2(1+i_2))/((1+v)^2)) + q_2(1+o_2)) + (((n_3(1+i_3))/((1+v)^3)) + q_3(1+o_3)) + \cdots + (((n_x(1+i_x))/((1+v)^x)) + q_x(1+o_x))$$

3. 综合评估法论证 PPP 项目采购控制价的不足

综合评估法相对于分项详细评估法来说比较粗犷。一是建设运维成本估算中的各项预备费不能很好地分离论证。二是利息、利润率等各项指标不能详细控制。三是不能从成本中显示出建设运营的质量水平和技术水平。四是不能很好地实现项目实施过程的详细监管，容易引发纠纷。五是不能科学评价项目风险是否真正发生，对项目产品或服务的价格调整不能起到详细指导等。一般采用分项详细评估法论证 PPP 项目的招标采购控制价较好、较科学，也符合项目建设运营维护的管理规律。

（六）综合评估法计算 PPP 项目招标控制价案例

某地方政府拟建设一座湿地污水处理厂，设计日处理能力 1000 吨，技术初步设计文件的固定资产投资概算总金额 3950 万元，合作期限 10 年，建设期限 1年。参照当地吨污水处理运营费用参考指标并结合项目实际消耗和市场情况，并按照当地企业性质对应的各类税费，综合测算该项目达到设计能力的 9 年运营维护期间各年度运营维护费用分别为 5 万元、12 万元、15 万元、20 万元、22 万元、25 万元、28 万元、30 万元、35 万元。建设固定资产投资概算按照逐年递减的方式补偿支付，即运营期间各年的归还金额分别为 1000 万元、800 万元、500万元、400 万元、350 万元、300 万元、250 万元、200 万元、150 万元。根据《价格法》，结合当地同类污水处理厂的污水处理价格水平，结合本项目的具体情况和当时当地的市场行情，经过政府主持听证会的方式综合确定该湿地污水处理的价格为 0.28 元/吨。污水处理厂前期论证期间，当地政府债券 20 年期收盘价格为 4.531%，30 年期收盘价格为 4.719%，考虑项目的具体情况和当地公用事业行业情况，按照 4.6% 计算该项目的基准收益率。同期商业银行的 1～3 年贷款利率为 4.75%、5%、5.25%、5.75%、6.15%；同期商业银行 3～5 年的贷款利率为 4.75%、5%、5.25%、5.75%、6.4%；同期商业银行 5 年以上贷款利率为 4.9%、5.15%、5.4%、5.9%、6.55%。同期各家商业银行的中长期贷款利率不一样。参照商业银行中长期及 5 年以上长期贷款利率水平，估计项目可用性、使用量付费、绩效付费的项目预计情况和风险预计情况，测算出各运营年度的建设、运营利润率分别为 5.5%、5.05%、5.46%、5.1%、5.30%、5.05%、5.20%、5.00%、5.10%、4.95%、5.05%、4.90%、4.98%、4.88%、4.80%、4.75%、4.75%、4.75%。

根据上述招标控制价计算公式，计算该项目招标控制价：

$$p = (((n_1(1+i_1))/((1+v))) + q_1(1+o_1)) + (((n_2(1+i_2))/((1+v)^2)) + q_2(1+o_2)) + (((n_3(1+i_3))/((1+v)^3)) + q_3(1+o_3)) + \cdots + (((n_x(1+i_x))/((1+v)^x)) + q_x(1+o_x))$$

$$= 1060.02 + 855.21 + 540.27 + 438.34 + 386.29 + 335.17 + 283.89 + 231.53 + 181.58$$

$$= 4312.30 (万元)$$

在本案例设置条件下，现值招标控制价总金额 4312.30 万元。其中：

（1）本案例设置数据，经测算，各年流动成本的现值分别为 4.76 万元、10.86 万元、12.94 万元、16.45 万元、17.28 万元、18.76 万元、20.06 万元、20.70 万元、23.05 万元，合计 144.86 万元。

（2）建设投资概算现值为 3950 万元。

（3）建设成本和各年度运营维护成本的投资利润的现值之和为 217.44 万元。

（4）建设和各年度流动成本的现值之和为 4094.86 万元。

（5）本案例项目现值投资综合利润率为 5.31%。

（6）从案例分析中可以看出，各项指标都是综合包含性的，不能很好地体现指标之间的内在联系和相互影响。

（七）PPP 项目招标采购文件的构成

一般新建、改扩建 PPP 项目招标采购文件包括：

（1）招标公告（或投标邀请书——适用于邀请招标）。

（2）投标人须知。

（3）评标办法（分项详细评估或综合评估，一般采用分项详细评估）。

（4）招标控制价及其编制依据。

（5）合同条款。

（6）投标要求（技术方案要求、经济报价要求及技术标准和有关要求）。

（7）技术（扩大）初步设计图纸及项目前期相关资料。

（8）项目运营维护质量标准和服务要求。

（9）PPP 项目投标报价项目清单（招标人根据招标控制价计价依据及项目建设图纸和运维要求，编制的不含价格或含价格的详细投标计价项目及其计量数量的清单），一般包括建设工程概算定额分部分项工程量清单、运维项目设计运维能力的消耗项目清单和 PPP 模式论证咨询费用清单。

（10）评标、投标标价要求的系列格式表以及投标人须知所要求的其他材料。

（11）其他采购方式或存量项目采购文件的构成，参照上述构成要求。

七、PPP 项目投标文件构成和投标报价

（一）投标文件构成

PPP 项目社会资本方的投标文件一般包括：

（1）投标函（主要描述投标人对招标采购文件全部内容的响应承诺和投标报价）。

（2）法定代表人（可以是联合体牵头企业的法定代表人）的身份证明（如为联合体，需要联合体协议）或法定代表人授权委托人的身份证明（需要授权委托书）。

（3）联合体投标的各位联合体成员的共同投标协议书。

（4）投标保证金和履约保证金。

（5）投标报价：对照招标采购文件的招标投资价格构成的格式及项目清单分项报价，主要包括建设工程投资报价、运营维护投资报价和PPP模式论证费用报价。

（6）施工图纸细化设计方案：在招标技术（扩大）初步设计图纸文件涵盖范围内优化、创新施工图设计方案。

（7）建设工程施工组织设计方案。

（8）建设工程监理工作方案：政府和社会资本合作项目中，社会资本或项目公司作为项目法人组织项目的工程建设，工程监理的工作是代表行业监督PPP项目建设工程的质量、进度和投资以及其他协调管理工作，监理属于社会资本或项目公司的合作方，所以与施工图设计方一样，如果社会资本本身不具备相应的资格或能力，可以联合体也可以二阶段工程服务招标，但监理工作方案与施工图纸细化优化方案一样，是社会资本投标文件的重要组成部分。

（9）建设工程施工组织、人员机构方案：包括项目经理、技术负责人的资质、资历、同类项目业绩，企业同类项目业绩以及项目建设管理的组织机构和人员构成。

（10）项目运营维护实施方案：运维材料、能源消耗方案，人员定额水平及组织机构方案，项目建成后的运营活动设备添置方案，设备设施日常检修维护方案，设备实施大修改造方案，项目运营提供的公共产品或服务的质量保证方案以及社会资本承诺的运营服务水平方案等。

（11）投资融资方案：针对招标项目的投资规模和建设进度要求，投标社会资本结合自身的资金实力和融资渠道，编制有效可行的投资融资设计方案，确保项目对资本金的要求和投资进度、投资总额的要求。投资融资设计方案要有足够有效的证明材料为依据，甚至要接受招标人组织的有效考察。

（12）拟将合作实施的方案：基于PPP项目的招标范围为承担项目建设投资及铺底流动资金的融资，完成项目施工图纸细化设计，完成建设施工组织设计方案编制，组织工程监理和建设施工完成，实施项目运营维护，项目生命周期结束后原则上无偿向政府移交项目资产并平稳退场等。PPP项目合同的社会资本合同主体为民营企业、私人企业、具有现代企业制度的国有企业、外商投资企业或者混合所有制企业和其他投资、经营主体。任何一个独立的法人企业社会资本，一般不具备 PPP 项目合同要求的各项资质和各项能力。正因如此，PPP 项目招标投标活动允许不同的社会资本独立法人企业联合起来，以联合体的方式作为一个投标人参与投标。联合体投标人的各个联合体成员之间，要制作一个联合实施项目的合作方案，包括融资责任划分、建设现场管理、材料设备采购、运营维护管理等工作责任的详细分工。这个合作分工方案构成投标文件的重要组成部分。

（13）资格审查资料及投标人须知要求的其他材料。

（14）存量项目或其他采购方式的投标文件，参照招标（主要是公开招标）采购文件要求的投标文件构成执行。

（二）分项详细投标报价

1. 投标报价构成

政府和社会资本合作项目中，社会资本投标报价一般由建设工程投资、运维生命周期运营维护投资和项目 PPP 模式论证咨询费用及后期评估、评价费用构成。

2. 分项详细投标报价要求

（1）分项详细报价。按照投标报价的构成和招标采购文件的招标控制价总汇总表、建设工程招标控制价表、运维招标控制价表、PPP 模式咨询费用控制价表和工程建设投资回报折现率评分表等系列表格的格式及表内内容，分项详细报价。

其中，建设工程费用投标报价表还要按照第五章建设工程分部分项单价分析、分部分项组成的单位工程报价表和各个单项工程报价表以及各个单项工程汇总的建设工程总费用分项详细报价。运维年度成本费用还要按照第六章单位产品或服务消耗性成本报价和年度成本报价表分项详细报价。最终按照 PPP 项目招标控制价总汇总表的内容和格式填写招标 PPP 项目的投标报价总汇总表。

（2）建设工程投资投标报价。按照国家或项目所在地方政府或行业概算定额及其计价相关文件，结合项目情况、社会资本企业定额、投标各类技术方案和资金实力融资方案，自行报价。其中，建设措施报价包括但不限于招标项目清单，并且投标措施包括分项措施和总价措施，合同实施不再调整。属于不可竞争的建设用地费用、政府前期与项目建设有关的咨询等其他费用、基本预备费、价差预备费，社会资本报价时，不能列入资金成本和投资利润，要不做任何改动地列入投标不可竞争报价，如果项目实施过程中发生这些费用，则合同约定调整。建设工程投标报价不产生施工总承包服务费，因为社会资本是政府项目的建设运维总承包人，已经产生建设管理费。

（3）项目运维生命周期运营维护投资报价。按照国家、地方政府或行业政府同类项目运营维护成本核算办法和人员定额水平，结合项目情况、自身情况、各类投标技术方案以及投标企业自身的资金实力和融资方案，自行报价。属于竞争性投标报价的，按照政府招标文件规定的采购年度的折现率，将各个运维年度的运维成本及成本利润折现到招标采购年度的现值求和报价。属于不可竞争的运营活动设备购置预备费、设备设施大修预备费、基本预备费、涨价预备费，社会资本报价时，不能列入资金成本和投资利润，要不做任何改动地列入投标不可竞争报价，如果项目实施过程中发生这些费用，则合同约定调整。

（4）PPP 模式论证咨询费用投标报价。包括社会资本招标采购咨询费（存量项目还包括存量资产评估费）、项目中期运维绩效评估费、项目运维期末绩效评价费和移交资产价值评估费以及项目前期物有所值评价和财政承受能力论证、PPP 模式招商实施方案编制费等政府对项目的监管和管理发生的费用，列入社会资本投标报价的范围（如果政府在其他费用单列时除外），属于不可竞争的投标报价。社会资本报价时，不能列入资金成本和投资利润，要不做任何改动地列入投标不可竞争报价，如果项目实施过程中发生这些费用，则合同约定调整。

（5）工程建设投资回报折现率报价。PPP 项目工程建设竣工决算总金额是项目实际固定资产投资，政府在运维年度分期支付补偿社会投资及其合理利润。政府支付补偿是需要包含资金时间价值的，资金时间价值的衡量指标一般为竣工决算年度的投资折现率。虽然招标控制价格不涉及该项费率，但会对后期政府支付产生很大的控制性风险。因此，招标投标需要设立该项费率，且投标费率贯穿项目生命周期的始终。

（6）PPP 项目产品或服务价格报价。对于使用者付费实现投资回报方式或者可行性缺口实现投资回报方式的经营性项目或准经营性项目，项目产品或服务价格是政府用于测算使用者付费资金收入是否足以支付投资及其合理利润的测算指标，同时也涉及用户使用者和社会纳税人的直接经济负担。所以，招标人在前期准备工作阶段详细论证，并报政府价格主管部门采用听证会等方式最终决定招标价格控制价，投标人在不超过招标控制价格水平的前提下，自行竞争报价，超过控制价格水平为废标。

（7）PPP 项目全生命周期投标。PPP 项目全生命周期包括建设周期（工期）和项目运营维护生命周期。社会资本投标文件的投标全生命周期的年份总数量不可竞争，与招标不一致为废标。但是，建设周期和运维周期可以竞争投标。

（8）项目运维年度提供的产品或服务数量。社会资本投标时，年度提供产品或服务的数量为不可竞争，均为项目设计年度生产能力。未采用项目设计生产能力产品或服务数量投标的社会资本投标文件，为废标。

（9）存量项目投标报价。包括资产权益转让价值和运维投资报价。参照上述要求分项详细报价。

》》》 八、合同条款

详见第九章 PPP 项目合同和实施监管。

政府和社会资本合作（PPP）项目合同和实施监管

PPP 项目中，招标采购或其他方式采购工作完成后，政府或政府授权的项目实施机构要与中标、成交的社会资本或项目公司签订 PPP 项目合同，并在 PPP 项目合同实施过程中，对照项目合同约定的相关内容，对社会资本或项目公司组织实施的过程进行监督管理，确保项目质量和成本等项目目标的最终实现。PPP 项目合同是指政府主体和社会资本主体根据《中华人民共和国合同法》及其他相关法律法规就政府和社会资本合作项目的实施所订立的合同文件。这里主要介绍 PPP 项目合同和政府实施监管的重点内容。

一、PPP 项目合同的构成

PPP 项目合同一般包括下列几个组成部分：

（1）特许经营协议书或政府回购服务协议书。

（2）中标、成交通知书。

（3）社会资本投标函。

（4）PPP 项目合同专用条款（主要包括风险约定及结算办法）。

（5）PPP 项目合同通用条款。

（6）社会资本各类投标报价书。

（7）社会资本各类技术投标书。

（8）社会资本融资投标书。

（9）PPP 项目招标采购文件。

（10）PPP 项目招标项目清单。

（11）PPP 项目招标控制价文件。

（12）技术（扩大）初步设计文件。

（13）PPP 项目工程建设和运营维护的技术与质量标准。

（14）PPP 项目前期立项、土地、规划、勘察测量、环境影响等各类评价的相关资料。

（15）构成 PPP 项目合同的其他文件，如工程建设质量保修书、社会资本提供的材料和设备、政府提供的材料和设备、社会资本工程预付款承诺、社会资本履约担保金的处理、PPP 项目工程建设和运营维护廉政责任书以及政府政务诚信建设承诺书、PPP 合同执行过程中依据项目合同约定签订的补充协议等。

上述 PPP 项目合同的各个组成部分互相补充和解释，如有不明确或不一致之处，以合同约定次序在先者为准。

》》二、PPP 项目特许经营协议书或政府回购服务协议书

(一) PPP 项目合同主体

1. 政府主体

签订 PPP 项目合同的政府主体，应是具有相应行政权力的地方政府或其授权的项目实施机构。

2. 社会资本主体

签订 PPP 项目合同的社会资本主体，应是民营企业、私人企业、具有现代企业制度的国有企业、外商投资企业或者混合所有制企业和其他投资、经营主体。

(二) PPP 项目概况

详见招标采购文件。

(三) PPP 项目合同范围

主要是指社会资本合同主体投资融资和在政府主体项目前期技术（扩大）初步设计范围内，项目施工图设计、工程监理、工程施工组织设计和工程施工以及项目全生命周期内的运营维护、项目生命周期结束后的无偿项目移交。详见招标采购文件。

(四) 项目合同全生命周期

项目自立项准备、开工建设至竣工验收合格的建设周期和项目运营维护至移

交的运营维护周期之和，一般为招标生命周期。

（五）项目质量标准

（1）工程质量标准：合格。高于建设工程质量合格标准的投标质量更好。

（2）项目运营维护质量标准：达到国家或地方政府对同行业的项目质量验收标准和服务水平。详见招标采购文件质量服务标准和投标质量服务标准中水平较高的要求。

（六）合同形式

合同形式一般有固定总价、固定单价、可调价格三种合同约定方式。但固定总价一般适用于项目规模小、技术简单、工期或周期较短、合同总价较低的建设工程。PPP 项目建设工程一般投资规模大、技术复杂、建设周期较长，风险约定条件下的固定单价合同约定方式比较适宜。项目运维周期更长，运维消耗的材料、能源规模也很大，同样风险约定前提下的固定单价比较适宜。

（1）建设工程合同形式：本合同建设工程采用风险约定范围内的固定单价合同形式。

（2）运营维护合同形式：本合同运营维护采用风险约定范围内的固定单价合同形式。

（七）签约合同价

签约合同价总金额：投标价总金额。

1. 建设工程投资总金额：建设工程投资投标价

（1）可竞争性的建设工程费用：投标价（包含项目本身各个单项工程，单项工程的各个单位工程和单位工程的各个实体分部分项工程费用、分项和总价措施费用、现场管理费用及人员的住房公积金、社保等企业承担费用等建设工程费用；包含配套规划条件开发基础设施工程费用；包含不良地质、地下降水处理工程费用；包含环境影响评价、社会稳定评价、节能减排评价和交通影响评价等评审问题整理整改的工程费用；包含建设用地场地平整土石方工程费用）。

如果政府土地采用一级开发供应，则配套规划条件开发费用和场地平整土石方工程费用包含在土地一级开发费用中。

（2）可竞争性的项目咨询等与建设工程有关的其他费用投标价。该项费用是社会资本合同主体在组织项目施工图设计、工程监理、工程施工组织设计和工程施工过程以及项目竣工验收过程所发生的与项目建设有关的咨询等其他费用，由社会资本竞争报价，按照竞争投标金额签订项目合同价格。

（3）可竞争性的建设期利息投标价。

（4）可竞争性的建设期投资合理利润（含税）投标价。

（5）不可竞争性的项目咨询等与工程建设有关的其他费用投标价。该项费用是政府合同主体在项目建设程序前期立项准备工作中发生的一些咨询等其他费用。投标价就是招标控制价。

（6）不可竞争的建设用地费用投标价。该项费用为政府合同主体申请土地并获取建设用地使用权发生的征地、拆迁等费用（土地一级开发的，还包括项目规划开发强度配套工程费用和场地平整土石方工程费用）。投标价就是招标控制价。

（7）不可竞争的基本预备费投标价。该项费用是政府合同主体用于项目建设过程中可能发生的局部工程项目或工程量或者是不可抗力应由政府承担的风险费用。投标价就是招标控制价。

（8）不可竞争的价差预备费投标价。该项费用是政府合同主体用于项目建设过程中可能发生的政策、法规、市场引起的价差应该由政府承担的风险费用。投标价就是招标控制价。

2. 项目运维投资总金额：项目运维投资投标价

（1）可竞争性的消耗性投标价。项目运维生命周期内各个年度的主辅材料及能源、人力资源（包括管理、服务、生产和检修维护人力资源）、其他营业管理费用等消耗性成本在项目采购年度的折现值之和的投标价。

（2）可竞争性的融资利息投标价。如果运维年度需要融资，则是运维期间各个年度融资利息在采购年度的现值之和的投标价。

（3）可竞争性的其他费用（含政府、行业正常收费）投标价。运维期间各年度与项目运维有关的营业管理消耗性之外的其他费用（含政府、行业正常收费）在采购年度的现值之和的投标价。

（4）可竞争性的运维成本合理利润（含税）投标价。运维期间各年度运维成本合理利润（含税）在采购年度的现值之和的投标价。

（5）不可竞争的添置设备预备费投标价。该项费用是政府招标控制价格中未考虑到的固定资产投资建设工程费用中的运营设备购置费用，一般该项设备又属于政府固定资产移交回收的资产范围，在项目运维的某些年度可能会发生的，政府以预备费的科目暂时列入运维投资总额。投标报价就是招标控制价。

（6）不可竞争的设施设备大修预备费投标价。该项费用是政府暂时列入运维投资总额的储备费用，用于按照设备设施大修发生年限规定或现场所需要的设备设施大修或改造的费用储备。投标价就是招标控制价。

（7）不可竞争的基本预备费（含不可抗力、绩效评价咨询等）投标价。该项费用是政府合同主体基于具体项目在运维过程中可能发生的消耗性材料、能源、人力资源等项目内容的招标内容之外的必要消耗或数量应该由政府承担的风险费用。投标价就是招标控制价。

（8）不可竞争的价差预备费（含政策、法规、市场变化）投标价。该项费用是政府合同主体基于政策、法规、市场变化引起消耗性价差而应该由政府承担的风险费用。投标价就是招标控制价。

3. 不可竞争的 PPP 模式论证咨询费用投标价

该费用为政府合同主体在论证立项项目是否采用 PPP 模式以及 PPP 模式招标代理或项目运维期末资产评估、PPP 模式绩效评价发生的咨询费用。投标价就是招标控制价。

4. 可竞争的投标报价费率、利率

PPP 项目合同社会资本合同主体在编制项目投标报价过程中，伴随着与投标价计价有关的建设工程投资投标费率、利率和运维投资投标利率、费率，为可竞争性投标经济指标，不超过招标控制水平的投标水平即为合同约定水平，贯穿 PPP 项目全生命周期且始终不改变。

（1）建设工程的单位工程计价管理费率和规费费率。

（2）建设期融资利息率。

（3）建设投资利润率。

（4）项目运维年度融资利息率。

（5）项目运维年度投资利润率。

5. 不可竞争的运维年度投资在项目招标采购年度的投标折现率

该项运维成本及其利润在招标采购年度的折现率，是社会资本投标人的共同平台性基础，具有不可竞争性，投标价折现率就是招标控制折现率。如果投标折现率与招标控制折现率不一致，在项目初步评审时为废标。

6. 可竞争的工程建设投资回报的投标折现率

该项投标折现率是政府对社会资本建设工程固定资产投资补偿支付的资金时间价值的折现率。该项折现率能很好地体现社会资本的资金实力，为重要的竞争性投标指标。同时，该项指标也是政府项目运维后期补偿支付风险控制的重要指标，且指标越高，政府后期补偿性支付风险越大。

在不超过招标控制折现率水平前提下的工程建设投资回报投标折现率，为 PPP 项目合同约定折现率，贯穿 PPP 项目全生命周期且始终不改变。

7. 基础设施或公共服务项目产品或服务投标价格

公共产品或服务价格一般是直接接受服务并直接购买服务的社会公众付费的

基础价格，也是政府合同主体核算使用者付费投资回报模式或可行性缺口支付模式的项目营业收入的重要经济指标，为重要的可竞争性的投标指标。不超过招标控制价格的投标价格，为 PPP 项目合同约定价格。

(八) 投资回报方式和 PPP 项目协议书形式

PPP 项目合同可以分别采用特许经营协议和政府回购服务协议两种协议形式。对于 PPP 项目，一般有三种投资回报的支付方式：一是使用者付费方式；二是政府付费方式；三是可行性缺口补助方式。

1. 特许经营协议书

使用者付费的经营性项目或者可行性缺口付费的准经营性项目，采用特许经营协议书及其招标采购文件约定的 BOT 等具体运作方式。

2. 政府回购服务协议书

对于政府无法授予社会资本在项目建成后特许服务权利（即项目不具备收益性）的基础设施或公共服务项目（如市政道路、河道治理等），或者是不直接向最终使用者提供产品或服务的基础设施或公共服务项目（如市政污水处理、垃圾焚烧发电等），政府一般采用政府付费回购服务方式实现社会资本的投资回报，对应项目称为非经营性项目。采用政府付费回购服务方式的非经营性项目，采用政府回购服务协议书及其招标采购文件约定的 BOT 等具体运作方式。

(九) 其他约定

(1) 社会资本合同主体承诺按照 PPP 项目合同约定进行投资融资、项目建设和项目运营维护，并在生命周期结束后无偿移交。

(2) 政府合同主体承诺按照 PPP 项目合同约定做好项目前期立项准备和及时足额给予社会资本合同主体的投资及合理利润以补偿支付。

(3) PPP 项目合同未尽事宜或者项目实施过程中需要补充约定，并且在不违背本协议书（特许经营协议书或者政府回购服务协议书）实质性内容的前提下，可以签订补充协议书。补充协议书是 PPP 项目合同的组成部分。但是违背本协议书（特许经营协议书或者政府回购服务协议书）实质性内容的补充协议，为无效协议书。

(4) 存量 PPP 项目的有关内容，参照上述内容并结合具体程序和具体项目执行。

三、PPP 项目合同专用条款

（一）分项详细结算工程建设投资（含风险调整）

符合 PPP 项目合同约定的工程质量和建设周期的竣工工程，按照国家或地方政府或行业概算定额计价体系及其相关文件，结合建设工程实际完成情况办理 PPP 项目工程建设固定资产投资竣工决算。

1. 合同内分部分项实体工程项目及其工程量

技术（扩大）初步设计图纸文件范围内的分部分项实体工程项目及其工程量，按实际结算。

2. 合同外分部分项实体工程项目及其工程量

技术（扩大）初步设计图纸文件范围外的分部分项工程项目及其工程量，如果属于项目需求且经政府合同主体同意的，按实际结算。如果属于社会资本合同主体自行决定的，不列入结算范围。

3. 合同内外的措施项目及其工程量

总价措施或者单价措施项目及其工程量，施工过程中发生的项目，按投标量结算，不发生则不结算。

4. 合同内分部分项实体工程单价

构成投标单价的人工、材料、机械台班消耗量在概算定额的控制范围以内的投标单价，为结算单价。

构成投标单价的人工、材料、机械台班消耗量超出概算定额消耗量的，则根据概算定额的对应消耗量调整后形成的调整投标单价（消耗性人工、材料、机械台班的市场价格为投标价格）为结算单价。

工程变更引起合同内分部分项实体工程项目的工程量大幅度变更时，当工程量增加 15％以上时，增加部分的工程量的结算单价应适当降低；当工程量减少 15％以上时，减少后剩余部分的工程量的结算单价应适当调高。但降低或调高的水平都应该以投标报价对招标控制价的浮动让利率为限制水平。参照《建设工程工程量清单计价规范》（GB50500—2013）。

合同内分部分项实体工程投标单价或者调整消耗量之后的调整投标单价，低于招标控制价对应项目单价的 6％（公共服务项目）或 8％（基础设施工程）时，应本着成本质量的原则，在保持投标总价不变的前提下对应调增到招标控制价对应项目单价的 94％（公共服务项目）或 92％（基础设施工程）的单价水平，作为结算约定单价。与此同时，其他超出招标控制价水平的分部分项实体或者措施工程单价，则对应降低到招标控制价的水平之内或者市场社会平均水平之内，降低后的分部分项实体工程单价为结算单价。参照北京市《房屋建筑和市政工程标准施工招标文件》应用示范文本 2013 年要点版。

5. 合同外分部分项实体工程单价

根据概算定额的人工、材料、机械台班消耗量和项目当地市场价格，计算项目结算单价。

6. 合同内外的措施项目单价

总价措施或者单价措施项目，施工过程中发生的项目，投标单价结算，不发生则不结算。

7. 合同外分部分项实体工程费用结算让利

符合结算条件的合同外分部分项实体工程项目，在扣除社会资本合同主体投标浮动让利金额后，将剩余的金额作为政府补偿支付的结算金额。社会资本投标报价浮动率＝（1－中标价/招标控制价）×100％。参照《建设工程工程量清单计价规范》（GB50500—2013）。

8. 合同内分部分项实体工程单价调整

PPP 项目合同履行期间，存在政策、法规变化，市场因素影响，以及构成分部分项实体工程单价的消耗性人工、材料设备、机械台班的市场价格发生变化，当这些变化综合引起分部分项实体工程的单价变化率超过合同约定结算单价的5％时，则 5％之外的增加或减少部分，对应调整（调增或调减）结算约定单价。参照《建设工程工程量清单计价规范》（GB50500—2013）。

9. 不可抗力的风险分担

因不可抗力事件导致的人员伤亡、财产损失及其费用增加，按照下列原则调整合同价款和工期。

政府合同主体应该承担的风险并列入结算范围的有：

（1）合同工程本身的损害、因工程损害导致第三方人员伤亡和财产损失以及运到施工场地待用于施工的材料和待安装的设备的损害。

（2）停工期间，社会资本合同主体应政府合同主体要求而留在施工场地的必要的管理人员及保卫人员的费用。

（3）工程清理、修复所需费用。

（4）隶属于政府合同主体的相关人员伤亡及其相应费用。

（5）不可抗力解除后，复工工期延长，赶工费用。

社会资本合同主体应该承担的风险且不列入结算范围的有：

隶属于社会资本合同主体的相关人员伤亡及其相应费用；社会资本的施工机械设备损坏及停工损失。

参照《建设工程工程量清单计价规范》（GB50500—2013）。

10. 政府合同主体供应工程材料设备的，材料设备质量及其价格由政府合同主体承担全部风险

11. 单位工程施工现场管理费用结算

建设工程的单位工程的施工现场管理费结算费率为投标费率。住房公积金和社会保险属于企业承担部分的规费结算费率为投标费率。

12. 可竞争的与工程建设有关的咨询等其他费用

施工图纸设计费用、工程监理费用、竣工图纸编制费用、施工招标代理费用等与工程建设有关的，并且属于社会资本竞争报价范围的，当发生时，投标报价就是结算价，不发生则不结算。

13. 不可竞争的与工程建设有关的咨询等其他费用

环境影响、社会稳定影响等评价报告编制费，项目可行性报告编制费，地质勘查测量费，技术（扩大）初步设计费等PPP项目前期立项、项目准备发生的与工程建设有关的咨询等其他费用，属于不可竞争的社会资本报价范围。政府合同主体对相应咨询单位的结算确认价，构成社会资本结算支付价。

14. 建设用地费用结算

建设用地的征地、拆迁及与土地有关的相应补偿费用，属于社会资本投标报价不可竞争的报价范围。政府合同主体的结算确认价，构成社会资本结算支付价。

15. 建设期间投资利息结算

依照上述结算办法，建设工程费用（含建筑安装工程费用和设备工具器具购置费用）、与工程建设有关的其他费用、建设用地费用的结算金额之和，扣除合同约定的资本金额度，剩余部分的结算金额为基数，乘以社会资本建设投资投标利息率，乘积为建设期间投资利息结算金额。

16. 建设投资利润（含税）结算

依照上述结算办法，建设工程费用（含建筑安装工程费用和设备工具器具购置费用）、与工程建设有关的其他费用、建设用地费用、建设期投资利息的结算金额之和，乘以社会资本建设投资投标利润率，乘积为建设投资利润结算金额。

17. 基本预备费

基本预备费由政府合同主体掌握使用，上述分部分项实体工程项目及其工程量变化导致的项目合同建设工程费用增加或者因不可抗力导致的政府承担风险费用，由政府基本预备费用支付。基本预备费用剩余金额归政府主体所有。

18. 价差预备费

价差预备费由政府合同主体掌握使用，基于政策、法规、市场因素变化导致的上述分部分项实体工程单价上涨率超过合同约定单价 5% 之外的政府风险费用，由政府价差预备费用支付。价差预备费用剩余金额归政府主体所有。

19. PPP 项目工程建设固定资产投资（含风险调整）竣工决算总金额

依照上述工程建设各项费用结算办法，结合政府现场监管的项目实际情况，调整项目工程建设投资投标合同价，则是建设工程固定资产投资竣工决算总金额。

（二）分项详细结算项目运营维护投资（含风险调整）

PPP 项目工程建设竣工验收合格后，进入项目运营维护。在项目运营维护年度，依照招标投标政府同类项目运营成本核算办法及其运维消耗性指标和人员定额水平，结合项目运维的实际情况，办理项目运维的年度运营维护实际投资评估。

1. 单位产品或服务消耗的材料、能源

生产单位产品或服务消耗的主材、辅材、基本能源、计量能源的数量，不超过招标要求的政府同类运维项目的成本核算办法规定的参考指标数量的投标消耗量，为项目运维结算评估消耗量。

社会资本投标消耗量超出招标要求的政府同类运维项目的成本核算办法规定的参考指标数量时，则按照招标要求的政府同类运维项目的成本核算办法规定的参考指标数量调整，调整后的单位产品或服务消耗的主材、辅材、基本能源、计量能源的数量，为项目运维结算评估消耗量。

2. 单位产品或服务消耗的人力资源数量

社会资本投标单位产品或服务消耗的生产工人、管理人员、其他服务人员和检测维修人员的对应人力资源消耗量，不超过招标要求的政府同类项目运维人员定额水平的对应消耗量时，则投标消耗量为项目运维结算评估消耗量。

社会资本投标单位产品或服务消耗的生产工人、管理人员、其他服务人员和检测维修人员的对应人力资源消耗量，超过招标要求的政府同类项目运维人员定

额水平的对应消耗量时，则按照招标要求的政府同类项目运维人员定额水平的对应消耗量调整，调整后的单位产品或服务消耗的生产工人、管理人员、其他服务人员和检测维修人员的对应人力资源消耗数量，为项目运维结算评估消耗量。

3. 单位产品或服务消耗的材料、能源、人力资源单价

社会资本投标报价为项目运维消耗性材料、能源、人力资源的结算评估单价。

4. 单位产品或服务消耗的其他营业管理费用

社会资本投标报价水平不超过招标要求的政府同类运维项目的成本核算办法规定的参考指标时，则投标费率水平为项目运维结算评估费率。

社会资本投标报价水平超过招标要求的政府同类运维项目的成本核算办法规定的参考指标时，则按照招标要求的政府同类运维项目的成本核算办法规定的参考指标调整，调整后的其他营业管理费用指标费率为项目运维结算评估费率。

5. PPP 项目运维年度生产公共产品或服务数量

年度实际提供的公共服务产品或服务数量，原则上为运维结算数量。

项目正常运维，一般年度产品或服务数量为年度设计生产能力。

非社会资本原因导致的非正常运营，具体项目具体约定。

6. 其他费用（含政府行业正常收费）

运维期间各年度与项目运维有关的营业管理消耗性之外的其他费用（含政府、行业正常收费），实际发生额为结算评估金额。

7. 运维年度融资利息

项目运维年度，如果是政府原因需要成本融资，则按照实际融资金额乘以社会资本投标运维利息率，乘积为当年融资利息结算金额。

8. 运维年度运维投资利润（含税）

项目运维年度发生的当年实际消耗性费用、其他费用（含政府、行业正常收费）、年度运维融资利息之和，乘以社会资本投标运维利润率，乘积为当年运维成本利润结算金额。

9. 添置设备预备费

添置设备预备费由政府合同主体掌握使用，需要购置设备的年份，按照实际采购价在该项预备费列支，添置设备预备费剩余金额归政府主体所有。

10. 设施设备大修预备费

设施设备大修预备费由政府合同主体掌握使用，需要大修的年份，按照实际

发生的设备设施大修费用在该项预备费列支，设施设备大修预备费用剩余金额归政府主体所有。

11. 基本预备费

在运维过程中可能发生的消耗性材料、能源、人力资源等项目内容的招标内容之外的必要消耗或数量应该由政府承担的风险费用，如项目运维年度，因非社会资本原因，超负荷运营产生的材料、能源消耗费用或者不足负荷运营产生的成本消耗浪费，根据实际消耗费用在该项预备费用列支，基本预备费用剩余金额归政府主体所有。

12. 涨价预备费（含政策、法规、市场变化）

政策、法规、市场变化导致的消耗性材料、能源、人力资源费用价差在合同约定价 5% 之外的部分，政府在该项预备费列支，涨价预备费用剩余金额归政府主体所有。

（三）分项详细结算 PPP 模式论证咨询费用

该费用为政府合同主体在论证立项项目是否采用 PPP 模式以及 PPP 模式招标代理或项目运维期末资产评估、PPP 模式绩效评价发生的咨询费用，属于社会资本不可竞争的投标报价费用，政府合同主体对相应咨询单位确认的结算费用，为社会资本的结算支付费用。

（四）PPP 项目运营维护年度直接消耗性成本

PPP 项目运营维护年度直接消耗性成本，是指项目运维生命周期内各个年度当年的主辅材料及能源、人力资源（包括管理、服务、生产和检修维护人力资源）、其他营业管理费用等直接消耗性成本。当年的直接消耗性成本为下列费用之和。

1. 主要材料消耗费用

项目运营当年实际消耗的主要材料使用量与社会资本投标对应材料的单价的乘积，为当年主要材料消耗成本。

遇到材料涨价或降价的年份，涨价或降价幅度超过投标价格 5% 之外的单价价差，调整投标单价作为结算单价。

2. 辅属材料消耗费用

项目运营当年实际消耗的辅属材料使用量与社会资本投标对应材料的单价的乘积，为当年辅属材料消耗成本。

遇到材料涨价或降价的年份，涨价或降价幅度超过投标价格 5% 之外的单价价差，调整投标单价作为结算单价。

3. 能源消耗费用

项目运营当年实际消耗的水暖电气等能源用量与社会资本投标对应能源单价的乘积，为当年能源消耗成本。

遇到能源涨价或降价的年份，涨价或降价幅度超过投标价格 5％之外的单价价差，调整投标单价作为结算单价。

4. 人力资源消耗费用

项目运营按照项目投标机构、人员构成，实际统计每日生产工人、管理人员和其他服务人员、检修维修人员的上班人员数量，那么 PPP 项目运营维护年度当年实际消耗的人力资源费用＝年度生产工人的消耗工日数量×生产工人的日工资单价＋年度管理人员的消耗工日数量×管理人员的日工资单价＋年度其他服务人员的消耗工日数量×其他服务人员的日工资单价＋年度检修维修人员的消耗工日数量×检修维修人员的日工资单价。

上述计算公式中，各类人员的日工资单价为 PPP 项目合同约定的社会资本方投标日工资单价。消耗工日数量为实际统计的数量。

超过投标机构、人员构成的上班人员数量，不予以统计计量。

5. 其他营业管理费用

其他营业管理费用是指除管理人员工资福利之外的项目运营维护消耗的管理性质的费用，如办公用品耗材、企业承担的设备和住房公积金等，详见第六章。按照社会资本投标管理费费率与上述年度实际消耗的材料、能源和各类人员消耗费用之和的乘积，统计计算营业管理成本费用，或者按照符合财务管理制度的各类实际消耗，统计计算当年营业管理成本费用。

6. 材料、能源非正常损耗的风险承担

属于管理不规范、操作方法不恰当的违规等操作方法导致的非正常材料、能源损耗性消耗，不予以成本费用的计量，应该从实际总消耗量中予以扣除，剩余部分消耗量构成成本消耗量。

（五）PPP 项目建设、运维成本计量有关说明

建设、运维成本是为项目工程建设和项目正常运营维护提供公共服务产品或服务的项目消耗性直接和间接成本。符合计价概算定额和政府同类运营项目消耗性计价项目的，在合同约定的范围内，计入建设、运维成本，构成政府补偿支付的范围。上述计价列项概算定额和成本核算指标，没有列项的工程建设的人防、消防、园林等手续费用或者是请客吃饭费用等，一概不能列入项目建设和运维成

本核算，政府也不承担补偿支付责任。

(六) 存量项目社会资本投资

存量项目社会资本投资包括向政府合同主体支付的资产权益转让费用和项目运维生命周期的运维投资。存量资产转让投资为投标报价。项目运维生命周期的运维投资同上。

(七) PPP 项目其他专用合同条款

根据具体项目的特点、性质，结合具体项目招标采购文件、社会资本投标文件和项目通用合同条款，具体描述。例如，技术标准和要求、工期延误的处罚措施、竣工验收、监理职责、质量保修金、政府补偿支付的时间和方式、使用者付费或其他商业开发收入的超额分配、工程计量和运维消耗性计量具体措施、质量检查和服务评估的具体方案、变更确认的程序、价格调整、利益相关者的责任承担和风险分配、工程保险、临时设施及其费用、奖励或处罚措施、合同终止、违约责任等。具体项目，应具体详细约定。

四、PPP 项目合同通用条款

参照行业部门根据国家有关部门编制的政府和社会资本合作的有关"合同指南"，编制相应行业项目的标准合同范本。

五、PPP 项目工程建设实施政府监管

在 PPP 项目工程建设过程中，政府或政府授权的项目实施机构要组织专业技术力量，或者委托专业咨询团队，采取可行的监管方式，对社会资本组织的工程建设过程进行全程监管。主要监督查验工程材料、设备的质量标准、规格型号是否符合合同约定，查验隐蔽工程项目是否按照合同约定的方案组织施工，计量项目实际完成的分部分项工程量等。

六、PPP 项目固定资产投资竣工决算论证

PPP 项目固定资产投资竣工决算，是政府或者政府授权的项目实施机构根据项目合同约定的竣工结算办法，对照实际完成的各项项目内容，结合项目合同约定的各项指标和风险调价强度，在项目建设工程竣工年度及时确认的 PPP 项目

工程建设投资总金额，包括建设工程费用（含配套工程和其他各项处理工程费用以及项目本身工程费用）、与工程建设有关的咨询等其他工程费用、建设用地费用、建设期融资利息和社会资本建设投资合理利润。详见 PPP 项目建设工程固定资产投资竣工决算总金额一览表，如表 9-1 所示。

表 9-1　PPP 项目建设工程固定资产投资竣工决算总金额一览　单位：万元

费用名称	金额	备注
一、建设工程费用		含建筑安装和设备购置
二、咨询等与项目建设有关的其他费用		含政府前期费用
三、建设用地费用		含征地、拆迁、补偿
四、小计		（一）＋（二）＋（三）
五、建设期融资利息		［（四）－资本金和其他收入］×投标利息率
六、合计		（四）＋（五）
七、建设投资利润（含税）		（六）×投标利润率
八、竣工年度 PPP 项目建设工程固定资产投资竣工决算总金额		（六）＋（七）

七、PPP 项目运营维护实施政府监管

PPP 项目运营维护过程中，政府或政府授权的项目实施机构要组织专业技术力量或委托咨询团队，采用可行性的方式，如打表计量、打卡计量、现场摄像监控实时跟踪计量、成本财务核算等有效监控监管方式，对项目运营维护消耗的直接材料、能源、生产工人、管理人员和服务人员、检修维修人员消耗量以及必要的办公用品等生产经营管理性质的消耗量进行实际计量。检查实际运维标准和服务水平是否达到合同约定的要求，没有达到时，要实时纠正。通过试运期和正式运营期年度实际消耗量水平的对比分析，看看消耗性损耗水平，责成社会资本规避不必要的损耗浪费。检查项目运营维护的各个流程环节，如果发现项目存在人走不关灯、不关水、不关气等浪费能源的现象，则要及时对社会资本提出处罚措施，如经过测试属于浪费性的损耗，不予以计入运维成本核算范围等。如果提供的公共产品或服务水平不达标、社会公众不满意等，要及时责成社会资本进行整改，必要时采取处罚措施。如果发现社会资本运营过程中存在机构、人员膨胀、消极怠工的现象，要及时通知社会资本方予以机构、人员调整，并确认膨胀机构或人员不予以纳入运维成本计量。检查办公用品、劳保用品等构成营业管理费用的成本因素是否存在浪费，如存在，则确认属于浪费的消耗不予以成本计量，同

时责成社会资本自行整改。

八、PPP 项目运营维护年度绩效评估

　　PPP 项目年度运营维护绩效评估，包括服务质量和服务技术标准评估、运营效率定性评估和运维成本费用定量评估等。年度运维成本定量评估，主要包括项目运营维护有效的直接性材料、能源、人力资源消耗成本费用，办公用品等营业管理性质的间接消耗成本费用和包括上缴政府、行业费用在内的其他费用、年度融资利息以及构成资产标准的活动设备、大修费用等成本费用。资产设备购置和大修成本不是每年都要发生，所以，各个年度的运维成本费用构成不完全一样。根据本章项目合同约定的项目运维投资和项目直接性消耗成本计量计算的约定，结合项目实际情况，区别各个不同年度的情况，分门别类计算 PPP 项目运维成本当年的成本费用。下面重点计算"运营初期建设工程质量缺陷保修期内（检修维护费用包含在建设工程质量保修金内），并且需要购置活动设备资产年份的当年运营成本费用"以及"质量保修期之外的运营中期且发生设备设施大修改造费用的当年运维成本费用"。

　　（1）建设工程质量缺陷保修期内，不发生设备设施大修费用，但购置活动资产设备的初始年度运维成本费用详见表 9-2。

表 9-2　PPP 项目运营初始年度的当年运营成本费用一览

成本费用名称	单位	金额	备注
一、主要材料消耗费用			现场实际计量消耗费用扣减不合理损耗费用
二、辅属材料消耗费用			现场实际计量消耗费用扣减不合理损耗费用
三、能源消耗费用			现场实际计量消耗费用扣减不合理损耗费用
四、人力资源消耗费用			1. 现场实际计量消耗费用扣减不合理损耗费用；2. 不含检修维护人员消耗
五、其他营业管理费用			现场实际计量消耗费用扣减不合理损耗费用或者上述费用之和与投标管理费率的乘积
六、小计			（一）＋（二）＋（三）＋（四）＋（五）
七、含政府、行业缴费的其他费用			
八、活动资产设备购置费用			

成本费用名称	单位	金额	备注
九、合计			（六）＋（七）＋（八）
十、当年初运维融资利息			1. 该项可能不发生；2. 如发生，则基数至少应该扣除资本金，如其他收入等也应扣除，即至多为［（九）－资本金］×投标利息率
十一、总计			（九）＋（十）
十二、当年运维投资利润（含税）			（十一）×投标利润率
十三、当年 PPP 项目运营成本费用总金额			（十一）＋（十二）

（2）非建设工程质量缺陷保修期，发生设备设施大修费用，但不发生购置活动资产设备的其他年度运维成本费用详见表9-3。

表9-3　PPP项目运营其他年度的当年运营成本费用一览

成本费用名称	单位	金额	备注
一、主要材料消耗费用			现场实际计量消耗费用扣减不合理损耗费用
二、辅属材料消耗费用			现场实际计量消耗费用扣减不合理损耗费用
三、能源消耗费用			现场实际计量消耗费用扣减不合理损耗费用
四、人力资源消耗费用			1. 现场实际计量消耗费用扣减不合理损耗费用；2. 含检修维护人员消耗
五、其他营业管理费用			现场实际计量消耗费用扣减不合理损耗费用或者上述费用之和与投标管理费率的乘积
六、小计			（一）＋（二）＋（三）＋（四）＋（五）
七、含政府、行业缴费的其他费用			
八、设备设施大修费用			
九、合计			（六）＋（七）＋（八）
十、当年初运维融资利息			1. 该项可能不发生；2. 如发生，则基数至少应该扣除资本金，如其他收入等也应扣除，即至多为［（九）－资本金］×投标利息率
十一、总计			（九）＋（十）
十二、当年运维投资利润（含税）			（十一）×投标利润率
十三、当年 PPP 项目运营成本费用总金额			（十一）＋（十二）

九、政府责任支付、社会资本投资回报与产品或服务价格

1. 政府责任支付

政府责任支付是指政府作为 PPP 合作项目合同的合同主体及基础设施和公共服务项目产品或服务提供的最终责任人，应该对合作社会资本关于项目工程建设或资产权益转让和项目运营维护的支出成本及成本利润的经济补偿。对于政府来说，社会资本对于项目工程建设和运营维护支出的成本投资（含融资利息）和合理的投资利润，都构成对应的项目成本。例如，对政府传统模式或社会资本来说，建设工程固定资产投资是不包括投资利润的，而对于 PPP 模式的政府财务报告来说，应该包含社会投资合理利润的固定资产投资总金额，从而构成政府固定资产竣工财务决算总金额。

政府支付责任，对于社会资本来说，就是投资回报。

2. 产品或服务价格

社会公众直接接受服务或购买产品，需要承担的单个产品或单次服务的经济负担强度，就是基础设施或公共服务项目产品或服务的价格。

3. 政府责任支付与产品或服务价格的关联

产品或服务价格是项目本身运维产生收入的基本计价单元，项目收入是政府责任支付的一种资金来源。以产品或服务价格为项目收入元素的项目总收入，可能大于政府对项目的责任支付，也可能等于或小于政府对项目的责任支付。二者的对比差别直接形成 PPP 项目三种不同的政府支付方式，也就是社会资本实现投资回报的三种不同方式，即使用者付费方式、政府付费购买服务方式及使用者付费＋政府可行性缺口财政补助的混合方式。

4. 社会资本投资回报与产品或服务价格的关联

社会资本投资回报是社会资本对 PPP 合作项目工程建设和运营维护生命周期运营维护成本支出的投资及其利润的回收。

基于产品或服务价格产生的项目运营收入，是社会资本基于政府授予的特许经营权而直接收取的用于补偿投资并获取投资利润的一种收入来源。基于产品或服务价格产生的项目运营收入可能大于也可能小于或等于社会资本对项目建设、运营维护支出的成本投资及其合理利润。

5. 社会资本投资回报与政府责任支付

建设、运营基础设施和公共服务项目，向社会提供公共产品或服务，是政府

的责任。政府在缺少资金的前提下，通过 PPP 模式与社会资本以契约的方式合作项目建设、运营，社会资本投资并对项目的建设、运营进行具体管理。在项目运营阶段，社会资本在做好服务管理工作的同时，要实现投资成本及其合理利润的资金回收，也称为社会资本投资回报。

由于基础设施和公共服务项目建设、运营是政府的责任，那么在项目运营阶段，政府要以各种资金来源补偿支付社会资本的投资成本及其合理利润。政府补偿支付的资金来源可以为使用者付费，也可以为政府财政预算直接支付等，不同性质的 PPP 项目，资金来源可能不一样。

因此，社会资本投资回报与政府责任支付二者在资金量上是相等的。

6. 产品或服务价格调整

PPP 项目运营维护生命周期一般在 10 年以上，国民经济是不断发展的，社会也是不断进步的，国内外经济形势和市场不断变化，国内政策、法规也会适应经济形势和市场的变化而不断变化，市场在资源配置中起决定性作用的基础设施和公共服务项目产品或服务的价格构成要素，也会随着市场的变化而不断变化，因此，适应市场需要和经济发展的公共产品或服务的价格不断调整变化，是必然的趋势。PPP 项目产品或服务价格如何调整，要服从构成产品或服务价格的人力资源、材料、能源等消耗性成本因素的市场价格的变化。价格调整的强度，涉及社会公众的切身利益，涉及社会稳定，也涉及政府的惠民政策。因此价格调整及其调整强度是一种政府行为，要慎重谨慎，不能直接与项目政府支付责任或社会资本投资回报直接产生因果关系。

》》 十、政府补偿支付与收益

在交通运输、能源、水利工程、环保、市政基础设施工程、学校、医院、保障住房、养老设施等领域的基础设施和公共服务项目，政府采用 PPP 模式提供公共产品或服务。政府既是项目前期目标计划的管理者，也是项目建设和后期运营维护的目标监管者，更是项目成功与否的最终责任承担者。政府承担的责任不仅是招商引资，其更是 PPP 项目目标实现与否的监护者和项目建设、运营成本的最终支付者。

政府提供的是国民经济发展和社会需求的公共产品或服务，使用的成本补偿支付资金要么是来自纳税人的财政收入，要么是社会公众使用者的直接支出，要么是与项目相关的政府授权的第三方商业开发收入等。正是体现了取之于民、用之于民的政府服务职能。

（一）政府补偿支付的费用构成

基于社会资本承担与 PPP 项目建设、运营维护有关的全部费用的投资融资，政府应给予社会资本投资融资的成本及其合理利润的补偿支付包括 PPP 项目工程建设投资、项目生命周期运营维护投资、项目前期政府 PPP 模式论证咨询费用投资以及项目建设和运营维护期间政府监管设施（如果设置，则有此项）投资。其中，项目建设和运营维护期间的政府监管设施投资可以归入项目工程建设总投资，因为监管设施本质上是一项具有监控管理功能的智能化专业工程。

（二）政府补偿支付与支付时间

政府对社会资本关于 PPP 项目建设、运营维护投资及其合理利润的补偿支付费用，是各项构成费用的实际发生金额，也是社会资本对项目的实际投入。PPP 项目建设、运营维护是要遵循相应的建设、运营规律程序的，对应成本发生的时点伴随在规律程序的环节点，一般是不可调整的。同时，资金占用是需要付出资金占用成本的。因此，社会资本投资发生后，政府补偿支付的时间点直接影响政府支付的金额强度。

（三）运维年度等额建设投资政府补偿支付

政府的补偿支付是政府支付责任的实现，也是社会资本投资回报的实现。应按照建设工程固定资产投资竣工决算、运维年度实际投资和其他相关费用，结合支付的时间和方式，实事求是给予社会资本投资及其合理利润的补偿。

1. 运维年度等额建设投资政府应补偿支付

是指在约定条件下，即建设工程竣工决算投资总金额在项目运营维护生命周期（即投资动态回收期，详见第六章）的各个年度内，每年平均分摊，政府应该给予社会资本建设、运维投资及其合理利润的支付补偿金额。

PPP 项目建设工程竣工验收合格后，竣工当年办理建设工程固定资产投资竣工总决算，与此同时，社会资本也将建设工程发生的建设投资费用全部支出给相关的社会利益相关者。也就是说，项目工程建设竣工年份，在项目没有社会利益相关者债务的前提条件下，政府以项目工程建设固定资产投资总金额为政府债务基础，包含运营维护当年实际发生的运营维护实际投资的政府补偿支付。

2. 运维年度固定资产投资政府应补偿支付

建设工程竣工年度，社会资本实际支出的建设工程固定资产实际投资和政府应该承担的建设工程固定资产实际支出，分别详见前面 PPP 项目建设工程固定资产投资竣工决算总金额一览表中的第六项和第八项。

建设工程竣工年度，社会资本实际支出的建设工程固定资产实际投资总金额以"p"表示。

那么，建设工程竣工年度，政府应该承担的建设工程固定资产实际支出总金额为 p+p×社会资本建设投资投标利润率（以"h"表示）＝p（1+h）。

在项目运营维护生命周期"n"年内，每年平均分摊时，年均分摊金额为（p（1+h））/n。

对应运营维护生命周期某个 t 年度，政府应该给予社会资本固定资产投资回报的支付总金额为（（p（1+h））/n）×（1+r）^{t}（"r"为社会资本工程建设投资回报的投标折现率）。

3. 运维年度当年运维投资政府应补偿支付

项目运维生命周期的各个年度，发生的情况不一定完全一样。例如，有些年度要设备设施大修，有些年度要购置活动资产设备，有些年度要发生融资，运营初期不发生设施设备的检修维护费用等。

（1）运营初期，项目建设工程还处于建设质量缺陷保修期内，那么运营投资不能计量设备设施检修维护人员的工资福利及相关的工具、维修材料消耗费用。如果需要购置活动资产设备，则一般发生在运营初期。

运营年度当年社会资本实际支出的运营投资以"m"表示，社会资本运维投资投标利润率以"i"表示，那么，运营年度当年政府应补偿的实际支付总金额为 m×（1+i）。

（2）其他年份，对照实际发生的成本构成，对应调整。

4. 其他费用政府应补偿支付

主要包括项目 PPP 模式物有所值评价和财政承受能力论证报告编制费、PPP 项目招商实施方案编制费、PPP 项目招标代理费（含招标采购文件和控制价编制费，如为存量项目，还包含存量固定资产权益转让评估咨询费）、项目运维中期绩效政府评估咨询费、项目运维期末移交政府资产评估和绩效评价咨询费。

上述费用是政府在 PPP 项目生命周期的相应阶段，基于项目管理和监管工作的需要而发生的专业技术咨询费用。在项目招标采购中，以不可竞争的费用形式列入了投标报价，政府原价补偿。

（四）政府补偿支付资金来源

1. 运维年度应付资金

大家知道，PPP 项目建设工程竣工验收合格后，政府在项目运维的各个年度，分期给予社会资本项目建设投资及当年运维投资及投资合理利润的回报补偿支付，某个 t 年度应支付的年度金额为：

$$((p(1+h))/n)\times(1+r)^t+m\times(1+i)+其他$$

其中，"r" 为社会资本工程建设投资回报的投标折现率，其他是指某个支付年度，可能发生的政府管理或监管工作的咨询费用，委托社会资本支付或者直接支付。

2. 资金来源

对于非经营性的纯公益性的 PPP 项目，如河道整治项目、市政道路项目，一般项目本身没有运营经济收入，主要依靠政府财政预算（中央预算或地方政府预算）直接付费，政府也可以有条件地授权社会资本在项目周边进行合理的商业开发，开发收入用于补充政府财政预算。但是，政府一定要评估开发的收入金额，以便在政府应补偿支付金额中予以扣除。

对于准经营性的公共产品或服务项目，在项目实施时，使用者付费的收入额度直接影响政府财政预算可行性缺口补助补偿支付的强度。政府同样可以有条件地授权社会资本在项目周边进行合理的商业开发，开发收入用于补充政府财政预算。

对于可经营性系数高、财务效益良好的使用者付费的经营性项目，使用者付费收入可以完全承担政府应补偿支付的资金额度，甚至还高于政府应补偿支付的资金额度。尽管如此，对于使用者付费的经营性项目，政府更要加强项目运维实施过程的绩效定性和定量评估，扎实核实使用者付费的收入，对照政府应补偿支付的强度，也就是社会资本应该得到的投资及其合理利润的回报，不能让社会资本暴利，有损社会和国家的大利益。

（五）使用者付费方式的政府收益

对于使用者付费的经营性 PPP 项目，如果付费金额超过政府应该补偿支付的强度，那么要按照 PPP 项目合同的约定，政府应该收取合理收益。社会资本的投资回报是合同的约定，也是政府应该补偿支付的强度，不能违背合同约定，获取暴利。

对于使用者付费不足以满足社会资本成本回收和合理回报的准经营性项目，政府要采取使用者付费＋政府财政预算可行性缺口补助方式来补助社会资本的投资成本及其合理利润。那么，同样的道理，使用者付费或者第三方商业开发收入超出或大大超出社会资本成本回收和合理回报的，政府要通过扎实的核实核算监管，超额部分原则上全部是政府代表广大人民群众的收益或权益，社会资本不容侵占。换句话说，收入再高，那是人民群众的公共利益。社会资本的成本回收和利润回报的底线是 PPP 项目合同约定。

第 十 章

政府和社会资本合作（PPP）项目移交和绩效评价

PPP项目生命周期结束后，社会资本或项目公司应将全部项目设施及相关权益无偿移交政府。与此同时，政府继续项目运行并进行PPP模式项目绩效评价，总结经验和不足。

》》》 一、移交方式和移交范围

1. 移交方式

PPP项目对于社会资本建设、运营的成本投资及投资的合理利润，政府已经在项目生命周期运营维护的各个年度结清，PPP项目建设工程固定资产剩余价值以及建设用地都是国家的全民资产，社会资本应该连同项目经营权将固定资产及项目其他相关权益，无偿、及时、合格地交回政府。

2. 移交范围

项目移交范围一般包括以下几个方面：

（1）项目建设工程固定资产投资范围内的建筑安装工程和各类设备设施以及项目运营维护营业、管理使用的各类资产设备、工具器具等与项目有关的全部设施设备。

（2）项目土地使用权及项目用地相关的其他权利。

（3）与项目设施相关的设备、机器、装置、零部件、备品备件以及其他动产。

（4）项目运营维护实施相关人员。

（5）运营维护项目设施设备所要求的技术和技术信息。

（6）与项目设施设备有关的手册、图纸、文件和相关资料（书面文件和电子文档）。

（7）移交项目所需的其他文件、材料、资料等。

二、移交条件和标准

1. 权利方面的条件和标准

项目设施设备、土地及其他与移交项目相关的所有资产不存在权利瑕疵，即待移交的项目所有资产均无任何担保或其他第三人的权利。

2. 技术方面的条件和标准

项目待移交的设备设施均应处于良好的运行状况，安全且环保，各项技术性能合格。

三、移交程序和性能测试

1. 移交程序

社会资本或项目公司应在项目生命周期结束前的一定时间内，做好项目移交的准备工作，整理相关资料、文件，并处理好资产权属权益清理关系，检查检修项目设施设备性能，制作移交方案，交给政府审阅。

项目生命周期结束时，社会资本或项目公司无条件配合政府接管接收项目，并配合政府组织的项目设施设备的技术性能测试。

社会资本或项目公司应将满足性能测试的移交范围内的全部应该移交的设施设备、资料文件移交给政府或政府指定的接收机构，并协助办妥法律过户和运营管理权限移交手续。同时社会资本或项目公司要配合政府做好项目运行平稳过渡的相关工作。

2. 性能测试

政府在正式接收项目之前，通常要组织相关的专家组或技术工作组，对拟将接收的项目设施设备进行技术性能测试，主要检查设施设备是否满足正常运行的要求，运行过程是否环保、安全，各项技术指标是否合格，项目建筑环境是否损坏等。经由政府组织的项目性能测试不合格或不达标的，社会资本或项目公司要对应做好恢复性修理或更新重置等补救方式，以确保项目移交后继续正常运行。

四、移交费用和质量保证

按照需求和责任原则，政府和社会资本各自承担项目移交过程中发生的已方需求和责任工作费用。例如，政府性能测试发生的费用由政府承担；性能测试不合格，需要修理修复或更新，发生的费用由社会资本承担。

对于社会资本或项目公司移交政府的项目设施设备，社会资本或项目公司应该承担一定时间的质量缺陷保修或维护责任。通常在项目移交时，政府收取一定数量的质量保证金，待质量缺陷保修或维护期限到期后，政府将剩余的质量保证金无息退还。

五、PPP 项目生命周期末政府监管绩效评价

所谓绩效评价，是指所确定的目标的实现程度，以及为实现目标的预算执行结果的综合性分析。PPP 项目生命周期结束并完成政府接收工作后，政府应从项目产出、成本效益、监管成效等方面对照计划目标和实际实施的结果进行综合性绩效评价，评价结果作为政府开展 PPP 管理工作的决策参考依据。

（一）项目工程建设绩效评价

1. 工程建设绩效目标

PPP 项目的建设需求、建设规模及建设内容各个专业系统的构成等项目本身的技术要求目标，在第三章、第八章的有关内容详细设定。

PPP 项目的规划配套设施，建设用地需求，项目的绿色、节能减排要求，项目与当地社会、环境、交通的相互影响及不利影响的消除，在第三章也详细分析了计划目标。

建设工期，即新建、改扩建 PPP 项目建设周期，在第六章明确了目标工期。

建设工程固定资产投资的项目划分、构成及投资计划，在第四章、第五章详细列出了预期目标值。其中第五章的 PPP 项目固定资产投资概算总金额总汇总表中的 PPP 项目固定资产投资概算总金额是建设工程 PPP 模式投资总目标；建设工程费用、咨询等其他费用、建设用地费用、建设期融资成本、建设投资合理利润（含税）以及基本风险预备费、价差风险预备费是建设工程投资的各项分项投资预期目标。

2. 工程建设绩效目标的完成情况

建设工程在完成建设需求规模要求并满足项目正常投入使用，经竣工验收合

格后，各项计划目标的实际完成情况详见第九章。其中：

（1）投资总目标的完成情况。PPP 项目建设工程固定资产投资竣工决算总金额一览表中的竣工年度 PPP 项目建设工程固定资产投资竣工决算总金额是项目 PPP 模式下建设工程的实际总投资。

（2）各分项投资目标的完成情况。PPP 项目建设工程固定资产投资竣工决算总金额一览表中：

1）建设工程费用是包括 PPP 项目本身各个单项工程的各个专业系统的实际工程成本、配套设施各个专业系统的实际工程成本（含在土地一级开发成本中的除外）、不良地基（含地下水）处理工程成本、用地场地平整土石方工程成本（含在土地一级开发成本中的除外）以及项目绿色节能减排、环境交通影响和社会稳定风险评价要求整改发生的工程实际成本等 PPP 项目工程建设发生的涵盖工程设备购置费用的实际总工程成本。

2）咨询等与项目建设有关的其他费用是包括政府前期项目立项准备和社会资本项目建设过程发生的与项目建设有关的设计、监理等各项其他费用的实际总成本。

3）建设用地费用是包括取得土地使用权费用（划拨方式除外）、征地费用、拆迁补偿费用、配套设施建设和场地平整土石方工程费用（是指采用土地一级开发方式）等在内的建设用地发生的实际总成本。

4）建设期融资利息是指社会资本建设融资（项目资本金、政府奖励补贴和建设期间第三方开发收入等用于投资的金额，不能计算融资利息）实际发生的利息总成本。

5）建设投资利润（含税）是社会资本对 PPP 项目工程建设投资成本的实际合理总利润（含税）。

3. 工程建设绩效目标分析评价

（1）技术标准、工期绩效评价。对照建设工程的实际竣工规模、技术要求、建设工期和项目绩效目标的对应设立指标，如果实际指标较绩效目标一致或优化，则 PPP 模式或政府监管有效。

（2）工程建设总投资绩效评价。对照第五章 PPP 项目固定资产投资概算总金额和第九章竣工年度 PPP 项目建设工程固定资产投资竣工决算总金额，如果竣工决算总金额小于或等于投资概算总金额，则政府工程建设总投资监管有效。

（3）建设工程费用绩效评价。第五章的 PPP 项目固定资产投资概算总金额总汇总表中的建设工程费用、基本预备风险费用和价差预备风险费用之和，对比第九章 PPP 项目建设工程固定资产投资竣工决算总金额一览表中的建设工程费用，如果后者小于或等于前者，政府建设工程费用监管有效。

（4）咨询等与项目建设有关的其他费用绩效评价。对比第五章的 PPP 项目固定资产投资概算总金额总汇总表中的咨询等与项目建设有关的其他费用和第九章 PPP 项目建设工程固定资产投资竣工决算总金额一览表中的咨询等与项目建设有关的其他费用，如果后者小于或等于前者，政府咨询等与项目建设有关的其他费用监管有效。

（5）建设用地费用绩效评价。对比第五章的 PPP 项目固定资产投资概算总金额总汇总表中的建设用地费用和第九章 PPP 项目建设工程固定资产投资竣工决算总金额一览表中的建设用地费用，如果后者小于或等于前者，政府建设用地费用监管有效。

（6）建设期融资利息绩效评价。对比第五章的 PPP 项目固定资产投资概算总金额总汇总表中的建设期融资利息和第九章 PPP 项目建设工程固定资产投资竣工决算总金额一览表中的建设期融资利息，如果后者小于或等于前者，政府建设期融资利息监管有效。

（7）建设投资利润（含税）绩效评价。对比第五章的 PPP 项目固定资产投资概算总金额总汇总表中的建设投资利润（含税）和第九章 PPP 项目建设工程固定资产投资竣工决算总金额一览表中的建设投资利润（含税），如果后者小于或等于前者，政府建设投资利润（含税）监管有效。

（二）项目运营维护年度绩效评价

1. 项目运营维护年度绩效目标

项目运营维护质量水平和产出等技术标准与要求，在第六章和第八章均有详细目标约定。

项目运营维护单位产品或服务消耗性材料、能源或人力资源费用、设施设备检修费用、其他营业管理费用和项目年度设计生产能力的成本消耗费用，以及可能发生的其他缴纳费用、融资财务费用，年度运维成本利润，可能发生的动产资产设备购置费用，可能发生的设施设备大修费用，可能发生的基本预备费用和可能发生的涨价预备费用，在第六章 PPP 项目招标（采购）控制价——年度运维估算汇总表中，均有设立详细的预期计划目标。

2. 项目运营维护年度绩效目标的完成情况

项目运营维护年度的成本发生项目存在很大的变数。运营初期不发生设施设备的检修维护费用，因为在建设工程的质量保修金中已经包含，运维年度不能重复列项。有些年度发生设备设施大修费用，有些年度发生动产资产设备购置费用，有些年度发生财务利息费用，还有些年度发生政府或行业的其他缴纳费用等。同时，项目运营的产出也存在一定的客观风险，有些年度项目产出大于项目设计能力，有些年度项目产出低于项目设计能力。也就是说，第六章 PPP 项目招标（采购）控制价——年度运维估算汇总表中，均有设立详细的预期计划目标，有些目标计划在有些年度实际不发生。那么，项目运营维护年度绩效目标的完成情况只针对实际发生的各个分项项目的实际绩效目标的完成程度。第九章 PPP 项目运营初始年度的当年运营成本费用一览表和 PPP 项目运营其他年度的当年运营成本费用一览表等具体情况的当年运营成本费用一览表中的对应分项实际发生的年度成本费用，为各个分项目标年度绩效目标的实际完成。

3. 项目运营维护年度绩效目标分析评价

（1）实际年度产出与年度设计能力绩效评价。当项目年度实际生产的产品或服务数量与项目设计能力相同时，第六章 PPP 项目招标（采购）控制价——年度运维估算汇总表中的第二项年度材料、能源等直接消耗性年度成本与第十项可能发生的基本预备费、第十一项可能发生的涨价预备费三者之和，与第九章 PPP 项目运营初始或其他年度的当年运营成本费用一览表中的第六项年度实际发生的直接消耗性成本费用（区别是否应列入设施设备检修费的不同），将两者对比分析，如果后者小于或等于前者，则政府在项目运维年度的直接消耗性成本监管有效。

（2）项目运营维护年度其他绩效评价。基于项目运维年度实际生产能力或成本发生项目，不同的年份不太一样，包括年度实际生产能力不一样的直接消耗性成本和其他成本，年度运维绩效不能单独评价。

（3）项目运维质量水平和技术标准绩效评价。对照第六章的政府目标设定和第八章的社会资本投标技术标准和要求，检查或定性评价评估项目实际运营维护质量水平和产出等技术标准与要求是否达标。

（三）项目其他绩效评价

1. 项目对国民经济和社会发展的绩效评价

当地就业和收入分配、当地弱势群体利益提升与否、当地基础设施和公共服务供给水平和能力、当地地方政府债务和收益等与国民经济和社会发展息息相关的各项因素，因为 PPP 项目的建设运行，是正面影响还是负面影响，具体项目的具体情况，应做具体分析评价。

2. 项目 PPP 模式咨询费用绩效评价

该费用为政府合同主体在论证立项项目是否采用 PPP 模式以及 PPP 模式招标代理或项目运维期末资产评估、PPP 模式绩效评价发生的咨询费用，属于社会资本不可竞争的投标报价费用，政府合同主体对相应咨询单位确认的结算费用，为社会资本的结算支付费用。结算费用与预期估算费用之间的差额为负数，则政府对该项费用的监管有效。

（四）存量项目绩效评价

存量项目绩效评价主要为项目运维绩效评价。参照上述对应项目评价执行。

六、项目建设工程固定资产 PPP 模式竣工决算对比传统模式投资概算绩效评价

1. 项目建设工程固定资产传统模式投资概算

基于我国基础设施和公共服务项目，政府传统模式一般采用财政预算直接投资，不发生投资融资利息和投资利润（含税）。那么，第五章的 PPP 项目固定资产投资概算总金额总汇总表中的建设工程费用、咨询等其他费用、建设用地费用以及基本风险预备费、价差风险预备费共计五项费用之和，即第五章的 PPP 项目固定资产投资概算总金额总汇总表中的建设期融资成本、建设投资合理利润（含税）两项费用之外的总金额，是建设工程固定资产传统模式投资概算总金额。

如果传统模式由政府融资平台公司代表政府融资建设，则第五章的 PPP 项目固定资产投资概算总金额总汇总表中的建设投资合理利润（含税）之外的总金额，是建设工程固定资产传统模式投资概算总金额。

2. 项目建设工程固定资产 PPP 模式竣工决算

第九章 PPP 项目建设工程固定资产投资竣工决算总金额一览表中的竣工年度 PPP 项目建设工程固定资产投资竣工决算总金额是项目 PPP 模式下建设工程的实际总投资。

3. 项目 PPP 模式较政府传统模式建设投资的物有所值

项目 PPP 模式下建设工程的实际投资竣工决算总金额，与政府传统模式下建设工程固定资产投资概算总金额的差额为负数，则证明项目 PPP 模式建设投资物有所值。

负数差额就是采用 PPP 模式较传统模式的建设投资成本降低的成本节约金额。负数差额与政府传统模式下建设工程固定资产投资概算总金额的比率，就是 PPP 模式较传统模式的建设投资成本降低百分率。

七、项目 PPP 模式实际结算运维成本总量对比传统模式政府核算运维成本总量绩效评价

1. 项目 PPP 模式各个年度的实际结算运维成本

根据各个运营维护年度实际发生的运营维护成本项目和第九章约定的运维成本结算办法，依照第九章 PPP 项目运营初始或其他年度的当年运营成本费用一览表各项成本计算的方法和原则，分别计算 PPP 模式各个具体年度的当年实际结算运维成本。

PPP 模式具体运营年度的当年实际结算运营维护成本以"m"表示，社会资本运维投资投标利润率以"i"表示，那么，PPP 模式具体运营年度的当年实际结算运营维护成本及其合理利润总金额为 $m \times (1+i)$。

2. 项目传统模式各个年度的政府核算运维成本

如果项目采用政府传统模式实施运营维护，政府核算年度成本的格式与第九章 PPP 项目运营初始或其他年度的当年运营成本费用一览表各项成本计算的格式基本上是相似的，所不同的是：

一是消耗性材料、人力资源、能源、营业管理办公用品等价格按照第八章中招标控制价的对应价格水平甚至按照政府集中采购价格或者按照行业自己定价水平，而不是 PPP 模式的社会资本投标价格水平。

二是不发生投资利润。

三是一般不发生融资利息。

四是一般不发生政府或行业上缴费用和有关税金。

五是单位产品或服务的材料、人力资源、能源、营业管理办公用品等直接消耗性项目，按照政府传统模式的行业成本核算办法和人员定额水平的消耗项目，而不是按照社会资本投标消耗性项目（社会资本的管理和技术水平不一样，运维消耗性方案具有竞争性）。

六是传统模式政府核算成本的消耗性材料、人力资源、能源、营业管理办公用品的数量，一般不考虑实际负荷低于设计能力的实际消耗量，而是考虑设计能力消耗量。

综上所述，按照传统模式年度运维成本的各个政府指标，参照第九章 PPP 项目运营初始或其他年度的当年运营成本费用一览表各项成本计算的格式，分别计算传统模式各个年度当年政府核算运维成本。传统模式各个年度当年政府核算运维成本以"x"表示。

3. 项目 PPP 模式生命周期各个年度运维成本结算金额在固定资产竣工决算年度的现值求和

设项目 PPP 模式运营维护生命周期"n"年，各个年度当年实际结算运维成本在固定资产竣工决算年度的现值之和（以"w"表示）为：

$$w=(m_1 \times (1+i)/(1+r))+$$
$$(m_2 \times (1+i)/(1+r)^2)+$$
$$(m_3 \times (1+i)/(1+r)^3)+\cdots+$$
$$(m_n \times (1+i)/(1+r)^n)$$

其中，"r"为社会资本工程建设投资回报的投标折现率，这里选用做评价计算折现率（因为不影响政府补偿支付，可以参考选用）；"i"为社会资本运维投资投标利润率（投标利率合同约定）；"m_1，m_2，m_3，$\cdots$，m_n"分别为项目 PPP 模式运营维护第一年、第二年、第三年……第 n 年的当年实际结算运营维护成本。

4. 项目传统模式在 PPP 模式生命周期的各个对应年度运维成本政府核算金额在固定资产竣工决算年度的现值求和

在项目 PPP 模式生命周期 n 年内，如果采用政府传统模式实施项目运营维护，传统模式运营周期 n 年内，各个年度当年政府核算运维成本在项目建设工程竣工决算年度的现值之和（以"z"表示）为：

$$z=(x_1/(1+r))+$$
$$(x_2/(1+r)^2)+$$
$$(x_3/(1+r)^3)+\cdots+$$
$$(x_n/(1+r)^n)$$

其中，"r"为社会资本工程建设投资回报的投标折现率，这里选用做评价计算折现率（因为不影响政府补偿支付，可以参考选用）；"x_1，x_2，x_3，$\cdots$，x_n"分别为项目传统模式运营维护第一年、第二年、第三年……第 n 年的当年政府核算运营维护成本。

5. 项目 PPP 模式实际结算运维成本总量对比传统模式政府核算运维成本总量绩效评价

（1）项目 PPP 模式实际结算运维成本总量，是指项目运维生命周期 n 年内各个年度的实际结算成本在建设工程竣工决算年度的现值之和，即上述第 3 条的计算值"w"。

（2）项目传统模式政府核算运维成本总量，是指项目运维生命周期 n 年内各个年度的政府核算成本在建设工程竣工决算年度的现值之和，即上述第 4 条的计算值"z"。

（3）"w"与"z"的差额为负数，则负数差额表示 PPP 模式项目运维政府成本补偿支出现值相比传统模式项目运维政府成本核算支出现值降低的资金量现值（各个年度成本支出综合降低差额在项目建设工程竣工决算年度的折现值）。负数差额的绝对值与政府传统模式现值"z"的比率，为 PPP 模式相对于传统模式各个年度政府运维成本现值的综合降低百分率，证明了相对于政府传统模式来说项目 PPP 模式运营维护投资的物有所值。

八、经验总结和努力方向

基于 PPP 项目生命周期末政府监管绩效评价对项目执行结果的分项详细评价、项目建设工程固定资产 PPP 模式竣工决算对比传统模式投资概算绩效评价和项目 PPP 模式实际结算运维成本总量对比传统模式政府核算运维成本总量绩效评价，总结经验，也总结不足。

附 录

相关法规

⟫⟫ 一、法律法规

（1）中华人民共和国预算法

（2）中华人民共和国城乡规划法

（3）中华人民共和国土地管理法

（4）中华人民共和国城市房地产管理法

（5）中华人民共和国价格法

（6）中华人民共和国环境保护法

（7）中华人民共和国环境影响评价法

（8）中华人民共和国资产评估法

（9）中华人民共和国政府采购法

（10）中华人民共和国招标投标法

（11）中华人民共和国合同法

⟫⟫ 二、国务院规范性文件

（1）中共中央国务院关于深化投融资体制改革的意见（中发〔2016〕18 号）

（2）国务院关于创新重点领域投融资机制　鼓励社会投资的指导意见（国发〔2014〕60 号）

（3）国务院办公厅转发财政部　发展改革委　人民银行关于在公共服务领域推广政府和社会资本合作模式指导意见的通知（国办发〔2015〕42 号）

（4）国务院关于深化预算管理制度改革的决定（国发〔2014〕45 号）

（5）国务院关于加强地方政府性债务管理的意见（国发〔2014〕43号）

（6）国务院关于固定资产投资项目试行资本金制度的通知（国发〔1996〕35号）

（7）国务院关于决定调整固定资产投资项目资本金比例的通知（国发〔2009〕27号）

（8）国务院关于加强政务诚信建设的指导意见（国发〔2016〕76号）

（9）中华人民共和国招标投标法实施条例

（10）中华人民共和国政府采购法实施条例

》》》三、部门规范性文件

（一）财政部规范性文件

（1）财政部关于推广运用政府和社会资本合作模式有关问题的通知（财金〔2014〕76号）

（2）财政部关于印发政府和社会资本合作模式操作指南（试行）的通知（财金〔2014〕113号）

（3）财政部　发展改革委关于进一步共同做好政府和社会资本合作（PPP）有关工作的通知（财金〔2016〕32号）

（4）财政部关于印发政府和社会资本合作项目财政管理暂行办法的通知（财金〔2016〕92号）

（5）财政部关于在公共服务领域深入推进政府和社会资本合作的通知（财金〔2016〕90号）

（6）财政部关于联合公布第三批政府和社会资本合作示范项目加快推动示范项目建设的通知（财金〔2016〕91号）

（7）财政部印发政府和社会资本合作项目财政承受能力论证指引的通知（财金〔2015〕21号）

（8）财政部关于印发PPP物有所值评价指引（试行）的通知（财金〔2015〕167号）

（9）财政部关于政府和社会资本合作物有所值评价指引（修订版征求意见稿）（财办金〔2016〕118号）

（10）财政部关于基本建设项目建设成本管理规定（财建〔2016〕504号）

（11）财政部关于组织开展第三批政府和社会资本合作示范项目申报筛选工作的通知（财金函〔2016〕47号）

（12）财政部关于政府和社会资本合作项目政府采购管理办法（财库〔2014〕

215 号）

（13）财政部关于政府采购竞争性磋商采购方式管理暂行办法（财库〔2014〕214 号）

（14）财政部关于政府采购竞争性磋商采购方式管理暂行办法有关问题的补充通知（财库〔2015〕124 号）

（15）中华人民共和国财政部令第 74 号《政府采购非招标采购方式管理办法》

（16）财政部关于印发基本建设项目竣工财务决算管理暂行办法的通知（财建〔2016〕503 号）

（17）财政部建设部关于印发建设工程价款结算暂行办法（财建〔2004〕369 号）

（二）国家发展和改革委员会规范性文件

（1）国家发展改革委关于开展政府和社会资本合作的指导意见（发改投资〔2014〕2724 号）

（2）国家发展改革委关于印发传统基础设施领域实施政府和社会资本合作项目工作导则的通知（发改投资〔2016〕2231 号）

（3）国家发展改革委关于切实做好传统基础设施领域政府和社会资本合作有关工作的通知（发改投资〔2016〕1744 号）

（4）国家发展和改革委员会、财政部等六部委第 25 号令《基础设施和公用事业特许经营管理办法》

（5）国家发展和改革委员会关于切实做好《基础设施和公用事业特许经营管理办法》贯彻实施工作的通知（发改法规〔2015〕1508 号）

（6）国家发展和改革委员会令第 6 号《固定资产投资项目节能评估和审查暂行办法》

（7）国家发展和改革委员会关于国家发展改革委重大固定资产投资项目社会稳定风险评估暂行办法（发改投资〔2012〕2492 号）

（8）国家发展改革委办公厅关于印发重大固定资产投资项目社会稳定风险分析篇章和评估报告编制大纲（试行）的通知（发改办投资〔2013〕428 号）

（9）国家发改委和建设部关于《建设项目经济评价方法和参数（第三版）》（发改投资〔2006〕1325 号）

（10）国家发展和改革委员会第 7 号令《中央预算内直接投资项目管理办法》

（11）国家发展和改革委员会关于印发《中央预算内直接投资项目概算管理暂行办法》的通知（发改投资〔2015〕482 号）

（12）国家发展和改革委员会关于加强中央预算内投资项目概算调整管理的通知（发改投资〔2009〕1550 号）

（13）国家发展和改革委员会关于印发《中央预算内投资监督管理暂行办法》的通知（发改投资〔2015〕525 号）

（14）国家发展和改革委员会关于印发《中央政府投资项目后评价管理办法》和《中央政府投资项目后评价报告编制大纲（试行）的通知》（发改投资〔2014〕2129 号）

（15）国家发展改革委关于进一步放开建设项目专业服务价格的通知（发改价格〔2015〕299 号）

（16）国家计委关于印发《建设项目前期工作咨询收费暂行规定》的通知（计价格〔1999〕1283 号）

（17）国家计委关于规范环境影响咨询收费有关问题的通知（计价格〔2002〕125 号）

（18）国家计委关于《招标代理服务费暂行办法》（计价格〔2002〕1980 号）

（19）国家计委、建设部关于《工程勘察设计收费管理规定》（计价格〔2002〕10 号）

（20）国家发展改革委、建设部关于《建设工程监理与相关服务收费管理规定》（发改价格〔2007〕670 号）

（三）住房和城乡建设部规范性文件

（1）住房和城乡建设部关于建筑工程建筑面积计算规范（GB/T50353—2013）

（2）住房和城乡建设部、财政部关于印发建筑安装工程费用项目组成的通知（建标〔2013〕44 号）

（3）住房和城乡建设部关于建设工程质量管理条例

（4）住房和城乡建设部关于建筑工程五方责任主体项目负责人质量终身责任追究暂行办法（建质〔2014〕124 号）

（5）住房和城乡建设部关于建筑工程施工质量验收统一标准（GB50300—2013）

（6）住房和城乡建设部关于建设工程工程量清单计价规范（GB50500—2013）

（7）中华人民共和国建设部令第 80 号《房屋建筑工程质量保修办法》

（四）国土资源部规范性文件

（1）国土资源部关于《产业用地政策实施工作指引》（国土资厅发〔2016〕

38 号)

(2) 国土资源部令第 9 号《划拨用地目录》

(五) 最高人民法院规范性文件

最高人民法院关于充分发挥审判职能作用切实加强产权司法保护的意见 (法发 [2016] 27 号)

(六) 中国人民银行规范性文件

中国人民银行关于构建绿色金融体系的指导意见 (银发 [2016] 228 号)

(七) 其他参考

(1) 中国城市规划协会关于《城市规划设计计费指导意见》、地方政府规划部门有关计费指导意见

(2) 中国评估协会关于《PPP 项目资产评估及相关咨询业务操作指引》

(3) 北京市政府投资建设项目代建制管理办法 (试行) (京发改 [2004] 298 号)

(4) 北京市物价局关于北京市固定资产投资工程项目可行性研究报告节能篇 (章) 评估收费标准 (试行) 的函 (京价 (收) 字 [2001] 017 号)

(5) 北京市城市规划设计研究院关于《规划院城市规划收费标准及规划内容》

(6) 北京市发展计划委员会关于《北京市征收城市基础设施建设费暂行办法》(京计投资字 [2002] 1792 号)

(7) 北京市关于建设工程造价咨询服务参考费用及费用指数

(8) 北京市 "房屋建筑和市政工程标准施工招标文件"

(9) 北京市《房屋建筑和市政工程标准施工招标文件》应用示范文本 2013 年要点版

(10) 上海市关于重点建设项目社会稳定风险评估咨询服务收费暂行标准

(11) 合肥市物价局、合肥市环境保护局于 2013 年 7 月 11 日联合发布的《关于建设项目环境影响评价收费标准的通知》及《建设项目环境影响评价收费标准》

(12) 河南省城市生活垃圾卫生填埋处理运营成本核算办法 (试行) 及运营成本参考指标

(13) 河南省城市生活垃圾处理场 (厂) 劳动岗位定员标准 (暂定)

(14) 河南省建设厅关于印发《河南省城市污水处理企业运营成本核算办法

（试行）》（豫建城［2006］127 号）的通知及其附件

（15）河南省人民政府令第 94 号关于河南省城市污水处理费征收使用管理办法

（16）河南省建设厅关于印发《河南省城市污水处理厂劳动岗位定员标准（暂定）》的通知（豫建城［2006］96 号）及其附件

（17）国务院关于技术引进和设备进口工作暂行条例

（18）国务院关于商品和服务实行明码标价的规定

（19）财政部关于《PPP 项目合同指南（试行）》

（20）1984 年国家计委《关于简化基本建设项目的审批手续的通知》

（21）国家发展和改革委员会关于《政府和社会资本合作项目通用合同指南（2014 年版）》

（22）建设部委托中国城市规划设计研究院结合社会经济发展水平以及估算不同规模项目编制并发布的《建设项目交通影响评价报告收费标准》（2012 年 2 月发布）

（23）国家、行业或地方政府有关建设工程初步设计的概算定额及其相关计价文件

参 考 文 献

［1］全国造价工程师执业资格考试培训教材编审委员会 . 建设工程造价管理（2013 年版）［M］. 北京：中国计划出版社，2013.

［2］全国造价工程师执业资格考试培训教材编审委员会 . 建设工程计价（2013 年版）［M］. 北京：中国计划出版社，2013.

［3］全国造价工程师执业资格考试培训教材编审委员会 . 建设工程技术与计量（土木建筑工程）（2013 年版）［M］. 北京：中国计划出版社，2013.

［4］全国造价工程师执业资格考试培训教材编审委员会 . 建设工程技术与计量（安装工程）（2013 年版）［M］. 北京：中国计划出版社，2013.

［5］陈辉 . PPP 模式手册——政府与社会资本合作理论方法与实践操作［M］. 北京：知识产权出版社，2015.

后 记

　　2014 年以来，经过三年的推广，PPP 理念在我国得到广泛接受，各地对 PPP 政策的把握能力增强；政府、社会资本、金融机构和咨询机构等 PPP 项目主要参与方的人才和经验得到积累，项目开展能力得到提升。虽然 PPP 模式有了很大的发展，但是仍然有很多地方政府在开展 PPP 项目活动时，对 PPP 项目的认识不足，管理程序不到位，管理能力有待提升。例如，有些地方政府单凭一纸项目构想或项目意向书，就邀请社会资本洽谈，甚至全权委托，从某种意义上说，政府对项目失去了监管的条件和基础，更谈不上监管目标。作为 PPP 项目的参与者，笔者深刻认识到 PPP 项目对政府、对公众、对纳税人的重要性，更认识到 PPP 模式在国民经济和社会发展中的重要意义，为此，笔者立足于基础设施和公共服务领域 PPP 模式项目的本质特点、客观的规律性项目管理程序、项目固定资产价格的价值体现和运维成本的客观绩效评估，真实体现单件性、唯一性的各个项目的功能成本价值而著述成书，希望对我国各个地方政府、社会资本、金融机构和咨询机构等 PPP 项目主要参与方在 PPP 项目实施各个程序工作中有所帮助，也希望本书在大中专院校有关 PPP 课程和社会 PPP 培训课程中发挥应有的作用。

　　中国 PPP 前景广阔，但 PPP 的发展仍任重道远。财政部政府和社会资本合作中心发布的全国 PPP 综合信息平台项目库第 5 期季报显示：截至 2016 年 12 月末，全国入库项目共计 11260 个，总投资额 13.5 万亿元，其中，国家示范项目 743 个，总投资额 1.86 万亿元。已签约落地的项目 1351 个，投资额 2.2 万亿元，落地率 31.6%，其中，已签约落地的示范项目 363 个，投资额达 9380 亿元，落地率 49.7%。

　　从上述数据可以看出，大部分入库项目还处在项目准备或采购阶段，甚至有相当一部分入库项目还处在未准备或未准备好的阶段，加速 PPP 项目签约落地、提升项目落地率固然重要，但要把规范和预防财政风险放在更突出的位置，不能再走粗放增长的老路。PPP 项目前期准备和采购的规范性水平的高低，直接影响政府后期财政预算直接支付或社会公众承受力支付的公平性、公正性。作为 PPP 项目建设、运营的操作指南，本书围绕 PPP 项目合同的规范形式和合同的有效管理，分析了项目建设、运营的本质特征和规范程序，希望它能在中国 PPP 项目的建设运营工作中发挥应有的作用。

　　本书在成稿过程中，得到了以下各位专家和老师的大力支持：中央民族大学发展规划处处长、教授，北京产业经济学会会长李曦辉；中央民族大学教授赵秀琴；中央民族大学教授冯彦民；中央民族大学副教授邓光奇；经济管理出版社总编辑杨世伟；经济管理出版社编辑胡茜。本书作者在此表示感谢！

中央民族大学　姚秀华

2017 年 2 月